CW01064231

Die Sprache der Natur

Peter Schleuning

Die Sprache der Natur

Natur in der Musik des 18. Jahrhunderts

Verlag J. B. Metzler
Stuttgart · Weimar

Die Deutsche Bibliothek - CIP-Einheitsaufnahme

Schleuning, Peter:
Die Sprache der Natur : Natur in der Musik des 18. Jahrhunderts /
Peter Schleuning. - Stuttgart ; Weimar : Metzler, 1998
ISBN 3-476-01280-8

Gedruckt auf chlorfrei gebleichtem, säurefreiem und alterungsbeständigem Papier

ISBN 3-476-01280-8

Einbandgestaltung: Willy Löffelhardt
Satz: Cornelius Wittke, Tübingen
Druck und Bindung: Franz Spiegel Buch Gmbh, Ulm

Printed In Germany

Verlag J. B. Metzler Stuttgart · Weimar

Inhalt

Teil III
AUFBRUCH IN EINE ANDERE NATUR

Vorwort

Das Buch soll die musikalischen Aspekte jenes Naturmythos darstellen und erklären, welcher im 18. Jahrhundert die Stelle der göttlichen Allmacht und Vorsehung einzunehmen begann und in dieser Funktion zum allbeherrschenden Legitimationswerkzeug wurde, zum Vorbild, zum Auftraggeber und zum Richter menschlicher Handlungen, auch der musikalischen. Hier wie auf vielen anderen Gebieten sind die ideologischen Neuerungen der bürgerlichen Frühzeit bis heute bestimmend geblieben. Schon ein scheinbar so unbedeutendes Phänomen wie die heutige Funktion des einst emphatischen Adjektivs ›natürlich‹ als Synonym für ›selbstverständlich‹ oder ›unbefragbar‹ weist darauf hin. Natur und Natürlichkeit sind seit der Jugendbewegung, mit erneuter Kraft aber seit etwa zwanzig Jahren zur obersten Urteils- und Bewertungsinstanz in vielen Lebensbereichen geworden, von der hohen und alternativen Politik über Körperpflege, Kleidung und Ernährung bis hin zur Musik und Touristik, die werbend die angebliche Unberührtheit außereuropäischer Kulturen beschwören und die Naturideologie zum Segment des Warencharakters machen (vgl. Wormbs, vor allem Teil II). Beobachtet man den großen Anteil und die große Wirkung, mit denen für ›Naturmaterial‹ geworben oder behauptet wird, etwas sei ›von Natur aus gut‹, etwas sei ›naturbelassen‹, man solle ›gesundes Brot aus reiner Natur‹ essen oder einen Essig benutzen, von dem es gut plattdeutsch-urig heißt: »Söt un suur, dat is Natur«, so möchte man zwar nicht von der Sache her, wohl aber im Hinblick auf die Quantitätsangaben in Frage stellen, was Hartmut Böhme 1988 (S. 6) formulierte:

> »Die philosophischen und ästhetischen Traditionen [...] finden sich heute fast sämtlich, auf zumeist unreflektierte Weise, in den Überzeugungen von Minderheiten wieder, die gegen den main-stream einer von wissenschaftlicher Rationalität beherrschten Gesellschaft ankämpfen.«

Diese Überzeugungen beziehen sich aber nicht nur auf Gegenstände und Techniken jenseits, sondern auch um Werte und Bewegungen innerhalb des Menschen, ob in Auseinandersetzungen in der Pädagogik oder der Arbeitswelt oder auch in der Musik. Natur-Mystik, Kosmos-Klänge und esoterische Symbolik sind für einen keineswegs kleinen Kreis des Musikpublikums wichtig. Und die Rückkehr zu den alten Instrumenten innerhalb der Historischen Aufführungspraxis dürfte sich nicht nur auf ihre unbezweifelbare stilistische Berechtigung gründen, sondern auch auf die Faszination, unabhängig von technisch hochstehendem und elektronisch ausgestattetem modernen Instrumentarium auf Klangwerkzeuge zurückgreifen zu können, die in Material und Handhabung ›natürlicher‹ erscheinen. (Daß das Spiel auf ihnen teilweise schwieriger ist als das auf den modernen Nachfolgern, kann die Faszination noch steigern. »Sein einziger Gegner ist die Natur«, hieß es auch von dem Extrem-Skifahrer Shane McConkey am 25. 3. 1996 in Sat 1.)

Im Dunstkreis solcher Gedanken sind, jenseits von Rock und Jazz, aber in labiler Nähe zur Volksmusik-Welle, zahlreiche Ensembles entstanden, die in den Rundfunk-Archiven unter New Age geführt werden, so etwa das Rainer Dimmler Ensemble, welches am 27.8.1995 im Oldenburger *Hunte-Report* in weißer Flatterkleidung vor einer Baumkulisse abgelichtet war – mit Gambe, Gitarre, Conga und Blockflöten – und in deren Konzertankündigung zu lesen war:

> »Hören mit inneren Werten [...] Wahrnehmen, lauschen, innehalten, dies ist der fruchtbare Ackerboden Dimmlers Musik; für Menschen, die noch einswerden können mit der sichtbaren und unsichtbaren Natur, die die Natur als Spiegelbild ihrer eigenen Seele erfahren. Einen Zweig im Wind wahrnehmen, einem Vogel in der Ferne lauschen, einen Stern betrachten. Seine Musik soll Raum bereiten, soll dahin führen, wo man wahrnimmt, ohne zu urteilen.«

Solche para-religiösen Vorstellungen von Reinheit und Unschuld im Einswerden mit der Natur sind Kinder des 18. Jahrhunderts und lassen sich als »Erweckung zum Irdischen« ansprechen (Schneider, S. 297). Die heutige Reaktion auf sie – aber auch schon ein Teil der ehemaligen Reaktion – offenbart eine »Verlegenheit der zeitgenössischen Ästhetik gegenüber dem Naturschönen« unter dem Vorurteil, es sei »Naturschwärmerei [...] nahezu unvermeidlich mit Lust am Trivialen [...] verbunden« und müsse daher »einem sich progressiv verstehenden ästhetischen Bewußtsein grundsätzlich verdächtig« sein. (Zimmermann, S. 118)

Die Ursprünge solcher neuerlichen Naturbegeisterung, ja Naturvergötterung und der Skepsis ihr gegenüber aufzusuchen und deutlich zu machen, ist Ziel dieses Buches. Es soll eine Basis legen für die Erkenntnis der historischen Abhängigkeit heutiger Bewußtseins- und Handlungsinhalte auf dem Gebiet der Musik, zugleich Anregung bieten für Selbstreflektion und -kritik. Dies gilt auch für die andere, die rationale und analytische Seite der Naturnachfolge, welche die Aufklärungsbewegung und ihre Säkularisierungstendenzen erst begründete, nämlich jene der Entdeckung von ›Naturgesetzen‹ und ihrer Anwendung in den ›Naturwissenschaften‹. Sie ist in allen neueren Musiktechnologien präsent, von der Boehmschen Erfindung des Rohr- und Klappensystems der Holzblasinstrumente bis zur Computer- und Tonträgerindustrie.

Die Naturnachfolge ist dann am erfolgreichsten, zumindest am erfolgreichsten zu vermitteln, wenn beide Seiten sich verbinden und ergänzen. Dann kommt es häufig zu einer Ansammlung des heiligen Wortes in seinen unterschiedlichen Bedeutungsfacetten. So versuchte die Atomindustrie einst, für ihre Ziele zu werben, indem sie behauptete, ein Naturstoff (Uran) werde durch die Anwendung exakter Naturwissenschaft (Atomphysik) so in Strom umgewandelt, daß dessen Herstellung die Natur (Umwelt) mehr schone als andere Methoden und auf diese Weise erst das Natürlichste gesichert sei, nämlich daß »Babys Fläschchen warm bleibt.« Eine frühe Art solcher Überzeugungsarbeit wird zu Beginn der Einleitung besprochen.

Zusatz in eigener Sache

Im Vorwort meines 1984 erschienenen Buches *Das 18. Jahrhundert: Der Bürger erhebt sich* heißt es:

> »Leider kommt in diesem Buch vieles zu kurz (z. B. die Vokalmusik) oder bleibt auf der Strecke [...] Mich leitete der Grundsatz: Lieber wenige und typische Dinge gründlich und deutlich als alles Mögliche kurz und verschwommen! [...] So sind wenigstens wesentliche Züge der bürgerlichen Kunstentwicklung versammelt.«

Anschließend geht es fast unablässig um die Komponisten, das öffentliche Konzertleben, den Siegeszug der Instrumentalmusik und die großen Heroen der Sinfonik. Wenn auch hier und da von Liedern, Kantaten, Oratorien und Opern die Rede ist, so nimmt doch der der Vokalmusik gewidmete Abschnitt selbst nur 28 von insgesamt 550 Seiten ein. Das sind fünf Prozent.

Nach so vielen Jahren leuchtet mir von dieser Gewichtung und ihrer Begründung kaum noch etwas ein. Sollte der Eindruck entstanden sein, daß die Vokalmusik vom bürgerlichen Aufstieg nur wenig berührt wurde, nicht an ihm beteiligt war oder gar als Hemmschuh gewirkt hat, so kann das vorliegende Buch als Korrektur, als vervollständigende Ergänzung verstanden werden. Erst beide Darstellungen zusammen ergeben ein halbwegs stimmiges Bild davon, wie sich der Bürger musikalisch erhob. (Daß die Bürgerin sich selten erhob, ist im Titel jenes Buches implizit mitgemeint und dort auf fünfzig Seiten ausgeführt.)

Die in diesem Band vorgeführten und besprochenen Musikstücke sind so ausgesucht, daß möglichst viele unterschiedliche Gattungen, Aufführungssituationen, soziale Bezüge und Verbindungen zu anderen Künsten und Wissensgebieten vorkommen. Dies setzt voraus, daß Entstehungs- und Gebrauchssituation gut dokumentiert oder zumindest von der Musikforschung bearbeitet sind. Daher die überproportionale Berücksichtigung der Werke von Johann Sebastian und Carl Philipp Emanuel Bach, Telemann, Mozart und Haydn. Auf solche Beispiele habe ich Forschungs- und Lehrtätigkeit der letzten Jahre konzentriert, sowohl was meine Teilnahme an Kongressen betrifft als auch einen zweisemestrigen Kurs an der Carl von Ossietzky-Universität in Oldenburg (1992/93). Aus ihm ist neben großen Teilen dieses Buches auch eine Dissertation über Beethovens Pastoral-Sinfonie von Roland Schmenner hervorgegangen. (Hermann Jung folgend und um der Einheitlichkeit willen habe ich Werke mit pastoralen Zügen durchgehend als die, nicht das Pastorale bezeichnet.)

Einleitung

Carl Philipp Emanuel Bach schreibt im ersten Band seiner Klavierschule *Versuch über die wahre Art das Clavier zu spielen* (1753, Kap. I, § 7):

> »Mein seeliger Vater hat mir erzählt, in seiner Jugend grosse Männer gehört zu haben, welche den Daumen nicht eher gebraucht, als wenn es bey grossen Spannungen nöthig war. Da er nun einen Zeitpunckt erlebet hatte, in welchem nach und nach eine gantz besondere Veränderung mit dem musicalischen Geschmack vorging: so wurde er dadurch genöthiget, einen weit vollkommnern Gebrauch der Finger sich auszudencken, besonders den Daumen, welcher ausser andern guten Diensten hauptsächlich in den schweren Tonarten gantz unentbehrlich ist, so zu gebrauchen, wie ihn die Natur gleichsam gebraucht wissen will. Hierdurch ist er auf einmahl von seiner bißherigen Unthätigkeit zu der Stelle des Haupt-Fingers erhoben worden.«

Ein für die Aufklärung beispielhafter Text: Wegen der technischen Erfordernisse neuer Arbeitsprozesse wird der überlieferte Brauch, der – auch damals schon so genannte – alte Schlendrian auf seine Nützlichkeit hin überprüft, bei Bedarf auch kritisiert, verändert oder abgeschafft. Aber es genügt nicht, eine Veränderung, die ausschließlich einem praktischen Zweck dient, mit dieser Zwecksetzung zu begründen. Es muß noch eine zweite Begründung herangezogen werden: Die neuartige Maßnahme, so heißt es oft, geschehe nach den Notwendigkeiten der Natur. Damit ist dem Vorgang die Aura der Unbefragbarkeit gegeben. Der Begründungszuammenhang wird häufig – und so klingt es auch im Beispiel gegen Ende an – in umgekehrter Reihenfolge dargestellt. Nicht die praktischen Anforderungen hätten die Veränderung ausgelöst, sondern man sei, indem man der Natur folgte, zwangsläufig auf etwas gestoßen, das sich wie selbstverständlich, eben ›natürlich‹, als unentbehrliche Hilfe für die Gegenwart und als Korrektur des Hergebrachten herausgestellt habe. Es sei das Natürliche – »das Natürlichste von der Welt«, wie man heute noch sagt –, was sich gezeigt habe und was die Vorfahren unbegreiflicherweise nicht als das einzig Richtige erkannt hätten. Der Fortschrittsglaube zeigt sich bereits voll entfaltet.

Wie bei vielen ideologischen Begründungen praktischer Neuerungen kommt so gut wie nie die Frage auf, ob die alte Praxis nicht ihre guten Gründe hatte oder – wie hier – nicht ebenfalls der Natur gefolgt war, nur unter anderen als den gegenwärtigen Bedingungen. Dies ist in Aufklärungstexten allenthalben zu beobachten. »Fragt man [...] nach der [...] Präsentation des Alten, Hergebrachten, Traditionellen in der Auseinandersetzung mit dem Neuen, so sind die Auskünfte eher bescheiden«. (Martens, S. 182) Mit einer entschiedenen Rohheit geht man häufig mit der Praxis der Vergangenheit um, indem man sie entweder in Bausch und Bogen ablehnt oder sie gar selbst zur Begründung ihrer Abschaffung heranzieht, etwa wenn es um die Einführung neuer Choräle als Ersatz für angeblich unbrauchbare alte geht: »Alle alte Lieder sind einmahl neu gewesen.« (S. von Sydow, *Schreiben von Verbesserung des Kirchengesangs,* in: Historisch-Kritische Beyträge zur Aufnahme der Musik, hg. Fr. W. Marpurg, Bd. IV, Berlin 1758f., S. 311) Oder gegen die Autorität der antiken Rhetorik:

»Wenn Leute vorhanden sind, welche durch ihr gutes Naturel oder durch geschickte Unterweisung so weit gebracht sind, daß sie eine noch glücklichere und nachdrücklichere Art zu schreiben und etwas vorzutragen erlanget, als etwa den Alten bekannt gewesen: so sind sie ebensowenig verbunden bey dem alten Schlendrian zu bleiben, als der Columbus sich hat ein Gewissen machen dürfen, daß er von den Meinungen und Exempel der alten Schiffer abgegangen ist; indem er den grossen und reichen Theil der Welt wol schwerlich würde entdecket haben, wenn er sich ein Gewissen gemacht hätte, die alten Schiffermaximen an den Nagel zu hängen.« (Hieronymus Freyer, *Oratoria,* Halle/Saale, 7. Aufl., 1745, S. 244; zit. Martens, S. 20)

Betrachten wir unter diesem Blickwinkel den Text über die Einführung des Daumens etwas genauer. Tatsächlich haben die Klavierspieler bis zum Beginn des 18. Jahrhunderts den Daumen selten verwendet, auch den kleinen Finger nicht so häufig wie heute. Alte Fingersätze und Abbildungen zeigen dies. Die Finger stehen gewölbt über den Tasten, die Daumen hängen vor dem Griffbrett hinab. Das Über- und Untersetzen der Finger, an dem sich heutzutage der Daumen beteiligt, verrichteten die Finger in einer seitlichen Wanderbewegung auf den Tasten. Daß es wirklich Johann Sebastian Bach war, der den Daumen integrierte, ist kaum denkbar. (vgl. Babitz, S. 123ff.) Es war ein allmählicher Übergang, an dem sich viele Klavierspieler beteiligten. Jedoch ist es wohl seine Generation, die den Daumen neben die anderen Finger auf das Griffbrett schickte. »Während der ersten Hälfte des 18. Jahrhunderts wurden im wesentlichen neue Techniken hinzugesetzt, ohne die alten abzuschaffen, so daß der Fingersatz recht unsystematisch war und vom jeweiligen musikalischen Zusammenhang bestimmt wurde.« (Lindley, S. 196) Carl Philipp Emanuel Bach selbst empfahl noch Dreiklangsgriffe ohne Daumenbenutzung (vgl. ebda., S. 201), setzte den Daumen dann aber auf einer betonten Note ein, wenn es ihm um die rhythmische Gliederung von Phrasen ging. (vgl. Pearl, S. 68ff.) Ungeachtet daß sein Vater zweifelsohne einer der größten Neuerer auf allen Gebieten der Musik war, reiht sich die Behauptung des Sohnes wahrscheinlich zu seinen zahlreichen anderen Bemühungen, Johann Sebastian Bach zu einem überzeitlichen und allwissenden Genie zu stilisieren. (vgl. Schleuning 1993; Kap. V)

Unabhängig von der Frage nach dem Erfinder des Daumengebrauchs bleibt aber eine zweite Frage: Hat die Natur diese Entwicklung wirklich so gesehen? Wollte sie den Daumen wirklich so »gleichsam gebraucht wissen«?

Mitnichten. Denn sicher ist, »daß ein geschickter Daumen mit Gegengriff zu den besonderen Kennzeichen des Erfolgs der menschlichen Gattung gehört. Wir haben dies wichtige Element von unseren Vorfahren [...] unter den Primaten übernommen und sogar verstärkt, während die meisten Säugetiere es der Spezialisierung ihrer Gliedmaßen opferten.« (Gould, S. 21f.) Falls als natürlich das begriffen wird, was die Evolution ergeben hat, dann hat der Daumen nicht »die Stelle des Haupt-Fingers«, sondern ist die eine und deshalb besonders stark ausgebildete der beiden Klauen jener Zange, als die die menschliche Hand sich entwickelt hat, die »Gegenhand«, wie der Daumen im Altgriechischen genannt wurde. Es gibt wohl kaum eine Alltags- oder Handwerkstechnik, bei der der Daumen mit den Fingern in einer Reihe arbeitet außer eben dem modernen Fingersatz. Selbst an der

Schreibmaschine hat er eine Sonderrolle. Zur Arbeit neben den Fingern ist er, nur die halbe Handlänge erreichend, denkbar ungeeignet. Wer sich zu Bachs Zeiten gezwungen sah, die alte Technik aufzugeben und die Daumenkuppe auf eine gemeinsame Linie mit den Fingerspitzen zu zwingen, wird von ›Natur‹ wenig empfunden haben. Im älteren deutschen Sprachgebrauch war es demnach üblich, die Gliedmaßen der Hand in »der daum mit den vier fingern« einzuteilen (Comenius). Und die alte, harte Strafe des Daumenabhauens verweist auf die Funktion der »Gegenhand«: Man wollte die Delinquenten unfähig zum Greifen und damit Arbeiten oder bösen Handeln machen. (für beides Jacob und Wilhelm Grimm, *Deutsches Wörterbuch,* Bd. 2, Stuttgart 1860, Art. »Daume«, Sp. 845ff.) Darüber hinaus war der Daumen im Volksglauben wegen seines besonderen, abweichenden und einzigartigen Charakters häufig Symbol des Anrüchigen, Mythischen und Geheimnisvollen, des »Däumlings«, der »trotz seiner körperlichen [...] Kleinigkeit, sich für mächtiger ansah als alle ihm leiblich überlegenen Mächte der Umwelt.« (Bauer, S. 79)

Wie aber kam trotz alledem Carl Philipp Emanuel Bach auf seine Zusatzbegründung – »wie ihn die Natur gleichsam gebraucht wissen will«? Er wußte nichts von Evolution von Primaten oder der Einzigartigkeit des Gegengriffs, und von Magie und Zauber hielt er mit Sicherheit überhaupt nichts. Er war aber auch kein Lügner, der mit dem Zauberwort Natur die widerstrebenden Pianisten und Pianistinnen einzulullen hoffte. Nein, Bach war offensichtlich ein bewußter und engagierter Aufklärer und setzte sich deshalb dafür ein, daß der menschliche Körper im Hinblick auf das anvisierte Ziel möglichst effektiv auszunutzen sei. Diese zweckgerichtete Interpretation der körperlichen Möglichkeiten datierte schon aus den Anfangszeiten des neuzeitlichen Welt- und Naturverständnisses im 17. Jahrhundert, als mit Galileo Galilei und seinen Geistesgleichen der Mensch begann, den Begriff von Natur und sein Verhalten zu ihr und in ihr in bisher unbekannter Distanz zu verstehen, einer Distanz, die auf Beobachtung, Messung, Experiment sowie katalogisierender und systematisierender Einteilung beruhte, auf der Suche nach Regelmäßigkeiten, Gesetzen und theoretischen Zusammenhängen. Diese Sicht und Behandlung der Natur begann, deren Interpretation als Erfahrungs- und Offenbarungsgegenstand zu überflügeln. (vgl. Schäfer, S. 23f.) Die »Mechanisierung des Weltbildes« bedeutete »die allmähliche Verdrängung des metaphysischen durch den wissenschaftlichen Naturbegriff [...]. Qualitative Begriffe werden durch quantitative ersetzt. Die harmonikale Bedeutung der Zahl tritt hinter ihrer rein instrumentellen zurück.« (Zimmermann, S. 129) »Das forschende Interesse des Bürgers begreift die Natur als ein nach mechanischen Gesetzen funktionierendes ›Uhrwerk‹, dessen Prinzipien sich wissenschaftlich ergründen lassen.« (Weidenfeld, S. 71)

Die Naturwissenschaften entwickeln die Maschine zum wesentlichen Instrument und zum Symbol des neuen Geistes, in dem der Mensch als Herr über die Natur, als »man superior« wirkt: »Man superior walks amid the glad creation« (Alexander Pope 1715; zit. Göller, S. 217), einer Schöpfung, die eben deshalb so glücklich sein kann, da sie nunmehr dem Menschen als ein »zu erorbernder Kontinent« dienen darf, »als ein Arsenal, als ein Materie- und Energievorrat«, dessen Kräfte und Reichtümer durch zweckgerichtete Verfahren effektiv zu nutzen und zum Wohle der Menschheit zu beherrschen sind, wie Francis Bacon es bereits zu Beginn des 17. Jahrhunderts sah. (Schäfer, S. 22f.) In dieser Hinsicht aber war der Mensch nicht nur Herr, sondern auch Teil der Natur, insofern auch er und sein Körper nach den Prinzipien einer mechanischen, wissenschaftlich zu ergründenden Effektivität zu arbeiten hatte, als »Gliedermaschine« im Descartes'schen Sinne. Für seinen Körper wie auch für die anderen Elemente der Natur gilt im neuartigen systematisierenden Denken »das Prinzip der ›Reihe‹, durch welches alle Tatsachen der Natur aufgrund gesetzlicher Beziehungen zwischen ihnen angeordnet werden, so daß sie nicht die Rolle von ›Wesen‹, sondern von Reihengliedern annehmen.« (Kaulbach, Sp. 469)

Und Carl Philipp Emanuel Bach konnte sich nur wundern, daß die Vorgänger die Glieder der Hand nicht von diesem Reihenprinzip aus zu verstehen und diesen nützlichen Organismus nicht demgemäß zweckdienlich einzusetzen gewußt hatten, unter denen der Daumen lediglich eine Sonderform in der Reihe war, da doch die Hand fünf, nicht vier Werkzeuge hatte. Wie hatte man bisher den Daumen, ausgerechnet den kräftigsten der Finger, ausgrenzen können? Welches Brachliegen von Arbeitskraft! Fünf Finger hat die Hand! Fünf Finger bilden eine Faust! So der neuere Sprachgebrauch.

Der Geist leitet die Anschauung und deren Umwandlung in Tätigkeitsstrategien, und zwar nach der Richtschnur der Nützlichkeit, Nachprüfbarkeit und Rationalität. Die Fähigkeit, die den Geist dabei leitet, heißt Vernunft. Diese Herrscherin der Reflexionen, der Kritik, der Entscheidungen und Handlungen in jener Bewegung, die man Aufklärung nennt – nicht umsonst heißt der Zeitraum, um den es hier geht, häufig ›Das Jahrhundert der Vernunft‹! –, sie ist es, die den entscheidenden Umschwung im Menschen- und Weltbild der Neuzeit begründet. Denn sie geht vom Menschen aus, ist sein ureigener Besitz und sein spezifisches Merkmal gegenüber allem anderen auf der Erde – und auch im Himmel?

Der Umschwung bedeutete zunächst keineswegs eine Wendung hin zur Säkularisierung oder gar zum Atheismus. Allerdings begann sich das Bild Gottes und seiner Verbindung zu den Menschen entscheidend und zukunftsträchtig zu verändern. Gott hatte als der große, weise Baumeister alles vernünftig eingerichtet und den Menschen dieses ausgezeichnet funktionierende System überlassen, daß sie es erforschen, bewundern, verstehen und anwenden sollten, ihn dafür zu loben. Das bedeutet den Ausbruch aus der bisherigen Selbstsicht der Menschen als bußfertige und niedrige Wesen, einem wunderbaren und unbegreiflichen Kosmos gegenüber, und ihren Eintritt in einen Stand, in dem sie, selbständig und selbstbewußt, im Vollbesitz der himmlischen Gaben, beobachten und herrschen konnten, selbst nun kleine Götter. Aber dennoch: Mochte man diese Gaben noch so eifrig als Beweis für die Güte und Größe Gottes in die christliche Ordnung der Dinge einzufügen suchen, signalisierten ihr Besitz und ihre Anwendung doch letzten Endes eine von göttlicher Leitung unabhängige Selbstbestimmung. Solch ein Umschwung konnte nicht als glatter Schnitt vor sich gehen, ohne langanhaltenden und zähen Übergang und ohne Ersatz- und Vermittlungsvorstellungen, die das verlassene oder zumindest schwindende Prinzip der göttlichen Bestimmung vertraten.

»Da die Vernunft keine inhaltlichen Ziele setzt« (Adorno, S. 109), aber das Vertrauen in die göttliche Vorsehung und Allwissenheit untergrub, entstand eine Art Glaubenslücke und damit eine »Sehnsucht [...], überhaupt in etwas Festem und Beständigem, das nicht von der Wandelbarkeit menschlicher Einstellungen tangiert ist, seinen Halt zu finden«. (Schäfer, S. 12) Zu dieser Instanz wurde Natur, Natur in allen Spielarten ihrer Bedeutung. Sie wurde zur neuen Göttin, zum neuen Bezugspol im Vernunftdenken, vermittelnd zwischen alter christlicher und neuer rationaler Orientierung. Die Bemühung ihr nachzufolgen ist durchdrungen von dem Bedürfnis, »von einer Reinheit der Natur nicht nur als mathematischem Zusammenhang sprechen zu können.« (Böhme, S. 14) Der Dichter Brockes markiert am Jahrhundertbeginn diesen Übergang, diese Unsicherheit, immer wieder durch Ersatzbegriffe wie Vorsehung, Kraft, höchstes Wesen, Allmacht, wenn er die göttliche Hand in den bestaunten Gegenständen der Natur sieht. (vgl. Martens, S. 261) Und in Albrecht von Hallers Gedicht-Epos *Die Alpen* von 1729 heißt es zwar, gleichsam das Motto der Epoche: »Hier herrschet die Vernunft, von der Natur geleitet«. Jedoch: Die dahinter liegende Ambivalenz zwischen Vertrauen und Zweifel zeigt sich in einem weiteren Satz des Werkes: »Es ist ein Gott, es ruft es die Natur.« (zit. Kammerer, S. 146)

Etwas krampfhaft, diese Bemühung um die »Rechtfertigungsinstanz Natur« (Nüsseler, S. 55), später fortgeführt bei Schiller: »Brüder, überm Sternenzelt muß ein guter Vater wohnen.« 1750 spricht Johann Georg Sulzer bereits vom »Heiligthum der Natur« (zit. Schneider, S. 299), und die Französische Revolution feiert zwar noch ein »Höchstes Wesen«, bemißt aber ihre Zeiteinteilung nicht mehr nach den Stationen des Lebens Christi, sondern nach den zyklischen Vorgaben der »ewigen Quelle« Natur (»source éternelle«), stattet daher den Revolutionskalender mit Monatsnamen wie »Floréal« und »Fructidor« aus.

Der neue Orientierungspol milderte den Schock des Jahrhundertsprunges und gab ihm den Anschein einer positiven Wertsetzung. Dieser Prozeß ging einher mit einer »Dynamisierung des Naturbegriffes« (Lepenies), insofern er die bisherige Unschuld allherrschender Gegenwärtigkeit aufbrach und Natur im Widerspruch zur gelebten Gegenwart zum »Ersatz« (Rousseau) ehemaliger Vollkommenheit, zum Symbol sehnsüchtig verfolgter, aber für immer verlorener Ganzheit machte, ihn als Stachel gegenwärtig erlebter Vergangenheit ins Fühlen und Denken brachte. (vgl. Weber, S. 109ff.) Naturnachfolge und Naturnachahmung wurden so psychische und damit auch ästhetische Imperative der Epoche, gewachsen aus der leidvollen Erkenntnis gespaltener Zeitlichkeit in Leben und Naturbetrachtung. Im Sehnsuchtsobjekt Natur wurde ein Rest christlicher Paradieses-Hoffnungen in die neue Sicht- und Lebensweise hinübergerettet, damit aber auch ein Rest – und ein großer Rest – jenes irrationalen und schwer analysierbaren Urvertrauens, den der alte Glaube als Motor und Rechtfertigung aller Werte und Tätigkeiten geboten hatte.

Wenn Christian Fürchtegott Gellert eine Figur des Romans *Das Leben der schwedischen Gräfin von G.* (1746) sagen läßt: »Ich hatte von Natur ein gutes Herz«, so ist hier Natur als allmächtig wirkende Kraft zu verstehen, die die Anlagen verteilt, etwa ein zur Güte neigendes »Naturel« – wie man damals sagte, etwa Hieronymus Freyer (vgl. S. 2) –, und damit als Hinweis darauf, wie »in der andachtsvollen Kultivierung des Naturgefühls der Sündenfall rückgängig gemacht« wurde (Schneider, S. 297), da nun menschliche Qualitäten wie Güte nicht mehr mit Anstrengung erworben und immer wieder bewiesen werden mußten, sondern mitgegeben waren. Dieses Verständnis vorausgesetzt, konnte ein konservativer Zeitgenosse Gellerts Wortgebrauch als unchristlich auffassen. Denn es war »ein theologisches Axiom« seit altersher, »daß der Mensch von der Sünde verderbt, sein Dichten und Trachten von Jugend auf böse und er deshalb der Erlösung durch die Gnade bedürftig sei.« (Martens, S. 207)

Die Bedeutung des Begriffes Natur war »extrem ambivalent«, konnte er doch dienen »als Inbegriff von Ordnung und berechenbarer Notwendigkeit oder als gärende, ungezähmte Naturgewalt«, »als Orientierungshilfe für die Handlungsziele menschlicher Geschicke [...] oder auch als reine Flucht vor den hier und jetzt zu übernehmenden Handlungsverpflichtungen.« (Schäfer, S. 12) Nicht umsonst wird das gesamte Jahrhundert überzogen von Diskussionen, Fehden und Klärungsversuchen über die Frage, was denn dieser neue Gott Natur sei, dem nachzufolgen die Aufgabe der Vernunft sei. Die Unklarheit des Modells Natur für die menschlichen Handlungen bildete einen immerwährenden Denk- und Unruheherd, auch für die Musik (vgl. Schleuning 1984, Kap. III). Immerhin war es die tragende Basis des frühbürgerlichen Ideologiegebäudes, welche von dieser Unsicherheit betroffen war. Diese wurde noch dadurch vermehrt, daß »die Begriffe von Natur und Vernunft [...] in ihrem theoretischen Inhalt häufig austauschbar« waren (Schneider, S. 289) und zumindest im außerphilosophischen Gebrauch Züge von formelhafter Inhaltslosigkeit annehmen konnten. Goethe etwa läßt am Ende des Jahrhunderts den »trefflichen Pfarrer« aus *Hermann und Dorothea,* offenbar Protagonist einer althergebrachten, etwas gesetzten Ethik, angesichts der Erregungen der Zeit und ihrer Verlockungen die bemooste Formel aussprechen: »Aller Zustand ist gut, der natürlich ist und vernünftig.« (Teil V, Zeile 12; hierzu Schneider, S. 308) Die ehedem voranweisenden Zwillingsbegriffe sind inzwischen zu Versatzstücken gutbürgerlicher Ermahnung geworden, ja zeigen häufig Nähe zum Jargon. Johann Friedrich Reichardt schreibt 1775 über jenen Gegenstand, der diesen Abschnitt eröffnete, nämlich über den Fingersatz in der Klavierkunst von Carl Philipp Emanuel Bach:

> »Seine Fingersetzung ist der Natur so vollkommen gemäß, daß es schlechterdings keine bessere geben kann. Es ist die bequemste. Es muß also die beste sein, denn es ist nicht nur der Vernunft gemäß, die leichtesten und sichersten Mittel – bei der leichtesten findet auch die größte Sicherheit statt – zu Erlangung eines Endzweckes zu wählen; diese Bequemlichkeit fördert auch den Gesang und die Deutlichkeit.« (*Schreiben über die Berlinische Musik,* Hamburg 1775; zit. Reichardt 1976, S. 78)

Damit zeigt sich der Betriff Natur als beliebig verwendbares Legitimationsinstrument.

Aber wir sind nicht die ersten, die seine Brüchigkeit erkennen und seine Gültigkeit in Zweifel ziehen. Kritische Zeitgenossen gab es auch damals schon, die den Verführungskünsten des Modedenkens und -sprechens widerstanden, ohne daß bereits von ›Diskurs‹ und ›Dekonstruktion‹ die Rede war. Wenn man keine Debatten über den zum Geschwafel absinkenden Gebrauch des Zentralbegriffs führte, so machte man sich einfach darüber lustig, ironisierte das wohlfeile Argument. So der unsterbliche Laurence Sterne in seinem Roman *Tristram Shandy* (1760ff.), einer einzigen Absage an die Maximen der Vernunft. Es ist, als habe er Carl Philipp Emanuel Bachs Passage über den Daumengebrauch gelesen, wenn er die Körperhaltung eines seiner Protagonisten beschreibt (Ausgabe München 1967, S. 132):

> »Er hielt die Predigt wohl lose, doch nicht nachlässig in der linken Hand, welche ein wenig über den Magen erhoben und von der Brust weggehalten war; sein rechter Arm fiel lässig an der Seite herab, wie die Natur und die Gesetze der Schwerkraft es ihm gebieten, doch war der Handteller offen und den Zuhörern zugekehrt, bereit, den Gefühlsausdruck, wenn es notwendig sein sollte, zu unterstützen.«

Die Kapitel des Buches behandeln, grob chronologisch aufeinander folgend, einzelne Musikwerke oder Gruppen von Werken und ordnen ihnen jeweils einen Komplex der zeitgenössischen Naturauffassung zu, stets mit dem Versuch, beide Äußerungsformen aufeinander zu beziehen oder auseinander abzuleiten. Bei dem Bemühen, Beziehungen zu erkennen, zeigt sich ein doppeltes, musikimmanentes Problem. Einerseits lernt die Musikproduktion oft langsamer als die anderer Künste, weil die Musik zäher an Traditionen von Struktur, Gattung und Technik hängt, als dies bei den anderen Künsten der Fall ist, und manchmal neuartige Strömungen dementsprechend später aufgreift oder mit althergebrachten stilistischen Mitteln darstellt. Das zeigt sich an der Tradition der kirchlichen Pastoralmusik, die lange nachwirkt, auch wenn der Gegenstand nicht mehr geistlicher Art ist. Andererseits scheint Musik, und hier vor allem die instrumentale, nicht-wortgeleitete, frühzeitiger als andere Künste bestimmte Gefühlswerte und noch nicht genau begrifflich faßbare Emotionshaltungen auszudrücken, die später allgemein wirksam werden. Die Schwierigkeit liegt dabei im Nachweis eines so frühzeitigen Auftretens musikalischer Ausdruckswerte, da an Texten nicht nachzuprüfen. Es wird ein Hauptproblem sein, in einigen Fällen diesen Nachweis für solche Ideeneinschläge zu erbringen. Und die Lesenden können an den entsprechenden Stellen die Versuche nachvollziehen, reflektieren und bezweifeln. Insofern bietet das Buch auch eine Beispielsammlung zu methodologischen Fragen der musikalischen Inhaltsanalyse. Ein Aspekt hiervon zur Einführung.

Heute dient die übliche unphilosophische Art, den Begriff Natur zu verwenden, zur Bezeichnung von: draußen, Landschaft, von scheinbar Unberührtem, also für alles, was in Feld, Wald, Wiese, Berg, Fluß und See ist, was am Himmel ist und von ihm kommt. Um 1700 war dieser Sinn von Natur noch kaum bekannt. Der Begriff wurde zumeist für andere und weitere Bedeutungsfelder verwendet (vgl. S. 24ff.). Der heutige Sinn bildete sich durch das ganze Jahrhundert in einem langen Prozeß der Bedeutungsverengung, der auch am Jahrhundertende noch nicht abgeschlossen war. So hat Justin Heinrich Knecht 1784 eine Sinfonie, die in vielen Zügen Beethovens Pastoral-Sinfonie vorausnimmt, *Le Portrait musical de la Nature* genannt. Aber sollte man einem Buch, in dem die großen Gewitter- und Sturmmusiken der Epoche, so auch der Satz *Orage* (Sturm) von Knecht, als Abbilder der ›äußeren‹ Natur gewürdigt werden, den Titel verleihen *Entfesselte Natur in der Musik des achtzehnten Jahrhunderts,* wie es Claus Bockmaier 1992 getan hat? Immerhin haben doch sowohl Knecht als Beethoven auch die Wirkungen thematisiert, die jene Natur (im engeren Sinne) auszulösen vermag: die »heiteren«, »frohen und dankbaren Gefühle« der Menschen bei Beethoven, bei Knecht gar die Freude, zu welcher die Natur selbst als fühlendes Wesen fortgerissen wird (»La Nature transportée de la joie«), um dem Schöpfer zu danken. Neben der Bedeutung von Natur als Landschaft oder Wettererscheinung, wie sie Goethe im *Mailied* von 1775 bejubelt hat – »Wie herrlich leuchtet mir die Natur« –, werden wir also auch etwas höhere Bedeutungsebenen einbeziehen müssen wie jene, die als Natur des Menschen oder Natur einer Sache gemeint sind. Erstere wird immer dann zum Thema, wenn in die Forderung zur Nachahmung der Natur auch die menschlichen Affekte, also Gefühlstypen, einbezogen werden, letztere – Natur der Sache – klingt schon bei Knecht an und zieht sich durch die im ganzen Jahrhundert erhobene Bemühung um eine »natürliche Schreibart« (Stil) und eine »natürliche Melodie«.

Die folgenden Untersuchungen werden eröffnet mit einem Überblick über Begriffsbildung und Verständnisebenen zum Thema Natur um und nach 1700, jeweils begleitet von musikalischen Beispielen und Reflexionen. Bei Lektüre der fünf Szenarien mögen die Lesenden mitbedenken, um welche der drei von Martin Seel benannten Grundmodelle es sich jeweils handelt, das »menschliche Gefallen an der Natur« zu erklären (1991; S. 18; ausführlicher auch S. 234ff., S. 31ff.):

> »Das erste versteht die schöne Natur als Ort der beglückenden Instanz zum tätigen Handeln. Das zweite begreift die schöne Natur als Ort des anschaulichen Gelingens menschlicher Praxis. Dem dritten erscheint die schöne Natur als bilderreicher Spiegel der menschlichen Welt. Im ersten Modell ist die Wahrnehmung des Naturschönen ein Akt der *kontemplativen Abwendung* von den Geschäften des Lebens, im zweiten ein Akt der *korresponsiven Vergegenwärtigung* der eigenen Lebenssituation, im dritten ein Akt der *imaginativen Deutung* des Seins in der Welt.«

TEIL I

ENTDECKUNG DER NATUR

1. »Natur« um 1700

1.1. Landschaft, ein Wunderwerk Gottes: Verehrung und Mitleiden

August Hermann Francke, geistiges Haupt und Organisator der zweiten Phase des Pietismus, hat 1693 im Arbeitsbericht seiner ersten Pfarrstelle in Glauchau dargestellt, wie seine dörfliche Gemeinde den Sonntag als ununterbrochenen und vielgestaltigen Gottesdienst zu begehen habe, vielleicht auch begangen hat. Zwischen Nachmittagsgottesdienst und Abendsegen sollte der Hausvater die freien Stunden zur Hausandacht mit Kindern und Gesinde nutzen. »An die Stelle der häuslichen Andacht«, so die Darstellung Beyreuthers (S. 119), »kann aber auch ein gemeinsamer Spaziergang treten. Der Gang durch die Auen möchte in andächtiger Stimmung geschehen, und religiöse Gespräche oder die gemeinsame Freude an dem, der die Welt so schön geschaffen hat, sollen ihm das Gepräge geben. So wird der ganze Sonntag in einer einzigartigen Konzentration Gott gewidmet.« Ganz in diesem Sinne hat nach eigenem Zeugnis auch der Pietist Gottfried Arnold 1698 seine *Göttlichen Liebes-Funcken* erdacht, »wenn er auf dem Lande spatziren gangen/ und in GOtt ruhig und fröhlich gewesen.« (zit. Martens, S. 157)

Das wandernde Hinaustreten vor Haus und Tor bildet eine besondere Form geistlicher Landschaftssymbolik innerhalb des »poetischen Codes« Spaziergang. (Wellmann) Es geht dabei nicht um die bürgerlichen Spazierfahrten oder die studentischen Schlittenfahrten mit Musikbegleitung, die im Stile der neuen ›galanten Lebensart‹ und mit Duldung der protestantischen Orthodoxie in Mode kamen. Sie wurden von den reformatorischen Pietisten, also auch Francke, als gottlos verdammt. Denn schon die Möglichkeit, das in der Landschaft Erblickte könne ein rein sinnliches Vergnügen auslösen, wurde mißbilligt und an jenen getadelt, »denen der arme/ stille/ einsame/ niedrige und demüthige JEsus/ eine Ärgernüß und eine Thorheit ist.« (Johann Henrich Reitz, *Historie der Wiedergebohrnen,* 1701; zit. Martens, S. 122f.) Selbst die englische Neuigkeit wurde solcherart besungen und vereinnahmt: »Thee, auf Jesus Christus zugeeignet.« (Johannes Titama, *Geistlich= und Himmlischer Thee=Gebrauch,* 1697; zit. ebda., S. 235) Es geht um ein Erkennen und Verehren Gottes in der Landschaft, ihren Gegenständen und Produkten, welches das individuelle Erweckungserlebnis beförderte, das dem Pietismus so wichtig war, verwandt zeitgenössischen Parallelbewegungen wie der noch zu erwähnenden

Physiko-Theologie. Spuren davon finden sich auch im Deismus und anderen religiösen Tendenzen und davon beeinflußten Dichtungen. In ihnen wird dann auch der Begriff ›Natur‹ in Zusammenhängen verwendet, wo Arnold noch ›Land‹ sagte. Haller in *Die Alpen* (1729): »O Schöpfer! Was ich seh, sind deiner Allmacht Werke! du bist die Seele der Natur.« (zit. Kammerer, S. 146) Und Gellert mit dem später von Beethoven vertonten Gedicht *Die Ehre Gottes in der Natur* von 1757.

Daß Johann Sebastian Bach den pietistischen Ideen nahegestanden hat, ist sicher angesichts seiner vielfachen Kontakte zum Zentrum der neuen religiösen Bewegung, Halle, und der stark pietistisch gefärbten Texte mancher seiner früheren Kantaten. Gerade diese Werke aber stehen im Gegensatz zur Musikauffassung des Pietismus, der das einfache Lied bevorzugte, die neuartige konzertante Kirchenmusik jedoch beurteilte wie die gottlosen Schlittenfahrten. (Geck, S. 109ff.) Vermutlich aber ist die pietistische Gedankenwelt in anderer als stilistischer Weise in Bachs Werken präsent, nämlich in der Musikalisierung jener geistlichen Tugend, die den Einfluß des Pietismus bis weit ins Jahrhundert hinein aufrecht erhielt und z.B. in den antifeudalistischen Dramen Schillers als zentrale Kategorie wirksam wurde: des Mitleids. Dieses, den Kreuzestod Jesu vor Augen, als individuelle seelische Anteilnahme am Leiden des Heilands beständig zu üben und so als Ansporn für eine tätige Hilfe und Anleitung für Notleidende zu bewähren, war ein wesentlicher Aspekt des kirchenreformatorischen Eifers der Pietisten. Und es scheint, als habe Bach dies religiös motivierte Mitleiden mit den geschundenen Kreaturen in den langsamen Mittelsätzen zweier der Brandenburgischen Konzerte zum Klingen gebracht, und zwar gerade in jenen beiden Konzerten, die sich mit dem Thema Natur beschäftigen und sich als ländliche Szenenfolgen identifizieren lassen. Dabei geht es einmal um die fürstliche Parforcejagd (Konzert Nr. 1, F-Dur, vermutlich von 1713), zum anderen um ein Genrebild ländlichen Lebens (Konzert Nr. 6, B-Dur, kurz oder lang vor 1721). (Schleuning 1990, 1997) Der Mittelsatz des F-Dur-Konzertes gibt zweifelsohne das Sterben des gejagten Wildes wieder, allerdings nicht in jener abbildlichen Vordergründigkeit des später so beliebten brüllenden Wohnzimmerhirsches, sondern in einer symbolischen Doppelbedeutung, die einen seit den biblischen Passionstexten weitergeführten Topos von Jesus als dem gejagten und hingemordeten Wild in sich schließt. (Nicht von der Hand zu weisen ist allerdings die Vermutung, daß der brüllende Wohnzimmerhirsch sich als letztes, verblaßtes Glied dieses Topos erweisen könnte.) Das leidende und sterbende Naturwesen wäre so in die pietistische Sicht von der Natur als Verehrungsgegenstand eingebunden, hier in der Form anklagender Trauer über den sündhaften, nicht Gottes Auftrag gemäßen Eingriff des Menschen, wie er als Menetekel bereits auf Golgatha geschah.

Im B-Dur-Konzert erklingt zwischen den Volkstanz-Festen der Außensätze ein Stück düster sich hinschleppender, unabänderlich wiederholter Klagemelodik, die in tiefe, stöhnende Seufzer ausläuft. Hier geht es offenbar – eine Einheit der allgemeinen Thematik im Konzert vorausgesetzt – um die unaufhörliche Plage, um die »Müh' und Arbeit« der Landbevölkerung, deren bitteres Los es ist, die dem Sündenfall folgende Strafrede Gottes in Ewigkeit einzulösen: »Verflucht sei der Acker um deinetwillen, mit Kummer sollst du dich darauf nähren dein Leben lang. Dornen und Disteln soll er dir tragen, und du sollst das Kraut auf dem Felde essen. Im Schweiß deines Angesichts sollst du dein Brot essen, bis daß du wieder zu Erde werdest, davon du genommen bist.« (1. Mose 3, 17-19)

Auch hierbei könnte über das bereits Gesagte hinaus ein spezifisch pietistischer Einfluß vermutet werden, da es doch gerade die Landbevölkerung war, der die Pietisten – wie schon am Beispiel des Franckeschen Berichtes zu erkennen – ganz besondere Aufmerksamkeit und Fürsorge entgegenbrachten.

Es scheint also, als habe Bach in der musikalischen Behandlung der niederen, leidenden Kreatur, ob Tier oder Mensch, in selbständiger Interpretation pietistischer Gedanken dem neu entdeckten Thema Natur eine ganz eigentümliche, von Einsicht und Mitleid getragene Interpretation abgewonnen und so die abbildliche Schilderung von äußeren Naturvorgängen und von menschlichen Handlungen in der Natur innerhalb der Musik um einen wichtigen, zukunftsweisenden Bereich ergänzt.

1.2. Raus aus der Stadt: Arkadien auf der Wiese und die Idylle

Eine bürgerliche Frau im September 1726:

> »Ich ward zu einem meiner Verwandten, der ein kleines Rittergut besitzet, eingeladen, um mich der angenehmsten Jahreszeit zu meiner Gemüths- und Leibeserfrischung zu bedienen [...] Die damalige Beschaffenheit des Gewitters [Wetter, Witterung] war sehr anmuthig: Auen, Felder, und Wälder stunden in ihrer schönsten Pracht, und Blüthe; kurtz, Himmel und Erde schienen zu meiner Vergnügung überein zu stimmen [...].
> Ich setzte mich unter einen schattigen Baum ins Gras; der vermischte Gesang des Gevögels ergetzte mir das Gehör; der Anblick eines mit tausend anmuthigen Farben vermischten Grünen das Gesichte, und der von unzehlichen wohlriechenden Blumen und Kräutern ausfliegende Duft den Geruch, die Betrachtung aber der Opitzischen Gedancken das Gemüthe [...] [Sie hatte als »Zeitkürtzer« und »sowohl zur Belustigung, als zur Erbauung meines Gemüthes« das *Lob des Feldlebens* von Martin Opitz mitgenommen, »alte, ungekünstlete, und doch geistreiche Poesie«.]
> [...] ich wollte nemlich noch dieses hinzusetzen, daß mir das Landleben weit unschuldiger, geruhiger, und natürlicher vorgekommen, als das Stadtleben [...] denn seine Annehmlichkeit hatte mich damals so gar eingenommen, daß ich auch bereit war bey vorfallender Gelegenheit meine jetzige Lebensart mit demselben zu vertauschen.«
> So in der Zeitschrift *Die Vernünftigen Tadlerinnen*, herausgegeben von Johann Christoph Gottsched, Bd. II, Leipzig 1727, 38. Stück, S. 297ff.

Wenn auch Frau und Bericht wohl fingiert sind, so sind sie dennoch typisch für ein Bewußtsein und eine Freizeitkultur, die getragen sind durch das Idealbild von Idylle, Arkadien und Schäferdichtung. Francke hätte diesen bloß sinnlichen Genuß verdammt, auch weil die ›Erbauung‹ sich – völlig unchristlich, dafür aber eminent bürgerlich – auf schöngeistige Literatur gründete, die bereits damals die Zeit kürzen sollte. Keine Minute ohne nützliche Tätigkeit! Offenbar konnte man sich dem

Landleben doch nicht ohne schlechtes Gewissen hingeben. Würde das ausreichen, die »jetzige Lebensart mit demselben zu vertauschen«? Ein Selbstbetrug? Wenn ja, dann ein langanhaltender.

Beethoven 1801 aus Wien an Franz Wegeler in Bonn:

> »Sollte mein Zustand fortdauren, so komme ich künftigs frühjahr zu dir, du miethe[s]t mir irgendwo in einer schönen Gegend ein Hauß auf dem Lande, und dann will ich ein halbes Jahr ein Bauer werden, vielleicht wird's dadurch geändert, *resignation:* welches elende Zufluchtsmittel, und mir bleibt es doch das einzige übrige.–«

Salomon Geßner schreibt im Vorwort seiner Idyllen von 1756: »Oft reiß ich mich aus der Stadt los und fliehe in einsame Gegenden, dann entreißt die Schönheit der Natur mein Gemüth allem dem Ekel und allen den wiedrigen Eindrüken, die mich aus der Stadt verfolgt haben.« (zit. Schneider, S. 295)

»Ob die französische Schäferdichtung oder die ›realistische‹, bäuerlich-bürgerliche Idyllik, die sie in Deutschland ablöste: diese Texte stellen trotz des Ausschlusses der ›Verhältnisse‹ keine selige Selbstzufriedenheit im Abseits dar. Ihr Sichrunden, kunstbewußtes Sichschließen enthält ein aktives Moment, einen über ihre sinnliche Enge hinausgreifenden Willen zur Heimatlichkeit [...], ein formgewordenes Drängen nach Geborgenheit.« (ebda; S. 292, auch folgendes Zitat)

Einer der Geßnerschen Hirten:

> »O schöne Chloe!, liebe mich! Siehe wie lieblich es ist, auf diesem Hügel in meinem Felsen zu wohnen! sieh wie das kriechende Epheu ein grünes Netz anmuthig um den Felsen herwebt, und wie sein Haupt den Dornstrauch beschattet.«

In den folgenden fünf Sätzen »quillt« das Wasser zunächst, »schäumt« nur kurz, »sammelt« sich dann und wird von Weiden »umkränzt«. Die Stauden »wölben« sich, der Strauch »trägt« Beeren, und die Bäume »stehn« voller Früchte. Ein statisches Bild: Alles steht still oder kommt zur Ruhe. Bezeichnend ist, daß in diesem kurzen Abschnitt das Wort »kriechen«, nachdem es bereits dem Epheu zugewiesen wurde, noch dreimal auftritt: Die Kürbisse »kriechen hoch empor«, »um mich her kriecht« die Brombeerstaude, und die Bäume sind »von der kriechenden Reb' umschlungen«. Aus der Natur ist das Langsame, Gemächliche, Geruhsame gewählt, um als Vorbild für den idyllisch empfindenden Menschen gezeigt zu werden, wenn er den Ausgleich von der Hetze der Stadt angemessen erleben will. Es ist eine Tempoangabe in Dichtung, maßgebend für jene Kompositionsart, die musikalisch der Idylle entspricht: die Pastorale. Wir werden beobachten können, ob und wie die Pastoralmusik »kriecht«.

Über das Traumreich Arkadien, wie es nun im 18. Jahrhundert mit seinen *fêtes galantes* und *fêtes champêtres*, den darin wandelnden fürstlichen oder bürgerlichen Hirten und Hirtinnen wieder neu aufblühte, schreibt Arnold Hauser (S. 528f.):

> »Die literarische Tradition der Hirtendichtung weist nicht ohne Grund seit ihren Anfängen im Hellenismus eine fast ununterbrochene Geschichte von über zweitausend Jahren auf. Mit der Ausnahme des frühen Mittelalters, als die städtische und höfische Kultur erloschen war, gab es kein Jahrhundert ohne Beispiele dieser Dichtung [...] keinen Stoff,

der die Literatur des Abendlandes so lange beschäftigt und sich gegen den Ansturm des Rationalismus mit solcher Zähigkeit behauptet hätte wie die bukolische [...].
War die Pastorale nicht von allem Anfang an eine Fiktion, eine spielerische Verstellung, ein bloßes Kokettieren mit dem idyllischen Zustand der Unschuld und der Einfachheit? Ist es denkbar, daß man je, seitdem es eine Hirtendichtung gab, das heißt seit dem Bestehen eines hochentwickelten städtischen und höfischen Lebens, das schlichte, bescheidene Dasein von Hirten und Bauern führen wollte? Nein, das Schäfertum war in der Dichtung von jeher ein Wunschbild, in dem die negativen Züge, das Sichlosreißen von der großen Welt und die Mißachtung ihrer Sitten, das entscheidende Moment bildeten. Man versetzte sich spielerischerweise in einen Zustand, der außer den Vorteilen der Zivilisation auch die Befreiung von seinen Fesseln verhieß [...] und den Reiz der Kunst durch den der Natur erhöhte. Die Fiktion enthielt von vornherein die Voraussetzungen in sich, die sie in jeder komplizierten und raffinierten Kultur zum Symbol der Freiheit und des Glückes werden ließ.«

Das ›Wunschbild‹ der Idylle wird sich im Verlaufe dieses Buches in mancherlei musikalischen Pastoralen wiederfinden, idealtypisch aber in einigen Liedern und in einer Kantate Georg Philipp Telemanns, die, als wäre sie die musikalische Antwort auf den begeisterten Bericht der Leipziger Bürgerin, den Titel trägt *Die Landlust* (vgl. S. 86 ff.). Der Behandlung der Kantate vorgreifend und das Urteil Hausers modifizierend, soll hier schon auf das antifeudalistische Element der Idylle hingewiesen werden. Ein Satz aus einem Gedicht von Friedrich von Canitz (gest. 1699), deutet dies an (zit. Dedner 1976, S. 347):

»Hier merk ich, daß die Ruh' in schlechten [schlichten] Hütten wohnet,
Wenn Unglück und Verdruß nicht der Paläste schonet;
Daß es viel besser ist, bey Kohl und Rüben stehn,
Als in dem Labyrinth des Hofes irre gehn.«

1.3. Große, wilde Natur: Das Erhabene

Die von den Pietisten verdammten Spaziergänger hatten einen nicht nur arkadischen Erlebnishunger auf das, was vor den Stadttoren lag: Seit 1696 lag in der Gipfelhütte der höchsten Erhebung des Riesengebirges, der Schneekoppe, ein Buch aus, »darinnen die hinaufgestiegenen Passagiers ihre Nahmen und lustigen Sprüche oder Reime einschreiben. Solche aber durch Druck gemein zu machen, wäre etwas thörichtes«, wie 1737 vermerkt wurde, in jenem Jahr, als sie dann doch – allerdings von »schlimmen Einfällen« gereinigt – herausgegeben wurden. (zit. Kammerer, S. 100ff.) Die Zahl der Eintragungen stieg von 18 (1696) auf 145 (1736). Es gab bereits so etwas wie Bergtourismus. Am 2. Juli 1713 bestiegen 350 Personen den 1603 Meter hohen Berg. Die fernsten Herkunftsorte waren Königsberg, Schweden, Alborg in Dänemark, London, Amsterdam, die Schweiz und Siebenbürgen. Aus Frankreich war offenbar niemand aufgestiegen. Als Gründe für die Besteigung werden genannt: »aus Lust und Compagnie [Gruppenerlebnis]«, »theils aus Andacht, theils aus Curiosität [Neugier]«, »Lust und Liebe haben mich bewogen«, »la curiosité et le desir [Lust]«. Man lobt »Höhen, Felsen, Klüffte, Büsche, Gräser,

Blumen« als lieblich, schön, anmutig, wundervoll und benennt Grün, Blau und Weiß der Aussicht. Ein früher Besucher der Schneekoppe berichtet 1690: »Hier hatten wir nun die schönste Augenweide [...], da ein grosser Theil des Himmels mit der angenehmsten Morgenröthe prangete, aus welcher hernach die Sonne hervorging, wie ein Bräutigam aus seiner Kammer [...]. Sonderlich sahen wir die großen Teiche, in welchen sich die Sonne bespiegelte. Aus den finstern Wäldern leuchteten die weißen Bergschlösser hervor.«

Das Wort Natur taucht nicht auf. Wohl werden aber in jener Zeit die Wörter Land, Gegend und Landschaft verwendet (Kammerer, S. 15f., 59) für die sichtbaren Gegenstände der äußeren Natur und ihre der Vernunft so angenehme Qualität des »beruhigend Augenscheinlichen.« (Schneider, S. 289) »Felder, Wiesen, Wälder, Wasser, Berg, in Summa alles, was zu einer vollkommenen Landschaft gehört«, heißt es noch 1746 in Scheuchzers *Naturgeschichte des Schweizerlandes* (zit. Kammerer, S. 36), während Johann Mattheson, im Sprachgebrauch moderner, diese Summe bereits 1725 als »ganze Natur« anspricht. (S. 47; vgl. hier S. 68)

In den Schneekoppe-Berichten taucht etwas auf, das für das Landschaftserleben von wachsender Bedeutung wird und in eine allgemeine Entdeckung und Bewunderung der Bergwelt, vor allem der Alpen, mündet: die Gefühls- und Denkkategorie des Erhabenen oder Sublimen, in der sich Staunen, Ehrfurcht, Schrecken und Demut verbinden, jene Gefühle, die sich in den Eintragungen hinter den Wörtern »Lust«, »Liebe« und »Andacht« verbergen. Wie alle Arten des Landschaftsgefühls im 18. Jahrhundert kann sich auch solches Erschauern vor dem Übergroßen und Überwältigenden auf Vorläufer und Vorbilder aus der Antike berufen. Vor allem von England aus bildet sich eine Theorie des Erhabenen an dem Ende des 17. Jahrhunderts wiederentdeckten Traktat des Pseudo-Longinus, in welchem in einer für die Antike ganz ungewöhnlichen Weise Bewunderung für das Gewaltige und Großartige geweckt wurde, auch wenn es keinen praktischen Nutzen verhieß. Das Friedlich-Ländliche und Harmonische, wie es in der bukolischen Dichtung des Vergil und Horaz gepriesen und seit der Renaissance in der Schäferdichtung, später in der Idylle und im weiteren 18. Jahrhundert von den Anakreontikern besungen wurde, stand bei Longinus und nun bei den Entdeckern des Erhabenen wesentlich niedriger als die neuartige Naturerschütterung. Wenn bisher Unordnung und chaotisch Erscheinendes in der Wahrnehmung der Landschaft und des Wetters harmonisiert oder ganz ausgeklammert wurden, die schroffe Bergwelt wenig oder gar nicht vorkam, so wurde nun deren Erschreckendes als »schreckliche Schönheit« neu entdeckt. (zit. Schama, S. 506) »Die Massen werden hier immer größer, die Natur hat hier mit sachter Hand das Ungeheure zu bereiten angefangen.« Goethe war sicherlich, indem er so seine Eindrücke vom Anblick der Vorgebirge des Mont Blanc wiedergab (1779; zit. Mit dem Auge des Touristen, S. 72), einer der wenigen, die das Erhabene mit der Idylle ineins zu setzen suchten. Zumeist führte die ängstliche Verzückung zu religiösen Assoziationen, so bei den besonders zahlreichen Alpenbesuchern aus England – »temples of Nature«, »natural cathedrals« (zit. Groh, S. 54) –, oder zu einer Selbsterhöhung der Betrachtenden, die im beginnenden Alpinismus der zweiten Jahrhunderthälfte gipfelte, aber auch in einer neuartigen, in Kants Naturauffassung sich zentrierenden Identifikation mit dem Erhabenen. (vgl. S. 182, 185) 1785 ist diese eigentümliche und dem Erhabenen innewohnende Doppelhaltung von anderer Seite beispielhaft formuliert worden:

> »Die Sympathie, die uns bestimmt, daran [am Großen und Erhabenen] Antheil zu nehmen, versetzt uns oft in die Stelle desjenigen, das groß und erhaben ist: Daher und zugleich von dem Bewußtseyn unsrer Seelenkräfte, die fähig sind, Vorstellungen des Großen und Erhabnen zu fassen, entsteht das Bewußtseyn unsrer eignen Größe, wodurch das Gefallen merklich zunimmt.«. (Gäng, S. 286)

Wenn bei Longinus die Bewunderung für die großen Ströme, den Ozean und den Ätna mit seinen Ausbrüchen noch einen Einzelfall darstellte (vgl. Zimmermann, S. 122f.; Schmenner 1993, S. 13ff.), so schwoll nun um 1700 die Faszination vor solchem Unregelmäßigen und bisher nur Abschreckenden an, auch – ein scheinbares Paradox – weil es nunmehr durch rationale Erklärungen und technische Erfindungen verstehbar und teilweise überwindbar geworden war. »Erst bessere Wege und Transportbedingungen haben die Alpen zur malerischen Kulisse werden lassen, erst der Blitzableiter machte das Gewitterschauspiel genießbar [...] Wissenschaftlich-technische Naturbeherrschung und ästhetisches Naturerlebnis sind Momente desselben neuzeitlichen Prozesses.« (Schneider, S. 296)

Diese Bewegung betrifft aber nicht nur die Bergwelt, sondern auch das große Wasser, etwa den Rheinfall von Schaffhausen (1729; zit. Kammerer, S. 104):

> »Beym Falle selbst theilt er [der Rhein] sich in drey Flüsse, welche durch den grünen Grund und ihr schneeweißes Strudeln dem Zuschauer eine angenehme Augenweide, hingegen durch das Brausen seinem Gemüthe sowohl Bewunderung als Entsetzen verursachen.«

»Grauenvolle Wildniß« und »fürchterliches Bildniß«, wie wenig später über den Eindruck einer Harzreise gereimt wurde, konnten sich also auf jedes Naturelement beziehen lassen, das einen übermächtigen Anblick bot, ob bewegt wie der Rheinfall oder ein Vulkanausbruch oder unbewegt wie die Alpen oder der Ozean. Auch er hatte als »Bild der Unendlichkeit in ungewohnten Augen etwas Schreckliches.« (zit. Kammerer, S. 177, 122)

Daß Johann Sebastian Bach von Leipzig aus die Schneekoppe bereist und bestiegen hat, ist – aufgeschlossen, wie er allem Neuen gegenüber war – recht wahrscheinlich und wäre einer bildlichen Montage mit dem berühmten Gemälde von Caspar David Friedrich würdig, auf dem eine einsame Rückenfigur vom Riesengebirge hinabschaut. Daß er über die neuartige Begeisterung für die Alpen und die großartige südliche Landschaft gehört hat, wie sie im folgenden Abschnitt referiert wird, ist sicher. Denn sowohl Bachs Köthener Dienstherr, Fürst Leopold, also auch die von Bach offenbar geschätzten Dresdner Hofmusiker Heinichen und Pisendel hatten Italienreisen unternommen. Nicht vergessen werden darf auch, daß Bach mit dem Weißenfelser Dichterkreis um Hunold und Neumeister bekannt war und wohl von diesen Literaten manches über die neuesten Tendenzen ausländischer Kollegen, auch der englischen, gehört haben dürfte. Daß solche Erlebnisse und Informationen sein Potential zur Darstellung gewaltiger Naturereignisse vermehrt und in die Region erhabener Gefühlshaltungen gehoben hat, möchte man annehmen. (vgl. S. 59ff.)

Betrachten wir aber, um die Situation um 1700 parallelisierend auch musikalisch zu beleuchten, wie Bachs Leipziger Amtsvorgänger Johann Kuhnau in der ersten Sonate seiner sechs *Biblischen Historien* von 1700 ein »Ungeheuer der Natur« (Vorwort) und die Reaktion darauf in Musik setzt. Es geht um den Riesen Goliath und die durch ihn erschreckten Israeliten – David ausgenommen. Deren Entsetzen zeigt in der Musik keinerlei erhabene Spuren. Sie zittern vor Furcht in chromatisch sich vorantastenden Repetitionen (Affekt- und Bildfigur), die nach wenigen Takten zum vierstimmigen Satz ergänzt werden durch ein Symbol ihres Hilfsgebetes zu Gott, den in halben Noten in der Oberstimme zitierten Choral *Aus tiefer Not schrei ich zu Dir.* Diese Darstellung ist klar, ohne Zwischentöne, so simpel wie kunstvoll. Die »tiefe Not« spricht sich in den traditionellen Mitteln der musikalischen Rhetorik aus, der Hilferuf in dem, was die Semiotik Legi-Zeichen nennt: Sein Verständnis beruht nicht auf bildlicher Entsprechung oder Konvention, sondern auf Kenntnis.

Das musikalische Bild des Riesen aber, welches der Furcht vorangeht, trägt andere Züge. Schon Kuhnaus Beschreibung des »Ungeheuers« im Vorwort bedient sich mancher Begriffe, die der Schilderung erhabener Naturerscheinungen angehören (zit. Urtext-Ausgabe Peters, hg. L. Hoffmann-Erbrecht):

> »Entsetzet man sich fast ueber dem blossen Abrisse dieses Menschen/ wie werden nicht die armen Israeliten erschocken seyn/als ihnen das lebendige Original dieses ihres Feindes zu Gesichte gekommen. Denn da stehet er vor ihnen in seiner ehernen und mit der Sonnen gleichsam umb den Vorzug des Glantzes streitenden Montierung/ und machet mit dem wie Schuppen uebereinander hangenden Metall ein ungemeines Geraeusche/ schnaubt und brauset/ als wenn er sie alle auff einmahl verschlingen wolte. Seine Worte klingen in ihren Ohren wie der erschreckliche Donner.«

Hier einige Ausschnitte aus dem Satz (T. 1-4, 22-28, 35 - Schluß):

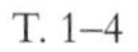

Auftrumpfendes Voranschreiten und schweres Stampfen sind unschwer zu erkennen, ebenso das Massige und Lastende der Gestalt. Dies alles betrifft Umfang und Bewegung. Wichtiger für unseren Zusammenhang sind die anderen im Vorwort genannten Elemente, das sonnengleiche Glänzen und metallische Geräusch der Rüstung, das Schnauben und Brausen und die donnergleichen Worte. Sie sind es, die erhabene Gefühle auslösen können. Die Schilderung des Rheinfalles ist ein Beleg dafür. Sie stecken in den Akkordbrechungen, dem sogenannten Reißwerk, und in der überraschenden Wahl der Tonart C-Dur. Sie ist die Tonart für alles Prächtige, Glänzende, Leuchtende, für alles Starke (vgl. die Übersichten bei Auhagen). Johann Mattheson (1713, S. 240) nennt sie u.a. »rude und frech«, geeignet für Situationen, »wo man der Freude ihren Lauff läßt«, und – Calvisius (1609) zitierend – »einer Armee zur Aufmunterung«.

Dies ist ein sehr früher Versuch, eine Naturerscheinung musikalisch als erhaben zu zeigen. Hätte Kuhnau das Böse des Riesen akzentuieren wollen, hätte er eine negative, unangenehme Tonart gewählt, mit vielen b-Vorzeichen. Aber es geht ihm bei der Wahl von C-Dur um die sinnliche Faszination, um das die Verstandes- und Vernunftmöglichkeiten Überschreitende dieses blendenden und lärmenden Riesen. Sonne und Donner kommt er gleich, also genau jenen Naturgegenständen, die als bannende und sinnverwirrende Elemente die höchsten Gegenstände des Erhabenen bilden und aus denen in anderen Zusammenhängen das Wesen und die Stimme Gottes sprechen. Man wird verfolgen können, wie in Beispielen aus späteren Jahrzehnten die Mittel zur Darstellung des Erhabenen sich differenzieren und bereichern. Aber das Schwirren und Rauschen in den Höhen sowie das dumpfe Poltern in den Tiefen halten sich noch lange zur Vermittlung erhabener Bilder und Gefühle. Der Gewitter-Satz aus Beethovens Pastoral-Sinfonie zeigt es.

1.4. Auf den Spuren der Künstlerin Natur: Die Rahmenschau und die Affekte

Der Baumeister Johann Friedrich Armand von Uffenbach aus Frankfurt am Main, 1689 geboren, sechs Jahre später als sein Freund Telemann, ein Mann von hoher Bildung und künstlerischer Übung, auch in der Malerei und Musik, unternahm von 1712 bis 1715 eine Europareise, während der er ein Tagebuch führte, auszugsweise herausgegeben von Eberhard Preußner. (folgende Zitate S. 52, 94, 106, 157, 161)

Beim Anblick der Schweizer Eisberge notierte er: »die schau ist so herrlich, daß sie nicht schöner gemalt und also erdacht werden kann.« Der Anblick der Gegend um Florenz ist »ungemein schön [...], daß man es sich ohnmöglich so einbilden [vorstellen] kann.« Dann wieder »admirirte die unvergleichliche gegend des genueßer land, man kann sich kein schöner Situation einbilden als dieße zu sein schien, an seiten der see, eine statt sah man an der andern, und dahinter auf dem hohen gebürg nichts als weinberg und lusthäußer.« Auf den Bergen südlich Kölns stehend, bewunderte er »die große lag des rheins und die gegend im angesicht.« Und kurz nach der Heimkehr bedichtete er in einem »Nacht-Stück« die nächtliche Mainlandschaft, »vor dem die Mahlerey nichts als ein arm Gemächt«, also ein Werk im Sinne von Arbeit, Menschenwerk, aber auch Machwerk.

Neben dem ungemeinen Genuß, den Uffenbach beim Anblick der Landschaften unterschiedlicher Art hat, einmal erhaben (Alpen, Rhein), einmal idyllisch (Genua, Main), ist die Häufigkeit bemerkenswert, mit der er betont, daß die Landschaften weder so erdacht, noch eingebildet oder gar gemalt werden könnten. Sie seien jeder erfundenen oder abgemalten überlegen. Diese Meinung tritt bei anderen Autoren immer wieder einmal auf. So heißt es bereits 1605 über Alpentäler: »Keine Hand kann mit Feder oder Pinsel, kein Geist mit Kunst und Wissenschaft dieses Schauspiel malen.« (orig. spanisch; zit. Kammerer, S. 103) Der Engländer Shaftesbury hundert Jahre später meint, die Natur biete ein »edleres Schauspiel als alles, was je die Kunst erfand.« (*Hymnus an die Natur;* zit. Zimmermann, S. 136)

Und wenig später sein Landsmann Wordworth: Er lehne es ab, sich bei der Beschreibung der Alpen an die »kalten Regeln der Malerei« zu halten. (zit. Göller, S. 231f.) Die Frage, inwieweit die Kunst der Natur überlegen sein könne oder gerade nicht, wird uns noch weiter beschäftigen, unter anderem bei dem Problem der Nachahmung der Natur. Auffallend ist, daß der Mensch gegenüber seinem selbstgewählten Vorbild sofort in ein Konkurrenzverhältnis tritt, zumeist mit der Erkenntnis seiner Unterlegenheit. (vgl. S. 208) Als die Autorität noch göttlich war, war dies nicht der Fall. Es ist offenbar eine notwendige Konsequenz der Säkularisierung der Vorbilder und leitenden Werte. Auch die spätere Wahl der Maschine als leitender Gottheit hat vergleichbare Folgen: Der Mensch soll ihr arbeitend und funktionierend gleichkommen und ist von vornherein unterlegen.

Uffenbachs Vergleiche der Landschaftsanblicke mit den Möglichkeiten der Malerei rühren nicht einfach daher, daß er selbst zeichnete und so dem Vergleichsgegenstand verbunden war, sondern sind Beispiel des verbreiteten zeitgenössischen Blickes auf die äußeren Gegenstände, der als »Rahmenschau« bezeichnet wird. (Schneider, S. 299f.) Er beruht darauf, das Erblickte in der Vorstellung zu rahmen – eine Vorform der modernen photographischen und allgemein der malerischen Motivsuche – und damit den Anblick von vornherein zu ästhetisieren, das Erblickte auszuwählen und auszusondern, individuell wertend einen Ausschnitt vorzunehmen. Diese Sichtweise ist eine Folge des genauen Hinblickens und unterstützt es zugleich, ist eine Art der Bemächtigung der Landschaft, ein Versuch, zumindest durch den Blick dem überlegenen Konkurrenten auf die Spur zu kommen und seine unbegreifbaren und unnachahmlichen Qualitäten auf handliches Format zu reduzieren. »Malerisch« nennt man dann diese Ausschnitte in der Hoffnung, die übermenschliche Malerin Natur vermenschlicht zu haben. Die Landschaft wird vom Spaziergang in einem Bilderspeicher der Erinnerung und der weiterführenden Einbildung davongetragen. Diese Art der Landschaftsschau als innere Inventarisierung führt sowohl zum wissenschaftlichen Ordnen und Gliedern wie zum malerischen Ästhetisieren und Speichern. Solches Formen, Umformen und Zubereiten der Natur und Naturwesen setzt eine herrschaftliche Distanz zum Angeblickten voraus, die Einstellung, daß das Erblickte etwas zu bieten haben solle, dem Schauenden zur Forschung oder Ergötzung zu dienen habe, weshalb man darin herumsuchen und -wählen könne. »Ein kurioses Beispiel dafür ist das sogenannte Claudeglass, ein konvexer Spiegel auf dunkler Folie, der beim Spaziergang die Landschaft ›wie ein Gemälde von Claude Lorrain‹ wiedergab.« (Schneider, S. 301) Offenbar mußte man dabei den ausgewählten Ausschnitt im Rücken haben. Spätform: Der Auto-Rückspiegel, vornehmlich abgeblendet bei Nacht.

Ein musikalisches Pendant der Rahmenschau zu finden, erscheint zunächst schwierig, wenn nicht aussichtslos, da das Auge, das vorherrschende Sinnesorgan der Vernunftepoche, und das Ohr, als Einfallstor des Irrationalen und Unbewußten von den Aufklärern mit Mißtrauen bedacht, auf den ersten Blick so wenig Gemeinsames und Vergleichbares haben, vor allem wenn es um das Auswählen und Sortieren geht. Aber nur auf den ersten Blick.

Das systematisierende Aufspalten der Naturerscheinungen und das Festhalten der Ergebnisse in statischen Ausschnitten scheint sich in der Musik in der Typisierung der inneren Natur des Menschen, nämlich seiner Gefühle, zu vollziehen. Ihre Einteilung in Affekttypen wurde in der Philosophie des 17. Jahrhunderts mehrfach vorgenommen, beispielsweise von René Descartes in seinem Werk *Les passions de l'âme* von 1649. Er unterschied sechs Grundtypen – Bewunderung, Liebe, Haß, Verlangen, Freude und Traurigkeit – und ordnete ihnen weitere Unterarten und -mischungen zu. Wohl kaum als Reaktion auf die Rezeption solcher Systematisierungen, sondern als zeitgleiche musikalische Parallelentwicklung unter dem Szepter des Rationalismus dürfte jene Umstrukturierung von Instrumental- und Vokalmusik erfolgt sein, welche das Prinzip der Affekteinheit im Satz einführte, den »style d'une teneur«. Diese musikalische Art der »Rahmenschau« setzte der älteren Freiheit, im Satz die Gefühle zu wechseln und dabei sprunghafte Mannigfaltigkeit zu ermöglichen, ein Ende. Bis weit ins 18. Jahrhundert hinein wirkte die Bestimmung, daß in der Instrumentalmusik jeder Satz sich auf einen Affekt zu konzentrieren bzw. zu beschränken habe, und daß in der Vokalmusik, vornehmlich in der Oper und in der Kantate seit der Neapolitanischen Schule (Alessandro Scarlatti), eine Einteilung in Rezitativ-Arien-Paare vorzunehmen sei, wobei dem Rezitativ Handlungs- und Begründungsaufgaben zufielen, dadurch auch Reste des Affektwechsels, während die folgende Zentralgattung, die Da-capo-Arie, den im Rezitativ motivierten Affekt ausführlich darzustellen habe, eine leichte Modifikation im Mittelteil eingeschlossen.

Auf diese Weise wurden in der Musik die menschlichen Gefühle, also die innere Natur des Menschen, ebenso abgespalten und isoliert beobachtet wie in der Landschaftsbetrachtung die Blickausschnitte. Daß solche Affekteinteilung tatsächlich Pendant der »Rahmenschau« sein könnte, wird durch einen im späteren 18. Jahrhundert heiß umstrittenen Zweig der Charakteranalyse nahegelegt, in dem sich beide Aspekte verbinden. Es ist die von Johann Caspar Lavater begründete Physiognomik. In seinen seit 1775 erschienen *Physiognomischen Fragmenten zur Beförderung der Menschenkenntnis und Menschenliebe* unternimmt er den Versuch, durch analytische Beobachtung und genaue Beschreibung der Einzelheiten menschlicher Gesichtsbildung, »durch das Aeußerliche eines Menschen sein Innres zu erkennen«. (Bd. 1, Frg. 2) Es ist eine individualistische Auslegungslehre, die auf Einfühlung und spontaner, jedoch als Wissenschaft gemeinter Imagination beruht. Nur das Schwankende und Enthusiastische seiner Analysen hat viele Rationalisten zweifeln lassen, nicht jedoch die Absicht selbst. Daß die »Rahmenschau« auf nur einen Ausschnitt der Gesamterscheinung, das Antlitz, ausreiche, um auf das Innere zu schließen, ist nur wenigen als wunder Punkt der Methode aufgefallen, etwa Lichtenberg. Zudem gehen viele Urteile Lavaters auf Vorkenntnisse der Personen oder ihrer Werke zurück. Was er etwa aus Portrait und Silhouette Carl Philipp Emanuel Bachs an Genialischem herausliest (Bd. III, S. 200f.), kann nur auf der Kenntnis von Bachs Musik und der Urteile über sie beruhen.

Bach hat in seinen jüngeren Jahren (1749) selbst ein Beispiel extremer Affektsegmentierung, einer speziellen musikalischen »Rahmenschau« gegeben und sich dabei als musikalischer Späher mit Seelen-Vergrößerungsglas betätigt. Dazu hat er sich einer alten Theorie ärztlicher Körper- und Seelensystematik bedient, der Temperamentenlehre, und in einer Triosonate (Wq 161/1) ein Streitgespräch zwischen »Sanguineus und Melancholicus« in hochdifferenzierter Zerlegung menschlicher Affektsituationen komponiert und jede der 42 Stationen wörtlich bezeichnet. (Neuausgabe von Klaus Hofmann, Hänssler-Verlag Stuttgart 1980) Die Affektenlehre, wie die Figurenlehre Angelpunkt und Rückgrat der Musik des späten 17. und frühen 18. Jahrhunderts, verlor über das Jahrhundert hinweg ihre Bedeutung für das Komponieren. Und dementsptechend hat sich Bach auch später von seiner Triosonate distanziert.

1.5. »Proben von des Schöpfers Güte«: Nützlichkeit und Naturbegriff

Ob gottesfürchtiger, ob profaner Spaziergang, ob Bergbesteigung oder Reise in die Ferne – die Wendung hinaus ist nicht nur die praktische Voraussetzung der neuen Natursicht, sondern ihr Aktionssymbol. »Der Aufbruchscharakter prägte das Naturgefühl lange.« (Schneider, S. 294) Hinaus in den Garten, hinaus in die Landschaft! Dort wird der Blick betätigt, der wissenschaftliches Erforschen oder erhobenes Fühlen erzeugen kann. Beides fällt zusammen in den seit 1721 erschienen Gedichten eines der beliebtesten und einflußreichsten deutschen Dichter der ersten Jahrhunderthälfte, des Hamburger Ratsherrn Barthold Heinrich Brockes (gesprochen: Brooks). Der Titel: *Irdisches Vergnügen in Gott.*

Da Johann Sebastian Bach große Teiles eines Oratorientextes von Brockes für die *Johannes-Passion* (1724) verwendete, ist anzunehmen, daß er auch die Gedichte kannte und dadurch vertraut war mit der Physiko-Theologie als deren gedanklicher Basis, einer geistlichen Ideologie, die seit ihrer Entstehung im England des späten 17. Jahrhunderts bald großen Anklang und Anhang in den Kreisen der Frühaufklärung in ganz Europa fand. Ihr Programm »manifestierte sich in unzähligen Versuchen, die Erkenntnisse der neuen Naturwissenschaften mit dem überlieferten Weltbild in Einklang zu bringen.« (Groh, S. 70) Ihr Gottesbeweis aus der ›Natur‹ war dabei von entschiedener Diesseitigkeit. »Eine Erbsünde existiert für Brockes nicht, die Notwendigkeit der Erlösung durch Christus entfällt. Die Sünde des Menschen besteht in seiner ›Verselbständigung‹, seinem Abfall von der als göttlich erkannten Natur. Insofern ist für Brockes die Möglichkeit der Selbsterlösung des Menschen in der Hinwendung zur Natur jederzeit gegeben.« (Weidenfeld, S. 71f.) Dies kann und soll sich auch an Landschaftstypen bewähren, die um 1720 noch keineswegs Anlaß zu idyllischen Betrachtungen ergibt und erst seit dem Sturm und Drang Heimstatt der Barden-Einsamkeit wird. Daher als Fazit des Gedichtes *Die Heide* (zit. Martens, S. 267):

> »Betrachte denn forthin, geliebter Mensch, die Heide
> Nicht sonder Gottes Lob, nicht sonder Freude!«

Diese Haltung widerspricht sowohl der orthodox-lutherischen wie vor allem der pietistischen Lehre. Und Brockes betont den Widerspruch auch in dem späten Gedicht *Der Atheist* von 1739 (zit. ebda., S. 121):

> »Es zeiget Schrift [Bibel], es zeigt Natur,
> Daß göttliche Vollkommenheit nur dieß am allermeisten wolle,
> Daß man sich, hier sowohl auf Erden, als ewig dort, vergnügen solle.«

Der gottgefällige Blick hat neben dem Ziel des Beobachtens, Erkennens, Verstehens und Erstaunens auch das des Anwendens, damit auch der wirtschaftlichen Nutzung, der Ausbeutung – eine Grundlage des frühen Unternehmertums mit christlicher Legitimation, vielleicht nur in England erdenkbar, der Wiege des Kapitalismus, und die wohl reinste Ausprägung des praktischen Zweiges der Aufklärung. Dies gilt auch für die neuentdeckte Erhabenheit der Bergwelt, so im Gedicht *Die Berge* von 1721 (zit. Kammerer, S. 114):

> »Ob nun gleich der Berge Spitzen
> Oed' und grausam anzusehn,
> Sind sie doch, indem sie nützen,
> Und in ihrer Größe schön.
> [...]
> Alle kostbare Metallen
> Diamanten, Berg-Kristallen
> Silber, Gold (der Menschen Lust)
> Steckt in ihrer finstern Brust.«

So werden Großes und Kleines im Wunderpark der Schöpfung vorgeführt und analysiert, vom Weltall bis zum Wassertropfen – »Ein' jede Blum', ein' jede Blüthe sind Proben von des Schöpfers Güte« (zit. Martens, S. 261f.) –, und es fehlt auch der für die Aufklärung unabdingbare didaktische Zug nicht. »Wenn Brockes das Wachstum einer Hyazinthe in einem Wassergefäß ohne Erde beobachtet, so legt er besonderen Wert darauf, daß die Versuchsanordnung des Experiments von jedem wiederholt werden kann.« (Weidenfeld, S. 71)

Brockes' Absicht, wie er sie in den neun Bänden des *Irdischen Vergnügens* zäh und folgerichtig ausbreitet, hat einen allumfassenden, universellen Anspruch, will dafür sorgen, daß die Lesenden bei jedem Gegenstand, der ihnen begegnet, die neue Sicht- und Denkweise in sich wirken fühlen und auch anwenden, ob es sich um eine Seifenblase oder eine Krokusblüte handelt, um die *Betrachtung einer sonderbar schönen Winterlandschaft,* das *Atem-Holen,* das *Nordlicht, Ein starkes Ungewitter, nebst darauf folgender Stille,* um *Gedanken über Treib-Eis* oder gar *Die durch Veränderung von Licht und Schatten sich vielfach verändernde Landschaften.* (zit. Weber, S. 102) Die Lesenden sollen sich, in Brockes' Art genau beobachtend und interpretierend, als Teil der ›Natur‹ verstehen und in sich eine ›Natürlichkeit‹ entwickeln, die Abbild dessen ist, was sie an der äußeren Natur bewundern.

Unter den Liedern Telemanns, der mehrfach Texte von Brockes vertonte (vgl. S. 96), ist eines, welches in musikalischer Hinsicht den bereits angesprochenen Typus der Pastorale verkörpert, textlich aber wirkt wie eine als Scherzlied maskierte Belehrung in Sachen Naturwissenschaft nach Art von Brockes. Vielleicht aber hat der Textdichter Philander von der Linde der Erklärungs- und Belehrungsmanie des berühmten Zeitgenossen einen ironischen Nasenstüber versetzen wollen und hierfür dessen didaktisches Prinzip angewendet, die Natur zu vermenschlichen und die Menschen als Teile der Natur zu beschreiben. Dies zeigt schon der Titel *Die durstige Natur,* Nr. 10 der *Singe-, Spiel- und General-Bass-Übungen* von 1734 (hg. Max Schneider, Bärenreiter-Verlag).

»Brockes' Bedeutung nicht nur für die poetische Landschaftsdarstellung und die Entstehung des Naturgefühls, sondern grundsätzlich für die Aufklärung in Deutschland ist schwer zu überschätzen.« Denn: »Die Natur ist nie ›klein‹, sie ist immer groß: der Wassertropfen folgt demselben Gesetz der Schwerkraft wie der Planet, ein Blumenstück ist so reich wie der Erdball. In der ›kleinen Welt‹ öffnete sich dieselbe Aussicht ins Unendliche wie in der großen. Sie war daher besonders geeignet, gängige Werte zu revidieren. Gemeint ist die ständische Hierarchie und die höfische Repräsentation, von der die Naturempfindsamkeit sich nicht mehr imponieren lassen wollte. So enthält die detaillierte Miniatur unterschwellige politische Opposition.« (Schneider, S. 304)

Damit ist die gesellschaftliche Funktion der Naturerfahrung für das junge Bürgertum angeschnitten: Wer sich durch den Anblick entweder der Gebirge oder des Wassertropfens bis ins Tiefste erschüttern oder zu Bewunderung hinreißen lassen konnte, wurde bald stumpf gegenüber dem weltlichen Gepränge der irdischen Fürsten und ihrem Machtanspruch. Weit prächtiger und machtvoller nämlich war etwas, das im Unterschied zum fürstlichen Pomp jedem und jeder zugänglich war, etwas, das der Feudalismus nicht kannte und wodurch die Bürger ihm überlegen waren und ihn letztlich auch überwanden: Mühe und Anstrengung. Erst mußte man die Berge besteigen, erst mußte man den Wassertropfen durchs Vergrößerungsglas beobachten. Dann aber wurde man durch einen anderen Reichtum als den der Fürsten beschenkt, einen, den man durch eigene Arbeit und nicht durch die Gnade der großen Herren erworben hatte. Hierin liegt implizit die soziale Sprengkraft des neuen Naturgefühls.

Das neue Prinzip beruft sich allgemein bei den Zeitgenossen auf jenen Begriff, der in den bisherigen auf Landschaft bezogenen Äußerungen kaum einmal vorkam und dort auch weiterhin selten bleibt: Natur. Die zuvor wiedergegebenen Zeilen von Brockes sprechen davon – »Es zeiget Schrift, es zeigt Natur...« Natur ist die große Hervorbringerin, die neue Göttin, die »den Schülern der Natur« »die Lehre« und »allein Gesetze giebet«. (Haller 1729; zit. Martens, S. 280)

Laurence Sterne, ironisch wie schon im Zitat S. 7, behauptet, es sei die »dear Goddess« Natur gewesen, die ihn rätselhafterweise dazu gebracht habe, im Zorn die Perücke herunterzureißen und an die Decke zu werfen – und wieder aufzufangen. (*Tristram Shandy,* Bd. IV, Kap. 17, Ausg. London 1967, S. 292) Die Natur ist die Urkraft, häufig im Verständnis einer personifizierten Allmutter – Sterne ruft ihr zu: »Your most obedient servant, madame« (Bd. V, Kap. 11; ebda. S. 361) –, also ein schaffender »Organismus, dessen wesentliche Strukturen nur durch das Mittel der Analogie erfaßt werden können« (Göller, S. 232f.), die »natura naturans« des Giordano Bruno und von Spinozas Pantheismus, das »même principe« Batteux's (1746), in zeitgenössischer Übersetzung der »einzige Grundsatz«. Ihr nachzufolgen, wird zur inneren Verpflichtung.

Natur, natürlich – um und nach 1700 sind die Spielarten der Bedeutung vielfältig. »Die Vokabel ›Natur‹ ist um 1700 zum Modewort geworden, das die gemeinten Sachverhalte teilweise eher verdunkelt als erhellt«, urteilt Uwe-K. Ketelsen (S. 46) und stellt sechs Sachverhalte fest: »das alltäglich Gegebene«, »die sittliche und logische Norm (insofern das Vorhandene nämlich das Vernünftige ist)«, »das, was sich der sinnlichen Erfahrung darbietet«, »alles Existierende, insofern es von Gott geschöpft ist und die Fähigkeit besitzt, das Prinzip, das seiner Schöpfung zu

Grunde liegt, zu perpetuieren«, »das Prinzip des moralisch Bösen, das, was in theologischer Metaphorik das ›Fleisch‹ genannt wird, also das Dunkle und Gottferne«, schließlich der »Wirkungszusammenhang der Materie (machina mundi).« Diese Vieldeutigkeit des Begriffes, die Unfestigkeit und Austauschbarkeit seines Sinnkernes, zeigt sich auch in dichterischen Formulierungen der Zeit, etwa über Landschaften, schön durch »kunst-wunderbare Natur« (Hochgesang), über die Alpen, »ein rechtes Wunder der Natur« (Gruner), über Tannen, »von Natur in schöne Pyramiden gestellet« (Sulzer), über »Einfalt und Natur« der Schweizer Hirten und den »Lenz und die Natur« (Hagedorn). »Die Natur will dich erquicken« (Drollinger) neigt wiederum vom Allgemeinen zur Personifizierung hinüber, ebenso in Hallers Formulierung von 1733: »Die Natur erwacht.« Und oft verbindet sich der Gebrauch des Begriffs mit der Vorstellung des Friedlichen und Idyllischen: »die mäßige Natur« (Haller), »die Natur mit milder Hand« (Hagedorn). (Zitate nach Kammerer, S. 36, 82, 24, 67, 72, 149, 149, 145, 48) Von hier aus ist es nur ein kleiner Schritt, bis der Naturbegriff durch spezifische Adjektivverbindungen jenen oppositionellen, gegen die französische Hofkultur gerichteten Akzent bekommt, der bereits angesprochen wurde. So heißt es bei Lindner in der Vorrede zum Schneekoppenbuch 1736 (zit. Kammerer, S. 32f.), man könne

> »glauben, man befinde sich in einem irdischen Paradiese, welches alle künstlichen Gartenbemühungen und gezwungene Feldzierrathen weit hinten an setzt. Wir für uns achten es allemal dafür, die wir überhaupt und jederzeit an den ordentlichen Naturwerken ein besser gefallen zu haben gewohnt seyn, als an andern erzwungenen Kunststücken.«

Und Hagedorn mahnt 1750 (zit. ebda., S. 53): »Ehrt die wirkende Natur: laßt das Künsteln ferne bleiben.« Vollends der Gebrauch des Adjektives und Adverbes ›natürlich‹ läßt mitsamt seinen Synonyma diese Richtung erkennen, wie schon Reichardts Bemerkungen über den Fingersatz gezeigt haben. (vgl. S. 6) Dem pietistischen Dichter Arnold fehlt noch das Adjektiv, wenn er 1698 sagt, seine Dichtung sei ohne »grosse Künste«, da sie »von sich selbst ungezwungen dahinfloß«, aber Hunold bestimmt 1717, der »Brief-Stylo« solle »natürlich und ungezwungen« sein, so wie Rambach 1720 die Gabe rühmt, »eine Sache natürlich und beweglich [bewegend] in gebundener Rede vorzustellen.« (zit. Martens, S. 157, 152, 158) »Unerzwungen« und »unerkünstelt«, also unbeschnitten will Hagedorn die Bäume sehen. (zit. Kammerer, S. 53)

Auch die Moralischen Wochenschriften, die nach englischem Muster seit Jahrhundertanfang zu erscheinen begannen und allgemeines Interesse fanden, zeugen vom neuen Naturbewußtsein und also auch vom neuen Wortverständnis. Gleich im 2. Stück der bereits genannten *Vernünftigen Tadlerinnen* vom Januar 1725 (vgl. Angabe S. 11, Teil I, S. 9) heißt es:

> »Unsere Speisen sind öffters ein unnatürlicher Mischmasch wieder einanderlauffender Dinge. Unsere Sprache ist nicht mehr natürlich, oder rein, wie vor Zeiten, sondern entweder voller gekünstelter und schwülstiger Redens-Arten, oder voller lateinischer, italienischer und frantzösischer vermeinter Zierlichkeiten.«

Entsprechend werden in dem schon verwendeten Text aus dem zweiten Teil der Zeitschrift die »vernünftigen Gedancken« und »natürlichen Beschreibungen« des guten alten Opitz gelobt. Wieder wird das Ineinandergreifen der beiden aufklärerischen Zentralbegriffe deutlich (vgl. S. 5f.). Sterne gibt die kritische Absicht, mit der er das bald wohlfeile Doppelargument persifliert, durch Übertreibung wieder: Eine unberechtigte Steuerforderung sei »wider das Recht der Natur, wider die Vernunft, wider das Evangelium.« (*Tristram Shandy;* Bd. VIII, Kap. 1, Ausg. München 1967, S. 533)

Wie schon mehrfach deutlich wurde, ist auch unser Hauptgegenstand, die Musik, tief in die Argumentationslogik um Natur und Natürlichkeit und ihre Problematik verstrickt. Telemann kritisiert bereits 1722 »Kunst ohne Naturell«, also Kunstfertigkeit ohne Anlage und Begabung. (Mattheson 1722, S. 360) Und 1729 behauptete er, es sei »die bloße Natur meine Lehr-Meisterinn, ohne die geringste Anweisung, gewesen.« (Brief an J. G. Walther; zit. Telemann 1981, S. 151) 1740 rühmt er sich, daß in seinen Triosonaten auch »der Baß in natürlicher Melodie [...] einhergieng.« (zit. ebda., S. 204) 1739 kritisiert Johann Mattheson die neuere inhaltsleere Musik der Italiener: »es läufft aber meist auf ein Flickwerck, auf lauter zusammengestoppelte Cläusulgen hinaus und ist nicht natürlich.« (Teil II, Kap. 13, § 138) Daß Vollstimmigkeit »zur Vorstellung der Majestät, des Erhabnen« besonders geeignet sei, begründet er 1744 mit den fein geschiedenen Argumenten: »von Natur und bekanntermaßen.« (S. 11) »Alles, was natürlich und ordentlich sein soll, muß sich auf Regeln gründen [...], die aus der Natur selbst entstanden sind«, fordert 1739 der unerbittliche Aufklärer und Rationalist Johann Adolph Scheibe im *Critischen Musikus* (1745, S. 571), eine Forderung, deren Zwiespältigkeit im Zusammenhang mit der Nachahmungslehre erörtert werden wird. 1737 wendet er diesen Grundsatz auf Johann Sebastian Bachs Vokalmusik an, mit negativem Ergebnis, da »er mehr Annehmlichkeit hätte, [...] wenn er nicht seinen Stücken, durch ein schwülstiges und verworrenes Wesen, das Natürliche entzöge, und ihre Schönheit durch allzu große Kunst verdunkelte.« (ebda. S. 62) Bach mit dem Dichter Lohenstein vergleichend bietet er dann ein Fazit, das als Zusammenfassung des bisher hier Gesagten gelten, zugleich aber auch als Hinführung zum Folgenden dienen kann (ebda.):

> »Die Schwülstigkeit hat beyde von dem Natürlichen auf das Künstliche, und von dem Erhabenen aufs Dunkele geführet; und man bewundert an beyden die beschwerliche Arbeit und eine ausnehmende Mühe, die doch vergebens angewandt ist, weil sie wider die Vernunft streitet.« (vgl. dazu Schleuning 1979, IIIc)

2. Die Pastorale – friedliche Natur
Vier geistliche Beispiele

Ist die Pastorale eine Gattung? Ist sie ein Stil, ein Genre oder, wie Hermann Jung sie nach literaturwissenschaftlichem Vorbild genannt hat, ein Topos? Vor einer späteren Verfolgung dieser Frage soll an Beispielen geklärt werden, worum es bei der Pastorale geht.

Ursprung dieser Kunstform sind die Hirtengedichte der griechischen Antike (Theokrit) und die der römischen Antike (Horaz, Ovid), vor allem die Eklogen und Bukolica des Vergil, in denen im Traumland Arkadien alle jene Schäferinnen und Schäfer ihr anspruchsloses und empfindsames Spiel treiben, deren Namen in der Idyllendichtung und in der daran anschließenden Musik seit der Renaissance bis weit ins 18. Jahrhundert weiterlebten: Damon, Daphnis, Corydon, Chloe, Phyllis und all die anderen, die auf ihren Blasinstrumenten friedfertige Weisen erklingen ließen. (Hierzu und zur weiteren Geschichte Jung.) Durch das gesamte Mittelalter hat es Schäferspiele, Pastourelles und Pastorellas gegeben. Entscheidend für die spätere Entwicklung waren jedoch die Dichtungen, die in der Zeit der Renaissance die antiken Modelle wieder aufgriffen und weiterführten, vor allem im späteren 16. Jahrhundert *Il pastor fido* (Der treue Schäfer) von Giambattista Guarini und *Aminta* von Torquato Tasso. (Der deutsche Schäferroman um 1700 liegt allerdings abseits dieses Traditionsssstranges; vgl. Deutsche Literaturgeschichte, S. 116.) Zusammen mit den alten Mustern bildeten sie und entsprechende andere Werke die Grundlage für das, was in der Musik seit dem frühen 17. Jahrhundert in Italien, ob in Madrigal oder Oper, an Pastoralstil sich entwickelte. In Abhängigkeit von echter Hirtenmusik und dem sich darauf beziehenden Siciliano erkennen wir bereits bei Monteverdi sowie Vater und Tochter Caccini jenes Stilmodell der Pastorale, welches Jahrhunderte weiterwirkte. Gesungen und von Hirten-, nämlich Blas-Instrumenten begleitet, erklingen Orgelpunkte bzw. Bordunquinten im Baß, darüber statisches Kreisen in Dur-Dreiklangsbrechungen mit ihren typischen Intervallen Terz, Quart, Quint und Oktave und – häufig imitierend gesetzt – in Terz- und Sextparallelen mündend, all dies getragen von einem gemächlichen Tempo und ungeradem, zumeist 6/8-Takt, oft auch mit den siciliano-typischen Punktierungen, zumeist in den ersten Takthälften. Auch die Instrumentalmusik hat sich dieses Typus in einer langen Reihe von Pastorale-Stücken für Tasteninstrumente (Frescobaldi) und andere Instrumente und Ensembles angenommen. Die zugleich mit dieser Tradition – oder diese begründend – einsetzende und immer stärker anschwellende Vorliebe der Höfe und Adligen für Hirtenkultur und ländliche Feste, die bald auch vom aufkommenden Bürgertum aufgegriffen wurde, war die Basis solcher Musik. Aufträge für Pastoralopern und Hirten-Divertissements konzentrierten die Bemühungen der Komponisten auf Pastoralwerke. In den zahlreichen Orchestersuiten des Darmstädter Hofkapellmeisters Johann Christoph Graupner gibt es 24 Sätze mit den Titeln *Pastorale, Pastorelle, Siciliano, Villanella, Lyra, Bergerie.* (vgl. Großpietsch) Händels Kantate *Aci, Galatea e Polifemo* (Acis und Galatea, 1708) aus seiner italienischen Zeit ist angefüllt von solchen Sätzen, die das Glück des Hirtenlebens aussprechen und etwa folgende Gestalt annehmen können.

Der beginnende freie Markt schloss sich bald und intensiv an, wie das bereits wiedergegebene Beispiel von Telemann, *Die durstige Natur,* zeigte (vgl. S. 23).

Vorab schon ein Hinweis darauf, wie die langwährende Tradition der Pastorale an den genannten Stilmitteln festhielt, und zwar mittels eines Werkes, das zum letztmöglichen Termin unseres Zeitraumes geschrieben wurde, nämlich des Oratoriums *Die Jahreszeiten* von Joseph Haydn, komponiert im Jahre 1800. Mit Orgelpunkten, Holzbläsersoli, im wiegenden 6/8-Takt und in Dreiklangsmelodik erklingt der Chor des Landvolkes: »Komm, holder Lenz« (Nr. 24). Das Orchestervorspiel:

Ein ähnliches Bild in der Arie »Der frohe Hirt versammelt nun die muntre Herde um sich her« (Nr. 10): Ein Horn spielt solistisch in Dreiklangsbrechungen, etwa wie am Beginn des Finales von Beethovens Pastoral-Sinfonie. Die Gesangsmelodie wird häufig in Terz- und Sextparallelen begleitet. Die Tonarten G-Dur und F-Dur der beiden Stücke haben sich bereits im 17. Jahrhundert als die pastoralen Standards herausgebildet. Allerdings: Es gibt in beiden Stücken – wie auch bei Telemanns Lied – keine der siciliano-typischen Punktierungen, wie sie im Beispiel von Händel zu beobachten waren oder in Haydns Oratorium *Die Schöpfung* vorkommt (Nr. 8: »Es beut die Flur das frische Grün«). Dieser Unterschied zwischen punktiertem und »glattem« Rhythmus sollte im Auge behalten werden. Er könnte als Hinweis für unterschiedliche Naturauffassungen von Wichtigkeit sein.

Dieser weltliche Strang der Pastorale ist im 18. Jahrhundert durch die Fülle pastoral gefärbter Kantaten und Oratorien und ihrer instrumentalen Parallelwerke wesentlich breiter als der geistliche. Nur sind mit dem Absterben des Feudalismus auch dessen Symbolgattungen in Vergessenheit geraten ganz im Unterschied zu den geistlichen Werken der Zeit, welche, so gering ihr Pastoral-Anteil auch gewesen sein mag, doch teilweise ihre kirchliche Präsenz bis heute erhalten haben und damit im heutigen Bewußtsein die geistliche Pastorale als das für das 18. Jahrhundert bestimmende Repertoire erscheinen lassen. Allerdings erklingt diese Hirtenmusik nur einmal pro Jahr, nämlich im Weihnachtsgottesdienst, sobald im Evangeliumbericht des Lukas von den Hirten auf dem Felde die Rede ist, wie sie nachts »ihre Herden« hüten, ehe sie vom Engel des Herrn, dann gar von den himmlischen Heerscharen aufgestört werden, die ihnen den Weg zum neugeborenen Heiland nach Bethlehem weisen: »Die Klarheit des Herrn leuchtete um sie; und sie fürchteten sich sehr.« (Kap. 2, Vers 9) Erst nach der Verkündigung geben sie Lukas zufolge Laute von sich: »Laßt uns nun gehen gen Bethlehem und die Geschichte sehen, die da geschehen ist, die uns der Herr kundgetan hat.« (Vers 15) Die Musik, die vor dem Auftritt des Engels erklingt, ergänzt den Text. Die Hirten waren nicht nur mit dem Hüten beschäftigt, sondern mit noch etwas, das Lukas nicht erwähnt: Sie machten Musik, und zwar nachts. Licht zum Notenlesen brauchten sie nicht, da sie die ihnen seit Urzeiten geläufige traditionelle Hirtenmusik auf ihren Blasinstrumenten spielten.

Wichtig hieran ist zweierlei: Einmal geht, wie erwähnt, die Hirtenmusik der Weihnachtsoratorien auf wirkliche Hirtenmusik zurück, die *pifa* aus Italien, wie sie auch noch in Händels *Messias* genannt wird (1741). Wenn die Pastoralen zur Weihnachtsgeschichte erklingen, haben sie demnach nicht nur einen durch Gewöhnung erzielten Signalcharakter beim Publikum, sondern stellen echte musikalische Symbole dar, also ikonische Zeichen der Musik, in denen ein realer Zusammenhang mit dem Gemeinten noch vorhanden ist, so wie es bei allen Elementen der Kunstmusik der Fall ist, die aus Gebrauchsmusik herstammt (Militärmusik, Reiterstükke, Tanzmusik usw.). Zum anderen ist der Bezug der Weihnachtspastorale zur echten Hirtenmusik, also zum weltlichen Zweig der Art, nicht nur Ergebnis einer stilistischen Übernahme, sondern hat auch Züge einer bewußten Ineinsetzung von weltlichem und geistlichem Aspekt. Nicht nur gab es in vielen Ländern den Volksbrauch, daß Hirten zu Weihnachten in den Kirchen um die Krippe musizierten, sondern in der humanistischen Literatur des 16. Jahrhunderts sowie in den Dichtersozietäten Deutschlands im 17. Jahrhundert wurden die biblischen Hirten als die Schäfer Arkadiens ausstaffiert und »zu einem einheitlichen Hirtenbild ohne Unterscheidung einer geistlichen oder weltlichen Sphäre verschmolzen [...], sei es durch die Parallelisierung der Hohe-Lied-Idylle mit der antiken Bukolik, Beziehungen des Schäfers Daphnis mit Christus, durch die Gestalt des Guten Hirten allgemein oder die religiöse Lyrik in Verbindung mit Weihnachtsschäfereien.« (Jung, S. 151) Es besteht demnach die Möglichkeit, in den Weihnachtspastoralen auch immer die weltliche Pastorale mitzuhören. Die bis zur Austauschbarkeit reichenden Verbindungen der beiden Pastorale-Stränge verweisen auf die Wahrscheinlichkeit, daß man bei den geistlichen Kompositionen dieser Art nicht nur aufs Biblische bedacht war, sondern auch die weltlichen, mithin auch jene literarischen und ästhetischen Naturaspekte in seine Erfindungen einfließen ließ, welche im vorangegangenen Abschnitt dargestellt wurden. Dies dürfte auch für Johann Sebastian Bach gelten, da er enge Verbindungen zu Dichtern und Dichtersozietäten hatte (vgl. Schleuning 1993, S. 206ff.). Manche gebildeten und pietistisch nicht zu festgelegten Hörenden, also auch Bach, werden beim Hören von Weihnachtspastoralen vor ihrem inneren Auge nicht nur die Szene von Bethlehem, sondern auch Daphnis und Chloe gehabt haben.

Die berühmtesten Beispiel für solche Weihnachtspastoralen im frühen 18. Jahrhundert sind wohl Corellis *Concerto fatto per la notte di natale* von 1714, die *Sinfonia* aus Bachs Weihnachts-Oratorium und die *Pifa* aus dem *Messias*. Sieht man sie aus dem Blickwinkel der doch recht stürmischen Entwicklung der Musik durch das ganze Jahrhundert, in der das Verändern, Umformen und Abstoßen tradierter Satztypen bestimmend ist, so scheint es, als hätten diese Hirten-Pastoralen aufgrund ihrer satztechnisch typisierten und semantisch festgelegten Eigenart kaum Überlebenschancen haben können. Das Gegenteil ist jedoch der Fall. Die Pastorale birgt drei Eigenschaften oder – im Hinblick auf die Zukunft – Vorteile, die ihren Weiterbestand sichern und sie nicht wie andere Strukturtypen mit langer Tradition – etwa den Choral, teilweise auch die Fuge oder den Kanon – aus dem Gesamtprozess herausfallen lassen:

1. Die Weihnachts-Pastorale ist innerhalb der geistlichen Vokalmusik eines der ganz wenigen selbständigen Instrumentalstücke, kann also für die Hinwendung der kompositorischen Entwicklung zur Instrumentalmusik trotz aller stilistischen Eingrenzung als sozusagen vokal unbelastetes Material dienen. Die weltliche Pastoraltradition von Oper und Kantate steht diesem Vorgang zur Seite, fördert also durch ihre Bindung an antike und antikisierende Bukolik und Schäferdichtung die geistliche Schwester bei ihrem Heraustreten aus der weihnachtlichen Semantik.
2. Die Verwendbarkeit anderer traditionell gebundener Instrumentalstücke für die sinfonische Musik des späteren Jahrhunderts ist auch dadurch eingeschränkt, daß sie ›malen‹, d.h. Bewegungen und Dinge musikalisch abzubilden suchen. Dies gilt etwa für die *tempesta,* die Sturm- und Gewittermusik. Die Pastorale indessen malt nicht. Vielmehr werden die von ihr angeregten Assoziationen – auch bildhafte – durch eine semantisch festgelegte Satzstruktur bestimmt, nicht aber durch Notenfolgen, die auf eine direkte Abbildlichkeit angelegt sind. Ihre typischen Sextaufsprünge stehen nicht für eine Aufwärtsbewegung wie die schnellen Notenfolgen der *tempesta* für die Bewegungen des Sturmwindes. Sie sind keine ikonischen Zeichen im Sinne der Informationstheorie, sondern semantische Symbole. Die Pastorale ist also gut verwendbar für die aufkommende Art, Gefühlssprünge und -entwicklungen zu komponieren, ohne dabei beeinträchtigt zu werden durch traditionell erzwungene Bildassoziationen. In den Musterwerken des instrumental vermittelten Gefühlsumschwunges können plötzlich ihre stilistischen Elemente auftauchen und die Stürme der Erregung stillen, so in Carl Philipp Emanuel Bachs Klavier-Rondi (vgl. S. 134f.) und später in Beethovens *Sinfonia eroica,* wo sie im

ersten Satz mehrfach die Wogen glätten, gleich zu Beginn (T. 59ff.) und kurz vor Schluß (T. 673ff.)

3. Die Langlebigkeit der Pastorale beruht darauf, daß sie in ihrer geistlichen Erscheinungsform als Teil des Weihnachtsfestes innerhalb einer christlichen Kultur einen Dauerplatz über die Zeiten hinweg behauptet. Der Hauptgrund für ihre Langlebigkeit dürfte aber sein, daß sie über den Rahmen dieser Funktion hinaus, Hirten und Herden verkörpernd, Natur zum Thema hat. Dieses Thema als eines der ideologischen Zentren der Neuzeit trägt die Pastorale durch die Jahrhunderte. Sie birgt in sich zwar auch jenen Frieden, den die Hirten »auf dem Felde« erfahren sollen, den sie aber bereits vordem auf andere Art im Einklang mit der Natur gelebt haben. Und in dieser Doppeldeutigkeit symbolisiert die Pastorale jenen Frieden höherer Art, den die technisch-wissenschaftliche Entwicklung der Aufklärung herbeisehnte und erschaffen wollte, wenn sie ihn auch gleichzeitig systematisch zerstörte. Was die himmlischen Heerscharen den Hirten verkündeten – »Ehre sei Gott in der Höhe und Friede auf Erden und den Menschen ein Wohlgefallen« (Vers 14) –, findet sich in anderer Weise auch in den Glücksverheißungen wieder, welche die antiken Hirtenerzählungen in die Welt der Aufklärung hinüberspiegeln. Die Naturmusik Pastorale, geistliches oder weltliches Friedenszeichen, ist als Trägerin einer irdischen Situation und eines überirdischen Segens vorausweisend und mehrdeutig, hat von vornherein einen Schein von Heiligkeit, einen transzendenten Schimmer von Hoffnung und ewiger Ruhe in sich, die den von Fortschritt und Umwälzung geschüttelten Bürgern des 18. Jahrhunderts sehr entgegenkam.

Die Einfachkeit der Musik der antiken oder biblischen Hirten, welche die Pastorale fantasiert, macht sie zum Muster der neuen Natursicht, und zwar auch in struktureller Hinsicht. Das im Wort ›natürlich‹ als Einfachkeit, Sanglichkeit, Unkompliziertheit gemeinte und (an)gepriesene Ideal melodischer, rhythmischer und harmonischer Gestaltung im neuen ›galanten Stil‹ des frühen 18. Jahrhunderts und in allen späteren Stilphasen des Jahrhunderts läßt unversehens die Hirten mit ihren usuellen Klängen zu Vorbildern der Musik der Aufklärung werden. Hunderte von Pastoralliedern, – opern, -kantaten, -divertimenti, -messen, -sonaten, -sinfonien und Weihnachtsoratorien haben das Jahrhundert überzogen. Einige werden uns begegnen. (Übersichten bei Engel, Chew/Jander, bei Riemann, Schmitz-Gropengießer und Jung, der aber seine Untersuchung mit Bach enden läßt.) Die Inhalte pastoraler Sätze und Satzteile sind stille Zufriedenheit und verhaltene Melancholie, zärtliche Liebe, eine starke, aber nie verzweifelte Sehnsucht, Wehmut und Verlangen. Es sind Gefühle und Stimmungen, die sowohl den weltlichen wie den geistlichen Strang begleiten und – wie erwähnt – die Pastorale zum musikalischen Pendant der literarischen Idylle machen.

Untersuchen wir einige solcher Werke Johann Sebastian Bachs danach, wie sie die Pastorale ausformen und ob ein Bezug zum Thema Natur zu erkennen ist, der über den allgemeinen, der Pastorale innewohnenden hinausgeht. Die drei zunächst zu behandelnden Werke bedienen sich der beschriebenen traditionellen Setzweise im 6/8-, teilweise auch 12/8-Takt, dies in Absetzung zu anderen Satz- und Taktarten, die für die Pastorale in der Zeit und auch bei Bach gebräuchlich waren. (vgl. S. 41ff.) Diese Tatsache der alternativen Taktart allein schon schließt die S. 26 angesprochene Frage, ob die Pastorale ein Stil sei, bereits aus. Jedoch wird sie weiter verfolgt.

Die drei Werke sind die Orgel-Pastorale BWV 590, vielleicht aus der Köthener oder der frühen Leipziger Zeit (Kilian 1988; S. 179), die berühmte *Sinfonia*, Eröffnungsstück der zweiten Kantate des Weihnachts-Oratoriums von 1734, schließlich die Toccata F-Dur BWV 540, vermutlich ein Jugendwerk (Kilian 1979; S. 304ff.).

2.1. Die Orgel-Pastorale BWV 590 und die Frage nach dem Pastorale-Begriff

> »In dem einzigen namentlich bezeichneten Beispiel dieses Typus in Bachs Musik [...] sind alle Charakteristika rein ausgeprägt: Orgelpunkt, stetiger Bewegungsduktus in Achteln oder – trochäisch – im Wechsel von Vierteln und Achteln. Dieses einheitliche, durch keine Akzente betonte rhythmische ›Strömen‹ und eine schlichte, volkstümliche Melodik scheinen, ohne eine geschlossene liedhafte Prägung anzunehmen, das Klanggerüst in einen kontinuierlichen Verlauf zu verwandeln. Damit tritt das Element des Klanglichen in den Vordergrund, ihm wohnt eine bestimmte Kraft inne, die den pastoralen Sätzen ihre eigentümliche Gestalt, ihren gleichsam in sich ruhenden Charakter verleiht.«

Ausgehend von dieser Beschreibung (S. 79), untersucht Doris Finke-Hecklinger 1970 *Tanzcharaktere in Johann Sebastian Bachs Vokalmusik,* indem sie die genannten Eigenschaften der Pastorale in Sätzen im 12/8-Takt ohne punktierten Rhythmus aufspürt und dabei neben vielen anderen als das bedeutendste Beispiel den Eingangschor der *Matthäus-Passion* angibt. (S. 82; vgl. dazu hier S. 47) Wenig wahrscheinlich und historisch kaum nachweisbar ist allerdings, daß diese Art von Pastorale, gerade angesichts des letztgenannten Beispiels, »Tanzcharakter« haben soll, zumal sie doch aus einer statischen Situation erwachsen ist und eine Tanztradition für die Pastorale offenbar nicht besteht. (S. 78, Fußn. 1) Jedenfalls läßt sich in Bachs Suiten, Partiten und Ouverturen, also Ansammlungen von Tanzstücken, kein Satz nachweisen, der dieser Art von unpunktierter Pastorale nahekäme. Ob ein Auftreten ohne Orgelpunkt in anderen Instrumentalwerken, etwa der dritten *Clavierübung* (Duett Nr. 3), in den *Goldberg-Variationen* (Nr. 3) oder – bezeichnenderweise – in den *Canonischen Veränderungen über das Weihnachtslied Vom Himmel hoch* (Anfangssatz) ausreicht, um auf Pastoralen zu schließen, ist fraglich.

Tanzcharakter haben demgegenüber alle Sätze im 6/8-Takt mit Punktierungen. Die Autorin führt sie gesondert als Siciliani auf, faßt dann allerdings beide Satzarten zusammen, wenn es um die Präzisierung von Bildmotiven und »Affektcharakteren« geht, die sich aus den zentralen Textworten erschließen lassen, an denen Bach sich offenbar zur Wahl des musikalischen Typus orientiert hat (S. 129ff.):

> Herde, Hirt, Schaf, Lamm, Weide; Liebe, lieb, »am höchsten lieb«, »der Liebe Süssigkeit«, Erbarmen; außerdem in Verbindung mit Tod, Ruhe, Paradies, Trost, Seufzer, Tränen und Klage.

Es sind jene Inhalte, die bereits auf S. 31 angedeutet wurden, hier jedoch auf den geistlichen Bereich hin konkretisiert sind. Trotz der Inkonsequenz, die stilistische Scheidung, aber inhaltliche Zusammenfassung der beiden Satztypen betreffend, erkennt man doch an den Beispielen eine gewisse Tendenz der ›glatten‹ 12/8-Fälle zum geistlichen und der punktierten 6/8-Fälle zum weltlichen Strang. Und demnach heißt es auch (S. 83): »Das Pastorale, das sich erst seit dem Jahre 1724 in seiner reinen Ausprägung im Vokalwerk findet, ist dem geistlichen Bereich zugeordnet.« Müßte die Angabe zur Chronologie auch noch befragt werden (vgl. hier S. 10, 43), so kann man erkennen, daß das Siciliano, wie sein häufiges Auftreten in Konzerten, Sonaten und weltlichen Kantaten zeigt, tatsächlich dem weltlichen Bereich zuneigt. (Haydns Oratorien vom Jahrhundertende – vgl. S. 28 – scheinen eher eine

Tendenz zur Verweltlichung des ›glatten‹ Rhythmus anzuzeigen, falls die behauptete Geistlichkeit der ›glatten‹ Pastorale zutrifft.) Eine bequeme Systematisierung wird allerdings durch zahlreiche geistliche Beispiele mit Punktierungen durchkreuzt. Niemand wird wohl der so gearteten Arie »Erbarme dich, mein Gott« aus der *Matthäus-Passion* einen weltlichen Charakter andichten wollen, es sei denn, die geistlichen Stücke mit Siciliano-Charakter stünden mehr für ein ›weltliches‹ Schmachten und Sehnen als die ›glatten‹ 12/8-Beispiele. Man stelle sich einmal den Eingangschor dieser Passion (»Kommt, ihr Töchter, helft mir klagen«) im punktierten Rhythmus vor! Daß dadurch die Anrufung zur Mittrauer um den Heiland einen unerlaubten weltlichen Charakter erhielte, ist wohl unbezweifelbar.

Würde man Finke-Hecklinger in der ausschließlichen Indienststellung von »Bewegungsart« und »rhythmischem Modell« als Kriterien für die Bestimmung der Satztypen folgen, müßte der gesamte Zweig der Siciliani aus dem Bereich der Pastorale-Betrachtung fallen. Daß diese rein stilistische Definition nicht ausreicht, auch nicht für die Autorin selbst, kommt in der oben erwähnten Inkonsequenz bei der Bemühung um die inhaltliche Seite des Phänomens zum Ausdruck.

Ausschließlich von diesem Pol hinwiederum versucht Hermann Jung, dem Problem zu Leibe zu rücken. Ob die eine oder die andere Stilart, ja ob noch weitere bei Bach und anderen auftreten – sie alle zählen zum großen Bereich der Pastorale und werden in »vier Themenkreise« eingeteilt: »Die Weihnachtspastorale, die himmlische Pastorale, Der ›Gute Hirte‹ und die weltliche Pastorale.« (S. 197) Zu dieser Abwertung musikalischer Stilkriterien als Systematisierungsmittel wird Jung durch die Übernahme des Toposbegriffes gebracht. Unter Hinweis auf Wilibald Gurlitt, der bereits 1941 in Nachfolge von Ernst Robert Curtius die Anwendung des literaturwissenschaftlichen Begriffes für eine »musikalische Toposforschung« anregte, zieht Jung ihn den Begriffen Typus (Walter Wiora) und Symbol (Arnold Schering) vor, da er ideal geeignet sei zum Ansprechen von »vorgeprägten Gestalten, Formeln mit sprachähnlichem Bezeichnungscharakter«. (S. 12) Einer Übertragung auf musikalische Zusammenhänge stünde – so gesehen – nichts im Wege, auch dann nicht, wenn man die Definition von M. L. Baeumer dagegenhält (*Toposforschung,* Darmstadt 1973, S. 299f.), wonach es sich bei Topoi um »schematisierte, wenn nicht klischeehafte Denk-, Vorstellungs- und Ausdrucksformen« handelt. (zit. Jung, S. 12) Jungs Abstinenz gegenüber einem musikalisch-stilistischen Ausgangspunkt für die Festlegung des pastoralen Topos – zumindest im Hinblick auf die Bachschen Beispiele – bleibt daher unverständlich.

Sind also Finke-Hecklingers Identifizierung der Pastorale als Stil und Jungs Ansprechen der Pastorale als Topos entweder nicht zu befürworten oder – jedenfalls in diesem Zusammenhang – nicht brauchbar, so bleiben zur weiteren Prüfung noch die Begriffe Genre, Typus und Gattung übrig.

Bachs Orgel-Pastorale wirft auf dieses Problem von einer gänzlich anderen Seite ein Licht. Wenn Finke-Hecklinger sie als Inbegriff des unpunktierten 6/8-Typs mit Orgelpunkt beschreibt, so zeigt sich darin bereits ein Vorbote ihrer Definitionsschwierigkeiten. Denn dieses bei Bach einzig als Pastorale betitelte Musterstück ist nicht als Einzelsatz, sondern in einigen der Quellen viersätzig überliefert (Kilian 1988, 180ff.), wobei die drei Folgesätze gänzlich abweichende Stilmerkmale aufweisen. Der Eindruck, die Pastorale jener Art, wie sie der Anfangssatz zeigt, sei zyklusflüchtig und zu mehrsätzigen Zusammenhängen nicht geeignet, gerät dadurch ebenso in Zweifel wie die mögliche Eignung der Begriffe Genre oder Typus. Denn diese setzen doch die einheitliche Umrißschärfe musikalischer Formulierung voraus. Jung macht es sich zu einfach, wenn er meint: »Die restlichen drei Sätze haben mit der Einleitung nichts gemein, was die topische Struktur betrifft.« (S. 172) Er mißt den Sätzen die Charaktere einer Allemande, eines Air und einer Giguenfuge, dem Ganzen den einer kleinen Suite bei. Aber: Das Ganze ist eben doch als Pastorale betitelt, nicht nur der erste Satz.

Die Pastorale als mehrsätziger Zyklus in der Tastenmusik hat es schon lange vor Bach gegeben, auch mit Sätzen, die nicht dem üblichen 6/8-Schema folgen. Möglicherweise hatten sie untereinander einen logischen Zusammenhang. Bei Bach ist er nachweisbar, zumindest zu erschließen. Beginnen wir beim Schlußsatz. Das Fugenthema ist die kolorierte Version des Liedes *Joseph, lieber Joseph mein.*

Die den gesamten Satz durchlaufenden Sechzehntel stellen offenbar das Eilen der Hirten zur Krippe in Bethlehem dar getreu dem S. 29 zitierten Vers 16 bei Lukas. Das *Weihnachtsoratorium* läßt die Hirten auf ganz ähnliche Art eilen (Nr. 15 und 26). Daß die Läufe als Fuge komponiert sind, verstärkt den Eindruck, da diese Technik von altersher wegen des Nacheinanders und des Namens (fuga = Flucht) für ein Hintereinander-Herlaufen Verwendung fand. Das Thema der Fuge entspricht dem Ergebnis dieses Eilens, wie es Vers 16 benennt: »Und sie kamen eilends und fanden beide, Maria und Joseph, dazu das Kind in der Wiege liegend.« Das im Thema verborgene Weihnachtslied hat Franz Eibner entdeckt, den Befund aber nicht weitergedacht: Wenn der erste Satz traditonsgemäß die »Hirten auf dem Feld« zeigt (Vers 8), der letzte aber die Verse 15 und 16, so kann man doch, ein formal logisches Denken bei Bach vorausgesetzt, annehmen, daß die beiden Mittelsätze die dazwischenliegenden Verse 9 bis 14 zum Thema haben. Und so scheint es auch zu sein.

Satz 2 schließt durch einen Orgelpunkt – aber in geradem Takt – an den ersten Satz und dessen Pastoral-Semantik an, gemahnt zugleich mit seiner synkopierten Melodik an pastorale Arien, die das Weihnachtswunder und die Beschützerrolle Jesu für die »auserwählten Seelen« besingen (im 3. Teil des Oratoriums, Nr. 31; Kantate BWV 34, Nr. 3; vgl. Jung, S. 212). C-Dur, die Tonart des Satzes, steht – wie am Beispiel Kuhnaus erwähnt wurde (vgl. S. 17) – für Freude und helles Licht:

»Und die Klarheit des Herrn leuchtete um sie« (Vers 9). Dann spricht der Engel (Vers 10): »Fürchtet euch nicht.« Daraufhin mag es einleuchten, im Thema die kolorierte dritte Phrase (»fürcht' euch fürbaß nimmermehre«) aus dem Lied *Quem pastores* zu sehen, zu deutsch *Den die Hirten lobeten sehre.*

Die Anfangsmelodie von Satz 3 wirkt wie eine aufs Vierfache gestreckte Mollvariante derjenigen des vorangegangenen Satzes (etwa hier ein Takt wie dort ein Viertel). Wäre also ein Bezug zum dort bearbeiteten Liedabschnitt gegeben, so würde der Triolenlauf T.2 darüber hinaus der inhaltlich passenden zweiten Liedphrase entsprechen (»und die Engel noch viel mehre«). Denn Vers 11 bis 14 lassen den Engel zunächst die Geburt des Heilands verkünden, der in der Krippe liege, in Windeln gewickelt, worauf alle Engel in das S. 31 wiedergegebene Gotteslob und die Friedensverheißung ausbrechen.

Triolenfolgen wie hier sind traditionelle Bildfiguren für das sogenannte Kindelwiegen und des Windelwickelns. Im *Weihnachtsoratorium* (Nr. 18) werden sie durch die Textworte »Krippe« und »Wiegen« ausgelöst und treten zur Choralmelodie *In dulci jubilo* im *Orgelbüchlein* auf. (Solche motivischen Kleinkünste sind in anderen Choralbearbeitungen Bachs so selbstverständlich, daß Vermutungen wie die bisher geäußerten keineswegs als zu spitzfindig gelten können.) Verzierter Melodiensatz in Moll im Dreivierteltakt scheint bei Bach Symbol für himmlische Liebe zu sein, etwa für jene, aus der »mein Heiland sterben« will *(Matthäus-Passion,* Nr. 58). Daß die Geburt in der Krippe bereits Symbol des Opfertodes ist (Krippe = Sarg), ist eine alte Metapher, so etwa bei Dürer.

Die Bachsche Orgel-Pastorale ist offenbar ein inhaltlich verbundener Zyklus, suiten- oder konzertartige, teilweise choralbearbeitende Musikalisierung des Weihnachtsberichts nach Lukas. Damit dürfte die bisherige Unsicherheit, ob die vier Stücke zusammengehören, ebenso der Zweifel, ob nicht die Sätze 2 und 3 »später komponiert und dem Zyklus eingefügt worden« seien (Kilian, S. 180), behoben sein. Ob das Stück in einem Zuge gespielt wurde oder seine Teile von krippenspielartigen Szenen und/oder Choralgesang unterbrochen wurde, ist unklar. Jung weist auf szenisches Brauchtum in Weihnachtsgottesdiensten hin. (S. 150ff. und bei Engel, Sp. 941) Der Anfangssatz hat aufgrund seiner Dreiklangsstruktur so viele Anklänge an die Lieder *Den die Hirten lobeten sehre* und *In dulci jubilo,* daß auch hier ein Choralgesang gefolgt sein könnte. Jedenfalls ist das Einweben von Liedzitaten in pastorale Stilzusammenhänge in der Tradition seit dem 17. Jahrhundert nichts Außergewöhnliches. (Jung, S. 155ff.)

Im Lichte dieser Ergebnisse hat die Bachsche Pastorale BWV 590 schon fast Gattungsqualitäten nach Art anderer zyklischer Instrumentalwerke. Eine Einschränkung auf nur eine Stilart, jene des ersten Satzes – die allerdings die verbreitetste ist und auch bleibt –, ist nicht akzeptabel. Die Frage nach einer Einbindung in die neue Natursicht nach 1700 scheint zunächst müßig, da eine ganz traditions- und liturgiegebundene Zwecksetzung, Stil- und Teilanlage dominiert. Jedoch bieten die Ergebnisse auch hierzu Aufschlüsse. Die Zyklusbildung signalisiert eine Aufwertung der Pastorale. Eine Ausbreitung auf vier stilistisch differenzierte Sätze hat es vordem in dieser Art noch nicht gegeben, am ehesten noch bei Domenico Zipoli. (1716, vgl. Jung, S. 182f.) Wir sehen Bach von der geistlichen Seite her der Pastorale jene Bedeutung zuweisen, die auf der weltlichen Seite alle jene Gattungen hatten, die sich mit dem Haupt- oder Beiwort Pastorale schmückten oder mit dieser Bedeutung – wenn auch verschwiegen – erklangen wie beispielsweise die Brandenburgischen Konzerte Nr. 1 und 6. (vgl. S. 10f.) Daß sich nun nicht nur in der weltlichen, sondern auch in der geistlichen Musik die Pastorale zu größeren, selbständigen Zusammenhängen aufschwang, ist wohl ein Reflex auf jene im frühen Bürgertum sich erhebende literarische Kunstart, die unter der Bezeichnung Idylle bestimmend und hier schon mehrfach erwähnt wurde.

Von den verbliebenen drei Begriffen, unter denen sich die Pastorale fassen ließe – Gattung, Typus und Genre –, würde demnach jener der Gattung in den Vordergrund treten. Vor einer weiteren Klärung werde ich mich aber des neutralen Begriffs Typus bedienen.

2.2. Die Hirten-»Sinfonia« des »Weihnachts-Oratoriums«

Bach erreicht den inneren Zusammenhang solcher mehrsätzigen Pastoralen zum Bericht des Lukas nicht nur durch Liedzitate und -kolorierungen, sondern verfolgt ihn auch in einem weitergreifende Ansatz, so in der zweiten Kantate des Oratoriums. Diese als eine einzige große Idylle anzusprechende Satzfolge ist mit noch reichhaltigeren Mitteln verknüpft: satzübergreifenden Motivbeziehungen, Themendualismus und thematischer Arbeit. Die instrumentale *Sinfonia,* ein vielbesprochenes Musterwerk der Pastorale-Tradition (Blankenburg, S. 53ff.; Jung, S. 198ff.; Dürr, S. 128ff.), repräsentiert zunächst in einer Art »Stillstandsmusik« (Schmenner 1997) das einfache, friedfertige Wesen derer, die erst im folgenden Rezitativ erwähnt werden: der Hirten. Sie tut dies mittels eines vierstimmigen Oboenchores, der mit Orgelpunkt und einfachem dreistimmigem Satz die Bedingungen der »echten Pastorale« erfüllt. (Blankenburg, S. 56) Anfangsmotiv: ein langsamer, unpunktierter Terzabstieg.

Aber den Hirten wird ja ein Frieden höherer Art verheißen: »Frohe Hirten, eilt« singt der Tenor in Nr. 15: Sextaufsprung und Sekundabstieg. »Ehre sei Gott in der Höhe« singt der Chor der himmlischen Heerscharen in Nr. 21: Quart- und Sextaufsprung und Sekundabstieg. Und genau diese Intervallfolge ist es auch, die das andere Motiv der *Sinfonia* bestimmt, das Hauptmotiv der Streicher und Flöten mit den siciliano-typischen Punktierungen: »Eine Engelsmusik in Gestalt eines himmlischen Reigens.« (ebda.) Die Streicher scheinen den himmlischen, die Oboen den irdischen Frieden zu symbolisieren. Die beiden Ebenen verbinden sich bereits in dem anfänglichen mehrchörigen Nebeneinander, indem von den Oboen jeweils eine das Streichermotiv aufgreift, später sich dann beide Ebenen durchdringen und verbinden, teilweise auch austauschen und bis zur Achtstimmigkeit steigern. (Zu beachten ist der Orgelpunkt einmal in einer Oberstimme.)

Hierzu noch eine die Überlegungen von S. 28 fortführende Bemerkung. Die gesamte *Sinfonia* enthält nicht eine einzige »glatte« Dreiachtelfigur, sondern nur solche, die punktiert sind oder den (Oboen-) Viertel-Achtel-Rhythmus aufweisen. Entsprechendes ist auch in der *Pifa* (Nr. 13) von Händels *Messias* oder zeitgenössischen Pastoralkantaten der Fall wie jener *per la notte del Ssmo Natale* (1713) von Antonio Caldara. (Chew/Jander, S. 293) Es wäre absurd, solche Sätze in einer systematisierenden Rigorosität nicht als Pastoralen, sondern als Siciliani zu bezeichnen, den ersten Begriff aber nur solchen Stücken vorzubehalten, die ›glatte‹ Achtelfiguren haben wie etwa die Nr. 17 aus Händels Werk (»Er weidet die Herde wie ein Hirte«) oder entsprechende Sätze von Bach (Arie »Beglückte Herde, Jesu Schafe« der Kantate BWV 104; vgl. auch Jung, S. 207ff. zum »Guten Hirten«). Sinnvoller wäre es wohl, um eine unpraktikable Haarspalterei zu vermeiden, die S. 33f. erwähnte Tendenz, in den beiden Rhythmusmodellen eine eher weltliche und eine eher geistliche Haltung repräsentiert zu finden, noch weiter zu verallgemeinern und von einer munteren und einer weichen Pastorale zu sprechen, wobei die letztere mit den ›glatten‹ Achteln offenbar vor allem ausgelöst wird, wenn die Schafe und die Herde ins Spiel kommen. Auch die gezeigten Beispiele von Haydn weisen in diese Richtung. (vgl. S. 28) Die dort angemahnte Aufmerksamkeit, die Entwicklung der beiden Rhythmen betreffend, wird weiterhin notwendig sein. Denn es könnte ein Erkennungszeichen für die Richtung sein, welche die Naturauffassung durch das Jahrhundert nimmt, ob sich eher die munteren Hirten oder die weichen Schafe im Gefühlshaushalt der Pastorale und damit auch der Idylle durchsetzen.

Dem Ineinander der Friedensebenen in Bachs *Sinfonia* antwortet der Heerscharen-Chor Nr. 21, der sowohl die Intervallfolge der Streicherfigur aufnimmt wie – auf das Wort »Frieden« – den Terzabstieg der Oboen. Und der Schlußchoral bringt dann die Auflösung des inhaltlich-motivischen Beziehungsgeflechts: Die Melodie *Vom Himmel hoch* beginnt mit dem Terzabstieg, dessen motivische Transformation vom Oboenchor nach jeder Choralzeile vorgeführt wird. Und die Continuobegleitung des Chorals ist wiederum das punktierte Streichermotiv. Diese Nr. 23 ist sozusagen der kompositorische Kassensturz der vierzehnteiligen Idylle um die Christgeburt, vornehmer ausgedrückt: des Motivrätsels Lösung.

Fazit:

1. Bach scheidet irdischen und himmlischen Frieden in unterschiedliche musikalische Ideen. Er setzt damit eine theologische Interpretation der Bibelstelle in eine Doppelgestalt traditionellen Pastorale-Materials um.
2. Beide Gestalten verbinden sich und wirken in die Zukunft, in die weiteren Sätze hinein, entwickeln durch die Kantate hindurch eine Fernwirkung. Selbst die Pastorale also ist in der Lage, jene Spannung zu erzeugen, die zwei Elemente über einen größeren Zusammenhang hinweg miteinander austragen, so wie es bei Bach später in der *Kunst der Fuge* geschieht oder später noch im Sonatenhauptsatz, »so daß wir in diesem Stück einen Vorläufer des klassischen Sinfoniesatzes mit Exposition [...], Durchführung [...] und Reprise [...] sehen dürfen,

wobei das Streicherthema die Stelle des Hauptsatzes, das Oboenthema die des Seitensatzes und das Tutti die der Schlußgruppe einnimmt.« (Dürr, S. 129)

3. Die Idylle, zu der diese Art der Pastoralen gehört, verbirgt unter der Maske der Unschuld und Selbstgenügsamkeit die zukunftweisende Möglichkeit, der Heroik des Absolutismus Bilder eines utopischen bürgerlichen Friedens entgegenzusetzen. (vgl. Schneider, hier S. 23f.) Hierzu ist die geistliche Pastorale mindestens ebenso geeignet wie die weltliche.

Der Geist und auch der Stil der Pastorale wirkt in vielerlei musikalischen Gattungen fort, etwa seit der Jahrhundertmitte auch im Singspiel. Dort ist nicht einfach nur die Machart der Pastoralsonaten und -kantaten übernommen, sondern auch jener himmlische Schein, jener heilige Friedenseifer, den wir aus dem geistlichen Strang kennen. Der Hirte oder Schäfer ist als neuer Held in seiner prophetischen Sendung für das Bürgertum nicht zu unterschätzen. Denn er wird als jemand vorgeführt, der eine unschuldige und dabei nützliche Arbeit verrichtet im Einklang mit der Natur, also genau jenes neue Ideal verkörpert, wie es bereits im Beispiel der Dichtungen von Brockes als die kategoriale Gegenposition zum Bild von Adel und feudaler Daseinsweise erwähnt wurde.

> »Mit der ›kleinen‹ Natur wurde auch der ›natürliche Mensch‹ die im poetologischen System des Klassizismus als ›niedrig‹ eingestufte Figur des Schäfers, aufgewertet. Die Idylle, seit je antiheroische Gattung, schuf nun von Geßner bis zu ›Hermann und Dorothea‹ und den idyllischen Epen eine Erhabenheit des einfachen Lebens, des Alltäglichen: der Bürger als der wahre Held. In Hallers altrömisch-republikanisch stilisierten Alpenhirten war das angelegt, wie hier auch der Zusammenhang von Aufwertung einer ›verachteten‹ Natur und ihrer ländlichen Bewohner greifbar ist.« (H. J. Schneider, S. 304)

Genau dies geschieht auch in den Pastoralen unterschiedlicher Art und später im deutschen Singspiel mit seinen Dorfbewohnern voller Unschuld und Natürlichkeit (vgl. S. 138ff.), auch wenn die Diskrepanz zur Realität des Landlebens noch so groß sein mochte. (vgl. S. 90f.)

Hallers Gedicht erschien 1729, Bachs Oratorium stammt von 1733/34. Es geht nicht darum nahezulegen, Bach habe Haller gelesen – Warum eigentlich nicht? Interessierten sich Komponisten erst nach 1750 für Literatur? (Zu Bachs Literaturkenntnissen vgl. Schulze 1982 und Birke) Sondern es geht darum, daß die Aufwertung der Pastorale bei Bach und anderen als Pendant der neu aufblühenden Idylle Hallerschen Typs zu sehen ist. Wenn die Alpenhirten bei Haller ihre ursprüngliche, unschuldige Naturstärke zu bieten haben, offenbar seit Menschengedenken den Neuerungen der Zivilisation abgewandt, um als neue Helden gelten zu können, so haben die biblischen Hirten seit alterher den unüberbietbaren Ruhm, daß gerade ihnen als den Niedrigsten der Heiland zuallererst gemeldet wurde. Sie sind wie die Älpler Pioniere der neuen Botschaft. Daß die neue Botschaft bei Bach über die christliche hinausgeht und Signale der neuartigen Ideologie von einfacher Größe und großer Einfachheit aufnimmt, von »edler Einfalt« und »stiller Größe« – um mit Winckelmann zu sprechen –, zeigt sich daran, wie Bach alle seine Kräfte anspannt, um das Bild der Hirten als Helden zu einer musikalischen Kunsthöhe zu führen, die alles andere als einfach ist und sonst nur seinen anderen Großwerken zugehört. Warum sollten nicht Menschen aus dem Publikum – wenn schon nicht Bach –, wenn sie Bachs Hirten musizieren hörten und Hallers Gedicht kannten, solchen Gedanken nachgehangen haben, wie sie Salomon Geßner über seine Idyllen formulierte?

»Diese Dichtungs-Art bekömmt daher einen besonderen Vortheil, wenn man die Scenen in ein entferntes Weltalter sezt; sie erhalten dadurch einen höhern Grad der Wahrscheinlichkeit, weil sie für unsre Zeit nicht passen, wo der Landmann mit saurer Arbeit unterthänig seinem Fürsten und den Städten den Überfluß liefern muß, und Unterdrükung und Armuth ihn ungesittet und schlau und niederträchtig gemacht haben.« (zit. Schneider, S. 305)

2.3. Ist eine Passions-Pastorale möglich? Die Eröffnung der *Johannes-Passion*

Die geistliche Pastorale, ein Traditionsstück der Christgeburts-Feier – festlich, freudig, friedlich. Eine Pastorale aber zum Tode Christi, einem Ereignis ohne jeden Frieden, voller Unruhe, Qual und Schmerz: Unmöglich? Doch, sie ist möglich.

Der schon S. 32 erwähnte seltenere Pastorale-Typ gleicht dem Haupttyp durch den Orgelpunkt und die Parallelführungen in Terzen und Sexten. Nur ist er gradtaktig und ohne die im Haupttyp hin und wieder vorkommenden Imitationen. Er tritt in Begleitfunktion zu rezitativischer und arioser Melodik auf, etwa bei Bach in geistlichen und weltlichen Vokalstücken, die das Thema ›Der gute Hirte‹ behandeln. Dieser Hirte kann die Allegorie für Christus sein – z.B. in dem Rezitativ »Er weidet seine Schafe« in Bachs Kantate BWV 175 – oder für den Landesvater – z.B. in der Arie »Wieget euch, ihr satten Schafe« der weltlichen Kantate BWV 249a. (vgl. Jung, S. 207, 217; beide Beispiel in G-Dur, Orgelpunkt z.T. zu Achtelrepetitionen aufgelöst)

Händel, der in seinen italienischen Jahren (1706-10) dem römischen Künstlerbund *Arcadia* nahestand, hat 1708 die Schäferkantate *Aci, Galatea e Polifemo* geschrieben, die beispielhafte Texte bukolischer Art enthält. Hier ein solcher aus der späteren englischen Fassung:

> »Oh the pleasure of the plains!
> Happy nymphs and happy swains,
> harmless, merry, free and gay,
> dance and sport the hours away.«

Die instrumentale Einleitung dieses Chores (Nr. 2):

Und nun die Einleitung der Johannes-Passion:

Es ist – klar ausgeprägt – der gradtaktige Pastorale-Typ, der da, nach Moll gewendet, die Bläseroberstimmen trägt. Dies ist bisher nicht bemerkt worden. Ein Grund hierfür ist offenbar, daß der bei Bach sonst recht deutliche semantische Bezug zwischen den Vokaltexten und den instrumentalen Vorspielen in den Einleitungssätzen der Kantaten und Oratorien hier so schwer auszumachen ist. In einem zähen, mehr als einhundert Jahre währenden Bemühen hat man versucht, diesen rätselhaften Satzbeginn in irgendeine einleuchtende Verbindung zum Chortext zu bringen. Daß die schmerzlichen Überlagerungen und Verschiebungen bei den Bläsern die Peinigung und den Tod Christi symbolisieren, war stets unbefragt. Wie aber konnte man den Rest verstehen, nämlich die wellenartigen Sechzehntel-Parallelen in den Mittelstimmen (groppo-Figuren) und den Achtelorgelpunkt im Baß? Lautet der Text des Chorgesanges doch:

> »Herr, unser Herrscher,
> dessen Ruhm in allen Landen herrlich ist,
> zeig uns durch deine Passion,
> daß du, der wahre Gottessohn,
> zu aller Zeit,
> auch in der größten Niedrigkeit,
> verherrlicht worden bist.«

Stichproben aus der Geschichte der Bach-Forschung zeigen die Schwierigkeiten der Interpretation, werfen allerdings ein Licht weniger auf die Erkenntnisprobleme der Autoren als auf die Vermittlungsprobleme des Komponisten. (ausführlicher dazu Schleuning 1995)

Philipp Spitta 1880 (*Johann Sebastian Bach,* Bd. 2; zit. 4. Auflage 1930, S. 365f.):

> »Und auch in der Deutung jener instrumentalen Sechzehntelbewegung glauben wir nicht zu irren. Es war den geistlichen Dichtern jener Zeit ein geläufiges Bild, die Trübsal des Menschenlebens als Meereswogen darzustellen, welche den Menschen zu überfluten und hinabzuziehen drohen. Die Erzählung von Christi Meerfahrt bot hierzu wohl die nächste Veranlassung [...] der göttlichen Herrlichkeit sollen die Singstimmen, dem menschlichen Leid die Instrumente Ausdruck verleihen...«

Albert Schweitzer 1908 (*Johann Sebastian Bach,* zit. Ausg. Wiesbaden 1955, S. 533f.):

> »In feierlichen ruhigen Sechzehnteln versinnbildlichen die Streicher die Majestät des herrlichen Gottessohnes. Zur Verstärkung des Eindruckes des Erhabenen dienen noch die großen, in Achteln sanft bewegten Orgelpunkte des Basses.«

Rudolf Steglich 1935 (*Johann Sebastian Bach,* S. 141):

> »[...] ein unergründliches, starr strömendes, lichtloses Weltweben aus Herrschermacht und Leidenskraft.«

Alfred Dürr 1988 (Die Johannes-Passion von Johann Sebastian Bach. Entstehung. Überlieferung. Werkeinführung, S. 90):

> »Über einem beharrlichen Orgelpunkt ist eine kreisende Sechzehntelfigur [...] fast stets gegenwärtig [...]. Möglicherweise sieht Bach in ihr eine Form des Lobpreises Gottes in seiner Niedrigkeit (daher in g-Moll). Vielleicht dürfen wir noch einen Schritt weitergehen und in den dissonanten Haltetönen der Holzbläser [...] ein Sinnbild der Kreuzigung, also der Passion sehen. Dann wollte Bach mit diesem Satz auch musikalisch auf die Zusammengehörigkeit von Kreuz und Herrlichkeit hindeuten.«

Alfred Dürr 1990 (Bach-Akademie 1993; S. 173):

> »Es ist nicht einfach zu sagen, was Bach mit einem solchen in sich kreisenden, nur vom Harmoniewechsel vorangetriebenen Orgelpunktvorspiel ›gemeint‹ haben könnte, – wenn er etwas gemeint hat. Vielleicht haben wir in ihm eine Interpretation von Johannesstellen wie ›Im Anfang war das Wort‹ oder ›Ehe denn Abraham ward, bin ich‹ (Joh. 1,1 bzw. 8,58) zu sehen. Auch Meinrad Walther gibt in seiner [...] Diplomarbeit über die Johannes-Passion einen beherzigenswerten Vorschlag zur Auffassung der drei Ebenen als musikalische Darstellung der Trinität, wobei der Orgelpunkt Gottvater zugeordnet ist, die Streichersechzehntel dem Heiligen Geist und die Haltetöne der Bläser den leidenden Christus ...« Und abschließend dazu: »Aber wahrscheinlich werden Bach-Fanatiker noch jede Menge weiterer Patentrezepte für eine Deutung bei der Hand haben.«

Aggression oder Resignation?

Martin Geck 1991 (Johann Sebastian Bach. Johannespassion BWV 245, S. 46ff.):

> »Zweifellos steht hinter solch kunstvoller Kompositionsweise ein symbolischer Ausdruck – es ist, wie ich mit einiger Sicherheit annehme, derjenige der Trinität [...] Gott Vater: Die nach Art eines Orgelpunktes oder Ostinato durchlaufenden Achtel [...] geben dem Satz das Fundament [...]. Sohn: Die durch Synkopen immer wieder auf betontem Taktteil dissonierende [...] Zweistimmigkeit des getragenen Bläsersatzes steht augenscheinlich für Schmerz und Leiden [...]. Heiliger Geist: [...] In den sicherlich oder wahrscheinlich in zeitlicher Nähe zur Johannespassion komponierten Motetten ›Der Geist hilft uns'rer

Schwachheit auf‹ und ›Jesu, meine Freude‹ bringt Bach ein wellenförmiges Melisma sehr auffällig und prägnant gerade an den Stellen, an denen vom heiligen Geist die Rede ist [...].«

Christoph Richter 1993 (Musik und Unterricht, Heft 28, S. 15):

»Es ist das paradoxe Bild eines ›Herrschers‹, der in der Erniedrigung der Welt (die Circulatio-Figur als Symbol der ›verwirrten‹ weltlichen Sphäre – sowohl musikalisch als auch im Buchstaben ›W‹ (›Welt‹ etymologisch = wirr, wirren) bildlich dargestellt, der mit einer Dornenkrone geschmückt und gemartert wird (die ›duriusculus‹-Linien in den Bläserstimmen), der aber gleichzeitig und gerade durch die Erniedrigung den ›Grund‹ des christlichen Glaubens bildet [...].« (Die groppo-Figuren sind als circulatio angesprochen, aus deren zweien sich ein W lesen läßt, die Dissonanzlinien der Bläser als die rhetorische Figur des passus duriusculus, des schmerzlichen Schrittes.)

Meine eigene Interpretation läßt sich in folgende Punkte zusammenfassen:
1. Die Mittel- und Unterstimmen sind nicht im Sinne einiger der vorangegangenen Texte in zwei Schichten zu scheiden, sondern bilden eine satztechnische und semantische Einheit. Als Gesamt-Begleitsatz entsprechen sie genau jenen Begleitsätzen des weltlichen und geistlichen Pastoraletyps mit gerader Taktart, die oben in Beispielen dargestellt worden sind.
2. Die Gegenüber- oder besser Zusammenstellung der Leidens- und der Pastoral-Symbolik in Bläsern und Streichern mag zunächst für das Passionsthema sinnlos erscheinen, nicht dann jedoch, wenn sie als eigenständige, instrumental ausgesprochene Begründung dafür aufgefaßt wird, wodurch Christus als »Herr, unser Herrscher« gilt, nämlich durch sein Leidensopfer. Und dies wird seit dem Neuen Testament, speziell bei Johannes, ins Bild des unschuldig gemordeten Lammes, des Agnus dei, gebracht. Johannes 1, 29 und 36: »Siehe, das ist Gottes Lamm, welches der Welt Sünde trägt!« »Siehe, das ist Gottes Lamm!« Und in der Offenbarung des Johannes finden sich über zwanzig Textstellen solcher Bedeutung.

Dieses Bild von Jesus ist durch die gesamte christliche Tradition weit verbreitet und wurde vor und zu Bachs Zeit immer wieder im Passionszusammenhang verwendet und ausgebaut, etwa zum »Lamm in Tyger-Klauen« oder zum Lamm unter Wölfen, so bei den Bach wohlbekannten Dichtern Johann Rist, Salomo Franck und Picander oder Predigern wie Heinrich Müller. (Nachweise bei Axmacher, S. 191, 194, auch Schleuning 1990, S. 254ff.; hier S. 10)

Offen angesprochen haben Bach und Picander diesen Bezug im Eingangschor der *Matthäus-Passion,* da dieser den Text vorträgt »Seht ihn – Wie? – als wie ein Lamm!«, der kontrapunktiert wird von dem Choralgesang *O Lamm Gottes, am Stamm des Kreuzes unschuldig hingeschlachtet* (älterer Choral, deutsch 16. Jahrhundert).

Diese verbale Deutlichkeit fehlt in der *Johannes-Passion.* Sie wird durch instrumentale Symbolik ersetzt. Es scheint, als habe Bach, die Idee der Pastorale auf die Passion anwendend, jene vierte Strophe des Chorals *Herzliebster Jesu, was hast du verbrochen* im Sinne gehabt, die mit den Worten beginnt: »Wie wunderbarlich ist doch diese Strafe! Der gute Hirte leidet für die Schafe«, wie er sie dann in Nr. 35

der *Matthäus-Passion* als Choral verwendet hat. Diese Interpretation würde genau jener Auffassung entsprechen, die den genannten gradtaktigen Pastoraletyp dem Inhaltsfeld »Der Gute Hirte« zuweist. (Jung, S. 205ff.)

Diese Deutung enthält auf den ersten Blick einen Widerspruch. Es stehen sich gegenüber die Auffassung von Christus als Gutem Hirten, also als Hüter der Herde, der Schafe und Lämmer, und die Symbolisierung Christi als leidendes Lamm, wie sie die johanneische Sicht kennt. Christus einmal als Hirte, einmal als Lamm. Ich möchte annehmen, daß hier die Pastorale als Begleitsatz doppeldeutig ist und das Bild vom Lamm dialektisch faßt. Wenn die Pastorale der Unter- und Mittelstimmen dem Guten Hirten zugewiesen ist, so dürfte die dabei auftretende Assoziation der von ihm gehüteten Schafe sich mittels Wortübertragung auf die symbolische Vertretungsfigur Jesu weiterleiten, das Lamm, und diese in den Bläserstimmen auffinden können: Der Gute Hirte – das Lamm – der leidende Jesus. Lamm und Lämmer als Bilder für den Hirten und seine Gemeinde stehen demnach dicht beieinander. Wie im musikalischen Satz als Schmerzensmelodik und Begleitpastorale ergänzen sie sich auch in der Bedeutung des durch sein Leid als Lamm zum Hirten der Lämmer wachsenden Heilandes, dessen so gewonnener Ruhm danach offen besungen wird. »Daß der Erniedrigte und Gekreuzigte gerade in diesem Schicksal sich als der Erhöhte und Verherrlichte erweist, ist das Thema der johanneischen Passionsdarstellung.« (Axmacher, S. 163) Jesus zu seinen Jüngern: »Gehet hin; sieh, ich sende euch als die Lämmer unter die Wölfe.« (Lukas 10, 3) Dies sagt er, der schon bald selbst das Lamm unter Wölfen sein wird, sieht also selbst das Bild des leidenden Lammes mehrdeutig.

3. Dies angenommen, ergäbe sich für Bachs Konzeption eine bemerkenswerte Dimension. Er würde dann der Instrumentalmusik die – verbal verschwiegene – Begründung dafür zugewiesen haben, was der Text ausspricht, die logische Verbindung der beiden Elemente dann jedoch nicht einfach ihrer Aufeinanderfolge überlassen haben. Der Chorteil des Satzes wird nämlich nicht nur vom Chorthema bestimmt, sondern greift auch die Motivik des Instrumentalvorspiels auf, beide Elemente verbindend. Begründung und Wirkung durchdringen sich. Am deutlichsten ist dies an jenen Stellen, wo zu den groppo-Wiederholungen der Instrumentalbässe der Chor mit seinem eigenen Thema singt: »Herr, unser Herrscher...« und »Zeig uns durch deine Passion...«

Für Elke Axmacher (S. 163f.) ist der Einleitungssatz »ein erstaunlicher Fall«:

> »Denn die Passionsdeutung der Zeit ist nicht das Ergebnis exegetischer, gar von den theologischen Unterschieden zwischen den einzelnen Evangelisten ausgehender Untersuchungen, sondern sie ist durch und durch dogmatisch geprägt.« Bachs »Deutung der Passion im Einleitungstext«, aber auch in seiner Musik in »einer Passion im frühen 18. Jahrhundert [...] ist ein [...] singulärer Fall [...]. Der innere Ermöglichungsgrund für dieses Verfahren liegt in der Auffassung, daß für den Glauben in jedem Einzelereignis der Passion ihre Heilsbedeutung vollkommen sichtbar wird [...]. Um dies zu erklären, wird man schließlich wieder auf die Vermutung verwiesen, daß der [unbekannte] Librettist bewußt und gegen die Tradition im Einleitungschor den Grundgedanken des Johannes-Evangeliums zum Ausdruck bringen wollte.«

Und genau mit dieser Absicht ist wohl die Wahl auf die Verbindung von Leidensgestik und Pastorale in der Musik gefallen: Der Gute Hirte, als Gottes Lamm erniedrigt, leidet für die Schafe und erwirbt sich dadurch den »Ruhm in allen Landen.« Diese »person-christologische«, von der Tradition abweichende Auffassung der Passion löst den Einsatz der Pastorale aus.
4. Diese Interpretation gewinnt dadurch an Beweiskraft, daß sie auch – s.o.S. 33 – das Instrumentalvorspiel, aber auch die gesamte Satzanlage der einleitenden *Sinfonia* der *Matthäus-Passion* als Pastorale herausstellt, und zwar des ungeradtaktigen Haupttyps, der wie in der anderen Passion gemäß dem passionsgerechten Affektgehalt nach Moll gewendet ist. Die Pastoral-Bedeutung des Instrumental-Vorspiels ist in ihrem Begründungszusammenhang wesentlich deutlicher als in der *Johannes-Passion,* da der Chortext das Bild vom Lamm zweifach anspricht. Die für die ungeradtaktige Pastorale keineswegs ungewöhnlich fugale Anlage des Instrumentalvorspiels und die aus diesem und anderen Elementen erwachsende Erkenntnis, daß es sich um eine Pastorale handelt, ebenso die daraus sich ergebenden Reflexionen und Interpretationen über den theologischen Sinnzusammenhang mit dem folgenden Text dürften wesentlicher für die Sinndeutung des Satzes sein als die Bemühung, den bewegten Stimmeinsätzen dieser Fuge das Bild »einer sich bewegenden Menschenmenge in einer bedrängten Situation« abzugewinnen, wenn nicht ohnehin eine solche szenische Dynamik dem 19. Jahrhundert und seinen Bühnenkonzeptionen zugehört, der Passionsauffassung des 18. Jahrhunderts aber fremd ist. Kaum läßt sich die theologisch interpretierende Pastorale mit dem Eindruck vereinen: »Mit dem pulsierenden Orgelpunkt [...] scheinen von allen Seiten Menschen herbeizuströmen und sich zu einem Zug zu vereinen.« (Platen, S. 122) Hier ist wohl eher die Ästhetik am Werke, wie sie uns seit der Grand Opéra im Kopfe kreist, seit *Boris Godunow* und den Filmen von Sergej Ejsenstein.

Folgerungen:
5. Zweifelsohne bedeuten diese Festlegungen der instrumentalen Passionsvorspiele auf den Typus Pastorale – falls die Interpretation akzeptiert wird – einen Einschnitt in der Geschichte der Emanzipation der Instrumentalmusik zur selbständigen Sprache, nämlich zu einer von der primären Bedeutungsebene des Vokaltextes unabhängigen Argumentationsmöglichkeit. Sie ist aus dem vorgegebenen Text nicht unmittelbar zu entnehmen, sondern nur mittelbar und mit Hilfe der Entschlüsselung einer rein instrumentalen Symbolsprache zu verstehen, bezieht sich aber selbstverständlich, selbständig begründend, auf den Text.
6. Diese Möglichkeit, instrumental – also unbegrifflich – zu argumentieren, erzeugt aber auch ein für die Zukunft schwerwiegendes Problem, nämlich das der Verständlichkeit. Wer nicht – zu Bachs Zeit – den Pastoraltypus im Mollgewand erkannte, und wer – nach Bachs Zeit – mit dem Typus überhaupt nicht mehr vertraut war und ist, konnte und kann Bachs Argumentation und damit die neuartige Doppelrede von Instrumental- und Vokalmusik nicht verstehen, konnte und kann diese düstere und bewegte Einleitungsmusik nur noch als rätselhaft und schwerge-

wichtig empfinden. Der Weg ist geöffnet zu den bedeutungsschwangeren, von Hinweisen strotzenden, aber für das große Publikum unverständlichen instrumentalen Botschaften bei und nach Beethoven, etwa den großen musikalischen Ideenkunstwerken ab der *Sinfonia eroica.* (vgl. S. 205 und Schleuning 1993; dagegen Kuhnau bei Boresch, S. 10)

Hinzu kommt noch die Frage, ob dieser Umgang mit der Instrumentalmusik über sein Hinweisen auf die Zukunft hinaus nicht auch auf eine Verbindung zur Vergangenheit hindeuten könnte, nämlich auf eine hermetische Tradition, eine des Geheimnisses und der Verschlüsselung von Inhalten, die mit Emanzipation und Verstehbarkeit nichts zu tun hat. Die Tradition des verschlüsselten und der Allgemeinheit nicht zugänglichen Ausdrucks hat doch eine bis zum Manierismus und dahinter zurückgehende Geschichte, der Bach angehangen haben kann, wie es auch für andere seiner Werke wie die *Kunst der Fuge* angenommen worden ist. Eine Interpretation von Bachs Verfahren auf diesem Hintergrund würde allerdings im Widerspruch stehen zu der Meinung, er sei in seinem Bemühen, die Passionen im Interesse eines erwachenden bürgerlichen Publikums zu schaffen und aufzuführen, geradezu ein Pionier der neuen, großen kirchlichen Figuralmusik gewesen. Vielleicht aber zeigt der anzunehmende Befund auch Bachs sich widersprechende Tendenzen im Schnittpunkt der Epochen.

7. Über die Identifizierung der beiden Passionsvorspiele als Pastoralen ließe sich auch eines der Hauptprobleme der Aufführungspraxis klären, nämlich das des Tempos der beiden Sätze, die ohne Tempoangaben überliefert sind. Bisher scheint mit einer gewissen Beliebigkeit verfahren worden zu sein. Man kennt die Entwicklung vom zähen, dumpfen und schwermütigen Sechzehntel- bzw. Achtelfluß älterer Aufnahmen – angeblich der Trauer des Gesamtthemas angemessen und an Werken orientiert wie dem *Deutschen Requiem,* dessen Einleitungssatz stilistisch an Bachs Passionen anschließt und die Tempoangabe trägt »Ziemlich langsam und mit Ausdruck« – bis hin zu den federnden, springlebendigen Tonfolgen neuerer Interpretationen der Historischen Aufführungspraxis, die den langsamen Schlag den Takthälften zuordnen, denen dann die Unterteilungen zu folgen haben. Motto: Nur keine Sentimentalität. Harnoncourts richtiger Satz, man dürfe die Musik des 18. Jahrhunderts nicht durch die Brille des 19. Jahrhunderts sehen – etwa jener des *Deutschen Requiem* –, steht offenbar immer noch prägend und etwas drohend im Hintergrund.

Die Beispiele für den geradtaktigen Pastoraletyp bei Händel aus *Rinaldo, Susanna* und *Acis und Galathea* (Jung, S. 220, 235, 247) tragen Tempoangaben, welche – auch wenn sie nicht von Händel selbst, sondern von Zeitgenossen stammen – einen Anhaltspunkt bieten: Adagio, Andante larghetto e mezzo piano, Larghetto. Die ungeradtaktige Pastorale bei Bach und Zeitgenossen pendelt offenbar zwischen Andante und Largo, jedoch nur der unpunktierte Typ, während der punktierte vom Larghetto bis zum Vivace gehen kann, was beim Tanzsatz Siciliano nicht verwundert. Untersuchungen zur Tempobestimmung bei Bach und Vivaldi führen zu einer relativ sicheren Wahl des angemessenen Zeitmaßes. Für die »glatte«

Pastorale würde sich eine allzu hastige, hüpfende Interpretation ausschließen, da ihr Bedeutungsfeld (Frieden und Ausgeglichenheit) jede Art von Unruhe und Eile abweist. Für das Tempo des punktierten Typus hat uns Johann David Heinichen einen unschätzbaren Hinweis gegeben, indem er die Satzdauer seiner Kirchenmusik aufzeichnete. Daraus läßt sich das jeweilige Tempo errechnen (Satzdauer durch Taktanzahl). Und: Es ist eine *Pastorale per la Notte di Natale* im 12/8-Takt dabei, die der Bachschen Hirten-*Sinfonia* in der rhythmischen Konstellation ähnelt. Für die punktierte Viertel ergibt sich ein Tempo von 68 MM. (vgl. W. Horn, speziell S. 153ff.; auch bei Mieling für Pastorale bzw. Siciliano zwischen 53 und 68)

2.4. Ist eine erhabene Pastorale möglich? Die Orgel-Toccata BWV 540

»Das Erhabene kann sich auf keine Weise so weit herablassen und es dulden, in seinem ungestümen Lauf aufgehalten zu werden.« (Shaftesbury, *Solyloquy,* 1711; Gesamtausgabe I/1, S. 171)

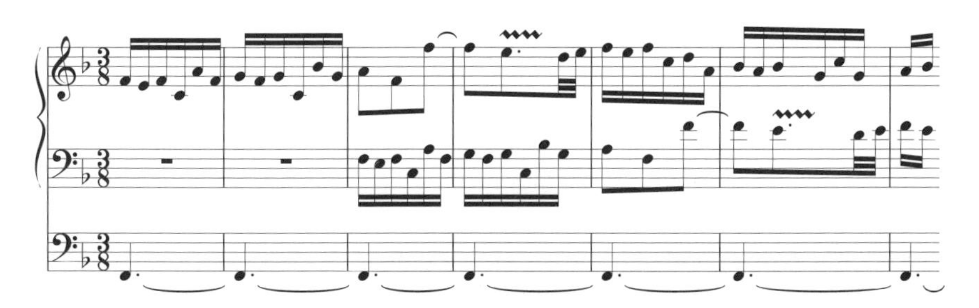

Dies ist der Anfang der Toccata. Entstanden ist das Stück wohl – vgl. S. 32 – in Bachs Weimarer Zeit zwischen 1710 und 1717. Diesen Anfang kennen wir. Ein Blick auf das Notenbeispiel S. 32 genügt: Der Beginn ist eine kolorierte Pastorale. Die Dreiklangsbrechungen sind da, in Sechzehntel eingekleidet. Der Orgelpunkt ist da. Zwar ist er auch in anderen präludierenden Orgelstücken am Beginn anzutreffen. Hier aber zeigt er durch die Verbindung mit dem Oberbau, der ganz auf freie, präludierende Stilistik verzichtet, seine Funktion als Pastoral-Element. Ferner ist die Imitation des Dreiklangsmotives vorhanden, die aus der Orgel-Pastorale und aus der gesamten Geschichte des Typus bekannt ist. (Jung, S. 176, 193, 181, besonders deutlich bei Gregorio Strozzi, S. 161) Hier ist sie gesteigert zu einem 54taktigen zweistimmigen Kanon über dem Orgelpunkt F und danach seiner Stimmtauschversion über C, jeweils abgeschlossen durch ein umfangreiches Pedalsolo. Und die Tonart F-Dur ist da, die der Pastorale eigene Tonart. Darüber könnte man hinweg sehen, denn viele der bisher dokumentierten Pastoralen standen in abweichenden Tonarten, wenn nicht von allen großen Orgelstücken Bachs – und das sind immerhin etwa fünfzig – nur zwei in F-Dur stünden: Die Orgel-Pastorale und diese Toccata. (Von den zahllosen Choralbearbeitungen sind es zehn, vornehmlich über Weihnachtschoräle.) Daß die üblicherweise nach der Toccata gespielte Fuge in F-Dur wahrscheinlich erst später angehängt wurde und so erst die sogenannte Freie Form aus Präludium und Fuge hergestellt wurde (Kilian 1979; S. 404), daß also die Toccata ursprünglich wohl selbständig war, paßt zum Thema: Denn die Pastoralen treten nur höchst selten zyklisch auf – von Stücken wie der Orgel-Pastorale und ihren Vorgängern abgesehen – und sonst auch nie als Vorspiele zu Fugen.

Die Taktvorzeichnung 3/8 widerspricht der Tradition der Pastorale. 6/8 oder 12/8 wären normal. Zwar kann man gemäß dem Imitationsabstand – zweimal zwei Takte – einen 12/8-Takt erschließen, aber die 3/8-Vorzeichnung ist dennoch gegeben. Und sie hat auch ihren Sinn, und zwar im Blick auf den zweiten Teil des Stükkes. Er ist sehr viel länger als der erste Teil, greift zwar Motivik, Kanon- und Stimmtauschtechnik auf, ist aber ein vollkommen neues Stück Musik und beileibe keine Pastorale, sondern wild und wüst, voller Brüche und Überraschungen, ungeeignet für den gleichmäßig wiegenden 12/8-Takt. Eine solche Aufspaltung eines Satzes ist ungewöhnlich, nicht nur für Bach. Noch Schönberg hätte so etwas nicht ohne besonderen Anlaß unternommen. Üblicherweise wäre man zum Charakter des Satzbeginnes zurückgekehrt und hätte die Abweichung als kontrastierenden Mittelteil gelten lassen, in die ruhigen Außenteile eingebettet und durch sie harmonisch ausgeglichen. Typische Beispiele für dieses Prinzip sind die Da-capo-Arie und der Sonatensatz. Da die Toccata wahrscheinlich ohne Fuge entstanden ist, konnte sie auch nicht auf diese Weise einen ausgleichenden Widerpart für den zweiten Teil finden. Sie scheint ein formales Unikum zu sein.

Schon die zwei Pedalsoli des ersten Teils kündigen an, daß der ländliche Friede nicht ganz gesichert ist. Wenn so etwas, stark registriert, mit seinem Sechzehntel-Getöse aus dem Orgelpunkt herausbricht, ist es um die Pastorale geschehen. Auch hier schon würde ein 12/8-Takt nicht passend sein. Der zweite Teil häuft dann alle harmonischen Extreme aufeinander, die um 1710 verfügbar waren. Da die Riesenlänge des Teiles sich aus drei fast gleichen Abschnitten und einem sich etwas freier entwickelnden Schlußabschnitt zusammensetzt, genügt es zunächst, einige Takte des ersten Abschnittes zu betrachten.

Er beginnt mit Viertaktsequenzen, die in Quintschritten aufeinander folgen (C, F, B), um dann ab T. 187 jeweils einen harmonischen Doppelschritt zu tun (e^{v}-A), T. 189ff. dann A-d-g. Dadurch entsteht der Eindruck einer Beschleunigung, eines

Vorwärtsreißens, verstärkt noch durch den Gebrauch des erst seit kurzem entdeckten verminderten Septakkordes (T. 191, letztes Achtel).

T. 197ff.
Zum in Oktaven pendelnden Orgelpunkt A erklingen nach den zu erwartenden Klängen d und A^7 auch noch a, g und F, C^7 und E^7 (ohne Grundton) in vollgriffi-

gen Akkordketten in dissonanter, schmerzlicher Ausruf-Gestik (musikalisch-rhetorische Figur der *exclamatio*), unterbrochen von Seufzer-Pausen *(suspiratio)*.

T. 204ff.
Zunächst eine dreifache Sequenz von Dominante-Tonika-Folge in der Form des bis heute »erschütternden« Sekundakkordes (Septakkord mit Sept im Baß) mit folgender Sextakkordauflösung: B_7-Es_3, C_7-F_3, D_7-g_3. Viel aufregender, ja elektrisierend ist das Zustandekommen der Sekundakkorde, vor allem beim erstenmal (T. 204). Statt einer Beruhigung nach den Seufzerketten über Orgelpunkt, statt des zu erwartenden d-Moll erklingt dessen Unterterzklang (Mediante) B-Dur mit der Sept im Baß (as), die sich aus einem chromatischen Schritt abwärts aus dem Orgelpunkt A ergibt. Die Oberstimmen ersetzen den erwarteten Molldreiklang durch dessen ›neapolitanische‹ Variante mit b statt a, die als ›neapolitanischer Sextakkord‹ durch das ganze 18. Jahrhundert und weit darüber hinaus ihre Wirkung als Schrekkensakkord tat und die Passage auch wieder abschließt (T. 210ff. auf g). (Niemand wird hoffentlich die Baßtöne T. 204-207 als Transposition des BACH-Symbols deuten. Bach hat trotz vieler sich anbietender Möglichkeiten in den folgenden Abschnitten die Viertongruppe des Basses nie mit B beginnen lassen, ebenso hier T. 209 auf das H verzichtet, obwohl es möglich gewesen wäre und den folgenden ›Neapolitaner‹ noch mehr hervorgehoben hätte.) Auch danach tritt keine Ruhe ein. Der verminderte Septakkord T. 213 verbindet sich mit dem aus dem ehemaligen Pastoralmotiv gewonnenen Pedalsolo zu einem neuen Überfall auf die Seele.

Der gesamte auf T. 204 folgende Teil, insgesamt 16 Takte, ist im zweiten Abschnitt, der ansonsten eine getreue Sequenz des ersten ist, ausgespart. Dort müßte er eigentlich T. 270 beginnen. Stattdessen wird er dann im vierten Abschnitt, dem freieren, codaartigen Schlußglied, T. 424ff. nachgeschoben, und zwar als Abschluß der gesamten Toccata. Dabei wirkt allerdings das Erreichen der Haupttonart F-Dur so kurz nach dem ausgebreiteten ›Neapolitaner‹ Ges-Dur wie ein Schlag, wie ein Abwürgen der Entwicklung, ja es »klingt, als sollte die Kirche zusammenstürzen. Das war ein furchtbarer Kantor.« So Mendelssohn 1831. (zit. Sackmann, S. 351)

Solche und ähnliche Folgen von Schocks und Überfällen überziehen den gesamten zweiten Teil der Toccata, halten ohne Pause volle 270 Takte lang an. Warum? Und warum nach der anfänglichen verschleierten Pastorale? Welchen Sinn kann dieser Ausbruch in die Sphäre von Schrecken, Erschütterung und Entsetzen haben, die alle Bedingungen erfüllt, welche für das Erhabene gelten?

Beethoven wußte eine Antwort. Guter Kenner und eifriger Integrator Bachscher Musik auch schon in der Frühzeit seiner größeren Werke – etwa in der *Sinfonia eroica* (vgl. Schleuning 1989, S. 156ff.) –, hat er in die Akkordflächen des Satzes »Gewitter. Sturm« der Pastoral-Sinfonie Bachs Viertaktsequenzen mit den Pedalabstiegen und teilweise auch mit der zugehörigen Oberstimmenharmonik und -figuration übernommen.

Anstatt der fünf Baßschritte Bachs verwendet Beethoven sieben, so daß die Sequenzen nicht mit Quintschritten aneinandergefügt sind (G, As, B). Dies spricht aber nicht gegen, sondern für die Übernahme des Modells. Denn Beethoven konnte die Siebenschrittfolge ebenfalls in der Toccata vorfinden, wenn auch ohne Sequenzierung, aber wie bei Beethoven von einem harmonischen Sekundaufstieg gerahmt (Es^{7+}-F^{7}).

Den bei Bach folgenden Abstieg ins Bodenlose über elf Töne (T. 383ff.) hat Beethoven dann nicht mehr aufgegriffen. Um die Vermutung einer Übernahme von Teilen der Toccata durch Beethoven auch philologisch zu stützen, mag darauf hingewiesen werden, daß das Bachsche Orgelwerk 1782 in Hamburg in Westphals Verzeichnis handschriftlicher Musikalien angeboten wurde (Zenck, S. 30), mithin im Umlauf war. Der Weg von solchen Angeboten zu Beethovens Lehrer, dem Bach-Verehrer Neefe, oder von anderen, etwa Berliner oder Wiener Sammlungen zu Beethoven dürfte nicht weit gewesen sein.

Beethoven erkannte in der Toccata dasjenige Thema, das er in der Sinfonie bearbeiten wollte: Natur. Diese Erkenntnis konnte allerdings nur aus dem Anfangsteil erwachsen, da er mit den bis in die Beethovenzeit tradierten Stilmitteln des primären Pastoraltyps ausgestattet ist. Beethoven hat sie, dem geistlichen und weltlichen Strang der Pastorale folgend, dem »Hirtengesang« des letzten Satzes vorbehalten: »Frohe und dankbare Gefühle« nach dem Sturm. Der zweite Teil der Toccata folgt jedoch stilistisch keiner Pastoraltradition. Und – dies schon vorweg gesagt – seine Figuren, all die Dreiklangsbrechungen und Baßabgänge, weichen vollständig von denjenigen ab, die in eindeutig als Gewittermusiken ausgewiesenen Stükken des frühen 18. Jahrhunderts auftreten, ob geistlich oder weltlich, ob von Bach oder anderen. (vgl. S. 61ff.)

Beethoven, auf der Suche nach Bachs Absichten, scheint folgendermaßen geschlossen zu haben: Wenn der erste Toccatenteil auf die friedliche Natur gemünzt war, so mußte der zweite seiner Schreibart nach die unfriedliche, aufgewühlte Natur vertreten, mithin »Gewitter. Sturm« und die dadurch ausgelösten »Empfindungen« der Menschen. Eine heikle Entscheidung.

Mit einem Satzteil, der solches dargestellt oder reflektiert, hätte man zu Bachs Zeit kein Musikstück abschließen können. Um 1700 und noch lange danach

> »stand das Gewitter als Zeichen für das kommende Gericht Gottes, dem alles unterworfen sein wird. Die christliche Gemeinde weiß, daß das Unheil in der Welt aus der Gefallenheit der Schöpfung resultiert, und sie begreift dieses Unheil nicht als undurchschaubares Schicksal, sondern als Anreiz zum Glauben und wenn nötig zur Umkehr. Von daher ist für sie auch die Gewalt der Natur klar gedeutet.« (Bockmaier, S. 354)

Eine Arie aus Bachs geistlicher Kantate Nr. 46 von 1723 kann als Beispiel dienen. Nicht umsonst ist sie im Stile der Rachearie nach neapolitanischer Operntradition komponiert. (Bockmaier, S. 133) Ihr Text lautet (zit. ebda., S. 130f.):

> »Dein Wetter zog sich auf von weiten,
> Doch dessen Strahl bricht endlich ein
> Und muß dir unerträglich sein.
> Da überhäufte Sünden
> Der Rache Blitz entzünden
> Und dir den Untergang bereiten.«

Nach solchen Darstellungen von Aufruhr und Gewalt mußte sowohl aus religiösen wie aus ästhetischen Gründen ein erlösender bzw. harmonisierender Abschluß gefunden werden. Auch noch 1807, als man seit dem Sturm und Drang das Wirken der Gottheit im Gewitter bereits zu verehren und anzubeten vermochte, wäre es z.B. für Daniel Gottlob Türk undenkbar gewesen, die beiden Sätze eines seiner vierhändigen *Tonstücke,* betitelt »Es toben Sturm und Ungewitter« und »Auf einmal ist der Himmel wolkenleer« (6/8-Pastorale mit Orgelpunkt und glatten Achteln), in umgekehrter Reihenfolge aufeinander folgen zu lassen. (Ausgabe Schott, Heft 2, Nr. 3)

Nun konnte Beethoven, falls er die Toccata mit angehängter Fuge kannte, diese als den ausgleichenden Abschlußteil verstanden haben. Hatte er jedoch die Toccata ohne Fuge kennengelernt, mochte er in Bach einen ästhetischen Revolutionär gesehen haben, ohne aber ihm hierin folgen zu können. Die Pastoral-Sinfonie beweist es. Entgegen der angenommenen Beethovenschen Logik und Praxis scheidet demnach für eine inhaltliche Deutung der Toccata die Darstellung einer vom Unwetter überraschten ländlichen Idylle aus. (Solche Orgel-Bilder blieben dem berühmten Abt Vogler am Jahrhundertende vorbehalten, die allerdings trotz oftmals befriedender Abschlüsse von heftiger Kritik begleitet waren; vgl. S. 195)

Die Figuren des zweiten Toccatenteiles können weiterhelfen: Aufsteigende Dreiklangsbrechungen, Baßabstiege sowie harmonisch harte Folgen von Seufzer- und Ausruffiguren über Orgelpunkt. Die Wirkung dieser Elemente, vor allem in ihrem ständigen Aufeinanderprallen, wurde bereits als überraschend, erschütternd und schockartig beschrieben. Der Baßabstieg kam im ersten Teil des Stückes nicht vor und wird nun im zweiten Teil durch die Häufigkeit seines Auftretens zum tragenden Element innerhalb der Verwirrung und auch zum inhaltlich bestimmenden, zumal die Anzahl seiner Töne im Schlußabschnitt von fünf über neun bis zu elf anwächst. Er scheint Auslöser und Zentrum all der Schrecken und Überraschungen zu sein. Suchen wir mit dem Ziel einer semantischen Analyse des zweiten Toccatenteiles und unter der Voraussetzung, daß das Orgelstück geistlich gemeint ist, nach Vokalmusik Bachs, in der Baßabstiege das Zentrum bilden, so finden wir vor allem Choralbearbeitungen über Weihnachtslieder. In ihnen gilt der Baßabstieg als Bildsymbol für das Hinabsteigen des Heilands oder der ihn verkündenden Engel zur Erde und zu den Menschen. Im *Orgelbüchlein* ist dies häufig zu beobachten, etwa zu den Chorälen *Puer natus in Bethlehem; Der Tag, der ist so freudenreich; Vom Himmel kam der Engel Schar; In dulci jubilo.* (Entsprechend enthalten die Bearbeitungen von Auferstehungschorälen Aufstiegsskalen.) Nur eine Situation aber gibt es, in der die Menschwerdung Christi auch Schrecken und Verwirrung auslöst, nämlich bei der Verkündigung an die Hirten: »Und sie fürchteten sich sehr.«

Eine in diese Richtung weisende inhaltliche Bestimmung des zweiten Toccatenteiles ergäbe einen logischen Zusammenhang zum ersten Teil, wenn die dort zu identifizierende Pastorale der üblichen Bedeutung zugeschlagen würde, die so viele Pastoralen dieses Typs wie auch die Orgel-Pastorale haben, nämlich derjenigen eines akustischen Abbildes der musizierenden Hirten vor der Verkündigung. Der zweite Toccatenteil wäre dann ein Bild der Reaktion der Hirten danach, aber anders dargestellt als in den Liedparaphrasen der Orgel-Pastorale: als Affektgemälde der aufgewühlten, zwischen Schrecken und überwältigender Freude schwankenden Gefühle der Hirten als Vertreter der erlösten Menschheit. Die schon beschriebene Ausdehnung des Baßabstieges im Schlußabschnitt und die dort ebenfalls vorgenommene Verlängerung der Orgelpunkte auf Riesenmaße könnten eine solche Interpretation stützen, falls sie die Absicht spiegeln, die Befriedigung und Gewißheit zu zeigen, die das Wunder schließlich nach dem Schrecken bewirkt hat. Ebendies würde auch für den abrupten Schluß gelten.

Die Erschütterung vor der Größe Gottes und seinen Taten – hier der Sendung Christi – ist es, die in der Gestalt des Erhabenen im erwachenden Gefühl gegenüber den großen Naturerscheinungen weiterlebt und so auch von Beethoven aufgefaßt wurde. (Bemerkenswert ist, daß das Epitheton »erhaben« in der Geschichte seiner Verwendung bevorzugt sowohl der Größe Gottes wie jener von Bergen vorbehalten ist; vgl. Grimm, *Deutsches Wörterbuch,* Bd. 3, 1862, Sp. 832ff.) Insofern wäre Bachs Werk ein Vermittlungsstück zwischen beiden Auffassungswelten, wie es auch die zeitgleichen Gedichte von Barthold Heinrich Brockes sind, in denen die Erkenntnis der Naturerscheinungen mit dem Erschauern vor deren Schöpfer verbunden ist. Einer der Ausgangspunkte solcher Gefühle scheint – wie bereits erwähnt (vgl. S. 9ff.) – der Pietismus gewesen zu sein, dessen Einfluß auf Bach nicht zu unterschätzen ist und der eine Quelle für viele jener Emotionen darstellt, die um die Jahrhundertmitte Moralvorstellungen und Handlungsantriebe des Bürgertums anfachten und begleiteten, etwa das Mitleid, welches aus jenem individuellen Mitfühlen und Identifizieren eines »personchristologischen« Bibelverständnisses erwuchs, das am Beispiel der *Johannes-Passion* verdeutlicht wurde. Dies gilt auch für die Erschütterung angesichts der Menschwerdung Christi und seiner Selbstopferung. Ein beispielhafter Text dazu kann die vorangegangen Interpretation der Toccata stützen, zumal er Bach durchaus bekannt gewesen sein könnte: Es ist ein Teil einer Predigt des Pietisten Philipp Jakob Spener von 1686 über die Weihnachtsgeschichte des Lukas (Spener, S. 99f.), voll jener erlebnishaften, einfühlenden Denk- und Sprachkraft, die dem Pietismus seine machtvolle Wirkung gab. Auch das Wörtchen »natürlich« ist dabei in Gebrauch, und zwar genau in jenem Zusammenhang, der für Erfindungen wie jene der F-Dur-Toccata ausschlaggebend gewesen sein mag. (»Majestätisch« entspricht »erhaben«)

> »Es heisset/ <u>deß HERRN Engel trat zu ihnen</u>/ den hirten/ gewißlich keiner von den geringsten Engeln/sondern ohne zweiffel von den grössesten Himmels=Fürsten: <u>und die klarheit deß HERRN leuchtet um sie</u>/ das ist ein Göttlicher glantz/ wie sich zu zeigen pflegte/ wo GOTT seine majestät offenbaren wolte/ und also ein liecht/ welches das natürliche weit übertrifft/ daß auch die hirten sich sehr forchten/ weil wir sündige menschen in unserer verderbnüß/ wegen unseres bösen gewissens/ durch alles/ was wir von Göttlichen dingen gewahr werden/ dennoch erschrecket werden/ ob sie wol an sich selbs [so!] etwa tröstlich sind. Nun dieser Engel/ ohne zweiffel mit majestätischer stimme/ verkündiget ihnen die geburt dieses kindes: darauf folgte endlich/ daß bey dem Engel sich einsmals noch präsentirte/ abermal ohne zweiffel mit himmlischem glantz/ <u>die gantze menge der himmlischen heerscharen</u>/ und also so viel millionen Engel; da dann/ weil einer schon eine solche himmlische glorie zeiget/ die größer ist als aller welt herrlichkeit/ leicht zuerachten ist/ was dann dieses vor ein majestätisches ansehen müsse gewesen seyn/ da die hirten gleichsam einen blick in den majestätischen himmel der herrlichkeit gethan haben.«

Noch ein Wort zur Methode. Mit Sicherheit werden Art, Durchführung und Ergebnis dieser semantischen Analyse nicht allgemeine Zustimmung finden. Denn nicht immer führen die logischen Schlüsse über Vermutungen und Hypothesen hinaus zu Beweisen. Daß dies in der Wissenschaft erlaubt, ja notwendig ist, um neuartige Ziele zu zeigen und deren Plausibilität nahezulegen, ist nicht überall bekannt. Schauen wir deshalb auf zwei neuere Analysen der Toccata anderer Art, um deren Erkenntnisstand und -menge kennenzulernen und so die Informationen über Bachs Werk, aber auch zur Methode der musikalischen Analyse abzurunden.

Nüchtern und zuverlässig hat George B. Stauffer das Stück – ohne Fuge! – nach Quellenlage und Stil chronologisch eingeordnet (1712-17) und seine Abhängigkeit von Buxtehude und vor allem Vivaldi betont, ihm insofern eine »Hybrid Concerto Form« nachgesagt (S. 46ff.), als sowohl der kanonische erste Teil, ein modifiziertes

Einleitungs-*passagio,* als auch der zweite, ein modifizierter Konzertsatz, »have become interdependent« (S. 51) und da entgegen der Norm die Ritornelle (Hauptthemenabschnitte) dieses Konzertteiles modulieren, die Trio-Episoden dagegen harmonisch stabil sind.

Der Vergleich dieser Befunde mit den Gegebenheiten anderer Orgelpräludien und -toccaten führt zu Ergebnissen, die die stilistischen Entwicklungsschritte Bachs und deren chronologische Eingrenzung betreffen. Was völlig fehlt, sind Gedanken zur Inhaltlichkeit. Die Anlage der Toccata als »hybrid« anzusprechen, ist die Folge der Bemühung, unter Ausblendung dieses Aspektes auch das Unklarste systematisieren zu können und gegenüber angeblich reinen, klaren Formmustern abzugrenzen. Im ersten Toccatenteil die Pastorale zu erkennen, hätte schon einen gänzlich anderen Blick auf den Rest und damit auch einen Erklärungsansatz für die Normabweichungen notwendig folgen lassen und das Stück nicht als formalen Übergangstypus, sondern als eigenständige, damit auch formal unabhängige Darstellung eines Inhaltsgedankens erscheinen lassen können. Die stil- und gattungsgeschichtlichen Ergebnisse der Untersuchungen Marshalls in eine solche Analyse einzubinden, würde zu noch weitergehenden Erkenntnissen führen als jenen, die hier vorgelegt wurden. Dies würde aber – wie bei Marshall – die vergleichende Betrachtung weiterer Orgelwerke Bachs voraussetzen, und zwar ebenso mit semantischer Zielsetzung.

Weit über Marshall hinauszugehen scheint Dominik Sackmann, da er form- und gattungsgeschichtliche Untersuchungen der Toccata in eine inhaltliche Interpretation münden läßt. Deren Ausgangspunkt ist die überraschende Schlußwendung mittels der T. 270 ausgesparten und nun nachgeholten Takte. Mendelssohns Schrecken über diesen Schluß wird zitiert. (vgl. hier S. 52) Das Stück wird gesehen als individuelle Lösung Bachs aus »einzelnen Vorgaben aus Toccata und Concerto«, wobei der große freiere Schlußabschnitt als selbständiger, dritter Teil interpretiert wird. (S. 359) Die »Lücke« im zweiten Abschnitt steht laut Sackmann »genau im Goldenen Schnitt des ganzen Werkes.« (S. 357) Die 438 Takte Gesamtlänge und die »Lücke« bei T. 270 berücksichtigt, wäre der Goldene Schnitt dann gegeben, wenn das Verhältnis der kleinen zur großen Strecke ebenso wäre wie jenes der größeren Strecke zur Gesamtlänge, also 167 zu 270 wie 270 zu 438. Tatsächlich entspricht das Verhältnis ziemlich genau demjenigen von 3 zu 5, nicht aber dem des Goldenen Schnittes (Näherungwert 5 zu 8).

Sackmann sieht also – ohne sie allerdings nachweisen zu können – eine Symmetrieanlage, deren Zentrum, die »Lücke«, eine Dreiteiligkeit und damit einen über die bisherige Toccatentradition hinausgehende Ablauf ergibt. »Daraus soll dann auch die besondere Bedeutung der Schlußwendung deutlich werden« (S. 351), welche Mendelssohn so erschreckte. Ergebnis: »Daß dann nach Erreichen eines Höchstmaßes an klanglicher Fülle die T. 270 ausgesparte Trugschlußwendung in T. 424 noch überraschend hereinbricht, erscheint als Synthese von formal-architektonischen und klanglich-prozessualen Komponenten.« (S. 358) Das heißt aber, die Argumentationsfolge auf den Kopf stellen! Man zitiert zunächst Mendelssohns

Schrecken, will die erstaunliche Schlußwendung erklären und bietet als Lösung an, daß es gar keine Überraschung war, sondern notwendiges Mittel zum Erreichen eines ausgewogenen Ganzen, einer formalen Synthese, ohne die der Goldene Schnitt als angeblich höchstes Symbol gestalterischer Harmonie nicht möglich gewesen wäre. Mendelssohn, musikalisch doch immerhin mit einer gewissen Kompetenz ausgestattet, hatte also unrecht, sich zu entsetzen. Der Kantor war nicht »furchtbar«, sondern im Gegenteil von einer tiefen Sehnsucht nach Ausgleich und Gleichmaß erfüllt!

Warum sollte Bach nicht die Absicht gehabt haben, genau die gegenteilige Wirkung zu erzielen und dazu die erstaunliche Stelle mit dem schwankenden Baß, wie sie für T. 204ff. beschrieben worden ist, für den Schluß aufzusparen? Warum dürfte Bach, sollte meine Inhaltsdeutung der Toccata halbwegs zutreffend sein, nicht nach der Ausmalung der gewaltigen und wunderbaren Schrecken genau das in Musik gesetzt haben wollen, was den Hirten nach den sinnverwirrenden Sensationen der Engel und himmlischen Heerscharen dann doch noch wiederfuhr und sie nach dem Gewaltmarsch nach Bethlehem in einen plötzlichen Frieden versetzte? Lukas 2, Vers 16:

> »Und sie kamen eilends und fanden beide, Maria und Joseph, dazu das Kind in der Krippe liegen.«

Rückkehr nach F-Dur, Rückkehr des Friedens? Damit soll gar nicht behauptet werden, die Ergebnisse Sackmanns seien falsch, unerheblich oder unbrauchbar – im Gegenteil! Aber sie zeigen beispielhaft die Konsequenzen des Aussparens, ja Ausgrenzens des Gefühls- und Bedeutungshaften in der reinen Strukturanalyse. Mendelssohns Schrecken diente nur als Aufhänger, als eröffnendes Ornament, nicht als einer der möglichen Zielpunkte der Analyse. Er wurde nicht erklärt, sondern geglättet. Solche Abspaltungen im musikalischen Denken sind für das Verständnis von Musik, aber auch für das Verständnis der Öffentlichkeit von Analyse und Werkbetrachtung schädlich, denn sie verewigen die Meinung, die von Musik ausgelösten Gefühle, selbst wenn sie bei den Lesenden genau so auftreten wie bei Mendelssohn, seien dem Verständnis äußerlich und hätten hinter den formalen Erkenntnissen, idealerweise jenen vom Goldenen Schnitt, zurückzutreten, seien zu verschweigen.

TEIL II

NACHAHMUNG DER NATUR

1. Erhabene und friedliche Natur: Läßt sie sich nachahmen, oder muß man sie erfinden?

1.1. Bach und Mattheson im Zwiegespräch über das Gewitter

»Kurze Anzeige von dem nutzen der Stralableiter [...] von Herrn Prof Saussure
(Aus dem Französischen 1772)
Wir sind nun einmal drinne, die Natur, nach unsern Ideen leiten zu wollen; möge es denen Herren in Gottes Namen gelingen, den Donner über ihren Köpfen, an Dräten herunter in die Erde zu complimentiren.«
(*Frankfurter Gelehrte Anzeigen;* zit. Grimm, Deutsches Wörterbuch, Bd. 6, 1911, Sp. 6404)

Erhabenheit bildete sich nicht nur an solchen Musikwerken, welche den Sturm der Gefühle vorzeichneten wie die soeben besprochene Toccata, sondern auch an jenen, die die großen, aufwühlenden Ereignisse der Landschaft und des Wetters, vornehmlich Sturm und Unwetter, darstellten und bemüht waren, alle logischen und rationalen Ansprüche über den Haufen zu werfen und in den Hörerseelen das hervorzurufen, was schon zum Jahrhundertbeginn Erschütterung hieß. Ehe der naturwissenschaftliche Blick und Erfindergeist des aufgeklärten Menschen die Naturerscheinungen Blitz und Donner zu beherrschen suchte – siehe das obige Motto –, bewirkten diese nichts als Verwirrung und Zerknirschung, wurden begleitet von Gewittergebeten, um das böse Gewissen, das Gott mit dem Gewitter wachrief, zu erleichtern und um Gnade zu flehen. Generationen von aufgeklärten Erziehern und Theologen kämpften darum, die Bevölkerung von Gebeten und Gewissensaufruhr zu einer »vernünftigen« Moral im Erleben des Gewitters und zum Vertrauen auf den Blitzableiter zu führen. (vgl. Kittsteiner 1990 und 1995, Teil A; Schmenner 1997, Teil II)

Kurz nach 1700 war es aber noch lange nicht soweit. Daß noch die alte Vorstellung vom Strafgericht Gottes herrschte, zeigte bereits ein Kantatentext (vgl. S. 54) und zeigt der Gewitter-Chor der *Matthäus-Passion* (Nr. 27b nach neuer Zählung). Die wiederum auf die Antike – hier speziell Aristoteles – zurückgehende Forderung, in der Kunst sei die Natur nachzuahmen, kann von diesem Chor aus reflektiert werden, und zwar nicht nur im Hinblick auf Bach und das Gewitter, sondern auf die Nachahmungsfrage überhaupt und den gesamten Zeitraum. Denn auch am Jahrhundertende richteten sich noch viele Komponisten danach, was in der ersten Jahrhunderthälfte aufgebaut worden war und gegolten hatte, in einigen Zügen auch noch Carl Philipp Emanuel Bach im Norden sowie Mozart und Haydn im Süden. Die Sprengkraft von Sturm und Drang, Geniezeit und Frühromantik, also all der antirationalistischen und individualistischen Strömungen, erfaßte bei weitem nicht alle Komponisten und wenn, dann auch nicht alle Teilbereiche des Komponierens. Die Konstanz des Typus Pastorale bis zu Haydns *Jahreszeiten* wies bereits darauf hin (vgl. S. 28). Komposition ist tendenziell konservativ, da sie aufgrund des langwierigen Lernprozesses und des komplexen Regelsystems, auf die sie angewiesen ist, selten ohne weiteres in der Lage ist, wie Malerei und Dichtung, auf einen Entschluß oder eine neue Idee hin vieles sehr schnell abzuändern oder umzuwerten. Sie hält mit einer gewissen Zähigkeit am Überkommenen fest und benötigt lange Zeiträume für Veränderungen. Mochten die Neuerer auch noch so gegen die alten Nachahmungsregeln und Affektsysteme wettern – sie blieben für lange Zeit im Grundlagen-Repertoire des Komponierens.

Nach dem Verrat Jesu und seiner Gefangennahme in Gethsemane sowie dem darauf folgenden Klagegesang

> »So ist mein Jesu nun gefangen.
> Mond und Licht ist vor Schmerzen untergangen,
> weil mein Jesus ist gefangen.
> Sie führen ihn, er ist gebunden ...«

fällt ohne Ankündigung und Zögern ein mächtiger Doppelchor ein voll Unverständnis darüber, daß das Strafgericht Gottes über die Sünder ausbleibt: »Sind Blitze, sind Donner in Wolken verschwunden?«

71
A.
Sind Blit - ze, sind Don - ner in
T.
Don - ner in Wol - ken ver - schwun - den, Blit - ze, Don - ner,
B.
Don - ner, Blit - ze, Don -
Cont.
A.
Sind Blit - ze, sind Don - ner in
T.
Don - ner in Wol - ken ver - schwun - den, Blit - ze, Don - ner,
B.
Don - ner, Blit - ze, Don -
Cont.
76
S.
Sind Blit - ze, sind Don - ner in Wol - ken ver -
A.
Wol - ken ver schwund - den, Blit - ze, - Don - ner, Blit - ze, sind
T.
Don - ner, Blit - ze, Don - ner,
B.
Cont.
76
S.
Sind Blit - ze, sind Don - ner in Wol - ken ver -
A.
Wol - ken ver - schwund - den, Blit - ze, Don - ner, Blit - ze,
T.
Don - ner, Blit - ze, Don - ner,
B.
Cont.

81
Fl.
Ob.
V. I II
Va.
81
S.
schwund-den, sind Blit - ze, sind Don - ner in Wol - ken ver - schwun-den
A.
Don - ner in Wol - ken ver - schwun-den,
T.
Blit - ze, sind Blit - ze, sind Don - ner in Wol - ken ver - schwun-den,
B.
ner,
Cont.
6 6 6 6
Fl.
Ob.
Vl. I II
Va.
81
S.
schwund-den, sind Blit - ze, sind
A.
Don - ner, sind Blit - ze, sind
T.
Blit - ze, sind Blit - ze, sind
B.
ner, Don
Cont.
6 6 6 6

Der Text leistet wie jener der *Johannes-Passion* dem neuartigen, geradezu privaten Verhältnis der einzelnen Gläubigen zum Leiden des Heilands Vorschub, da Fragende nicht benannt sind und die Gemeinde sich an ihre Stelle setzen kann. (vgl. Axmacher, S. 172f., 176, 195f.)

> Dazu »hat Bach eine überwältigende Schilderung der entfesselten Naturgewalten geschaffen [...]. In der imitatorischen Einsatzfolge der Stimmen scheint ein Gewittersturm heranzuziehen, Blitze durchschneiden den Tonraum in gezackten Staccato-Dreiklangsbrechungen [...], Donner dröhnt in rollenden Tonketten in der Tiefe [...], von allen Seiten türmen sich massive Akkordkomplexe auf [...]. Es ist ein wahrhaft apokalyptisches Bild, das zugleich auf die Naturereignisse nach Jesu Hinscheiden vorausweist.« (Platen, S. 158)

Gehen wir diese Interpretation unter den Fragestellungen durch: Was von den im Chortext erwähnten Ereignissen ist in Musik wiedergegeben? Was ist dabei als Absicht nachweisbar, was davon nur unsere Vermutung? Und was kann dabei Nachahmung genannt werden?

»Blitze«
Die »gezackten Dreiklangsbrechungen« sind tatsächlich eine Bildfigur der scheinbar herabfahrenden Lichtphänomene, hell, darum wohl in Dur. (Offenbar um der Leuchtkraft willen zucken die Blitze in Bachs *Bauernkantate* und Beethovens Pastoral-Sinfonie nach oben.)

»Donner«
Da die Mehrzahl der »Blitze« eine Wiederholung der Dreiklangsbrechung erfordert, folgt die Darstellung des Donners erst später in Gestalt der »rollenden Tonketten« im Baß. Diese Verspätung ist auch realistisch, denn der Donner folgt den Blitzen, falls das Gewitter noch entfernt ist. Allerdings ist die tiefe Lage des Donners schon von Anbeginn präsent, da die Fuge mit einem Baßeinsatz anfängt. (Sie könnte um der Blitze und ihres Herabfahrens willen auch mit einem Sopraneinsatz beginnen.)

»Blitze und Donner«
Der Blitz ist visuelle, der Donner akustische Erscheinung. Hat es deshalb die Musik mit der Darstellung des Donners leichter? Keineswegs. Denn der Donner ist ein Geräusch, ein Mischphänomen. Es muß in der traditionellen Musik in – wenn auch noch so – verschlungene Linien klarer Tonhöhen übertragen werden. Zudem fehlt dem Donner – wie dem Blitz – eine periodische Gliederung. Dies erschwert eine Übertragung auf die in der älteren Musik übliche symmetrische Taktgruppierung. Die scheinbar beliebige Abfolge des Donnerns muß in regelmäßige oder auch kunstvoll unregelmäßige Wiederholungen gebracht werden.

Hat dieser vielstufige Abstraktionsprozeß überhaupt etwas mit Nachahmung zu tun? Schafft er überhaupt ein Abbild, ja, will er es denn? Trägt er nicht nur die Aufforderung an die Hörenden heran, nach dem Erkennen des inhaltlichen Themas das Fehlende aus Erfahrung und Vorstellung zu ergänzen? Ist er nicht lediglich ein kodierter Hinweis, aber nie und nimmer eine Bemühung um realistische Nachahmung von Bildern und Vorgängen? Es scheint, als hätten die Komponisten in den meisten Fällen darauf abgezielt, aus den ungeordneten Realeindrücken dasjenige herauszufiltern, was sich für ein geordnetes und kunstmäßiges Produkt verwenden ließ, um so das Rohe und Ungeordnete der äußeren Natur in das Regelmäßige und Schöne der Kunst zu überführen. Dadurch muß es zu Uneindeutigkeiten kommen, zu unklaren und beliebig besetzbaren Resten im Vergleich zwischen Vorbild und dessen angeblicher Nachahmung in der Kunst.

So ist es im Gewitterchor möglich, wenn nicht notwendig, in den ineinander verschlungenen Läufen die im Text nicht genannten, aus der Realitätserfahrung aber zu Blitz und Donner gehörenden Sturmwinde zu erkennen und mitzufantasieren. Die *tempesta-* oder Sturmmusiken von Bachs Zeitgenossen, ob von Telemann, Händel, Vivaldi, Marais, Campra oder Rameau, Musikstücke also, die die Sturmwinde explizit als Thema zu erkennen geben, tun doch auch nicht viel anderes als das, was in Bachs Chor nach der Fugenexposition zu hören ist: Sie bilden eine Gleichzeitigkeit von Sechzehntel-Läufen aus, die sich allerdings nicht – wie bei Bach – auf die wohl donnerspezifische Rollfigur beschränken, sondern verstärkt mit Repetitionen, Skalenläufen, Akkordbrechungen und der sogenannten Accentus-Figur arbeiten, d. h. einem schnellen, wiederholten Sekundschritt aufwärts. (Überblick bei Bockmaier) Mit anderen Worten: Nicht einmal der Text eines Vokalstückes kann gewährleisten, daß die musikalischen Formeln eindeutig zu entschlüsseln sind, auch wenn nur von eindeutigen Gegenständen die Rede ist wie von Blitz und Donner. Sehr vorsichtig und angemessen sagte denn auch der Interpret Platen: In der Exposition »scheint« ein Gewitter aufzuziehen. Tatsächlich könnte die Einsatzfolge von unten nach oben die Entwicklung von fernem Wetterleuchten und Grollen zum Heranziehen und Einschlagen zeigen wollen. Dieser Anstieg vollzieht sich auch tonartlich. Denn die Stimmeneinsätze folgen sich nicht – wie sonst in Fugen üblich – auf den Stufen I - V - I - V, hier also h - e - h - e, sondern entsprechend der dominantischen Tendenz, die schon im Septsprung des Blitze-Themas vorgeprägt ist, in Quintschritten aufwärts mit den Stufen I - IV - VII - III, also h - e - A - D. Jede erreichte Stufe ist die Dominante der nächsten, ein ständiges, spannungssteigerndes Höherrücken. Schon der nächste Interpret sieht darin allerdings etwas ganz anderes als ein aufziehendes Gewitter: »Zunächst wird unser Blick von der Erde weg, hin zu den Wolken gelenkt.« (Bockmaier, S. 168) Offenbar erzeugt die musikalische Bewegung von unten nach oben, ob in Stimmen- oder Akkordfolge, eine mehrdeutige Mischung von Aufwärts, von Drängen und quasi zunehmender Geschwindigkeit, wodurch das Bild des heranrasenden Gewitters und dasjenige des emporgerissenen Blickes im Sinn des Reiz-Reaktion-Schemas als zwei Seiten der gleichen Medaille gelten können.

»in Wolken verschwunden«

Hierbei gibt es ein zeitspezifisches und ein allgemeinästhetisches Problem. Ersteres betrifft die Tatsache, daß die Wolken die musikalisch-rhetorische Figur der *circulatio* erhalten (die vier Tone von a bis g im ersten Einsatz), eine Figur, die ehedem angewendet wurde, wenn etwas Rundes, Kreisförmiges musikalisch zu versinnlichen war. Mögen die Bild- und Klangfiguren für Blitz, Donner, vielleicht sogar für deren Heranziehen auch heute noch unmittelbar verständlich sein, so ist dies im Falle der *circulatio* nicht mehr der Fall. Sie ist im Sinne der Informationstheorie kein ikonisches, also abbildliches Zeichen, sondern ein Symbol bzw. ein Index. (Karbusicky, S. 15; Kneif ebda., S. 138f.) Man muß es kennen und seine Bedeutung wissen. Sie teilt sich nicht unmittelbar mit. Denn die Musik als Zeitkunst kann keine Analogien für statische Bilder wie etwa Kreise herstellen, sondern nur einen symbolischen Hinweis geben, der aber in seiner Verständlichkeit einer bestimmten Zeitepoche zugehörig und einer ihr eigenen Übereinkunft vorbehalten ist. (Karbusicky ebda., S. 12) Diese dürfte allerdings auch damals schon für einen Großteil des Publikums, welches die musikalische Rhetorik nicht beherrschte, nicht gegolten haben. Wiederum also nur ein Hinweis, aber diesmal nur für Eingeweihte.

Das zweite Problem betrifft die schon zu Bachs Zeit diskutierte Frage, ob etwas dargestellt werden dürfe, das laut Text nicht vorhanden ist oder abwesend sein sollte. Bach verhielt sich konsequent: Er stellte es immer dar. Wenn es in der Kantate BWV 65 (Satz 4) heißt »Gold aus Ophir ist zu schlecht. Weg, nur weg mit eitlen Schätzen!«, so erhält zwar das »schlecht« einen Tiefton (Wertmangel) und das »weg« eine wegwerfende Geste, aber das Glänzen des Goldes und der Schätze ist in unmäßigen Schnörkeln ausgemalt. Auch in unserem Chorbeispiel ist das Erstaunen darüber, daß das Unwetter gar nicht vorhanden ist, lediglich durch einen Abwärtssprung auf »verschwunden« repräsentiert sowie durch eine folgende Pause, wie sie auch in der Motette *Jesu, meine Freude* auftritt bei dem Text »Es ist nun nichts, nichts Verdammliches an denen...«, jeweils nach dem Wort »nichts«. Es ist die rhetorische Figur der *interruptio* bzw. *aposiópesis*, die immer dann auftritt, wenn etwas endet oder nicht vorhanden ist, z.B. das Leben oder der Reichtum. Zentrum der Darstellung im Passions-Chor ist jedoch das fehlende Gewitter.

Der Rationalist Mattheson ist grundsätzlich gegen eine solche Wortbehandlung. Denn man solle »nicht auf die Wörter, sondern auf ihren Verstand zielen.« (1739, S. 202f.) Er nennt Beispiele, die dem Verfahren Bach genau entgegenstehen:

> »Das Auge vor den Thränen retten, zeiget mehr tröstliches, als weinendes an; dienet also zu keiner Wehklage [...]. Die Bitte: Laß mich in Sünden nicht fallen, darff eben nicht durch den Fall der Stimme angezeiget werden«, auch wenn dies »täglich, und aufs neue, zur Welt gebracht wird, und im höchsten Grad, mit Vernunfft, tadelns würdig ist.«

An anderer Stelle (1725, S. 42) nennt er solches Komponieren »garstig«, »leichtfertig« und »dem Verstan[de] ganz entgegen.« (dazu Weidenfeld 1991, S. 84)

Hat denn diese Sicht noch mit Naturnachahmung zu tun? Durchaus, und zwar dann, wenn die Wörter und Sätze, also auch jene, die die äußere und innere Natur betreffen, aller Widersprüchlichkeit, Vielschichtigkeit und Vorstellungsvielfalt entkleidet werden und ihr »Verstand« auf das reduziert wird, was man als Wortsumme bezeichnen könnte, die letzte logische Konsequenz. Mattheson macht dies in Fortsetzung des längeren Zitates noch deutlicher:

> »Eilen ist ein unglückliches Wort, es muß sich immer martern lassen. Wer sonst Eil hat, pflegt nicht lange zu zaudern [...] unsre eilfertige Componisten aber, da man dencken sollte, sie wären längst an Ort und Stelle, weil offt schon ein artiges Bisgen dazwischen gegeiget worden, siehe, so sind sie noch da, kommen wieder, und fangen von neuem zu ei = = = = len an, womit sie sich doch nur ie länger ie mehr aufhalten.«

Man soll nicht das Eilen selbst, seine schnelle Bewegung, verdeutlichen, sondern seinen Zweck und sein Ergebnis, mithin die rasche Ankunft. Der »Verstand« der Wörter besteht hier auf einer möglichst kurzen Melodie. Dieses Verständnis von Wortauslegung steht im Widerspruch zu den Möglichkeiten einer auf Sinnlichkeit angelegten Kunst wie der Musik, gräbt ihr das Wasser ab. Sie verringert jenes Potential, das Bach zur Erhöhung seiner Kompositionsmöglichkeiten aus den Wörtern herauslas. Auch auf andere Art versucht Mattheson, die Komponisten vom bloßen Imitieren des Sicht- und Hörbaren abzubringen, ob vorhanden oder nicht vorhanden. »Mein weniger Rath«, sagt er als Fazit seines Lehrgebäudes, »welches die Natur-Lehre des Klanges mit der Affecten-Lehre einiger und nöthiger Maassen verknüpfet«, geht dahin:

> »Man suche sich eine oder andre gute, recht gute poetische Arbeit aus, in welcher die Natur lebhafft abgemahlet ist, und trachte die darin enthaltene Leidenschafften genau zu unterscheiden. Denn, es würden manchem Setzer und Klang-Richter seine Sachen ohne Zweifel besser gerathen, wenn er nur bisweilen selbst wüßte, was er eigentlich haben wollte.« (1739, S. 19f.; zu Matthesons Stellung innerhalb der Affektenlehre vgl. Buelow)

Mattheson favorisiert als Nachahmungsgegenstand die menschliche »Natur«, die »darin enthaltenen Leidenschafften«. Seiner Auffassung nach hätte Bach also den Fragesatz seines Chores so vertonen sollen, daß nicht die »verschwundene« Naturerscheinung hervorgehoben, sondern daß der »Leidenschafften«-»Verstand« der Wörter thematisiert wird, das fragende Erstaunen, das Entsetzen, die Enttäuschung und die Wut über jenes Ausbleiben. (hierzu Braun)

Hier sind wir auf dem anderen Pol der Nachahmung der Natur, wo es nicht darum geht, Sicht- und Hörbares wiederzugeben oder dessen Vorstellung anzuregen, sondern wo eine andere Naturerscheinung nachgeahmt bzw. hervorgebracht werden soll, nämlich die innermenschliche Gefühlsantwort, die Reaktion auf jene beobachteten – oder hier gerade nicht beobachteten – äußeren Erscheinungen. Es ist die Nachahmung der Affekte, der inneren Natur des Menschen. Im Hinblick darauf allerdings gerät die Interpretation des Bachschen Chores vollends auf die Ebene der Spekulation. Denn es läßt sich behaupten, in der Darstellung bzw. Andeutung der stürmischen Naturgewalten sei zugleich der Aufruhr der Gefühle, die ohnmächtige und ungläubige Wut der Fragenden mitgemeint, beide Seiten verstärkten sich gegenseitig, ja, Bach habe sich das Gewitterbild nur zunutze gemacht, um das Entsetzen der von Jesu Gefangennahme bestürzten Menschenseele angemessen darzustellen. Und damit würden – wie Vladimir Karbusicky (S. 15) an Smetanas Konzertetude *Am Meeresgestade* exemplifiziert hat – »ikonische Assoziationen (Meeresrauschen, Wellenschlag)« übergehen können zu einem »Index der Emotionalität, der Rührung, der Nostalgie«. Gibt es zu einer solchen Vermutung in Bachs Chor Anzeichen? Durchaus. Einmal zeigen die Sechzehntel-Repetitionen T. 81ff. im sogenannten *stile concitato* höchste innere Erregung an. Ferner wird Affekten wie Zorn, Haß und Wut in Typen wie der Rache-Arie oder Chören aufgebrachter Menschenmengen in Oper und Oratorium häufig ein ganz ähnliches Koloraturen-Geflecht von Sechzehntel-Linien mitgegeben. Besonders einleuchtend zeigt sich dies in solchen Arien und Chören, in denen Riesen oder Gottheiten, die über Winde und Stürme herrschen, die ihnen unterstellten Elemente zu wütender Aktion anstacheln. Beispiele sind *Der stürmende Aeolus,* Satz 7 aus der C-Dur-Ouverture von Telemann (Mus. Werke, Bd. X, Kassel und Basel 1955) oder die dem Aeolus Gehorsam schuldigen Winde in Bachs Kantate BWV 205 (1725). Im Eingangschor müssen sie aus dem sie umschließenden Höhlengefängnis ausbrechen – »Zerreisset, zersprenget, zertrümmert die Gruft!« –, um dann mit ihrer »Wut zu rasen« (Rezitativ Nr. 2).

So gesehen, hätte Bach durchaus der Meinung Matthesons entsprochen und den »Verstand« der Wörter in Töne umgesetzt, allerdings in einem höheren Sinne, nämlich dem, daß das Ausbleiben des Gewitters ein Entsetzen auslöst, welches sich ausgezeichnet mit der Darstellung des trotz oder gerade wegen des Ausbleibens fantasierten Gewitters vorführen läßt. Die Enttäuschten stellen sich doch oft das Vermißte konzentrierter und aufregender vor, als es in der Realität sein kann.

Mattheson in seiner Vernunftstrenge geht bei einer sehr ähnlichen Textvorlage noch weiter. Dies läßt sich einem fingierten »Verhör« eines »fragenden Componisten« namens Melophilos entnehmen, der dem Meister Mattheson in der Absicht, eine Passion zu vertonen, seine Gedanken und Pläne zu Teilen des Librettos zur Beurteilung vorträgt. (1725, S. 47f.) Mattheson ist skeptisch gegenüber dem Vorschlag, die Aufforderung an die Elemente, angesichts des Todes Jesu in einen Aufruhr zu geraten, zum Anlaß für »Schilderey« zu nehmen, also für musikalische Malerei, ikonisches Zeichenwesen. Dieser Aspekt des Textangebotes kümmert ihn wenig, offenbar vor allem, weil die Katastrophen herbeigewünscht, aber gar nicht da sind. Ihn interessieren nur die aus dem Wunsch sprechenden Affekte, nämlich »Schrecken und Entsetzen«, dann aber »wehmütige« und »klägliche« Gefühle, die doch wohl den Anlaß für die Aufforderung bilden. Daß daraus »auch ein andrer Affect« sprechen könne – der Schüler meint wohl den Zorn –, lehnt Mattheson rundweg ab. Hier ein Ausschnitt (»Resp.«=responsio=Antwort):

Meloph. Es ist wohl in diesem ganzen Werke keine bessere Gelegenheit/ eine musicalische Schilderey zu machen/ als die nun kömt:

„Bebet/ ihr Berge! zerberstet/ ihr Hügel!
„Sonne/ verhülle den brennenden Spiegel!
„Himmel und Erde/ vergehet ihr nicht?
„Schmelzet/ ihr Felsen/ von ängstigem Zittern!
„Lasset/ ihr Wellen/ die Tieffen erschüttern!
„Weil itzt dem Heiland das Herze zerbricht.

Da werde ich mit den Instrumenten ein Zittern und Beben anstellen/ daß es mir eine Lust seyn wird. Zerbersten ist auch ein schönes Wort; Himmel und Erde desgleichen: da kann der eine hoch/ und die andre tieff gesetzet werden. Die Wellen/ das Erschüttern/ das Schmelzen/ sind lauter herrliche Ausdrückungen. Soll ich nicht mit drey-geschwänzten Noten darauf loß arbeiten?

Resp. Immerhin. Ich habe nichts auf die Worte zu sagen: denn/ das Schrecken und Entsetzen stellen sie ziemlich vor. Wie weit solche aber musicalisch sind/ oder heissen können/ laß ich dieses mal unausgemacht. Nichts ist leichter/ als etliche Millionen unschuldige Noten/ die brav in einem Ton gehen/ darüber zu verschreiben. Binde dich aber nicht so sehr an die Worte/ daß du dir ein Gewissen machen solltest/ die Erde etwan einen Ton höher/ als den Himmel/ zu setzen: denn es kann gar wohl geschehen/ daß man/ im Schrecken/ der Erde mit erhabnerm Klange zuruffe/ als dem Himmel. Insonderheit laß dir die letzte Zeile dahin befohlen seyn/ daß du sie mit mehrer Bescheidenheit herausbringest/ als die übrigen: denn sie enthält die klägliche Ursache des Entsetzens der ganzen Natur.

Folgende Fragen zur Naturnachahmung sind berührt worden:

1. Wie können zeitlich ablaufende Naturerscheinungen, ob visuell oder akustisch, dargestellt werden?
2. Wie können statische Erscheinungen in der Zeitkunst Musik symbolisiert werden?
3. Sind beide Darstellungsmöglichkeiten in ihrer Zeichenverschlüsselung zeitlich übergreifend oder nur zeitabhängig verständlich?
4. Sind sie Bemühungen um Nachahmung der Realität oder nur Hinweise, Anregungen für eine zu fantasierende Vervollständigung?
5. Wieweit sind im Text nicht genannte, aber evtl. mitgemeinte weitere Gegenstände mitzufantasieren oder zu erschließen?
6. Sind »Mahlereyen« auch dann noch erlaubt, wenn ihre Gegenstände im Text als fraglich oder gar inexistent benannt werden?
7. Ist nicht der hinter den Wörtern stehende »Verstand«, die Affektsituation, für die musikalische Darstellung wesentlicher als jene der äußeren Gegenstände?
8. Oder ist eine besonders kunstvolle Art der Naturnachahmung jene, in der scheinbar bloßen Nachahmung der äußeren Natur diejenige der inneren Reaktion darauf mitzubearbeiten, da dann der äußere Anlaß in logische und unauflösliche Verbindung mit dessen affektiven Folgen verschmilzt?

Man könnte hoffen, daß wenigstens einige dieser Fragen im Laufe der reichhaltigen Auseinandersetzungen des Jahrhunderts über musikalische Naturnachahmung gelöst worden wären. Dies ist aber nicht geschehen, und es ist wohl – wie bei so vielen Fragen der Kunst – auch gar nicht möglich. Daran konnte auch die Installierung der Wissenschaft vom Schönen um die Jahrhundertmitte durch Alexander Baumgarten nichts ändern, der Ästhetik als philosophischer Disziplin.

1.2. Was ist nachahmenswert, und wie ist nachzuahmen? Johann Matthesons Lebenskampf

> »Wir kennen die Melodie: Entweder kann das Naturschöne Vorbild oder aber es muß Nachbild des Kunstschönen sein.«
> (Martin Seel 1991; S. 16)

Aus dem fiktiven Widerstreit über den Gewitterchor der *Matthäus-Passion* könnte sich der Eindruck ergeben, Bach vertrete einen etwas altmodischen, allein die Potenz der Musik verteidigenden Standpunkt, Mattheson dagegen eine zwar teilweise etwas trockene Auffassung, die als Position der Aufklärung aber moderner, ja fortschrittlicher sei. Solch eine Polarisierung ist jedoch unangemessen. Denn der zutage getretene Unterschied ist ein zeitübergreifender, kategorialer, der sich durch die gesamte antike und neuzeitliche Diskussion über Kunst, Dichtung und Musik zieht, wobei einmal die eine, dann wieder die andere Position hervortritt, ohne daß dabei die jeweils andere ganz zurückgedrängt oder als ›unrichtig‹ ausgeschlossen würde. Fast immer geht es dabei weniger um kunstspezifische als um ideologische Kriterien. Im 18. Jahrhundert etwa trägt »der uneinheitliche Charakter der Naturauffassung [...] einen eher moralischen als ästhetischen« Zug (Hauser, S. 579f.), und die Schwankungen in der Beurteilung von Naturnachahmung richten sich danach, ob die Natur die »Identität des Geistes« repräsentiert oder ob ein »Anderes der Natur« gegenüber den Menschen gesehen wird. »Dieser Widerspruch und die Arbeit an ihm wird zum Grund und Medium der Geschichte.« (Böhme, S. 45)

Die erstere Position ist jene der Aufklärer. Um ihr Ideal der »Vollkommenheit«, der »Einheit und Mannigfaltigkeit«, der »Proportionalität« nach »Zahl, Maaß und Gewicht«, von »Ebenmaß und Verhältniß« – wie die zeitgenössischen Begriffe lauten (Grimminger, S. 126f.) – mit der Forderung nach Nachahmung der Natur ineins setzen zu können, müssen sie »die Annahme einer allgemeinen in der Natur begründeten Ordnung« voraussetzen, die »aller möglichen Differenzierung voraus[geht]« wie jener, die bei der Nachzeichnung des Donners in der Passion zu beobachten war. »Wird die Natur nicht rein formal aufgefaßt, so bedarf ihre künstlerische Vergegenständlichung aus rationalistischer Sicht ausdrücklich eines allgemeinen begrifflichen Deutungsrahmens« (Zimmermann, S. 130f.): »Ursprung der Natur im Gehirn«, wie Ludwig Harich über Rousseau formuliert. Insofern bedeutet es eine

Parteinahme für diese Position, wenn ein moderner Forscher behauptet: »Das eigentlich Poetische sucht man nicht mehr in der Imitation, sondern im schöpferischen Reagieren auf Impulse, die von der Natur ausgehen.« (Göller, S. 233) Dies ist aber nur dann der Fall, wenn Natur nicht mit dem Ziel angeschaut wird, sie zumindest in Einzelteilen genau wiederzugeben – ganz gleich, mit welcher übergeordneten Gesamtabsicht auch immer –, sondern wenn Elemente aus ihr nach einem vorgeordneten, nach Kunstregeln gefaßten Ordnungs- und Einheitsziel umgeformt werden und durch diese spezielle Verbindung von sinnlicher und Verstandestätigkeit dem standhalten können, was man Geschmack nennt. Unordnung und Ordnung, häßlich und schön sind dabei die Kategorien in der für die Vernunft parteiergreifenden Nomenklatur, platt ausgedrückt: »Dahero hat der sittliche Mensch mit keinen Träumen, süßen Vorstellungen, entzückten Trieben, hüpfenden Ausdrücken und Urtheilen zu thun. Er denkt ordentlich, und er empfindet natürlich.« (Michael Ringeltaube, *Von der Zärtlichkeit,* 1765, S. 38; zit. Grimminger, S. 133)

Der Zwiespalt, der sich dabei in der Musik auftut, ist nur schwer am Vergleich von zeitgenössischen theoretischen Äußerungen der beiden Parteien zu studieren, da die ›unordentliche‹ Position bis zur Jahrhundertmitte und zum Sturm und Drang keine offizielle Vertretung hat, lediglich flankiert wird durch einige englische und schweizerische Pioniere der Schwesterkünste. (vgl. S. 82ff.) Als anti-aufklärerisch verpönt, fristet sie ihr Dasein in praktischer Musik, im Komponieren, und zwar verbreiteter, als es den Aufklärern lieb sein kann. Jedoch können für beide Positionen zunächst die Äußerungen der Aufklärungs-Fraktion genügen, da deren Widersprüchlichkeit auch die Argumente der »barocken«, »schwülstigen« und »unnatürlichen« Gegenseite erkennen läßt.

Verfolgen wir daraufhin die Entwicklung, die aus Johann Matthesons Schriften deutlich wird. Sie sind in jeder Hinsicht exemplarisch für das »kritische« Musikschrifttum der Zeit insgesamt. Mattheson war der meistpublizierende und meistgelesene deutsche Musikschriftsteller seiner Zeit (gestorben 1764), so daß es für ein repräsentatives Bild von der Theorie der musikalischen Nachahmung angemessen erscheint, seine Schriften besonders herauszustellen.

Mattheson greift zwei Vorbilder auf und interpretiert sie zu einer eigenständigen Haltung. Es ist einmal die Rezeption und kritische Reflexion des für die Zeit bestimmenden, »naturalistischen Optimismus« (Ehrard) Frankreichs, der mit seinen rationalen Grundthesen zur »imitation de la belle et simple nature« und seiner schon um 1700 einsetzenden Streitschriftenkultur *(Querelle des ançiens et modernes)* die Rückführung des aktuellen Naturverständnisses auf die antiken Autoritäten wie Aristoteles, Plato und die Stoiker diskutiert und damit »bei der Entstehung der deutschen Ästhetik Pate gestanden hat« (Baeumler, S. 149), um schließlich 1746 in der Schrift von Charles Batteux zu gipfeln: *Les beaux-arts réduits à un même principe.* Zum anderen ist wichtig, »daß Mattheson in einer Zeit der Vorherrschaft französischer Ästhetik im deutschen Geistesleben (vor allem Batteux und Boileau) sich auch in dieser Frage an der englischen Literaturkritik [...] orientierte«, vor allem an Pope, Addison und Locke, deren Schriften er mehrfach aufgreift. (Kross, S. 339)

Wie er dabei bemüht ist, den Widerspruch zwischen einem »vernünftigen« Standpunkt und der Emanzipation der Hörsensationen, also der Freiheit der Sinne, in Einklang zu bringen, bietet einen tiefen und vielleicht sogar anrührenden Einblick in die lebenslangen, den wechselnden Strömungen standhaltenden Anstrengungen eines Pädagogen, sowohl die individuellen Bedürfnisse der zu Belehrenden zu unterstützen, diese zugleich aber auch von der Notwendigkeit von Grenzen, Ordnungen und Kunstregeln zu überzeugen. (Hierzu Buelow, vor allem S. 400ff., und Harris mit einer Einführung in Matthesons Denken in Form eines ausführlichen Literaturberichts)

1713 ist Mattheson bereits auf der Höhe der zeitgenössischen Diskussion. In der alten Auseinandersetzung darüber, ob Vernunft oder Sinne das Geschmacksurteil, auch in der Komposition, leiten, setzt er sich deutlich gegen eine in Deutschland verbreitete Haltung ab (Dammann, S. 73ff.) und polemisiert gegen die wandelbaren »unzehligen Reguln« der »Pedanten«.(S. 4f.) Er schlägt sich auf die Seite der Sinne wie sein französischer Zeitgenosse Dubos. (Baeumler, S. 49ff.) Ebenso klar verficht er die These, die Musik sei »in der selbständigen Natur begründet«, es sei »in der eigentlichen Natur der rechte warhaffte Ursprung der Music zu finden«, da er ja aus jener »deduciret werden kann« (S. 304, 306f.), etwa aus der Existenz des Vogelgesanges oder der menschlichen Vorstellungskraft als Bestandteilen der äußeren und der inneren Natur. Sucht man aber danach, wo bei der Erörterung der musikalischen Praxis diese Prinzipien eingelöst und konkretisiert werden, zeigt sich statt Deutlichkeit eher Verschwommenheit: Die Melodie sei das erste der »Requisita« einer guten Komposition, »wozu die Invention den Anfang machet« (S. 202), wo also die Erfindungskraft als erste ansetzt. Mehr folgt nicht. Der entschiedene Sensualist äußert seine Prinzipien, verstummt aber im Konkreten.

1717 bemüht er sich jedoch um eine Verbindung, indem er die Gedanken über die Melodieerfindung fortsetzt. (S. 105) Nicht die »ars combinatoria«, zeitübliche Wort- und Zahlenmanipulationen als Erfindungshilfen, ebenso nicht ein »plagium«, ein Nachäffen von Vorbildern, können die »Invention« befördern: »geschieht es durch natürliche Dinge/ so ist es eine Nachahmung/ und das ist der beste Weg.« Hiermit muß man sich bescheiden. Jedoch wird klar, daß der fast schon zum Begriff Naturnachahmung zusammengefaßte Gedanke alles ausschließt, was Künstlichkeit und Abschreiben bedeutet, dagegen – so muß man folgern – in den »natürlichen Dingen« das Einfache und das Eigene preist, etwa in jenen Elementen, die 1713 zum Beweis herangezogen wurden: Vogelgesang und eigene Vorstellungskraft, die sich auch – wie Mattheson später verdeutlicht – die eigenen Affekte zunutze machen kann. (1739, Teil III, Kap. 15, § 4)

1721. Nachdem Mattheson sich im Streit zwischen den auf antiken Autoritäten wie Pythagoras und Aristoxenos fußenden musikalischen Rationalisten und Sensualisten wiederum auf die Seite der Sinne, der »Ohren«, geschlagen hat (S. 10f., 134f.), legt er ein zusammenfassendes Bekenntnis ab (S. 449f.):

> »Meine Principia cognoscendi & agendi in musicis«, also meine Erkenntnis- und Handlungsprinzipien in der Musik, »sind aus der Erfahrung der Sinne gekommen; meine Richtschnur ist Gottes Ehre und der Menschen Lust und Wohlgefallen; Mein Fundament [...] ist die Natur/ und mein finis [Endzweck], meine Absicht in der Musik (als Music) ist und bleibt in Ewigkeit die Bewegung des in der Seele steckenden sensus, des Gehörs/ als des besten Richters in dieser Sache.«

Er fügt noch zwei lateinische Zitate an und: »Vive le bon sens!« Botschaft: Die Antike und die Franzosen sind meine Lehrmeister in dieser Sache.

Daß Johann Sebastian Bach ebenfalls dieser Meinung gewesen sein könnte, unabhängig von ihrer praktischen Umsetzung, legt die Tatsache nahe, daß er seit 1729 das ein Jahr zuvor erschienene Lehrbuch *Der General-Bass in der Composition* von Johann David Heinichen vertrieb, das – unter ausdrücklicher Berufung auf Mattheson – zur Verteidigung des neuartigen »Gout« (Geschmack) folgenden Passus enthält (S. 4):

> »Da wir nun einhellig gestehen müssen, daß unser finis Musices sey, die Affecten zu bewegen, und das Gehöre, als das wahre Objectum Musices zu vergnügen; so folget ja nothwendig daraus, daß wir alle unsere musicalische Regeln nach dem Gehöre einrichten sollen, und da findet gleichwol die Frau Vernunfft, (die superkluge ratio) alle Hände voll zu thun...«

Sinne und Gefühle sind die Leitsterne der neuen Musik, die man als galant bezeichnet. Dies kann aber als »allgemeiner begrifflicher Deutungsrahmen« (Zimmermann) für eine aufklärerische Musikauffassung noch nicht ausreichen. Denn auch eine komplizierte Fuge mit mehreren Themen und mit deren Auftreten in Krebs- und Umkehrungsgestalt könnte als eine Musikart verteidigt werden, die Sinne und Gefühle anspricht, auch wenn die ratio stark beteiligt ist. Diese Auffassung könnte Bach vertreten haben. Und deshalb dürfte an diesem Punkt die angenommene Übereinstimmung mit Heinichen geendet haben. Denn gerade gegen die »todte Noten-Künsteley« (S. 8) schmiedet dieser seine Sinnes- und Gefühlswaffen. Das übergeordnete Prinzip nämlich, unter dem sein Naturargument und das der meisten anderen zu verstehen ist, ist das der Einfachheit, der Faßlichkeit und Allgemeinverständlichkeit, mithin im weitesten Sinne ein politisches Argument. Bei aller logischen Schwäche und inneren Widersprüchlichkeit hat diese Interpretation von Naturnachahmung auf ihrer Seite, daß sie vom Publikum und seinen Bedürfnissen ausgeht und sich bemüht, die rationalistische Systematik darauf abzustimmen. Die Musik soll etwas Angenehmes sein, man soll es leicht mit ihr haben, sich nicht ständig anstrengen und unterordnen. Daß dieser »Deutungsrahmen« von Natur und Naturnachahmung in sich etwas Systemsprengendes hat und tendenziell dem rationalen Urteilen den Boden entzieht, scheint den Autoren durchaus bewußt zu sein, sie aber auch zu beunruhigen.

1722 verfolgt Mattheson sein Ziel weiter. In einer gut 130seitigen Auseinandersetzung mit dem Wolfenbütteler Kantor Heinrich Bokemeyer über Nutzen und Naturgemäßheit von Kanons geht es um Regeln und um Schönheiten, welche zugleich der Natur und der Vernunft entsprechen. (S. 330ff.) Den Abschluß bildet eine Apotheose der Melodie (S. 354), die nachträglich noch durch Briefe von Reinhard Keiser (Kopenhagen), Johann David Heinichen (Dresden) und Georg Philipp Telemann (Hamburg) mehr oder weniger untermauert wird. Während dieser Auseinandersetzung wird Mattheson endlich etwas konkreter:

> »Nicht die künstliche; sondern die schöne/ angenehme Melodie ist es/ welche gesucht wird. Ein künstlich-geschminktes Gesicht weiset keine natürliche Schönheit. [Ein inplizit antifeudalistischer Vergleich!][...] Weil die Natur das Muster aller Kunst seyn soll: so ist keine Melodie künstlich/ deren membra keine künstliche Canones seyn können. Unsre Melodien dürffen [können] eben nicht vollkommen künstlich seyn/ wenn sie nur vollkommen schön sind. Haben sie diese letzte Eigenschafft/ so sind sie immer künstlich genug. Nun gehören zwar zur Hervorbringung dieser Schönheit auch einige besondere connoissances; aber sie sind nicht von canonischer Art. Es müssen originalia; keine Aeffereyen seyn. Sie müssen so wirken/ als ob es von ungefehr käme.« (S. 337)

Natur ist Freiheit! Die Melodie soll nicht Sklave einer vorangegangenen sein, weil »immer eine Note der anderen Gefangene ist« und sich »nicht nach Willen regen« kann, wie Telemann im Antwortschreiben betont. (S. 359) Und Mattheson: »Es müssen originalia [...] seyn. Sie müssen so wirken/ als ob es von ungefehr käme.« Das ist ein gewaltiger Sprung in die Zukunft! Nicht Übernommenes, Musterhaftes, sondern Originalerfindungen sollen es sein, einfach, ungekünstelt, angenehm und dazu noch mit dem »Schein des Bekannten«, wie es später bei Johann Abraham Peter Schulz heißt. (vgl. S. 143f.)

Telemann ist vor allen anderen Komponisten Deutschlands für seine Fähigkeit gelobt worden, in dieser Hinsicht »sich nach dem Geschmacke aller Liebhaber zu richten...«:

> »Er vermeidet alle ausschweifende Schwierigkeiten, die nur Meistern gefallen könnten, und ziehet die lieblichen Abwechslungen der Thöne allezeit den weitgesuchten vor, ob sie gleich künstlicher seyn möchten. Und was ist vernünftiger als dieses? Denn da die Music zum Vergnügen der Menschen dienen soll; so muß ja ein Künstler ein grösseres Lob verdienen, wenn er bey seinen Zuhörern eine lächelnde Mine, und vergnügte Stellung wircket; als wenn er bloß eine ängstliche Verwunderung, und lauter in Falten gezogene Angesichter verursachet hätte.« (Johann Christoph Gottsched, *Der Biedermann* vom 20.12.1728; zit. Telemann 1981; S. 146f.)

Und Telemann selbst 1718 (zit. ebda. S. 22f.):

> »Ein Satz der Hexerey in seine Zeilen faßt,
> Ich meyne, wenn das Blat viel schwehre Gänge führet,
> Ist musicirenden fast meistens ein Last,
> Worbey man offtermahls genug Grimacen spühret.
> Ich sage ferner so: Wer vielen nutzen kan,
> Thut besser, als wer nur für wenige was schreibet;
> Nun dient, was leicht gesetzt, durchgehends jedermann:
> Drum wirds am besten seyn, daß man bey diesem bleibet.«

Auffallend ist die Übereinstimmung der beiden Texte, was das Ziel der Popularität und die Gegenüberstellung angestrengter und gelöster Mimik angeht; offenbar strebt der galante Stil an, das große Publikum zum Lächeln – nicht zum Lachen! –

zu bringen, eine Absicht, die es weder vorher noch nachher in der Musikgeschichte gegeben hat und wohl zu den hervorragendsten Verdiensten der Aufklärung in der Musik gehört. Bach dürfte sich nicht in vorderster Linie um sie bemüht haben.

Noch konkreter wird Mattheson in Entgegnung zu Bokemeyers Behauptung, der Übergang zu Fugensätzen innerhalb Konzerten sei ein »allzugroßer saltus, den die Natur nicht leidet.« (S. 313f.) Als wolle er Bachs *Brandenburgische Konzerte,* ein Jahr zuvor dem Markgrafen von Brandenburg gewidmet, verteidigen, zeigt sich Mattheson voller Unverständnis und beklagt ironisch seinen Gegner – »O! Du schöne Natur! Was bist du doch für eine herrliche ratio!« –, um dann aber selbst der Brüchigkeit des Naturargumentes zu verfallen. Da es ja auch konzertierende Fugen gebe, »wo ist denn der unnatürliche Sprung...?« Was hier im Begriff Natur über den Wert eines Modewortes hinausgeht, ist schwer zu erkennen. Vollends das Schlußargument Matthesons erweist sich als reiner Pragmatismus: »Ich glaube nicht/ daß ein vernünfftiger Capellmeister in der Welt dieses procedere tadeln könne.« Natur und Vernunft wieder einmal als austauschbare, sich gegenseitig begründende Begriffe. (vgl. S. 6)

Es scheint, daß die Alltagsdenker der Aufklärung wie Mattheson, die nicht jene Grundsätzlichkeit der Reflexion ihr eigen nennen wie die großen Denker jener Zeit, etwa Leibniz oder Newton, ihre Kunstprinzipien auch zu denen ihres logischen Denkens machen: Einfachkeit, Unkünstlichkeit. Zwei Gedanken des seit 1730 in Leipzig lehrenden Literaturwissenschaftlers und Dichters Johann Christoph Gottsched, des bestimmenden deutschen Kunsttheoretikers der Zeit und Vorbildes auch für musikalische Denker, vor allem Johann Adolph Scheibe und Lorenz Mizler – beide Bach-Schüler –, zeigen ebenso diese seltsamen Syllogismen, wenn es um die Natur geht:

> »Natürlich nennet man in der Welt alles das, was in dem Wesen und in der Natur derselben seinen Grund hat. Nun besteht das Wesen der Welt in der Art ihrer Zusammensetzung, und in der Vermischung ihrer Theile [...] und die Natur derselben in der wirkenden Kraft: die aus den Elementen und andern einfachen Substanzen, die darinnen vorhanden sind, ihren Ursprung hat [...]. Was sich also aus diesen beyden Quellen herleiten, das ist, gut erklären und beweisen läßt, so daß man begreifen kann, wie es damit zugeht, das ist eine natürliche Sache, oder Begebenheit in der Welt.« *(Erste Gründe Der Gesammten Welt-Weisheit. Theoretischer Theil,* erstmals 1733, zit. nach der 7. Auflage 1762, § 403; zit. Birke, S. 34)

Auch wenn die Erfindungen der Einbildungskraft selbstverständlich nicht stets das nachahmen können, was in der Natur zu beobachten ist, sondern über das Sichtbare hinausgehen, also Fiktion sind – dies dürfte besonders für die Musik gelten und eine der besonderen Probleme bei der Begründung ihrer »Natürlichkeit« ergeben –, muß laut Gottsched immer gewährleistet sein, daß diese Fiktion den Gesetzen der Vernunft standhält, damit auch der Natur und hierdurch wiederum der perfekten Vorlage Gottes gerecht wird. Ihre Schranken zu durchbrechen, heißt Gott lästern: »Wer also den Bereich seiner Erkenntnis überschreitet, d.h. wer für seine poetischen Kreationen keinen zureichenden Grund anzugeben weiß, versündigt sich.« (Birke, S. 38 nach der gleichen Quelle, § 404; allgemein hierzu Baeumler, Teil 1, A, Kap. 2-5)

Dergleichen Züge von Rechtfertigungszwängen kann man auch im Einzelfall wahrnehmen. An einem englischen Text, wonach manche Pläne »an denen [den] Klippen des Geistes des Unfriedens stranden müssen«, tadelt Gottsched nicht etwa die Wortstellung, sondern die Unmöglichkeit, »daß der Geist des Unfriedens Klippen habe.« (1725, S. 270) Und er verdammt Autoren, die solche Sätze oder Verse verfassen, als Menschen,

> »die uns die Phantasien ihres verrückten Gehirns an statt der Natur vormahlen, weder Wahrheit, noch Ordnung noch Verstand in ihren Wercken zeigen; sondern Chimären, Hirngespenster und alberne Zoten in Reime zwingen.« (1726, S. 279)

Diese schon »künstliche« Erregung, die wir von Scheibe kennen (vgl. S. 26) und die wir auch bei Mattheson noch kennenlernen werden, ist offenbar erzeugt durch die vielleicht dämmernde, aber uneingestandene Erkenntnis jenes grundlegenden Mangels im logischen Fundament der Argumentation, der bereits mehrfach angedeutet wurde: Natur ist als Basiskategorie aesthetischer Setzungen und Urteile zu ambivalent, um logisch klare Ableitungen und Beweise oder gar unangreifbare Positionen zu begründen. Die logische Unsicherheit im Hintergrund erzeugt eine forcierte Sicherheit und Strenge im Vordergrund. Daß das Objekt von Gottscheds Angriff aus England stammte, dürfte auch nicht ohne Einfluß sein. Denn von hier ging der Sturm auf das Vernunftgebäude aus. (vgl. S. 83ff.)

1725 wird Mattheson noch deutlicher als drei Jahre zuvor.

> »Ein älterer Komponist machts wie alle armseelige Erfinder: wenn sie keine Melodie haben/ so ahmen sie den Guckguck/ und andern unvernünfftigen Viehwerck/ nach: welches zwar zum Zeitvertreib/ aber sonst zu nichts/ nützet. Z.E. wenn einer dem Hahnen-Geschrey noch so nahe käme/ was hätte er damit ausgerichtet? Nichts/ als worin ihn jeder lebendiger Hahn/ er sey Griechisch oder Hebräisch/ täglich übertrifft [...]. Die Music ist keine solche mimische Augen-Kunst/ als die Mahlerey. Sie geht mehr auf das innerliche/ als äuserliche. Die Natur ist ihr objectum nicht in solchem Verstande/ daß sie ein jedes Geräusche nachmache; sondern daß sie/durchs Gehör/ mit schönen Gedanken und Melodien/ des vernünfftigen Menschen Seele bewege und erbaue.«

Nur der unvernünftige Mensch also sieht dies nicht ein und erfreut sich daran, daß die Musik jenen »malenden« Hinweis zu geben vermag, der in ihm die Fantasie eines wahrhaften erlebten Gewitters auszulösen und damit auch die daran gebundenen Gefühle zu erwecken vermag.

Der Hinweis auf hebräische Hähne kommt nicht von ungefähr, denn er ist eine Mahnung, sich bei der Vertonung von Passionen vor der Versuchung zu hüten, das in allen vier Evangelien erwähnte Krähen des Hahnes nach der dreimaligen Verleugnung Christi durch Petrus als Anlaß für solche falschen Naturnachahmungen zu nehmen. Es macht fast den Eindruck, als habe Bach diesen Abschnitt gelesen und wenig später bei Komposition der *Matthäus-Passion* den Plan gefaßt, Mattheson eines Besseren zu belehren. Er benutzt nämlich beide Methoden. Als Jesus die Verleugnung weissagt – »ehe der Hahn krähet« – und als sich später nach der Verleugnung Petrus voller Trauer an diese Worte erinnert, beschreibt sowohl die Stimme

Jesu als jene des Evangelisten eine jener von Mattheson verdammten Figuren, die »Geräusche nachmachen«:

Wenn aber das Krähen nicht in der Ankündigung, sondern tatsächlich stattfindet, wird nicht mehr imitiert, sondern »mehr auf das innerliche/ als äuserliche« geachtet und des »Menschen Seele bewegt und erbaut.«

Dies ist der Moment der Wahrheit, der Selbsterkenntnis und der Trauer für Petrus. Das Krähen, im Vorhinein und im Nachhinein als akustisches Signal nachgezeichnet, ist hier nur noch dem Wort überlassen. Was es in der Seele auslöst, ist komponiert. Bach läßt sich nicht auf das festlegen, was Mattheson gern gehabt hätte und was Batteux später postulierte, »un même principe.«

Ähnlich auch Händel. Wenn er in seinen *Deutschen Arien* den Brockes-Text vertont

»Das zitternde Glänzen
der spielenden Wellen
versilbert das Ufer,
beperlet den Strand«,

so läßt er die Wellen in der Gesangsmelodie fleißig mittels Koloraturen spielen, zittern und perlen ähnlich dem Auf- und Abwallen in Telemanns Gigue *Ebbe und Flut* (Nr. 9 der S. 67 erwähnten Orchester-Ouverture). Mattheson jedoch kritisiert 1739 (S. 201) solches als

> »leere Klang-Spiele, die fast auf eine unleidliche Art abgeschmackt sind, als wenn einer das zitternde Gläntzen der sprudlenden Wellen [mit vielen Repetitionen und Koloraturen][...] ausdrücken würde: So würde es manchem verdorbenen Geschmack, als etwas vortreffliches vorkommen, da es doch nicht nur was über- und unmäßiges ist, sondern auch, wegen des hi, hi, hi und hu, hu, hu, im Zittern und Sprudlen, sehr wiederlich klinget, und mit einem Wort, recht gezwungen herauskömmt: indem sich dergleichen Neben-Dinge besser, für Instrumente, als für Singe-Stimmen schicken, unerwogen [da ohnehin] das zittern, sprudeln hier nur epitheta oder Beiwörter, nicht aber solche Ausdrükke sind, darauf der Verstand des Vortrages beruhet. Daher sie denn auch solcher Achtung nie würdig geschätzt werden sollten.« (hierzu Weidenfeld 1991; S. 79ff., sowie Braun)

Da Händels Arien aus den 1720er Jahren stammen und bald äußerst bekannt geworden zu sein scheinen, dürfte sich Mattheson auf diese Kompositionen bezogen haben, ohne zu erreichen, daß Händel – wie auch Bach und Telemann – von der »Schilderey« solcher »Neben-Dinge« abgingen. (Systematische Übersichten dieser

Imitation von Naturlauten für das 17. und 18. Jahrhundert bei Unverricht, S. 107ff. und Anhang S. 18ff., bis hin zur Gegenwart bei Rebscher)

Jene Auffassung von musikalischer Naturnachahmung, wie sie Mattheson vertrat und mit ihm Johann Adolph Scheibe, Johann Friedrich Marpurg und viele andere, breitete sich schließlich im weiteren Verlauf des Jahrhunderts als herrschende Lehrmeinung aus und bestimmte für die weitere Zukunft, vor allem in Deutschland, das kunstrichterliche Urteil. In der Fehde um absolute und Programm-Musik Mitte des 19. Jahrhunderts fand sie dann ihren idealen Kampfplatz. Die Komponisten hielten sich nicht immer daran, und wenn, dann weil sie die Wertsetzung verinnerlicht hatten oder weil sie die Macht der offiziösen Musikkritik fürchteten. Die Kluft zwischen Theorie und Praxis ist aber in diesem Bereich stets beträchtlich gewesen, selbst bei den Pionieren der rigiden Art der Nachahmungslehre. Dies geht aus einer spöttischen Bemerkung in Charles Burneys *Tagebuch einer musikalischen Reise* hervor. (Bd. II von 1773, S. 217) Sie prangert einen Widerspruch zwischen Worten und Taten Matthesons an, der nicht nur Schriftsteller war, sondern auch Komponist.

> »Dieser gute Mann war mehr mit Pedanterie und wunderlichen Einfällen begabt, als mit wahrem Genie. In einer von seinen Singekompositionen für die Kirche, wo im Text das Wort Regenbogen vorkam, gab er sich unendlich Mühe, daß die Noten in seiner Partitur, die Gestalt eines Bogens bekamen. Dies mag ein Pröbchen seyn, von seinem Geschmack und Urtheil, in Ansehung dessen, was man schicklicher Weise in der Musik ausdrücken und nachahmen kann.«

Was er an Bachs entsprechender Regenbogen-Komposition in der *Johannes-Passion* (Nr. 32) mit Sicherheit getadelt hätte, konnte er sich – falls der Bericht auf Wahrheit beruht – als Praktiker nicht entgehen lassen.

1739 betont Mattheson weiterhin, der Komponist müsse

> »in seinen melodischen Sätzen unaussetzlich und vernehmlich auf eine oder andre Leidenschafft seine Absicht richten, und dieselbe so bemercken oder ausdrucken, daß sie weit mehr zu bedeuten habe, als alle übrigen Neben-Umstände [...], [so daß] eine ausnehmende Gemüths-Bewegung herrsche. Heget er diese nun selber nicht, oder weiß sie nicht natürlich nachzuahmen, wie ist es möglich, daß er sie bey andern rege mache?«

Ein uraltes Mittel der Rhetorik wird hier und dann durch das ganze Jahrhundert wieder aufgenommen: Um andere in bestimmte Haltungen zu versetzen, muß man sie quasi theatralisch zunächst in sich selbst erregen, um sie angemessen in seine Kunstäußerung umzusetzen. Oder man setzt die Naturnachahmung um, indem man sich aus der Beobachtung anderer bedient. Bei der Beschreibung dessen, was hierin »natürlich« heißt, kommt Mattheson auf eine weitere Grundbedingung der Melodiebildung zu sprechen, die nicht nur den galanten Stil beherrscht, sondern das gesamte kompositorische Geschehen bis hin zu Beethoven: Die Melodie bedürfe der »Deutlichkeit«, und zwar so, »daß man die Einschnitte der Rede genau bemercke.«

> »Das wunderlichste ist, iedermann stehet in den Gedancken, man bedürffe zur Instrumental-Music keiner solchen Anmerckungen [...] [obwohl doch erwiesen sei], daß alle,

> sowol grosse als kleine Spiel-Melodien ihre richtige Commata, Cola, Punkte etc. nicht anders, sondern eben so, als der Gesang mit Menschen-Stimmen haben müssen: weil es sonst unmöglich ist, eine Deutlichkeit darin zu finden.« (alle Zitate S. 145)

Wiederum geht die Naturnachahmung vom Menschen aus, diesmal aber nicht allgemein von seinen Gefühlen, sondern von dem Ausdruck der Gefühle im Gesang. Das heißt natürlich, und zwar bei jeder Art von Melodiebildung. Das neue Musikideal heißt daher gesanglich oder kantabel. Singend zu komponieren und zu spielen, ist das höchste Ziel. Das »singende Allegro« bei den Mannheimern, bei Haydn und vor allem Mozart wird Inbegriff der Themenbildung.

Weiterhin kommt Mattheson bei dem schwierigen Unternehmen, das Ideal von Einfachheit und harmonischer Schönheit mit der Forderung nach Naturnachahmung in Deckung zu bringen, auf das durch die gesamte Philosophiegeschichte diskutierte Problem von Wesen und Erscheinung zu sprechen, wie es auch von Gottsched und dessen Vorbild, dem Philosophen Christian Wolff, thematisiert wird. Dadurch soll bewiesen werden, daß mit Nachahmung der Natur nicht Realismus gemeint, sondern harmonische Schönheit angestrebt ist, eine »schöne Natur«, wie die anonyme *Anleitung zur Poesie* von 1725 es nennt und unverblümt sagt: »Wir müssen uns die Natur in ihrer Vollkommenheit, und nicht in ihren Mißgeburten und Fehlern vorstellen.« (S. 94, zit. Birke. S. 27) Mattheson stellt diesen Zusammenhang so dar (S. 143, § 64):

> »Wie die Natur gleich [auch] viele Dinge höchst ungestalt zu liefern scheinet, so betrifft diese vermeinte Heslichkeit doch nur das äusserliche Ansehen; nicht das innerliche Wesen. Es mangelt der Natur niemahls an Schönheit, an nackter Schönheit, sie verbirgt dieselbe nur zuweilen unter einer züchtigen Decke oder spielenden Larve [...]. Die dienstbare Kunst schenckt also der Natur gar keine Schönheit, vermehret sie auch nicht um ein Härlein; sondern stellet sie nur, durch ihr Bemühen, in ein wahres Licht: welches gantz gewiß mehr verdunckelt, als erhellet werden muß, wo eine despotische Kunst zu befehlen hat.«

Die Schlußformulierung weist wiederum auf den implizit antifeudalistischen Zug des Schönheitsideals hin. Woran dies Ideal sich orientiert, klingt in der Erwähnung der züchtig verdeckten nackten Schönheit an. Es ist die griechische Antike, Hort dieser Art von Natur- und Schönheitsauffassung und zugleich einer demokratischen Kultur. Im gleichen Zusammenhang verdeutlicht Mattheson, worum es bei der »despotischen Kunst« geht: »Allzu grosse und gezwungene Kunst (ich kan nicht zu viel davon sagen) ist eine eckelhaffte Künsteley, und benimmt der Natur ihre edle Einfalt.« 1755 charakterisiert Johann Joachim Winckelmann in seiner epochemachenden Schrift *Gedanken über die Nachahmung der griechischen Werke in Malerei und Bildhauerkunst* jene Werke als von »einer edlen Einfalt und einer stillen Größe« (einer stillen nämlich und nicht einer »allzu grossen«!). Die »edle Einfalt« ist offenbar Abzeichen alles klassisch Vollkommenen, ob antik oder nach antikem Vorbild aus neuerer Zeit, etwa bei einer »blossen Melodie«, die »mit ihrer edlen Einfalt, Deutlichkeit und Vernehmlichkeit, die Herzen dergestalt bewegen könne«, daß sie »alles harmonische Kunst-Werk übertrifft.« (1725, 38; Übersetzung eines 1722,75, bereits mitgeteilten lateinischen Zitates nach Johann Lippius von 1610, dessen Bezeichnung »nuda melodia« offenbar in Matthesons Formulierung »nackte Schönheit« weitergewirkt hat.)

Rätselhaft und bedeutsam ist bei Mattheson häufig, was in Klammern steht, in dem S. 72 mitgeteilten Zitat von 1721 die Wendung »Music (als Music)«, hier die Wendung »gezwungene Kunst (ich kan nicht zu viel davon sagen)«. Kann man im letzteren Fall vermuten, daß Mattheson über die »gezwungene Kunst« nur hätte mehr sagen können, wenn er Namen genannt hätte, etwa jenen von Bach, dem er doch an anderer Stelle zu attestieren nicht unterdrücken konnte, daß er, »seines fertigen Spielens und künstlichen Setzens ungeachtet, weder mir, noch einem andern, so leicht ein Muster zu singbaren Sachen abgeben wird« (*Grosse General-Baß-Schule,* 1731, S. 444), so könnte man im ersteren Falle hinter der lakonischen Formulierung jenen rhetorischen Pleonasmus erkennen, der zu allen Zeiten das auftrumpfende Bestehen auf der »wahren« Kunst begleitet hat und so auch von Mozart verwendet wird, der, ungeachtet der zeitgenössischen Kritik an seiner zu künstlichen Harmonik und melodieverdunkelnden Instrumentation (vgl. S. 167), weitgehend ein Anhänger jener durch Mattheson verfochtenen Ästhetik der Schönheit, Klarheit und harmonischen Ausgewogenheit war. Am 26. September 1781 schreibt er seinem Vater über die Art, wie er die haßerfüllte Arie des Osmin aus der *Entführung aus dem Serail* komponieren will:

> »das, drum beym Barte des Propheten etc: ist zwar im nemlichen tempo, aber mit geschwinden Noten – und da seyn zorn immer wächst, so muß – da man glaubt die aria seye schon zu Ende – das allegro aßai – ganz in einem andern zeitmaass, und in einem andern Ton – eben den besten Effect machen; denn, ein mensch der sich in einem so heftigen zorn befindet, überschreitet alle ordnung, Maas und Ziel, er kennt sich nicht – so muß sich auch die Musick nicht mehr kennen – weil aber die leidenschaften, heftig oder nicht, niemal bis zum Eckel ausgedrücket seyn müssen, und die Musick, auch in der schaudervollsten lage, das Ohr niemalen beleidigen, sondern doch dabey vergnügen muß, folglich allzeit Musick bleiben Muß, so habe ich keinen fremden ton [Tonart] zum f /: zum ton der aria :/ sondern einen befreundten dazu, aber nicht den nächsten, D minor, sondern den weitern, A minor, gewählt.«
> (zit. Mozart. Briefe III. S. 162)

1744 versucht Mattheson erneut zu klären, wie ohne Betonung von »Neben-Dingen« die Unterscheidung von Erscheinung und Wesen in der Musik mit dem Ziel einer an der Naturschönheit orientierten Kunst vorzunehmen sei. (Weiteres dazu, auch am Beispiel anderer Autoren, bei Schleuning 1984, S. 367ff.) Dabei zeigt sich wie in der gesamten Geschichte der Ästhetik, wie ungemein schwierig es ist, Regeln und Urteile für eine begriffslose Kunst wie die Musik aufzustellen. Dies gilt einmal für allgemeine Sätze, etwa

> »daß eine Nachahmung nur so viele Aehnlichkeit mit dem Urbilde aufweisen darf, als zu dessen augenblicklicher Erkennung genug ist. Sie ist alsdenn zureichend begründet. Da nun das Vergnügen, welches man aus geschickter Nachahmung empfindet, der wahre Endzweck und die einzige Ursache ist, warum wir die Natur nachahmen; so verfehlet man dieses Zwecks den Augenblick, da das Vergnügen aufhöret. Alles Vergnügen aber entstehet aus Bemerkung einer angenehmen Verschiedenheit gewisser Ordnung und

Verhältnisse. Durch sothane Ordnung, welche eine Verschiedenheit und Veränderung nothwendig erfordert, vergnügt uns auch die Nachahmung: indem wir des artigen Unterschieds zufällig, und doch dabey der wesentlichen Aehnlichkeit wirklich und vorzüglich wahrnehmen. Das ist ein Contrast, der uns behagt.
Nimmermehr kann ein solches Wohlgefallen in uns erwecket werden, wenn das Urbild mit der Abbildung just einerley, und eben dieselbe Gestalt hat [...]. Es gilt demnach die beständige Regel hier: Man soll in denjenigen Dingen, welche nachgeahmet werden, das Abgebildete, seinem vorgesetzten Muster niemals so ähnlich machen, daß kein merklicher Unterschied dazwischen sey. Die Erfahrung bekräftiget, diese Regel in allen und jeden Nachahmungskünsten.« (S. 72ff.)

»Das wäre keine Nachahmung, sondern ein elendes Original«, fügt er wenig später noch an. (S. 74) Auf die Malerei, die »mimische Augen-Kunst« kommend (vgl. 75), kritisiert er exemplarisch jenen Künstler, welcher – wie auch der zu dieser Zeit noch nicht rehabilitierte Shakespeare – die Nachahmung durch eine gnadenlos genaue Beobachtung bis zur Häßlichkeit, zum »elenden Original«, treibt und damit die Orientierung am Ziel der »schönen Natur« und am Vorbild der klassischen Antike verliert (S. 89f.).

»Es wird an Rembrand von Rhyn billig getadelt, daß er bey seinen Pinselwerken weder die Richtigkeit des Risses, noch den Geschmack des Althertums in Acht genommen, und daß sein Zweck nicht weiter gegangen, als auf die genaueste Copey der lebenden Natur, welche, seiner Meynung nach, in nichts anders bestehen könnte, als in den erschaffenen Dingen, und zwar nur so, wie sie sich den Augen zeigten. Das war irrig. Man bemerkt in seinen Stücken weder des Raphaels, noch der alten Mahler und Bildhauer kühne Züge [....]; sondern nur bloß dasjenige platte und steife Wesen, welches er der Stellung natürlicher Dinge und seinem Gesichte, nicht seinem Geiste, zu danken hatte. Es war nicht einmal eine ausgesuchte und wohlgewehlte Natur; wiewohl er dieselbe, so wie er sie denn auch angetroffen, recht wunderbarer Weise nachgezeichnet, und gleichsam, so zu reden, von Wort zu Wort abgeschrieben, sich auch eben dadurch seinen ganzen Ruhm erworben hat, der viel grösser gewesen seyn würde, wenn er sich nicht so sehr an das natürliche gebunden, und mehr Freyheit gebraucht hätte. Der Kenner der Mahlerey nennen solche Freyheit poetische Dichtungen.« (Zur Shakespeare-Kritik vgl. W. Busch 1977, Kap. 3)

Die zentralen Aussagen und Begriffe des Textes zu schlechter und guter Art der Naturnachahmung lassen sich folgendermaßen gegenüberstellen:

erschaffene Dinge, natürliche Dinge	ausgesuchte und wohlgewählte Natur
lebende Natur	
an das Natürliche gebunden	poetische Gedanken
plattes und steifes Wesen	Geschmack des Altertums, Raphael
genaue Kopie (Original)	mehr Freiheit, kühne Züge
seinem Gesichte (Blick) zu danken	seinem Geiste zu danken
wie sie sich den Augen zeiget	

(Noch 1777 heißt es bei Johann Caspar Lavater entsprechend: »Also ist die beste Copie, ihrer Natur nach, eine Reihe von Momenten, die in der Natur nie so coexistirten.« Bd. III, S. 45) Ergänzt man diese Gegenüberstellung durch musikbezogene Begriffe aus den vorangegangenen Äußerungen Matthesons, so ergibt sich ein recht vollständiges Bild des – auch musikalischen – Stil- und Bewertungssystems der Aufklärungs-Ästhetik.

häßlich	schön, rührend
malend, »Schilderey«, Nachäffen	Affekte ausdrückend, original (nicht das oben genannte Original im Sinne von Abklatsch!)
künstlich	einfach, angenehm, edle Einfalt
zu viel Harmonie, dunkel	deutlich, singend
Neben-Dinge	Verstand der Wörter
äußerliches Wesen	innerliches Wesen

Daß Mattheson vermutlich den Bachschen Gewitter-Chor hätte verdammen müssen, liegt am Dilemma jeder Theorie, die einen umfassenden Gültigkeitsausspruch hat, unausgesprochen aber einen bestimmten Themenaspekt ausschließt, da er der Theorie widerspricht und sie in Argumentationsnöte brächte, nämlich hier den des Ungeheuren und Wild-Erhabenen. Als der fiktive Kompositionsschüler von 1725 fragte (vgl. S. 68), ob es nicht angemessen sei, jene Naturkatastrophen, die man doch angesichts des Todes Jesu herbeiwünschen möchte, mit einem wunderbaren Tonwust auszumalen, war die Antwort lediglich: »Wieweit aber solche musicalisch sind/ oder heissen können/ laß ich diesesmal unausgemacht.« Und das in einem 64seitigen Text, der sonst jeder Einzelheit der Passionstexte und ihrer Komponierbarkeit nachgeht!

1.3. Der frühe Ausbruch in die »Dichterwuth«

Es ist eben nicht möglich, ständig die neuartige und menschenfreundliche Lehre zu vertreten, man solle die Sinne über die hergebrachten Regeln herrschen lassen und den Ohren vertrauen, andererseits aber der Tätigkeit des Komponierens zu verbieten, sich an dem, was die Ohren begeistern und besonders erregen könnte, zu orientieren. Hier bewahrheitet sich eine Erkenntnis von Michel Foucault (1974; S. 208f.) über das Naturverständnis im 18. Jahrhundert:

> »Man darf also die Naturgeschichte [...] nicht mit einer Philosophie vom Leben in Zusammenhang bringen, und sei diese auch noch so dunkel und noch so stammelnd. Die Naturgeschichte [...] zerlegt die alltägliche Sprache, um sie erneut zusammenzusetzen und das zu entdecken, was sie durch die blinden Ähnlichkeiten der Vorstellungskraft möglich gemacht hat [...]. Sie nimmt sie wieder auf und will sie in ihrer Vollkommenheit vollenden [...]. Die Natur zu erkennen, heißt in der Tat, ausgehend von der Sprache eine wahre Sprache zu errichten, die aber entdecken wird, unter welchen Bedingungen jegliche Sprache möglich ist und innerhalb welcher Grenzen sie ein Gebiet der Gültigkeit haben kann. Die kritische Frage hat im achtzehnten Jahrhundert durchaus existiert, aber verbunden mit der Form eines determinierten Wissens. Aus diesem Grunde konnte sie weder Autonomie noch die Bedeutung einer radikalen Fragestellung annehmen: Sie war unaufhörlich in einem Gebiet vorhanden, wo es sich um die Frage der Ähnlichkeit, um die Stärke der Vorstellungskraft, um die Natur und die menschliche Natur, den Wert der allgemeinen und der abstrakten Vorstellungen, kurz um die Beziehungen zwischen der Wahrnehmung der Ähnlichkeit und der Gültigkeit des Begriffs handelte.«

Was Mattheson und die Mitstreiter verschweigen: Ihr Ideal von Natur und Natürlichkeit stößt sich nicht einfach nur an zu genauer »Schilderey«, sondern läßt sich im Zusammenhang bestimmter Naturerscheinungen nicht realisieren, nämlich jener, die eine Eingrenzung aufs Liebliche, Einfache und Angenehme verhindern. Es sind die gewaltigen Erscheinungen wie Gewitter, Stürme, Meerestosen, Eisberge, Abgründe und Erdbeben, also all jene, die als Auslöser und Begleiter der Erschütterung und der Kategorie des Erhabenen gelten. (vgl. S. 13ff.) Sie verkörpern für die Zeitgenossen das Unzähmbare, Wilde, Unordentliche, Chaotische, mithin das irrationale Überschreiten der Vernunftgrenzen. Die Aufklärer können *tempesta* und *terremoto* als musikalische Ereignisse im Höchstfall als Episoden gelten lassen, die durch harmonische Elemente zu höherer Einheit und Vollkommenheit ausgeglichen werden müssen, nicht aber als zentrale Momente der Komposition. Die »vermeinte Heslichkeit« ist nicht nur das »äusserliche Ansehen« solcher Erscheinungen, hinter dem man nur die »nackte Schönheit« der Natur zu erkennen wissen muß, sondern sie ist eben auch ihr »inneres Wesen«.

Solche Naturerscheinungen aufzusuchen und zur künstlerischen Erscheinung zu bringen, ist das Werk der anderen Position, auf der sich auch Bachs Gewittersatz bewegt. Sie befindet sich jenseits der »vernünftigen« Argumente der Naturnachahmung, ist aber nicht ohne Fürsprecher oder zumindest Paralleldenker. Zwar gibt es im 18. Jahrhundert noch nicht wie später eine Ästhetik des Häßlichen (Grimminger 115ff., 133f.), aber es gibt bereits in der Frühzeit eine kleine Schar von Abweichlern, die an der allherrschenden Konstruktion des der Natur folgenden Schönen und Vollkommenen rütteln, ehe ihre Saat dann ab der Jahrhundertmitte aufgeht. Hier schon einige Informationen über sie.

Es sind die bereits mehrfach erwähnten Engländer, die Ordnungs- und Vernunftregeln aufkündigen und sich in Gegensatz zur »galanten« Richtung setzen, Schriftsteller wie Addison und Shaftesbury oder Swift, Maler wie Reynolds. Nacht- und Grabesthemen, Alpendichtung und Bilder von verwüsteter Natur im Winter sind wahrzunehmen (Göller, S. 227ff.), nach Gottsched »lauter Mißgeburten [...], die man Träume der Wachenden nennen könnte«, »weil man im Schlafe oder hitzigen Fieber dergleichen Einfälle zu haben pflegt«, deren sich aber dennoch »ungeschickte, Maler, Poeten und Komponisten vielmals [bedienen]«, »Chimären, Hirngespenster« der »Phantasien ihres verrückten Gehirns«. (1733, zit. Brüggemann, S. 217; 1726, vgl. hier S. 75) Das Düstere, Unklare, Gewaltige und Schreckliche, Sprunghafte und Melancholische ist es, das propagiert wird, die Unordnung und ihre innere Produktivkraft, die ungebundene Erfindungskraft oder Fantasie, zeitgenössisch auch »Dichterwut« genannt, sich an sich selbst oder den ungeheuren Bildern der äußeren Natur entzündend.

John Dennis und Shaftesbury über die Eindrücke, die sie während ihrer Alpenreisen in den 1660er Jahren gewannen (zit. Groh, S. 79, 81):

> »The sense of all this produced different motions in me: a delightful Horror, a terrible Joy, and at the same time, that I was infinitely pleased, I trembled.«
> »I shall no longer resist the passion growing in me for things of a natural order, where neither art nor the conceit or caprice of man has spoiled their genuine order by breaking in upon that primitive state. Even the rude rocks, the mossy [bemoosten] caverns, the

irregular unwrought [unbearbeiteten = ›natürlichen‹] grottos and broken falls of water, with all the horrid graces of the wilderness itself [...]«.

Auch wenn Shaftesbury, wie es in jener Zeit unmöglich anders sein kann, sich wie alle anderen auf die antiken Autoritäten und die Natur als Vorbilder und als Maßstab für Harmonie beruft, »wie aberwitzig die Menschen auch immer über Musik urteilen« und »Eigensinn oder Willkür, Laune oder Mode« zuneigen mögen *(Soliloquy,* 1711; I/1, 285f.), so ist und bleibt er doch der Pfahl im Fleisch der Vernünftigen und vor allem Gottscheds, da er an der Unterordnung unter die Regeln der Vernunft und damit auch – nach Gottscheds Verständnis – unter die Autorität Gottes rüttelt. Für den wirklich großen Künstler gilt laut Shaftesbury:

»Such a Poet is indeed a second Maker: a just PROMETHEUS, under JOVE.« (Ein solcher Dichter ist in der Tat ein zweiter Schöpfer; ein wahrer Prometheus unter Jupiter; ebda., mit Übersetzung I/1, 110f.)

Die Kraft, die dazu befähigt, benennt Shaftesbury in einem bereits 1707 verfaßten und 1711 veröffentlichten Text, dem berühmten *Letter concerning Enthusiasm.* Sie ist es wie auch der Zustand des »wahren Prometheus«, die dem System der Naturnachahmung der Franzosen, Gottscheds und Matthesons diametral entgegenstehen (I/1, 373):

»Denn wenn der Geist von einer Vision ergriffen ist und seinen Blick entweder auf irgendeinen wirklichen Gegenstand oder auf ein bloßes Phantom der Göttlichkeit richtet; wenn er irgend etwas Ungeheuerliches und mehr als Menschliches sieht oder zu sehen glaubt; so wird sein Entsetzen, seine Entzückung, Verwirrung, Furcht, Bewunderung oder welche Leidenschaft auch immer dazu gehört oder bei dieser Gelegenheit am stärksten hervortritt, etwas Ungeheures, ungezähmt Furchtbares an sich haben und (wie die Maler es ausdrücken) etwas, das über das Leben selbst hinausgeht. Und dies ist es, was Veranlassung gab zu der Schaffung der Bezeichnung Fanatismus, wie sie von den Alten in ihrem ursprünglichen Sinne gebraucht wurde, nämlich für eine Erscheinung, die den Geist mit sich fortreißt.
Wenn die empfangenen Ideen oder Bilder zu groß für das enge menschliche Gefäß sind, wird etwas wie Zügellosigkeit oder Raserei entstehen. Deshalb kann man mit Recht die Inspiration göttlichen Enthusiasmus nennen: denn das Wort selbst bezeichnet göttliche Gegenwart [...]«.

»In seinem ungestümen Lauf aufgehalten zu werden«, ist diesem Reflex und dieser menschlichen Erscheinungsform des Erhabenen unmöglich. (vgl. Motto S. 49) Innere Unabhängigkeit und ein gesteigertes Selbstbewußtsein des schaffenden Künstlers weisen Vorbilder und Regeln ab. Der Schaffungsprozeß ist ein selbstvergessener Akt, aus sich heraus, nur auf sich selbst bezogen, ›außer sich‹ und ohne Rücksichten.

Die auf den Lehren der Engländer fußenden Schweizer Bodmer und Breitinger, von Gottsched unausgesetzt befehdet, preisen in den berühmten *Discoursen der Mahlern* schon 1721 (Teil I, Nr. 19) an guten Dichtern, daß sie Abschied nehmen von »einem frostigen Hertzen, und einer noch kältern Imagination«, wie sie die Vernunft-Partei lehre, und stattdessen ihren »Enthousiasmum, ihre Inspiration, oder auch ihre poetische Raserei« herrschen lassen. (zit. Schleuning 1973, S. 194)

Ein Zufall, aber ein bezeichnender ist es, daß das in Hinsicht der Teilfolge und der Harmonik wohl extremste Musikstück des frühen 18. Jahrhunderts, Bachs *Chromatische Fantasie,* aus fast dem gleichen Jahr stammt wie die Worte der Schweizer. Zwar mag es einleuchten, diese »Mißgeburth« oder »Chimäre« – um mit Gottsched zu sprechen – als Tombeau auf die 1720 verstorbene erste Frau Bachs, Maria Barbara, zu verstehen. (vgl. Schleuning 1992) Aber dieser mögliche biographische Anlaß reicht für die Erklärung der stilistischen Extreme nicht aus, mit deren Hilfe die »Raserei« von Verzweiflung, Schmerz und Trauer zum Vorschein kommt. Sie geht in ihrer Zügellosigkeit weit über Matthesons Forderung hinaus, die wahre Nachahmung der Natur bestehe in der Nachahmung der Affekte ohne »Neben-Dinge«. Denn die Harmonik steht ganz für sich allein, ohne die von Mattheson als primäres Kompositionselement vergötterte Melodie und – ähnlich der F-Dur-Toccata – ganz ohne harmonisierenden Ausgleich, den auch die anschließende Fuge mit ihrem chromatischen Thema nicht leisten kann oder will.

In Breitingers *Critischer Dichtkunst* von 1740 hat die von den Engländern angegebene Richtung dann bereits folgendes Ziel erreicht: Der »Schwung« der Leidenschaften dürfe durch »kein grammatisches Gesetz, oder logicalische Ordnung« gehemmt werden:

> »Je heftiger die Leidenschaft ist, desto schwerer kan die Vernunft Gehör erlangen, die erhizte Phantasie ist von ihrem Gegenstande so sehr eingenommen [...], daß sie auch der Vorstellungen der Sinnen, die von aussen auf sie eindringen, nichts achtet; [...] [sie] stellet sich die Gegenstände ihrer Betrachtung vor, nicht wie sie an sich selbst und in der Natur beschaffen sind, oder wie sie von den Sinnen und dem Verstande eingesehen werden, sondern wie sie dieselben wünschet [...]. Es ändert sich die Vorstellung eines gleichen Gegenstandes ab, je nach dem die Phantasie von einer Regelung aufgebracht und entzündet worden [...]. Die Phantasie, die durch die Leidenschaften erhitzet ihren Träumen nachhängt, [...] [bildet] sich ein, daß sie dasjenige würcklich sehe, was sie wünschet oder fürchtet, wenn es schon nicht vorhanden ist, und daher entstehen die wunderbaren und seltsamen Vorstellungen der Phantasie, die poetischen Entzückungen, Gesichter, Weissagungen, Träume, welche [...] von dem poetischen Enthusiasmo oder der Begeisterung herrühren.« (zit. Schleuning 1973, S. 196)

Weder Mattheson noch Breitinger also lehren, daß die beobachtete Natur genau abzuschildern wäre, jedoch unterscheiden sie sich darin, daß Mattheson ein geregeltes und auf allgemeinverständliche Schönheit ausgerichtetes Programm, Breitinger den entfesselten Individualismus vertritt. Kann die Matthesonsche Partei durch ihre Einschränkung auf Ebenmaß und milde Affekte bei der Naturnachahmung das Wilde und Erhabene nur am Rande thematisieren, so sind es gerade diese Bereiche, die die andere Position hochhält, allerdings um den Preis einer rationalen Faßbarkeit, die Allgemeingültigkeit und Lehrbarkeit einschließt.

Das zuerst kleine Rinnsal der Shaftesbury-Partei – wenn man sie einmal pauschal so nennen will – wuchs allmählich zum Strom an, so daß Lessing 1759 behaupten konnte *(Briefe die neueste Literatur betreffend,* Nr. 17; Sämtliche Werke, Bd. IV, Berlin 1955, S. 136f.),

> »daß wir mehr in den Geschmack der Engländer, als der Franzosen einschlagen, daß das Große, das Schreckliche, das Melancholische, besser auf uns wirkt als das Artige, das Zärtliche, das Verliebte; daß uns die zu große Einfalt mehr ermüde, als die zu große Verwirrung«.

Und daß ein Philosoph wie Georg Friedrich Meier, einer der ersten, die sich positiv über Klopstocks *Messias* (1748ff.) äußerten (vgl. Baeumler, S. 102), in seinem Zwiespalt zwischen Befolgen und kritischem Bezweifeln der Nachahmungslehre schreiben konnte, zwei Jahre vor Lessing:

> »Der erste Grundsatz aller schönen Künste und Wissenschaften muß eine Regel seyn, deren Beobachtung allemal schön ist. Da ich nun bewiesen habe, daß die Nachahmung der Natur nicht allemal schön ist; so kan sie auch nicht, der erste Grundsatz aller schönen Künste und Wissenschaften seyn.« (zit. Grimminger, S. 116)

»Die Starre beginnt sich zu lösen.« Und:

> »Die Einsicht [...] bereitet sich vor, daß es die Eigenart der ästhetischen Betrachtung sei, das Besondere als Besonderes und unbeschadet seiner individuellen Einzigkeit als Geschmacksurteil wie als Kunstwerk auf ein Allgemeines zu beziehen.«
> (Baeumler, S. 101, 99)

Die künstlerische Richtung, die aus Lessings Zitat spricht, führt geradewegs – wenn auch nicht mit Beteiligung Lessings – in die Geniezeit und den Sturm und Drang und bildet innerhalb der Musik jene Stilbrücke, die sich von Werken wie der *Chromatischen Fantasie* über deren Nachfolgewerke, etwa jene des Sohnes Carl Philipp Emanuel, bis zu den fantastischen Anteilen des Wiener Klassischen Stiles und der Frühromantik spannt. Meiers Feststellung repräsentiert jenen Abschied von der rationalistischen Naturauffassung, der seit Baumgartens begriffsbildender *Aesthetica* (1750ff.) darin bestand, »nicht zu lehren«, sondern »zu zeigen, was schön ist«, und dabei nicht auf herkömmliche Weise »die Sinnlichkeit zu pflegen«: »Die neue Wissenschaft ist eine Rechtfertigung der Sinnlichkeit«. (Baeumler, S. 104, 208).

Die Beleuchtung der Shaftesbury-Spur könnte aber zu einem Perspektivenfehler führen. Wir befinden uns bei unserem Durchgang durch das Jahrhundert noch in dessen erster Hälfte, als diese Spur nur von einigen Außenseitern verfolgt wurde, jedoch nicht bestimmend war. Das große Publikum und die tonangebenden Schriftsteller waren noch ›galant‹ und ›vernünftig‹. Die Widersprüche der Nachahmungslehre schien das Gros weder der Produzenten noch der Rezipienten in seinem Eintreten für das Leichte, Sangliche und Angenehme schwankend zu machen. Doch sind in den Jahrzehnten zwischen 1730 und 1760, also denen um die Jahrhundertmitte, einige Vorstöße zu verzeichnen, die in die neue Richtung weisen und als Reaktion nicht nur stille, sondern auch bemerkbare Zustimmung erfuhren. Beispiele hierfür finden sich unter den folgenden Analysen, weitere Gedanken zu dem Zeitraum, in welchem die Lehre von der Naturnachahmung auf der Shaftesbury-Spur durchbrochen wurde, am Beginn des dritten Buch-Teils.

2. *Von friedlicher zu erhabener Natur Vier weltliche Beispiele*

Zwei Vergleichspaare aus der Vokalmusik beschließen die Ausführungen über die Nachahmung der Natur, teilweise begleitet von kleineren Beispielen, auch instrumentaler Art. Aus dem Gebiet der Kantate sind es eine galante Idylle, Telemanns Pastoralkantate *Die Landlust* von 1736 (Originaltitel: *Kleine Kantate von Wald und Au*), und als Gegenstück Bachs sogenannte *Bauernkantate* (BWV 212) von 1742, aus dem Gebiet von Oper und Ballett zunächst die systemsprengenden frühen Werke, die Jean-Philippe Rameau seit Mitte der 1730er Jahre für Paris schrieb, danach die Oper *Montezuma* von 1756 mit Textentwurf von Friedrich II. von Preußen und Musik von Carl Heinrich Graun.

Dabei werden die eher traditionalistischen Werke (Telemann, Graun) nicht als negative Alternativen des »Fortschritts« erscheinen, sondern als Musterfälle jener Musikart, die sich neben der neuen Richtung durch das ganze Jahrhundert erhalten und dabei auch neuartige und zukunftweisende Elemente aufgenommen hat. Beide Vergleichspaare stimmen darin überein, daß jeweils das erste Stück (Telemann, Rameau) eine bürgerliche, jeweils das zweite (Bach, Graun) eine höfische Bestimmung hat. Daß die beiden Kantaten sich auf das ›petit genre‹ des ländlichen Lebens konzentrieren, die Opern auf den ›grand goût‹ heroischer Taten (Hauser, S. 536f.), besagt nicht, daß es einmal um die äußere, das anderemal um die innere Natur ginge. Themen und Stillagen sind zwar kompositorische Reaktionen auf die soziale Bestimmung der Werke. Ansonsten aber sind in beiden Paaren – wie in Bachs Gewitterchor – äußere und innere Natur in gegenseitiger Spiegelung aufeinander bezogen.

Am Ende des Werkvergleichs wird man sich bereits in der zweiten Jahrhunderthälfte befinden, bei seinen ästhetischen wie musikalischen Grundlagen.

2.1. Georg Philipp Telemann: *Die Landlust*

Telemanns kleine Kantate ist außer mit Stimme und Generalbaß auch mit Querflöte besetzt, dem neu aus dem kulturbestimmenden Frankreich ›eingebürgerten‹ Idealinstrument galanter Sanftheit und einfacher Natürlichkeit. Mag die Blockflöte noch so sehr mit der Tradition von Schafen und Schäfern verbunden gewesen sein, so dürften sich die neuen Bürger, die sich der flûte traversière zuwendeten, weit eher in die Szenerie des noblen Schäfertums hineinfantasiert haben, wie es sich aus der Antike in die Gartenfeste der französischen Adligen und ihrer Nachahmer eingenistet hatte, wo Corydon und Daphnis als Idealschäfer ihre einfachen, unverbildeten Töne aus einem wenig bearbeiteten Stück Natur hervorbrachten, einem bloßen Holzrohr, nur mit Löchern versehen, ohne jede Anblasvorrichtung wie bei der Blockflöte oder gar bei der Oboe, deren Ursprungsmodell der wahre

Daphnis der Antike wahrscheinlich wirklich geblasen und damit den *locus amoenus,* den »lieblichen Ort« der antiken Idylle, gefüllt hat. Aber welchen Lärm hätte die Oboe gemacht auf den arkadischen Wiesen, wo nur leise gesprochen wurde und die sanften Töne der Flöte vielleicht mit einem veredelten Bauerninstrument begleitet wurden, der vielle oder lyre, also der Drehleier! Entsprechende Kompositionen sind vorhanden, etwa von Michel Corrette *(Récréations du berger fortuné),* Pastoralen oder Bergeries genannt, und beschallten mitsamt den als Bergerettes und Brunettes bezeichneten Schäferliedern die idyllischen Fantasie- und Gartengefilde des Traumlandes Arkadien, wie es Watteau dargestellt hat in

> »dem Ausdruck der Verheißungen und der gleichzeitigen Unzulänglichkeit des Daseins, dem stets gegenwärtigen Gefühl eines unnennbaren Verlustes und eines unerreichtbaren Ziels, dem Wissen um eine verlorene Heimat und die utopische Ferne des wirklichen Glücks.« (Hauser, S. 527, entspr. auch S. 532ff.)

Diese schmale Affektspanne von milder Sehnsucht bis zu stiller Freude ist es auch, die Telemann mit den typischen Elementen der Pastorale erzeugt: Die über einem Orgelpunkt und im üblichen 6/8-Takt in Dreiklangsbewegungen schwingende Melodie, von der Flöte in Terzen begleitet, ist in geringer Menge von Chromatik (a-ais) durchsetzt und mit ›schmachtenden‹ Schleifern garniert. Hier der Beginn des Gesangsteils von Satz 1 nach dem instrumentalen Vorspiel:

Diese Bescheidenheit, die nur aus der Zufriedenheit in der Natur herrühren kann, ergibt auch die geringe Zahl der Sätze – nur zwei von einem Rezitativ unterbrochene Arien – und deren Kürze sowie das Fehlen von schwierigen Sprüngen und Koloraturen der Singstimme, sieht man einmal von einem kleinen Echospiel mit der Flöte im letzten Satz auf das Wort »schallen« ab, und ebenso deren geringen Umfang: Nur von e' bis e" reicht er, lediglich zweimal vom Leitton dis' unterschritten. Daß er nur eine Oktave umfaßte, hat sicherlich neben der Absicht, Schlichtheit anzuzeigen, noch eine weitere: Möglichst viele singende Menschen, also auch solche ohne große Kunstfertigkeit und großen Stimmumfang, sollen die kleine Kantate singen können. Und hier liegt wohl auch der Grund, warum es sich gerade um diesen Oktavraum handelt und somit um die Tonart E-Dur, die doch laut Mattheson (1713, S. 250) eine der Pastorale völlig entgegengesetzte innere Haltung symbolisiert:

> »[...] drucket eine Verzweiflungs-volle oder gantz tödliche Traurigkeit unvergleichlich wol aus; [...] und hat bey gewissen Umständen so was schneidendes/ scheidendes/ leidendes und durchdringendes/ daß es mit nichts als einer fatalen Trennung Leibes und der Seelen verglichen werden mag.«

(Genau so verwendet Bach die Tonart im Schlußchor des ersten Teiles der *Matthäus-Passion* zum Choral *O Mensch, bewein dein Sünde groß.)* Es scheint, daß Telemann sich über diesen angestammten Tonartencharakter hinwegsetzt, um den tiefen Frauen- und Männerstimmen den hohen Problemton f zu ersparen und so durch die Obergrenze e, die auch diesen Stimmlagen noch gerade zugänglich ist, sein Werk allen vier Stimmgattungen zugänglich zu machen: »Nun dient, was leicht gesetzt, durchgehends jedermann.« (vgl. hier S. 73) Möglichst vielen und dadurch auch seinem eigenen Verdienst zu nützen, ist für die Pioniere des musikalischen Unternehmertums kein Widerspruch, sondern selbstverständlich und notwendig, »weil der Mensch der Arbeit wegen, und um dem Nächsten zu dienen, lebet«, wie Telemann im Vorwort seiner im vierzehntägigen Rhythmus erscheinenden Fortsetzungs-Edition *Der getreue Music-Meister* von 1728 schreibt. (Telemann 1981; S. 145)

Der Text von Joachim Johann Zimmermann ist in jenem Stil gehalten, den Breitinger 1740 in der *Critischen Dichtkunst* (Bd. II, S. 353f.) »bewegliche und hertzrührende Schreibart« nennt. (zit. Grimminger, S. 146) Sie

»ist nichts anderes, als eine ungezwungene Nachahmung derjenigen Sprache und der Art zu reden, welche die Natur einem jeden, der von einer Leidenschaft aufgebracht ist, selbst in den Mund legt.«

Diese Leidenschaft bzw. dieser Affekt ist das Gefühl glücklicher, erhobener Zufriedenheit. Der Text lautet in moderner Orthographie (nach der Bärenreiter-Ausgabe, hg. Rolf Ermeler):

Arie

»In euch, ihr grünen Auen,
in dir, beblümtes Feld,
läßt sich die Anmut schauen,
die Eden dargestellt.

Wo find ich soviel schöne,
als hier mein Aug' erfrischt,
und soviel Lobgetöne,
als Wald und Wasser mischt?

Wo lebt man mit Vertrauen,
wo ist die beste Welt?
In euch, ihr grünen Auen,
in dir, beblümtes Feld

Rezitativ

Hier schießt mein Blick durch die belaubten Gänge,
worin ich geh', allmählich in die Enge,
die sich doch nach und nach verliert,
und mich zuletzt in freie Felder führt.

O seht, wie blühet unsre Freude auf tausend Zweigen dort,
dort auf begraster Heide!
Wie glänzt die blaue Luft, wie grünt der Felder Flur,
wie trefflich malet die Natur!

So mancherlei Gestalt spielt hier auf weiten Flächen:
hier dünne Weiden an den Bächen,
dort starre Sträucher voller Schlee,
hier Herden in dem Klee,
ein Busch, ein Dorf zuletzt.

Ich gehe lustig fort, wie über mir viel lieber Tiere Lieder;
ich setze mich, ermüdet, nieder,
und um mich her schallt ein vermengter Klang
von mancherlei Gevögel und Gesang,
bis ich vor dem vergnügten Ort,
mit satten Augen und Gehöre,
nach Herd und Dach zurücke kehre.

O unschuldvolle Lust, o ruhiges Ergetzen!
Wo ist dir etwas gleich zu schätzen?

Arie

Laßt hier Gesang und Saiten schallen,
hier wo der Wald durch Widerhallen
in unsre Lieder stimmt.

Der Nachschall ruft aus seinen Büschen,
daß er die Töne, so wir mischen,
und alles unsre Lust vernimmt.«

Der Text wirkt wie die Poetisierung des S. 11 wiedergegebenen Berichtes aus den *Vernünftigen Tadlerinnen* über einen ländlichen Ausflug. Er bedient sich aller Elemente, die der zeitgenössischen Natursicht eigen sind. Legt er in der Schlußarie der Musik die einfachste Möglichkeit der Naturnachahmung in den Mund, nämlich die der Nachbildung eines akustischen Phänomens der ›äußeren‹ Natur (Echo), so wird im Anfangstext die personifizierte Natur (»Du«, »Ihr«) in ihren Einzelheiten als Summe all jener Werte und Bilder der ›inneren‹ Natur vorgeführt, die das faszinierend Heimatliche an Arkadien ausmachen: Paradies (»Eden«) als wohl verbreitetster Vergleich neben dem sonst üblichen Hinweis auf das »Goldene Zeitalter« der Antike (vgl. Dedner 1976, S. 360); Schönheit; Erfrischung im Sinne der Erholung vom Stadtleben, wohin man später (Rezitativ) »nach Herd und Dach zurücke kehre«; beste Welt; schließlich Vertrauen, eine Tugend, die es offenbar nur außerhalb der Stadt gibt.

Wem gegenüber und zwischen wem gibt es Vertrauen? Die erwähnten Tiere und Pflanzen dürften dafür kaum in Frage kommen. Es muß wohl jenes Vertrauen sein, das in der Antike angeblich unter den friedlichen Schäfern herrschte. Herrscht es nun zwischen den ländlichen Menschen oder zwischen Städtern und Bauern? Beides kann kaum gemeint sein, denn von Bauern ist nirgends die Rede. Sie werden ausgespart und nur indirekt im Rezitativ erwähnt: »Ein Dorf«, allerdings »zuletzt.« Würden sie vorkommen, müßten sie wie in Hallers Versepos *Die Alpen* (1729) zu Nachfahren freier, attischer Helden und wahren Schülern der Natur stilisiert werden. (vgl. Martens, S. 282f.) Allerdings gab es in Norddeutschland keine Berge, den »Sitz der Tugend«, auf denen sich ein »Mythos vom Gebirgsutopia« errichten ließ. (Schama, S. 513f.) Es blieb einer späteren Entwicklung des Jahrhunderts vorbehalten, den beunruhigten Städtern den Homunkulus eines zwar armen, aber stets zufriedenen, fleißigen und »fröhlichen Landmannes« (Schumann) als Muster vorzuführen, der »im Märzen die Rößlein einspannt« (Lied des 19. Jahrhunderts). Nein, die Bauern *dürfen* nicht vorkommen! Auch sie fallen unter das Verdikt der Matthesonschen »ausgesuchten und wohlgewehlten Natur«. Werden sie erwähnt, funktioniert die Gattung Idylle nicht mehr. Gottsched in der *Critischen Dichtkunst* sieht das Elend der Landbevölkerung ganz nüchtern und realistisch, indem er deren Erwähnung zur Rettung der Gattung untersagt:

»Denn die Wahrheit zu sprechen, der heutige Schäferstand, zumal in unserm Vaterlande, ist derjenige nicht, den man in Schäfergedichten abschildern muß. Er hat viel zu wenig Annehmlichkeiten, als daß er uns recht gefallen könnte. Unsere Landleute sind mehrentheils armselige, gedrückte und geplagte Leute. Sie sind selten Besitzer ihrer Heerden;

und wenn sie es gleich sind: so werden ihnen doch so viel Steuren und Abgaben auferlegt, daß sie bey aller ihrer sauren Arbeit kaum ihr Brod haben. Zudem herrschen unter ihnen schon so viel Laster, daß man sie nicht mehr als Muster der Tugend aufführen kann.« (zit. Dedner 1976, S. 365; vgl. Geßner, hier S. 41)

Joachim Schwabe, Schüler Gottscheds, dazu in der Vorrede zu den Gedichten seines Meisters:

»Du weißt, daß ein Dichter die Natur zum Vorbilde hat und nur deren Schönheiten nachzuahmen sucht. Wo zeigt aber itzt die Natur das alte Schäferleben? Wo herrscht die Unschuld, die darin vorkommen soll? [...] Wie kann ein Dichter das wieder vorstellen, was er nirgends mehr erblickt?«
(zit. ebda., S. 366)

Der preußische Beamte Johann Michael Loen faßt den Widerspruch zwischen Dichtung und Wahrheit mit Ernüchterung und Sarkasmus auf *(Kleine Schriften,* Bd. 4, 1752, S. 349, und Bd. 3, ^{3}1751, S. 320; zit. ebda., S. 367f.):

»Ich meynte hier die Unschuld des Landlebens und die alten Schäfer-Sitten anzutreffen, womit die Poeten meine Einbildung angefüllet hatten. Allein die ehrlichen Leute wusten von dergleichen Grillen nichts. Ihre gesamte Neigung ging dahin, sich zu mästen und güthlich zu thun.« Die Dichter »hätten die schönsten Bilder nur davon entlehnet, um ihre Verse damit sinnreich aufzuschmücken und sich auf ihren Spaziergängen vergnügte Vorstellungen zu machen.«.

Man mußte also vor den Bauern die Augen verschließen, damit nicht Mühsal, Elend, Hungersnöte und verbreitete Bauernaufstände die arkadische Harmonie, die »unschuldsvolle Lust«, das »ruhige Ergetzen« (Rezitativ) störten und so die »Fiktion«, die »rein literarische Wirklichkeit« (Schneider, S. 309) der Idylle beeinträchtigt wurde. Als Produktionstabu mußte die Erkenntnis gelten: »Der Bauer lebt zwar inmitten der Natur, er begreift sie aber nicht als Schöpfung Gottes, sondern sie ist für ihn ein Gegenstand der Arbeit und eventuell ein Gegenstand des Schreckens und des Schadens.« (Kittsteiner 1995, S. 303) Das »Vertrauen« im Kantatentext ist demnach notwendiger Bestandteil einer fantasierten Natur, von der sich sagen läßt:

»ganz entzückt, ganz Empfindung über ihre Schönheit, bin ich dan glüklich wie ein Hirt im goldnen Weltalter und reicher als ein König.« (Salomon Geßner; zit. Schneider, S. 296)

Wie weitab von der Realität diese Utopie der Freiheit ist, wie verbunden mit der Vorstellung nicht nur einer Beerbung antiker Bukolik, sondern auch anderer pastoraler Idealwelten, zeigt die Telemannsche Melodieerfindung zur Anfangsarie, besonders ausgeprägt im instrumentalen Beginn. Vielleicht bewußt, wahrscheinlich aber unbewußt, jedoch bereits mit dem Ergebnis des »Scheins des Bekannten« (J. A. P. Schulz; vgl. S. 143f.), greift Telemann hier ein Vorbild aus der weihnachtlichen Pastoralszenerie auf, nämlich eine Choralzeile aus *In dulci jubilo,* zu deutsch: *Nun singet und seid froh,* wo es im Text heißt:

Unsers Herzens Wonne liegt in praesepio (in der Krippe bloß) und leuchtet wie die Sonne matris in gremio. (in seiner Mutter Schoß).

Diese Synthese aus antiker, biblischer und galanter Idyllik wird in der originalen Vortragsbezeichnung »Hirtenmässig« zusammengefaßt, sicherlich kein Terminus, sondern eine Erfindung Telemanns. (Werner Menke, *Thematisches Verzeichnis der Werke G. Ph. Telemanns,* Bd. 1, Frankfurt/Main 1983; S. 68 unter Nr. 20:33)

Noch einige Worte zum Rezitativ. Die »unschuldsvolle Lust« erwirbt man sich durch die Aufmerksamkeit von zwei Sinnen, von »satten Augen und Gehöre.« Zwar wird in anderen Texten auch die Tätigkeit der Nase erwähnt, wenn sie den Duft der »Ambraflocken« genießt, so Brockes im Text der Händelschen *Deutschen Arien.* Schnuppern oder Tasten, aktives Riechen und Fühlen wären aber außerhalb jener körperlichen Distanz, die die Lust als »unschuldsvoll« erscheinen läßt. Sich im Grase zu wälzen, ins Laub zu greifen oder vor Ergriffenheit auf einen Stein hinzustürzen, wie es später im Sturm und Drang unbedingt zur Naturbegeisterung gehört, wäre in dieser Phase des »vernünftigen« Genießens unpassend, unmöglich. (vgl. Corbin) Daß man sich ins Gras »setzt« und so dem »Gevögel« lauscht wie schon die Leipziger Dame von 1726 (vgl. S. 11), ist erlaubt. Vor allem die Augen aber sind tätig, arbeiten konzentriert, suchen Bildausschnitte und -motive. Die Texte von Brockes, an die Zimmermann offensichtlich anschließt, sind voll dieser neuen »Rahmenschau« (vgl. S. 19ff.).

> »Das Kutschen-Fenster stellt mir stets eine neue Schilderey von einer stets verneuten Landschaft für.«
> (Brockes; zit. Schneider, S. 294)

Es ist ein Fotografieren ohne Fotoapparat, ein konkurrierendes Verhältnis zur Natur, die so »trefflich malet«, wie es kaum ein Maler könnte. Er kann nur eines tun, um diesem unerreichbaren Vorbild nachzueifern: es nachahmen. Für diese zentrale Tätigkeit ist sein Hauptorgan das Auge, wie es aus sicherer Entfernung die Umwelt beobachtet, taxiert, mißt. Es ist *das* Instrument der neuen Natursicht, des Analysierens, des Experimentierens. Ist die daraus erwachsende Lust wirklich so »unschuldsvoll«? Frißt sie nicht unmäßig alles Sichtbare in sich hinein, bis sie »satt« ist? Eine optische Völlerei. (Kein Wunder, daß die Musikschriftsteller es so schwer damit haben, für ihr Organ, das Ohr, welches offenbar an zweiter Stelle der Beobachtungsinstrumente steht, ähnlich einsichtige Muster für die Nachahmung zu formulieren. Die Häufigkeit, mit der Mattheson die Malerei als Vergleichs- und Vorbilddisziplin bespricht, ist auffallend.) Der Blick ist ständig in heftiger Bewegung, er »schießt«, »verliert sich«, »führt«, wie er da am Textbeginn die Perspektive erfaßt. Diese Ausrichtung des Blickes in die Ferne, seine Fernlenkung durch unbearbeitete oder künstlich hergestellte »Gänge« ist eine immer wieder herbeigeführte, hervorgehobene Hauptattraktion der Natursicht. (vgl. Kammerer, S. 116ff.) Dabei wird der Übergang vom französischen »formal garden«, wie man in England sagt, zur »pleasing wildness« des neuen, heute sogenannten englischen Gartens darin gesehen, daß es nun keine gerade, erzwungene Blicklinie mehr gebe, sondern eine »ondulierte Linie«, die den Blick leitet. (vgl. Göller, S. 221)

Ist es diese Blicklinie, die auch die Harmonik des Rezitativs in immer neuen Dominantklängen bis in die Ferne von Cis[7] treibt? Und ist die Wahl der Grundtonart E-Dur neben anderem wohl auch in dem eigentümlich erhöhten Strahlen und Glänzen begründet, das über der ganzen Kantate liegt? So setzt doch auch Bach, wenn der Windgott Aeolus in der Weltlichen Kantate BWV 205 die ihm untergebenen Winde zum Angriff auf die Gesamte Natur aufruft –

> »Ich geb' euch Macht, die Cedern umzuschmeißen
> und Bergesgipfel aufzureißen.
> Ich geb' euch Macht, die ungestümen Meeresfluten
> durch euren Nachdruck zu erhöh'n,
> daß das Gestirne wird vermuten,
> ihr Feuer sollt' durch euch verlöschend untergeh'n.« –,

den angekündigten Aufruhr der Elemente nicht nur in 32stel-Läufe und Tonrepetitionen nach Art des *stile concitato* um, sondern symbolisiert die Höhe und das Glänzen der »Gestirne« durch den Gang nach Cis[7] – hoch im Quintenzirkel und mit vielen Kreuzen.

»Wie glänzt die blaue Luft«, heißt es in Telemanns Rezitativ. Man denkt an Eichendorff, könnte den Satz als Beispiel romantischer Synästhesie auffassen. Jedoch ist er ein Zeichen jenes erstaunlich feinen Farbempfindens, das sich schon im frühen 18. Jahrhundert ausprägte und sogar einen öffentlichen Streit darüber auslöste, ob die Farbe der Schatten schwarz sei oder Reflexfarben der Umgebung annehmen könne wie grün und rot. Haller hatte den Streit ausgelöst mit den Zeilen (zit. Kammerer, S. 135ff.):

> »Zu meinen Füßen lag ein ausgedehntes Land,
> durch seine eigne Größ umgränzet,
> Worauf das Aug kein Ende fand,
> als wo Jurassus [der Jura] es mit blauen Schatten kränzet.«

Auch hier wieder das Auge auf der Suche, in die Ferne gerichtet! Aber dies zeigt darüber hinaus auch ein Bedürfnis nach analysierender Differenzierung, nach einer Vermittlung zwischen dem offiziellen Tatbestand – Schatten sind schwarz – und der individuellen Wahrnehmung – Schatten sind blau. Dies Interesse begründet den Übergang vom normativen Geschmack (›goût‹) zur persönlichen ›Empfindung‹, vom metaphysischen zum ästhetischen Naturbegriff. Darin werden nun Einfühlung und Spontaneität zum Zentrum des Denkens über die Natur und das Schöne in ihr. (Zimmermann, S. 130; Göller, S. 208f.) Das Fach Ästhetik entsteht, aber es entstehen auch Disziplinen wie Tonphysik und Hörphysiologie mit ihren Fragen nach der Qualität, Zusammensetzung und Wirkungsweise von Tönen und Klängen. (vgl. S. 121ff.)

Dieses differenzierende Interesse erfaßt auch die Texte und die Musik von vergleichsweise kleinen, für das Publikum aber um so wichtigeren Gattungen wie der des Liedes, das schon vor Klopstock und in anderem Sinne als bei ihm Ode genannt wurde. Für die Zeit maßgebend und beispielhaft sind die großen Odensammlungen von Sperontes (Johann Sigismund Scholze) ab 1736 und von Johann Friedrich Gräfe ab 1737. Schäfertexte sind darin weitverbreitet. Begnügen wir uns mit wenigen Beispielen aus der Zeit vor und nach diesen Erfolgssammlungen, und beobachten wir, wie dort die farbdifferenzierenden Natur-Texte sich auf die Musik auswirken.

Telemanns *Singe-, Spiel- und General-Bass-Übungen,* ab 1733 in Art des *Getreuen Music-Meisters* als Fortsetzungs-»Journal« erschienen, enthalten als Nr. 28 folgendes Lied, *Pastorell,* das wie eine Kurzfassung der Kantate wirkt. (Neuausgabe Bärenreiter, hg. Max Seiffert; hier nur Str. 1 wiedergegeben)

Sind die »tausend Farben« komponiert? Eine Vermutung hierzu. Telemann hätte in dem für ein *Pastorell* üblichen 12/8-Takt schreiben können, wie er es – vgl. S. 23 – in Nr. 10 (*Die durstige Natur*) getan hat. Der zweite Liedteil würde dies mit dreimal vier 3/8-Takten erlauben, der erste jedoch mit zehn Takten macht dies unmöglich, enthält also im Hinblick auf das Muster eine Unregelmäßigkeit. Sie ist beabsichtigt, da es nicht der Text ist, der sie erzwingt. Er könnte leicht die Proportionen des zweiten Teiles ergeben.

Die Melodie ist mit dem d am Beginn von Takt 8 im Grunde zu Ende. Es ist der Schluß des Nachsatzes, also der zweiten Viertakt-Einheit. Anders als im zweiten Teil jedoch ist zuvor in den Takten 5 und 6 der Text so gerafft worden, daß nun nur noch – überlappend mit dem Ton d – ein Textrest übrig bleibt (»tausend Farben spielt«), der bei der im wesentlichen syllabischen Kompositionsweise keinen ganzen dritten Viertakter mehr ergeben kann, sondern nur einen unregelmäßigen, zu kurzen Anhang von zwei Takten. Der Schnittpunkt von regelhaftem Melodieende und Textrest liegt beim Wort »tausend«. Ein unerwarteter Neuansatz der Melodie ist die Folge. Er zeigt das einzige Sextintervall – aufwärts springend – in dem sonst kleinschrittig hinlaufenden Lied und die einzige Dreiklangsbrechung, traditionelles Symbol für Pastoral-Melodik. Periodische Unregelmäßigkeit und Sextaufsprung könnten für die Überraschungs- und Übertreibungsfigur des Textes stehen (»tausend«). Auch musikalisch wäre dies die rhetorische Figur der *hypérbole:* Periodische und diastematische (intervallische) Übertreibung oder Überschreitung des Normalen. Die »Farben« wären durch das Urbild der Harmonie, den reinen und ungestörten Durdreiklang symbolisiert, Sinnbild und Grundlage von Natürlichkeit und Ausgeglichenheit. Die Urmutter Natur (Dreiklang) hat die unglaubliche Farbenpracht erzeugt. Dies zur Grundlage der Musiktheorie zu erheben, blieb Rameau vorbehalten.

Diese Ermittlung der Telemannschen Kompositionsgedanken kann selbstverständlich nur dann Gültigkeit haben, wenn man davon ausgeht, daß sie – wie häufig bei der Vertonung von Strophenliedern – sich nur von dem zuerst begegnenden Text haben leiten lassen, nicht von dem »bethauten Grase« der Wiederholung oder gar von »Weide« und »Schäferin« der zweiten Strophe.

Der Text des Liedes Nr. 32, *Sommerlust,* stammt von Brockes. Es macht den Eindruck, als hätten die Texte dieses und des vorangegangenen Liedes dem Textdichter der Kantate, Zimmermann, zur Vorlage gedient. Die zentralen Begriffe der ersten vier Liedzeilen erschienen in der Kantate als »beblümtes Feld«, »ruhiges Ergetzen«, »unschuldsvolle Lust« und »Vertrauen«. Auch die Abkehr von der Stadt ist im Lied ausformuliert, und der Vergleichsort »Eden« der Kantate ist hier zum »ird'schen Himmel« verdeutlicht, ja sogar noch um einen Hinweis auf das historische Vorbild der Idyllik bereichert, »die güld'ne Zeit«, also das »goldne Zeitalter« der Antike. Dieser Text wäre ein Zuckerlecken für eine Vertonung im vertrauten Pastoralgewande mit 6/8- oder 12/8-Takt. Telemann jedoch komponiert folgendermaßen:

Offenbar haben andere Textelemente als die pastoralen und idyllischen Telemann geleitet. Selbst der Orgelpunkt scheint nicht aus der Pastoral-Tradition geboren zu sein. Gerader Takt, starre Wiederholungen und Sequenzen von Drei-, nicht Viertaktern, Sekundschritte statt Dreiklangsbrechungen: Ruhe und Stille. Die »Unschuld« ist hervorgehoben durch Oktav-, Quart- und Quintschritte, damals also schon wie später bei Beethoven und Bruckner Symbole des Ewigen und Elementaren. Die Erhabenheit, das wunderbar Lähmende dieser einsamen Stille in der sommerlichen Hitze der Felder ist so bezeichnet, eine außergewöhnliche Situation, zugleich auch eine außergewöhnliche und weit über die Grenzen seiner Zeit hinausgehende Erfindung Telemanns, fernab von jedem Zusammenhang mit Naturnachahmung. Es ist eine »Stillstands«-Musik (Schmenner), eine frühe Bemühung, in der Musik Statik hervorzurufen, an deren Ende der Beginn von Mahlers 1. Sinfonie steht oder das Brahms-Lied *Feldeinsamkeit.* Ist das noch eine Pastorale? Es ist eine völlig neue Art, musikalisch die äußere Natur zu sehen und die innere Natur des erlebenden Menschen wiederzugeben, ganz im Sinne der neuen, auf Erlebnis und individuelle Empfindung ausgerichteten, den »Gesetzen« der Naturnachahmung abholden Einfühlungsweise. Es wird noch lange dauern, bis ein Komponist diese selbstverlorene Betrachtung der Natureinsamkeit wieder so zu gestalten vermag, ganz ohne melodischen Reiz, ganz unter Verzicht auf periodische Vorder- und Nachsatzmelodik, ganz konzentriert auf das Bannende und Leblose des einsamen Momentes unter der Sommerhitze.

22 Jahre später, 1755. Es ist nicht nur ein Zeitsprung, sondern auch ein geographischer, von Hamburg nach Berlin, von einer freien Reichsstadt in die preussische Metropole, in die Herrschaftssphäre Friedrichs II. Friedrich Wilhelm Marpurg, sozusagen der Cheftheoretiker des musikalischen Preussen und der späten musikalischen Aufklärung, veröffentlichte im 1. Band seiner *Historisch-kritischen Beyträge zur Aufnahme der Musik* (S. 365f.) ein *Scherzlied* von Friedrichs Hofkapellmeister Carl Heinrich Graun mit Text von einem der leitenden Köpfe der sogenannten Anakreontiker, eines Dichterkreises, der in Nachfolge des altgriechischen Dichters Anakreon Wein und Liebe besang – unter ihnen Hagedorn und Gleim: Johann Peter Uz (1720-1796).

2. Er hinterläßt uns, da er fliehet, den Ausbund seiner Lieblichkeit. Die Rose, die im Purpur blühet, verherrlicht seine letzte Zeit.
3. Du Rose, sollst mein Haupt umkränzen, dich lieben Venus und ihr Sohn. Kaum seh ich dich im Busche glänzen, so wallt mein Blut, so brenn ich schon.
4. Ich fühl ein jugendlich Verlangen, ein blühend Mädchen hier zu sehn, um dessen rosenvollen Wangen die jungen Weste süßer wehn.

Das Lied ist ein Beispiel der Berliner Liederschule, der auch Carl Philipp Emanuel Bach angehörte, von dem spätere Werke dieser Gattung noch kennenzulernen sind. Es sind jene Künstler, die unter dem etwas konservativen ästhetischen Diktat ihres Landesherren jene abgemessene und etwas gedeckte Liedkunst hervorbrachten, welche – wie auch das Pendant in Malerei und Baukunst – als ›zopfig‹ bezeichnet wird, dabei aber den aufklärerischen Anspruch hat, daß die Lieder »von jedem Munde ohne Mühe angestimmt werden können«, wie der früheste Vertreter dieser Richtung, Christian Gottfried Krause, 1753 formulierte.

Das Lied sieht auf Anhieb gänzlich konventionell aus, zeigt aber bei näherer Betrachtung eine feine Arbeit: Die Aufbruchsmacht des Frühlings in der Anfangsfanfare, sein Entweichen in absteigenden Seufzerketten, die der Baß – ohne Seufzer – als Tonleiter übernimmt und dabei die Hemiolen der Melodie trägt (dreimal zwei statt zweimal drei Achtel), welche die erstaunliche Metapher des Textes hervorhebt. Außer durch die ungerade Taktart ist die pastorale Norm in dieser ersten Liedhälfte auch durch die Häufung von Terz- und Sextparallelen erfüllt. Nach der rhythmischen Normabweichung folgt dann am Beginn der zweiten Liedhälfte die harmonische: Das Schmachten ergeht sich im verminderten Septakkord über eis, während seine Seufzer sich in die Abschlußtakte fortziehen und dort dem vergeblichen Suchen nach dem sanften Frühlingwind Zephir gewidmet sind. Dem ebenso empfindsamen wie intellektuellen Graun ist ohne weiteres zuzutrauen, daß die Anfangspausen im Baß das »nicht«, das Fehlen des Zephir symbolisieren. (vgl. S. 65f.) Mattheson hätte an diesem Lied die Knappheit der Darstellung und die Hervorhebung des »Verstandes« der Wörter bei der Nachahmung der Natur gelobt. Tatsächlich ist hier ein Ideal der musikalischen Aufklärung erfüllt: Anwendung höchster Kunstfertigkeit mit dem Ergebnis einer eingängigen Musik voll ›natürlicher‹ Melodie.

2.2. Johann Sebastian Bach: *Cantate burlesque* (Bauern-Kantate)

Die Bauern treten in der Kunstmusik, etwa in der Kantate Telemanns, gar nicht auf oder – womöglich noch mit ihrer eigenen Musik – höchst selten. Im 17. Jahrhundert war das noch gängiger. Als Beispiel für viele steht das Stück *Der steyrische Hirt* des Münchner Hofkapellmeisters Johann Kaspar Kerll (gest. 1693). Im Zenit des Feudalismus jedoch verschwinden die musizierenden Bauern aus der Kunstmusik mit wenigen Ausnahmen, von denen einige folgen. Das Bedauern und die realistische Sicht des Bauernlebens, wie sie bei Loen zu beobachten waren (vgl.

S. 90f.) und später im Jahrhundert wiederum bei Loen und bei dem Österreicher Joseph von Sonnenfels auftreten, gehen einher mit einem aus Mitleid und Nutzendenken geborenen Bemühen von Physiokraten und Philanthropen um eine wirtschaftliche und kulturelle Hebung des Bauernstandes. (Schmenner 1997, Kap. VII; Das Bild vom Bauern, Kap. 3) Elend und Gegenwehr, Ausbeutung und Aufstand finden ihren Niederschlag, soweit es die Musik angeht, im Volkslied, sonst nicht. Die Kunstmusik bleibt bei der Idylle und ihren von Geßner bekannten Hirtenfantasien. Wenn Johann Jakob Bodmer einer französischen Kritik an der offenbar als allzu realistisch empfundenen Darstellung des Landlebens durch den altgriechischen Dichter Theokrit entgegentritt (1749), so kann er dies nur tun, indem er die französische Kritik durch schweizerisches Harmoniebedürfnis ersetzt, nicht durch einen nüchternen Blick: »Wie wenn das, was sie bäurische Grobheit nennen, nichts anders als die lautere Einfalt des Landlebens wäre?« (zit. Dedner, S. 353) In den berühmten *Discoursen der Mahlern* (1721/22) hatte er – mit Breitinger – diese Haltung mitbegründet und in eine Form gebracht, welche bereits S. 11f. als Gefühlskonstante bürgerlicher Naturseligkeit dokumentiert wurde:

> »Ich seuffze nach der stillen Einsamkeit, ich wünsche nichts mehrers als ein Häusgen, ein Stücke Feld, einen kleinen Garten: ach, daß es mir erlaubet wäre, mein Leben auff einem schlechten [schlichten] Dorffe ferne von dem Tumult der Stadt zuendigen, daselbst lebte ich bey mir selbst, undependiret [unabhängig] von anderer Menschen Caprice [Laune].« (*Brief eines guten Sohnes an seinen Vater*, zit. ebda., S. 348)

Nun zu den seltenen Beispielen musikalischen Bauerntums in der Kunstmusik. In Telemanns Orchester-Ouverture G-Dur mit dem Titel *La Putain* [so!] (Die Dirne; NA vgl. S. 67) hat der dritte Satz mit dem Titel *Die Bauren Kirchweÿh* folgende Melodie:

In einem der Intermezzi, also der in Opern eingelegten humoristischen und genrebetonten Zwischenspiele, aus der neapolitanischen Zeit des späteren Dresdner Hofkapellmeisters Johann Adolph Hasse, nämlich *La serva scaltra* (Die durchtriebene Dienerin) von 1729, erklingt ein *Ballo di Villano*, ein Bauerntanz (J. A. Hasse, *Three Intermezzi*, hg. Gordana Lazarevich, Laaber 1992, Concentus Musicus Bd. 9, S. 226ff.):

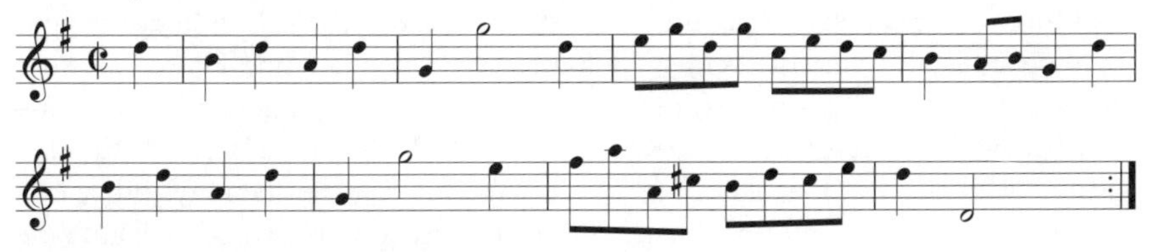

Setzt man voraus, daß beide Komponisten sich um Typisches bemüht haben, so bringt das Ergebnis den heutigen Betrachter in Verlegenheit. Entweder ist diese Musik nicht als einfach und roh gemeint – damit dann auch nicht die Bauern –, oder ein großer Teil der zeitgenössischen Kunstmusik-Themen hat eine ländliche Basis – was für Bach in der Forschung bereits angenommen wurde (Smend, *Bach in Köthen*, 1950; Finke-Hecklinger). So ist beispielsweise die zweite Melodie als Thementypus der Kunstmusik recht verbreitet, ob als Fugenthema in einer Orchestersuite von Graupner (Großpietsch, S. 303, Nr. C3)

oder als Finalthema in Bachs Doppelkonzert c-Moll (BWV 1060).

Und aus Carl Heinrich Grauns Oper *Coriolano* von 1749 (Textentwurf von Friedrich II. von Preußen) stammt ein Arienthema, dessen Beginn in Rhythmik und Intervallstruktur dem Telemannschen Themenanfang sehr ähnlich ist, vor allem aber die auffälligste und als besonders bäurisch erscheinende Schlußwendung beider Bauern-Melodien enthält, den Oktav-Absprung. Allerdings: In Grauns Arie beschwört der römische Patrizier Olibrio inmitten zaudernder, lavierender und unentschlossener Römer seine unverbrüchliche Treue und Opferbereitschaft für das Vaterland (Akt III, Szene 2; vgl. Schleuning, »Ich habe den Namen gefunden...«; Mittelteil der Melodie hier ausgelassen):

Graun und Telemann kannten sich sehr gut. Aus ihrem Briefwechsel ist zu entnehmen, daß sie in ästhetischen und auch musiktheoretischen Fragen häufig einer Meinung waren. Demnach kann man vermuten, daß ihre beiden Melodien neben der strukturellen auch eine semantische Parallelität haben. Sind also die Bauern bei Telemann als stolz, charakterfest und beharrlich dargestellt, oder wird die Haltung von Olibrio als zwar etwas starr und einfach, aber darum eben als unbeugsam und gradlinig aufgefaßt? Sind die beiden Melodien von Telemann und Hasse vielleicht gar nicht bauernmäßig, sondern nur Beispiele für einen Thementypus, der Einfachkeit und Stärke verpflichtet ist? Oder sind beide doch seltene Beispiele für eine positive Sicht der Landbevölkerung? Bei Telemann wäre dies kein Wunder, falls man von seinen häufigen Lobsprüchen auf die polnische Volksmusik auch auf eine freundliche Einstellung zu deren Produzenten schließen darf. Ob Hasses Tätigkeit am Dresdner Hof, die sich auch auf die Mitarbeit bei den so beliebten Bauern-Divertissements und Bergerien erstreckte, auf eine solche Haltung schließen läßt, ist ungewiß. Denn im Unterschied zum bürgerlichen Leben, das wenn auch nicht zur bäuerlichen, so doch zu handwerklichen Arbeit eine alltägliche Nähe hatte, galt für den fürstlichen Hof ganz allgemein eine »Ferne von der Sphäre der ursprünglichen Reproduktion«, die immer auch bedeutete, »daß der Naturgebrauch, der im höfischen Zusammenhang stattfindet, in der Regel nicht an so etwas wie einen natürlichen Gebrauchswert von Naturgegenständen anknüpft.« (Böhme/Böhme, S. 35)

Der Frage nach der höfischen, aber auch der bürgerlichen ›Ferne‹ vom Landleben und damit auch der Möglichkeit, in den beiden Melodien Sympathie für die Landbevölkerung zu erkennen, können wir in einem weiteren Musikwerk nachgehen, Bachs sogenannter Bauern-Kantate (BWV 212), von ihm selbst betitelt *Cantate burlesque.* (Als *Burlesque* bezeichnet Telemann seine *Don Quichotte-Suite.*) Sie wurde uraufgeführt am 3. August 1742 in dem Dorf Klein-Zschocher südlich Leipzigs aus Anlaß der Erbhuldigung der Bevölkerung für den neuen Herrn, den Dresdner Hofbeamten Karl Heinrich von Dieskau. Die Kantate ist in Hinsicht der Zuwendung der Kunstmusik zum Bauernleben ein Sonderfall nicht nur innerhalb des 18., sondern bis hin in unser Jahrhundert.

Der Textdichter Christian Friedrich Henrici (Picander) selbst, Erfolgsautor von Zeitungskolportage und Gelegenheitsgedichten, ist als witziger Hans-Dampf in allen Gesellschaftsgassen bekannt. (Schleuning 1995) Er war im Hauptberuf Getränkesteuer-Einnehmer des Kreises Leipzig und damit auch für das besungene Dorf, kannte also die Lebensgewohnheiten der Bevölkerung, und in dieser Funktion war er Untergebener eben jenes Kammerherrn von Dieskau, der Kreishauptmann des Kreises Leipzig war und damit auch Vorsteher der Steuerbehörde. Zudem war Dieskau »Directeur des plaisirs« am Dresdner Hof, also Organisator der Lustbarkeiten und Feste, zu denen auch die häufigen und beliebten Bauern-Divertissements gehörten, bei denen Aufführende und Publikum – also auch Hasse – in Bauerntracht zu erscheinen hatten und Arkadien spielten. Bach, die übrigen Musiker und die hohen Gäste der Festgesellschaft in Bauerntracht, das offenbar zugelassene bäuerliche Publikum in Festkleidung: Eine Fiktion? Vermutlich Realität. In jedem Falle muß man davon ausgehen, daß die beiden Produzenten – zumindest der gewandte und mit dem Dorfleben vertraute Picander – Vorschläge machten, daß aber der Gefeierte als Spezialist der Feierkultur und offensichtlich auch als seltener Freund der ihm untergebenen Bauern eine Darstellung des Bauernlebens vorgab oder zumindest akzeptierte, die von Realismus strotzt und dementsprechend bei aller »burlesken« Munterkeit die ländlichen Sorgen und Nöte nicht verschweigt, abseits aller Idyllik und Pastoralutopie. Wie beschäftigt sich die Kantate mit dem Bauernleben?

Im Unterschied zu anderen Huldigungs-Kantaten Bachs, etwa jener für die Übernahme des Gutes Wiederau (1737, BWV 30a), in der es nichts als Herrenlob und Segenswünsche gibt, spricht diese Kantate von Tanzen, Trinken, Lieben, Fischereiverbot, Strafgeldern, Steuerlast, Geldsorgen, Rekrutierungsängsten, Landsteuer, spart dabei Lob und Segen nicht aus. Werden in anderen Werken nur der Gefeierte und vielleicht auch der König genannt, so sind es hier das Jubelpaar, der Pfarrer, der »Schösser« (Steuerbeamter), der Notar, der Steuer-Revisor und die

Einwohner des Dorfes und der Nachbargemeinden. Anfangs singen die Protagonisten, ein Bauernpaar, in Platt, dann in einem einfachen, der Bauernsprache nachempfundenen Stil, der weit entfernt ist von der Hochsprache anderer Huldigungsmusiken, aber auch von dem, was sich – in England schon sehr früh – an dichterischer Produktion der Begeisterung für die neu- und wiederentdeckten alten ›echten‹ Volksballaden und -dichtungen anschloß und nun in diesem Vorbild die »Sprache der Natur und der Wahrheit« erblickte. (Göller, S. 226f.) Picander hat tatsächlich im Lutherschen Sinne »dem Volk aufs Maul geschaut« und dabei Dinge erwähnt, die der ungeschönten Realität des Landlebens zugehören, teilweise mit einer Begrifflichkeit, die heute und sicherlich auch für manchen der damaligen Städter nicht ohne weiteres zu verstehen ist bzw. war. Hier die Texte der Nummern vier bis sechs in modernisierter Orthographie:

»Ach, es schmeckt doch gar zu gut,
wenn ein Paar recht freundlich tut.
Ei, da braust es in dem Ranzen,
als wenn eitel Flöh und Wanzen
und ein tolles Wespenheer
mit einander zänkisch wär'.

Der Herr ist gut. Allein der Schösser,
das ist ein Schwefels-Mann,
der wie ein Blitz
einen Schock [Geldbetrag] strafen kann,
wenn man den Finger kaum
ins kalte Wasser steckt. [Fischereiverbot]

Ach, Herr Schösser, geht nicht gar zu schlimm
mit uns armen Bauersleuten üm!
Schont nur unsre Haut,
freßt Ihr gleich das Kraut
wie die Raupen bis zum kahlen Strunk,
habt nur genung!«

Weder das Wort Natur noch das Wort Landschaft kommen im Text vor.

Wie steht es mit der musikalischen Wiedergabe von Ländlichkeit und Landleben? »Daß vielleicht der Mangel der poetischen Anmuth durch die Lieblichkeit des unvergleichlichen Herrn Capell-Meisters, Bach, dürfte ersetzet [...] werden«, wie Picander 1728 im Vorwort seiner geistlichen Kantatentexte schreibt, bestätigt sich bei diesem Sujet nicht. (zit. Schneiderheinze 1977, S. 96) Die Streicher – nur Geige, Bratsche und Continuo – scheinen eine Dorfmusikanten-Bande zu imitieren, die Bierfiedler, sowohl durch ihre geringe Zahl wie durch ihre häufigen stereotypen Spielfiguren, Folgen von gradlinigen und kreisenden Viertongruppen (*tirata*, *groppo*, *circolo*), die offenbar zum Stegreifrepertoire der Dorfmusikanten gehörten, sowie durch übermäßiges Sequenzieren solcher Figuren, spöttisch »Vetter Michel« genannt. In zehn der 24 Sätze treten solche Figuren und Sequenzen auf, musterartig benutzt wie die Ornamente der Bauernmalerei, häufig unterbrochen von ungeschickt nachschlagenden Begleitfiguren (*figura corta* = ♬ ♪).

Dieses Ensemble des offenbar bäurisch gemeinten Instrumentalspiels wird ergänzt durch große Sprünge, die die Linien unterbrechen und mehrfach auch die Gestalt des uns aus Telemanns und Hasses Beispielen bekannten abschließenden Oktavfalls annehmen. Dem Melodieideal der Aufklärer entspricht dies wahrlich nicht. Ganz anders, als es in Bachs und Picanders Werk zu erkennen ist, äußert sich Mattheson doch sehr abfällig über die soeben genannten Stilelemente, auch allgemein über die Grobheit der Bauern, »die da/ ohne Tanzen und Springen/ nicht glauben/ daß sie lustig sind.« (1722, S. 46) Der Anfang der Nr. 10 zeigt die ländliche Technik der Melodievariation mit den erwähnten Figuren, der Schluß des Stückes diese und die übrigen Elemente. (Zum Text: Die Nachbardörfer haben wegen Betrügereien bei der Grundsteuerbemessung – »caducke Schocken« – selber Dreck am Stecken.)

Über solche ländlichen Spieltechniken hinaus wird das Thema Ländliche Musik im Vergleich zu städtischer Musik auch direkt textlich angesprochen und musikalisch exemplifiziert, und zwar in den Nummern 13 bis 20. Mieke, die Bäuerin, findet die vorgetragenen Lieder und die bäuerlichen ›Arien‹, voller kantiger, unbeholfener und ganz un-›natürlicher‹ Melodik, indem sie ein Wortspiel verwendet, »zu liederlich. Es sind so hübsche Leute da, die würden ja von Herzen drüber lachen.« Sie singt deshalb eine von ihr ironisch als »Liedchen« angekündigte kunstvolle Arie, eine textliche Parodie aus einem älteren Werk Bachs. Es ist ein großes Stück galanter Musik mit fein geschwungener Melodie im 3/8-Takt, das sich durch den Einsatz einer virtuos begleitenden Querflöte in diesem Stil auszeichnet. Der Bauer zweifelt: »Das ist zu klug vor dich und nach der Städter Weise. Wir Bauern singen nicht so leise.« Er trumpft wieder mit ländlicher Liedkunst auf, läßt sich aber schließlich überreden (Nr. 19):

»Du hast wohl Recht.
Das Stückchen klingt zu schlecht [schlicht].
Ich muß mich also zwingen,
was Städtisches zu singen.«

Die Bauern werden – wie es seitdem bis heute heißt – höflich. Nicht ästhetische, sondern gesellschaftliche Gründe sind es, die sie veranlassen, ihre angestammten Lieder zurückzunehmen. Bach und Picander ergreifen nicht Partei. Die Lieder und Liedzitate, die – auch von den Instrumenten – immer wieder, nicht nur in diesem Abschnitt, bedeutungsvoll eingeworfen werden, sind selten zu identifizieren und in ihrer hintergründigen, ganz auf die Situation abgestimmten Absicht nur hin und wieder zu interpretieren. Es sind meist Melodien nach Sarabanden-, Polonaisen- und Bouréenart. Die Rätsel, die sie uns aufgeben, kulminieren in der Ouverture. Deren sieben aneinandergehängte Fetzen enthalten als einziges *Landlust*-Element im Sinne Telemanns eine Pastorale im 6/8-Takt (Teil 3). Teil 5 ist ein sarabandenhaftes Adagio, schleppend und klagend wie der Beginn des Sommerkonzertes der *Vier Jahreszeiten* von Vivaldi, wo Tiere und Menschen unter der Hitze schmachten. Sonst gibt es nur springende, muntere Tänze, in den Teilen 2, 4 und 6 im 2/4-Takt, in den Rahmenstücken gleichen Themas im schnellen 3/4-Takt (Teile 1 und 7). Es ist einer jener Dreher, Allemanden oder Deutschen, nach denen später die Bürgerlichen wie die Bauern geschlossen und nicht wie die Adligen offen tanzten (dazu Schmenner, 1997, Kap. VII), dichterisch vorgeführt vom Göttinger Hainbund und von dem »walzenden« Werther 1775. Die Ouverture ist offenbar voller Anspielungen, Bezüge, Zitate und Hinweise. Keiner der Tanzsätze und anderer Teile ist laut Auskunft des Freiburger Deutschen Volksliedarchivs identifizierbar.

Daß es nicht um eine beliebige Aneinanderreihung irgendwelcher bäuerlich besetzten Signale geht, sondern um ein Mosaik von Bedeutungsträgern, zeigt jener zuletzt erwähnte Dreher. Er kommt auch als zweites Motiv im letzten Satz des sechsten *Brandenburgischen Konzertes* vor (spätestens 1721).

Es ist anzunehmen, daß Bach mit der Identifizierung rechnete. Zu denken wäre, daß in Klein-Zschocher unmittelbar vor der Kantate jenes pastorale Konzert mit seinen unterschiedlichen bäuerlichen Szenen aufgeführt wurde (vgl. S. 10f.) und dessen Schlußgedanke unmittelbar von der Kantaten-*Sinfonia* aufgegriffen wurde.

Bei aller Rätselhaftigkeit läßt sich doch über die *Cantate burlesque* manch Eindeutiges sagen. Ihr Realismus sucht nicht aus dem Vorhandenen das ›Schöne‹ mit dem Ziel einer höheren ›Vollkommenheit‹ aus, sondern gibt das Beobachtete wieder, auch wenn es häßlich, unharmonisch und plump ist, jedoch stets voller Sympathie und – was in der Kunstmusik so selten ist – voller Lustigkeit.

Niemand wird behaupten, daß durch dieses Ausnahmewerk die zeitgenössische Nachahmungslehre widerlegt oder die heutige, häufig ideologiekritische Analyse der frühbürgerlichen Naturauffassung in Frage gestellt würde. Aber man muß die Ausnahme ernstnehmen. Sie ist Beispiel eines Ausbruchs, allerdings eines Ausbruchs ohne Nachfolge, so wie es auch die *Kunst der Fuge* war. Parallelen gibt es kaum. Die Hamburger Oper käme in Frage – wenn auch ohne Naturbezug –, z. B. Reinhard Keisers *Der lächerliche Prinz Jodelet* (1726), beginnend mit einer *Burla* im 2/4-Takt und sofort folgenden *Folies d'Espagne*, aneinandergehängt nach Art von Bachs Ouverture. Auch der Streichersatz ist vergleichbar. (Boresch, S. 135ff.) Die Bauern-Kantate ist kein zufälliger »Ausrutscher«, ist nicht zu bagatellisieren als bloßer Gelegenheits-Scherz, und sie verkörpert auch nicht jenen widerborstigen, komplizierten und ungalanten Stil voller »widriger und harter Gänge«, den Johann Adolph Scheibe seit 1737 an Bachs Vokalmusik als »schwülstig und verworren«, bar jeder »Natürlichkeit«, kritisierte. Die Kantate hat in Struktur und Inhalt mit dieser Auseinandersetzung nichts zu tun. Sie bietet eine singuläre Sicht auf die Natur und auf die Menschen in der Natur. Daß diese Sichtweise überhaupt möglich war und künstlerisch realisiert werden konnte, wirft ein kleines, aber helles Seitenlicht auf das übliche eindimensionale Bild der Ständegesellschaft. Es ist ein kurzer Moment sozialen Einverständnisses im Zeichen gegenseitigen Respekts der Stände. Dies geht weit hinaus über alles, was die Zeitgenossen zu bieten hatten, auch musikalisch, und läßt sich erst wieder beobachten bei Personen wie Matthias Claudius, gehört also ideologiegeschichtlich in die zweite Jahrhunderthälfte. Es ist eine neue Art von Natürlichkeit und Naturnachahmung, die aber auch abweicht von jenem Bruch mit der alten Lehrmeinung, wie ihn Lessing 1756 ausspricht und der so reiche Folgen hatte bei Schiller, Mozart und Beethoven:

> »Die Namen von Fürsten und Helden können einem Stück Pomp und Majestät geben; aber zur Rührung tragen sie nichts bei. Das Unglück derjenigen, deren Umstände den unsrigen am nächsten kommen, muß natürlicherweise am tiefsten in unsre Seele dringen; und wenn wir mit Königen Mitleiden haben, so haben wir es mit ihnen als mit Menschen und nicht als mit Königen.« (*Briefwechsel mit Mendelssohn und Nicolai über das Trauerspiel*; zit. Deutsche Literaturgeschichte, S. 130)

Man suche einmal, dieses folgenschwere Zitat umzuformulieren, und zwar mit dem Ziel, die innere Haltung der Kantate, mithin auch jene Picanders, Bachs und Dieskaus, gegenüber der Landbevölkerung zu bezeichnen, und beginne mit: »Die Namen von Bauern und Bäuerinnen können einem Stück...«. Immerhin sind ja die Bauern von den Bürgerlichen genauso weit entfernt wie die Fürsten, so daß eine Umformulierung durch das Ersetzen einiger zentralen Begriffe durch ihr Gegenteil gelingen müßte. Gibt es keine sinnvolle Lösung, so könnte man vermuten, daß auch an den Worten Lessings etwas nicht stimmt. »Rühren« und »Mitleiden« dürften die größten Schwierigkeiten bei der Alternativ-Fassung machen.

2.3. Jean-Philippe Rameau: *Hippolyte et Aricie, Les Indes galantes* und *Zaïs*

Jean-Philippe Rameau hat in seinen beiden ersten Pariser Werken, der Oper *Hippolyte et Aricie* (1733) und der Ballett-Oper *Les Indes galantes* (1735), die Darstellung aufgewühlter Natur zu einem der Hauptthemen gemacht. In der Oper begegnet uns nicht nur ein Donnerwetter, und zwar in Gestalt einer Schlachtmusik (*bataille*), sondern auch ein Meeressturm und schließlich eine grausige Chorszene (IV/3), in welcher unter Windgeheul und Wellengetöse ein »monstre horrible« dem Wasser entsteigt und mitten in ein Fest einbricht, um den Titelhelden in die Unterwelt zu entführen. Wie in dieser Szene, so zeigt auch das Erdbeben des Ballettes, daß es nicht nur die unvermeidlichen rasenden Läufe und Tonwiederholungen sind, die das Ungestüm und das schreckliche Schauspiel andeuten wie in Bachs Gewitterchor, sondern daß – wie in der *Chromatischen Fantasie* – derartige Zentralbeispiele des erhabenen Erschauerns in der Musik eine der wichtigsten Quellen für Experimente und zukunftsträchtige Entwicklungen auf dem Feld der Harmonik darstellen. Die galante, ›angenehme‹ Melodiekunst bietet hierzu keinerlei Veranlassung. Das kantable Ideal verbietet Sprünge und Extremismen der Harmonik, da es auf verläßliche und gleichmäßige Akkordfolgen angewiesen ist.

Vertritt in dem Schreckens-Szenario der Oper der Sprung B-Dur/Des-Dur das Entsetzen, so erscheinen im Ballett neben solchen Sprüngen auch Klangballungen aus gleichzeitigen Tonika- und Dominantelementen. Sie tragen ihre Besonderheit darin, daß sie nicht schnell aufgelöst, sondern über längere Zeit erhalten werden, ein erhöhter Spannungszustand, der noch übertroffen wird durch ein älteres Instrumentalstück von Jean-Féry Rebel, *Les Eléments*, in welchem – ähnlich dem Beginn von Haydns Oratorium *Die Schöpfung* von 1798 – zur Symbolisierung des Chaos eine harmonische Konfusion hergestellt wird, indem tatsächlich alle Töne der sogenannten harmonischen d-Moll-Skala zugleich erklingen, was man auch als Zusammenballung des Grunddreiklanges und des verminderten Septakkordes über cis erklären kann, also als *cumulus*, wie die Musiktheorie es nennt. (Analysen der Beispiele bei Bockmaier, S. 61ff.) Rameau hat sich immer wieder mit dem Thema von Ordnung und Unordnung in der Natur beschäftigt, als Musiktheoretiker und als Komponist, so in seiner Oper *Zaïs* von 1748, zu der er schreibt: »Die Ouverture malt (peint) den Nebel des Chaos und den Urknall (choc) der Elemente, während sie sich voneinander trennen.« (zit. Klingsporn, S. 239f.; zum Chaos auch G. Busch, S. 179) Die Unordnung in der Natur hat er wiederum durch einen Sprung, von Cis-Dur nach f-Moll, symbolisiert und weitere Sprünge folgen lassen, ehe eine Auflösung in den schnellen Hauptteil in D-Dur folgt, das Bild der Ordnung. Rameau hat es aber nicht bei diesem Experimentieren mit der Harmonik belassen, sondern zur Vergegenständlichung des Chaos auch ein Element belebt, welches die Zeitgenossen eher vernachlässigt haben, das des Rhythmus. Es scheint, als habe erst Carl Philipp Emanuel Bach wieder hieran in solcher Konsequenz weitergearbeitet. (vgl. S. 134ff.) Hier das aperiodische Trommelsolo als Abbild des Chaos:

Nicht nur im Ballett hat die *tempête* genau jene affektverstärkende und -stützende Funktion wie in Bachs Gewitterchor, ist also »ein Ereignis, das die Aufgewühltheit [...] zu spiegeln vermag« (Klingsporn, S. 206), sondern auch die Ouverture zu *Zaïs* nutzt das Thema Natur zur Symbolisierung einer höheren Bedeutung. Offenbar führt die Opernhandlung, ähnlich der von Mozarts *Zauberflöte*, in verschlüsselter Weise die durch Prüfungen erreichte und in der Natur gespiegelte Erhebung der Menschen vom Dunkel zum Licht vor, zur »nature bienveillante«, die in der Anbetung der Sonne kulminiert. In einem Chor, der die »freimaurerische Analogie zwischen Licht und Wissen bzw. Wahrheit nahelegt«, heißt es:

> »Eclaire l'univers, anime la nature,
> Soleil, sois le chef-d'oeuvre
> et le rival des dieux!« (zit. ebda., S. 264)
>
> (Erhelle den Weltraum, belebe die Natur,
> Sonne, sei das Meisterwerk
> und der Rivale der Götter!)

Zais erscheint gar als göttlicher Schäfer und vervollständigt damit die auf Naturmystik und antiken Lehren basierende Symbolik der Freimaurerei, deren Ziele – Erkenntnis, Wahrheit, Wohltun und Gleichheit – implizit stets antifeudalistisch waren.

Vielleicht nicht wegen Rameaus freimaurerischen Haltung, aber wegen deren Auswirkungen auf seine Komposition ist es vom Anbeginn seiner Pariser Tätigkeit zu heftigen Auseinandersetzungen gekommen, die als *Querelle des Lullistes* bekannt geworden sind. Die Parteigänger der traditionellen, klassischen Oper der Zeit Ludwigs XIV., wie sie von Jean-Baptiste Lully begründet wurde (gest. 1687), priesen am Objekt ihrer Bewunderung und Verehrung die »imitation de la belle et simple nature«, die – wir kennen dies bereits von Mattheson – nicht darin bestehe, Elemente daraus nachzumalen, sondern aus den ungebändigten Naturlauten die einfachen Wahrheiten der Natur zu erkennen, herauszufiltern, auf das Essentielle zu reduzieren und so der Kunst zugänglich zu machen. Dementsprechend lauten die uns teilweise ebenfalls bekannten Argumente der Lullisten gegen Rameau und seine Parteigänger, die Ramisten, Rameaus Musik sei unnatürlich, bizarr und lediglich brillant, betone zu sehr die Harmonik und überfrachte diese mit Dissonanzen, die eine »peine aux oreilles« (Ohrenschmerzen) verursachten. Die Melodik sei instrumental gedacht und ganz ungesanglich, ohne Züge der »simple nature«. Überhaupt sei Rameau wegen seiner Beschäftigungen mit Geometrie und Musiktheorie eher ein »géomètre« als ein Komponist, als Theoretiker ungeeignet für die musikalische Praxis. (ebda., S. 57, 69, 205) 1737 wurde folgendes Epigramm veröffentlicht, das die gesamte Argumentation zusammenfaßt und auf die Formel Natur = Einfachheit bringt (ebda., S. 60):

> »Contre la moderne musique
> Voici ma dernière replique,
> Ci le difficile est le beau,
> C'est un grand homme que Rameau,
> Mais, si le beau par aventure
> n'étoit que la simple nature,
> dont l'art doit être le tableau,
> Ah! le sot homme que R^xxx^!"
>
> [Zeile 5-8 in Überseztung:]
> Aber, wenn das Schöne zufällig
> nur die einfache Natur sein sollte,
> wovon die Kunst das Abbild sein soll -
> Ach! so ein dummer Mann wie Rameau!

Nimmt man den Bezug zu Rameaus musiktheoretischer Tätigkeit aus, so sehen wir ihn in einem Boot mit Johann Sebastian Bach und dessen Beurteilung durch Johann Adolph Scheibe, und wir sehen auch die Abhängigkeit dieses Beckmesser der musikalischen Aufklärung nicht nur vom Gottschedschen, sondern auch vom französischen Vorbild.

Das Ballett *Les Indes galantes* enthält neben harmonischen Chaos-Strukturen zwei Elemente des Naturverständnisses, die neuartig sind, in die Zukunft und damit auch auf die Oper *Montezuma* von Graun vorausweisen: die Einbeziehung des außereuropäischen Raumes und die Auseinandersetzung mit dessen Erforschung. Daß in dem Teil *Les Incas du Pérou* (Die Inkas von Peru) Vulkane eine Hauptrolle spielen, bedenkt der Librettist Fuzelier mit einer dem Vorwurf der »Unwahrscheinlichkeit« begegnenden Begründung, die in der alten Hamburger Oper oder der späteren Wiener Märchenoperette nicht nötig gewesen wäre, hier aber zu einer rationalistischen Selbstverteidigung stilisiert ist. Sie soll Sensationslust als Ergebnis wissenschaftlicher Arbeit erklären. (zit. Betzwieser, S. 155f.; Übersetzung vom Verfasser)

»Der Vulkan, der als Zentrum dieses amerikanischen Tanzteiles dient, ist nicht eine märchenhafte Erfindung nach Art der Zauberkunst. Die entflammten Berge sind in Amerika verbreitet [...] Selbst geachtete Reisende bestätigen, daß sie derartige unterirdische Brutkästen angetroffen haben, erfüllt von Teer und Schwefel, leicht entzündlich, die schreckliche Brände erzeugen, wenn man nur ein einziges Stück Felsen in ihre fürchterlichen Schlünde wirft. Die fähigsten Naturwissenschaftler (naturalistes) bestätigen das Zeugnis von Reisenden durch physikalische Beweisführungen und Experimente, die überzeugender sind als Argumente. Wird man mich verdammen, weil ich ein Phänomen ins Theater eingeführt habe, daß der Wahrheit mehr entspricht als Zauberei? Und ebenso geeignet, Anlaß zu chromatischen Klängen (symphonies chromatiques) zu geben?«

Eine frühe Bemühung der Naturwissenschaft, kompositorische Versuche zu begründen, ähnlich jenen, die Rameau selbst als Erfinder der Lehre vom Grunddreiklang und der Funktionsanalyse der Klänge für seine eigene kompositorische Praxis zu finden suchte. (vgl. S. 122ff.)

Das Interesse für die Süd- und Nordamerikaner sowie für die West- und Ostasiaten hatte in Frankreich bereits eine musikalische und politische Tradition, und zwar als Herrscherkritik im Spiegel fantasierter exotischer Humanität, aber auch als Reflexion des frühen nationalstaatlichen Imperialismus. (Betzwieser) Ein später Nachfolger: Mozarts *Entführung aus dem Serail* von 1782. Neben einer episodischen Anspielung auf die aktuellen polnischen Erbfolgekriege (*Air polonais*) thematisiert Rameau die Perser, die Türken, die Chinesen, die Inkas und die Ureinwohner Louisianas. Berichte über deren Kultur, auch die musikalische, sind nur in Ansätzen vorhanden. Das »timbre« des edlen, unverdorbenen »Wilden«, des »sauvage«, ist aber bereits ein gängiges Klischee. Rameau bezieht sich darauf. (ebda., S. 174) Das Ballett ist Reflex des Eindringens in die exotischen Landstriche und der Ausbeutung ihrer Menschen, ihrer Kultur- und Bodenschätze. Daß es dabei um eine Integration der »Wilden« und ihrer Eigenart in das Konzert der europäischen Kunst ginge (ebda., S. 180), ist eine fromme Lüge. Dies zeigt sich schon daran, daß ein *Air des Bostangies*, vorgeblich persischer Musik nachempfunden, als Pastorale im 6/8-Takt komponiert ist. Nur die mehrfach auftretende Sechzehntel-Gruppe »verhindert eine allzu deutliche pastorale Ausrichtung.« (ebda., S. 170; auch folgende Klavierfassung der dem Ballett folgenden *Concert*-Edition)

Daß die Sechzehntel-Läufe auf das »in den Reiseberichten immer wieder erwähnte Unisono-Spiel der Orientalen« bezogen seien (ebda.) und daß die in diesem Beispiel und in mehreren Stücken *pour les esclaves africains* auftretenden großen Sprünge sich an entsprechenden Vorbildern vor allem afrikanischer Musik orientierten, ja die Sonnenhymne aus den *Incas du Pérou* gar authentisches Material verwende (ebda., S. 164ff., 173), kann man aufgrund des Mangels an zeitgenössischem musikethnologischem Wissen und aufgrund unserer heutigen Kenntnis der betreffenden Musik kaum für wahr halten, aber auch noch aus einem anderen Grunde. Denn gerade solch unmotivierte Sechzehntelabgänge und solch große, wilde Sprünge waren es doch, die in der *Bauern-Kantate* als Elemente ländlichen Musizierens auftraten. Sollte es etwa für Rameau und die Hörenden ausgereicht haben, die instrumentale Musikpraxis vom Lande zu zitieren, um Exotismus zu evozieren, welcher couleur auch immer? Oder sollte – anders gesagt – alles, was sich musikalisch außerhalb der Zentren tat, bereits so fern, so exotisch gewirkt haben, daß es sich verwenden ließ für die Darstellung jeglicher »Primitivismen«, ob man sie sich auf dem Dorf, bei den Inkas oder in Persien vorzustellen hatte? Vielleicht waren die ländlichen Formeln nur ein wenig zuzuspitzen und zu vergröbern, um den musikalischen Sprung in größere musikalische Fernen vorzuspiegeln. Eine solche Vermutung, sollte sie zutreffen, würde auf eine noch größere Entfremdung der Stadt- gegenüber der Landbevölkerung schließen lassen, als sie bisher schon aus arkadischen Idyllen wie Telemanns *Landlust* zu entnehmen war.

2.4. Carl Heinrich Graun: *Montezuma*

Die Einbeziehung exotischer Stoffe in die Oper war ein Seitenstück jener ausgestopften Tiere, seltenen Pflanzen, Hofmohren und schwarzen Diener, die die Fürsten und, ihnen nachfolgend, die reichen Bürger in ihren Höfen und Raritätenkabinetten hielten (Martin), ihr Ansehen zu mehren, als Belehrungsgegenstände zu dienen und zum staunenden Genuß gegenüber dem Fremden anzuregen. »Um einem lahmen Bettler zu helfen, würden sie keinen Deut ausgeben, aber um einen toten Indianer zu sehen, lassen sie zehn springen.« (Shakespeare, *Der Sturm*, 2.2.30-32; zit. Greenblatt, S. 186) Die Intelligenz verstand es, die Sensationen dieses Genres zu einer mehr oder minder versteckten Herrscher- und Sittenkritik zu nutzen und so aus der scheinbar authentischen Distanz des – zumeist – orientalischen Beobachters die eigenen Zustände zu geißeln, ohne die Zensur fürchten zu müssen.

Das wichtigste literarische Zeugnis hierfür sind die *Lettres persanes* von Montesquieu (1721), das wichtigste musikalische ist die Ballettoper Rameaus von 1735, deren Kern von einem zeitgenössischen Bericht über die beispielhafte Menschlichkeit und Großmut des türkischen Paschas Topal Osman gebildet wird. (Betzwieser, S. 153) Es waren aber nicht nur Mustertaten aus – im Zeitverständnis – vergleichsweise zivilisierten Ländern wie Persien, Indien und China, die als Ausstellungsstücke moralischer Integrität den Zeitgenossen vorgehalten wurden. Auch die anderen Kontinente, Afrika und Amerika, brachten bei aller Fremdheit und allem Schrecken, die Nachrichten über diese fernen Gegenden auslösten, in den Köpfen der Aufklärer Gestalten von überlegener Menschlichkeit hervor, ob es nun Schwarze waren oder Indianer, süd- und mittelamerikanische wie Inkas und Azteken oder nordamerikanische wie der fortan tonangebende »Hurone« (Oper *Le Huron* von André Ernest Modeste Grétry, 1768). Sie, von der Zivilisation unverdorben, konnten ebenfalls, zu reinen, unschuldigen Naturwesen stilisiert, beispielhaft wirken und ergaben den neuen Typus des »bon sauvage«, des »edlen Wilden«. In Abkehr vom feudalistischen Standesrecht und von kirchlicher Lenkung wurde er zur Symbolfigur einer Naturreligion, die nicht einzelne Götter und Heilige über alle anderen erhob, sondern die gesamte Natur als Gegenstand der Verehrung sah und eine übergreifende Ethik der Toleranz und Humanität predigte. Und er wurde zum Träger und Propagandisten eines Naturrechts, das Gleichheit, Gleichberechtigung und individuell, nicht ständisch bestimmte Besitzaufteilung unter den Menschen vertrat. 1722 läßt Daniel Defoe ausgerechnet einen Sklavenaufseher sagen: »Nature is the same, and Reason Governs in just Proportions in all Creatures.« Und 1780, nachdem bereits in Frankreich, England und den Niederlanden schwarze Sklaven, »auch wider Willen ihrer Herren«, die Freiheit erhielten, blieb in Deutschland bei dem Rechtsstreit eines solchen »Mohren« um dieses hohe Gut »nur noch die erste Quelle aller Gesetze, das Recht der Natur, übrig«, um zu urteilen. (zit. Martin, S. 299, 132ff.)

Die Gleichheit aller Menschen als ideologische Maxime galt in vielen Köpfen allerdings nur unter der Voraussetzung, daß sie ›natürlich‹, ›Naturwesen‹ geblieben waren. Die Vorstellung einer weltumspannenden Verbindung aller, die noch in und aus der Natur lebten, erzeugte auch das als Realität ausgegebene Traumbild von der grenzenlosen Verständlichkeit ›natürlicher‹, ungekünstelter Musik als begriffloser Äußerung, eine Ideologie, die sich wie so viele andere der bisher dargestellten Ideenkonstruktionen und Gefühlshaltungen des 18. Jahrhunderts bis heute unverändert oder leicht modifiziert erhalten hat. Fast könnte es einer heutigen interkulturellen Euphorie entspringen oder aus einer Politikerrede zum internationalen Beethoven-, Bach- oder Brahms-Jahr stammen, was da aus dem Jahre 1781 zu uns herüberdringt:

> »Ey was! die Sprachen, die Dialekte sind so verschieden, daß man öfters einen Bauern vom benachbarten Dorfe nicht versteht, und die Musik ist für den ganzen Erdboden eine und dieselbe! Der Begriff des Schönen ist nicht bey allen Völkern einerley, und doch ist es der Gesang! Der Hurone singt wie bey uns der Ackermann hinter dem Pfluge! Was der eine vorsingt, versteht sogleich der andre, und singt es nach!«

Daß auf diese erstaunliche Art »Die Musik als eine natürliche und allgemeine Sprache betrachtet« wird, wie der Titel des soeben teilweise zitierten 12. Kapitels der Schrift *Ueber die Musik und ihre Wirkungen* von Johann Adam Hiller heißt, erfährt eine Grundlegung, die wir hätten ahnen können. Es ist laut folgendem Kapitel die »Schäferpoesie bey den Griechen«, wo die Hirten, »umringt von den Wohlthaten der Natur«, »die Schönheiten der Natur« besangen, um »das Leere und Einschläfernde eines geschäftslosen Lebens« auszufüllen:

> »Homer, Virgil, Horaz, Anakreon sagen uns, daß der Gesang und die Lyre die natürlichsten Mittel wären, Heiterkeit und Freude über eine Gesellschaft zu verbreiten, wo man sich mit Rosen kränzt, wo die niedlichsten Speisen und die ausgesuchtesten Weine den Geist zur Fröhlichkeit auffordern.« (S. 126f.)

Wiederum muß die Antike, hier in Gestalt der auch schon in der Antike als Wunschbild verstandenen Bukolik, als Fundament für eines der neuen Leitbilder der Aufklärung herhalten: Musik als universale Sprache der Natur.

Ein ideales Feld zur exotisch verkappten Kritik am Feudalismus und an der europäischen Zivilisation war die Eroberung Mexikos durch die Spanier im frühen 16. Jahrhundert, historisch noch nahe genug, um für die Gegenwart gelten zu können, geographisch fern genug, um keinen Verdacht zu erregen. Dieses Thema war allein schon dadurch für ein öffentliches Spektakel wie die Oper geeignet, weil wie bei Rameau die »Naturgewalten«, also vor allem die Vulkanausbrüche, ein angenehmes Gruseln auslösen konnten, das sich zum Grausen steigern ließ, wenn die Menschenopfer thematisiert wurden, etwa in Peter von Winters Erfolgsoper *Das unterbrochene Opferfest* von 1796 (vgl. S. 119f.), in der aber der ideologische Prozess schon so weit umgebogen ist, daß europäische Tugenden die Inkas schließlich vom grausigen Vorhaben abbringen. Zuvor jedoch sind es stets die »Wilden«, die den Europäern an Milde und Nachsicht überlegen sind. Voltaires Drama *Alzire ou les Américains* von 1736 scheint einer der Auslöser für die weitere librettistische Bearbeitung der Tragödie der Inkas gewesen zu sein, wie sie sich in Grétrys Opéra comique *Zémire et Azor* (1771) und Neefes gleichnamige Operette (1776) zeigt, ehe *Das unterbrochene Opferfest* den Höhepunkt bildet. Aber bereits Voltaires Benennung des humanen Inka-Fürsten als Montèze verrät eine Orientierung am aztekischen Thema. Hier scheinen Librettist Giusti und Komponist Vivaldi 1733 mit der Oper *Montesuma* die Pioniere gewesen zu sein. Carl Heinrich Graun könnte das Werk bei einem Venedigbesuch 1740 kennengelernt haben. (Quellen zu diesen und den meisten folgenden Angaben bei Schleuning, »Ich habe den Namen gefunden...«) Die spätere Opernreihe dieses Titels (Majo 1765, Galuppi 1772 und – vgl. Loewenberg, Sp. 388 – Zingarelli 1781) gipfelt in Gasparo Spontinis Prunkoper *Fernando Cortez* von 1809, von Napoleon in Auftrag gegeben, um die unterworfenen Spanier mit einem historischen Triumphbogen zu besänftigen.

Weniger schmeichelhaft erscheint demgegenüber das Bild der Spanier in dem ebenso politisch motivierten Hauptwerk der Frühzeit, der preußischen Hofoper *Montezuma*, 1755 in Berlin uraufgeführt, entworfen von König Friedrich II., vom

Hoflibrettisten Tagliazucchi in italienische Verse gebracht, komponiert von Hofkapellmeister Graun. Friedrich hatte recht genaue Kenntnisse von dem, was um 1520 in Mexiko tatsächlich vorgegangen war, falls nicht aus schon früher bekanntgewordenen Berichten spanischer Gewährsleute, so mit Sicherheit aus der gerade 1750 erschienenen deutschen Übersetzung einer recht authentischen spanischen Darstellung, mit der das Libretto in vielen Details und Formulierungen übereinstimmt. (vgl. Klüppelholz, S. 68) Da die Oper mitten in den Vorbereitungen zum Siebenjährigen Krieg konzipiert und uraufgeführt wurde – er begann 1756 – und das Offizierskorps geschlossen anwesend zu sein hatte, liegt der Gedanke nahe, sie als programmatische Begründung für den unmittelbar bevorstehenden Kriegseintritt zu verstehen. Denn Friedrich, nach den Worten des Militärhistorikers Christopher Duffy »Hauptturheber von Gewalt in Mitteleuropa zur Mitte des 18. Jahrhunderts« (*Friedrich der Große. Ein Soldatenleben*, 1986, S. 130), mußte daran gelegen sein, seinen Angriffskrieg als verzweifelte Gegenwehr gegen die Bedrohung höchster Werte erscheinen zu lassen.

Hierfür bietet der historische Stoff glänzende Voraussetzungen: Der angegriffene »edle Wilde« Montezuma war tatsächlich ein ungewöhnliches Muster von Gastfreundschaft und Toleranz, vertrat also ganz ähnliche Tugenden, die Friedrich selbst in seinem *Anti-Macchiavell* für den aufgeklärten Fürsten, also für sich selbst beanspruchte. Er läßt den Mexikaner ausrufen: »E merto di non essere un mostro?« (Ist es ein Verdienst, kein Ungeheuer zu sein?) Die Aggressoren, also die Spanier, waren tatsächlich besitz-, land- und machtgierig und bemäntelten dies zumeist mit dem Hinweis auf die Autorität und den universalen Geltungsanspruch des Kaisers und der katholischen Kirche (vgl. Greenblatt, S. 199ff.), gaben also genau jenes Bild ab, das Friedrich seinen Gegnern zuschrieb, Österreich und Frankreich, die beide den Katholizismus als Staatsreligion und im Falle Österreichs auch den Kaiser aufzubieten hatten. »Daß ich die Partei Montezumas ergreife und daß Cortez der Tyrann sein soll«, schrieb Friedrich 1753 an den Grafen Algarotti, seinen Opernberater; die Oper wende sich »gegen die Barbarei der christlichen Religion«, solle »dazu dienen, die Sitten zu bessern und den Aberglauben zu zerstören.« Wollte Friedrich die historische Konstellation möglichst widerspruchsfrei und wirkungsvoll zur Kriegspropaganda und zur Warnung ausbauen und den »edlen Wilden« als reines und bedrohtes Naturwesen zeichnen, so war es nötig, störende historische Elemente abzuschwächen oder ganz auszublenden.

Was hat Friedrich ausgelassen?

Menschopfer, die wie teilweise auch Kannibalismus zum aztekischen Ritus gehörten, sind nur sehr kurz erwähnt. Auch das anfangs von gegenseitiger Hochachtung bestimmte Verhältnis zwischen Montezuma und Cortez wird dem Gegensatz der Prinzipien geopfert, ebenso der teilweise recht differenzierte Charakter des Eroberers und die zähe, fast erfolgreiche Gegenwehr des aztekischen Heeres, das schließlich den einst erfolgreichen Heerführer Montezuma verachtete, weil er sich »zum Weibe der Spanier gemacht« habe, und ihn, als er zuletzt noch Frieden stiften wollte, fast zu Tode steinigte. Verschwiegen ist ebenso, daß Montezuma die Eindringlinge zunächst als Abgesandte des einst in den Osten entschwundenen und auf Rache sinnenden toltekischen Gottes Quetzalkoatl betrachtete und deshalb so unterwürfig, offenherzig und arglos war. Cortez erschien ihm wie ein Gott.

Was fügte Friedrich hinzu?

Es ist einmal die Behauptung, das aztekische Heer sei fern der Hauptstadt, dann der Umschwung Montezumas zu Zorn und Gegenwehr bis hin zum Versuch, zu fliehen und Cortez zu töten, vor allem aber die Erfindung der heldischen Braut Eupaforice, die die bei ihrem zukünftigen Gemahl fehlende Aktivität verkörpert, die haßt, einen Aufstand organisiert, einen Spanier tötet, die fehlgeschlagene Flucht einleitet, den Spaniern die Reichtümer entzieht, indem sie die Stadt anzünden läßt, und, ehe sie sich ersticht, Cortez, der sie sogar zu seiner Frau machen will, zuruft: »Du wirst sehen, wozu eine Frau fähig ist, sobald sie ins äußerste Unglück getrieben wird!« In ihrer Schlußarie spricht sie, eine Mischung von Erinnye, Jeanne d'Arc und Lucretia, die zentrale Botschaft aus:

> »Die Ehre des Throns beleidigt, den eigenen Ruhm verdunkelt, wer sich zur Feigheit erniedrigt. Der Himmel unterstützt den Kühnen, der mit bewaffnetem Mute der Härte des Schicksals nicht achtet und sich nicht zu fürchten weiß.«

Das Fazit der Oper äußert sich schon recht früh. Der aztekische Hauptmann Pilpatoè angesichts des aufziehenden Unheils (Akt II, Szene 4):

> »Es irrt sich jenes edle Herz,
> das in seiner Güte verharrt.
> Dem verborgenen Betrug gelingt es oft,
> ihn zu hintergehen.
> Bei ihren glückverheißenden Taten
> sollten wir jene vorsichtig beobachten.
> Der sicherste Rat war
> stets das Mißtrauen.«

Daß Friedrich die vermutete Absicht tatsächlich hatte, legt eine Bemerkung aus dem Brief an den Grafen Algarotti von 1753 über den Montezuma-Stoff nahe – »Je l'accomode à présent« (Ich passe ihn der Gegenwart an) – ebenso wie eine Episode aus dem Krieg: Im Lager von Olmütz plante er,

> »falls er Berlin wiedersähe, eine Oper von neuem aufführen zu lassen, deren Musik große Schönheiten enthielte. Vergeblich suchte er in seinem Gedächtnisse nach dem Namen und wurde darüber ziemlich unruhig. Noch in der Nacht brachte ein Diener einen Zettel von des Königs Hand [...], auf dem stand: ›Ich habe den Namen gefunden, nämlich »Montezuma«. Jetzt werde ich ruhig schlafen [...]‹.«

Die hier angenommene Funktion der Oper würde auch erklären, warum Friedrich darin von seinem sonst eisern festgehaltenen Prinzip abging,

> »ein Komponist müsse sich hüten, tief traurige Empfindungen über Maß auszuspinnen [...] man könne alle andern Fehler einer Musik leichter ertragen, als eine Traurigkeit, die nicht von der Stelle rücke.« »Die schönen Künste müßten überhaupt angenehm und ergötzend seyn, und den Ausdruck nie bis zur höchsten Reibung oder gar Erschütterung treiben.«

Ganz im Gegensatz zu dieser von Mattheson bis Mozart verbreiteten Haltung der Zeit (vgl. S. 79f.) ist die Oper eines der seltenen Beispiele einer Barockoper, die tragisch ausgeht, in die Katastrophe führt. Nur so kann sie zur Warnung dienen.

Welches sind nun die »großen Schönheiten« der Musik? Wie hat Carl Heinrich Graun die natürlichen Tugenden des »edlen Wilden« in Töne gesetzt?

Er entsprach den zitierten ästhetischen Vorlieben seines Herrn vollständig, schon von sich selbst aus – »Man muß ohne erhebliche Ursache keine unnatürlichen Schwierigkeiten machen« und zuviel »scharfes Gewürz« vermeiden –, aber auch aus Diensteifer und auf Befehl. Friedrich hatte, der ewigen Wiederholungen der Da-capo-Arie und der darin notwendig auftretenden Sängerverzierungen müde, angeordnet, daß, dem Vorbild Hasses folgend, außer vier zentralen Arien nur zweiteilige Kavatinen zu komponieren seien, »qui passent rapidement« (die schnell vorübergehen). Nun ist der Stoff der Oper wahrlich eine jener »erheblichen Ursachen«, die den Ausbruch in »scharfes Gewürz« und »unnatürliche Schwierigkeiten« rechtfertigen würden. Graun bleibt aber durchgehend bei seiner ausgeglichenen, gemäßigten Schreibart in neapolitanischer Tradition, stets auf Konstanz und Ausgewogenheit bedacht, wendet nur einmal eine enharmonische Verwechslung beim verminderten Septakkord an – auf das Wort »furore« –, einmal eine chromatische Rückung zweier solcher Akkorde – bei der Wendung »das größte deiner Verbrechen«, und wandert einmal bei Zusammenballung von Trauer, Haß und Verzweiflung zu den äußersten, quasi unnatürlichen Grenzen der Harmonik (Ais^7 - dis-Moll). Die Häufung der Kreuz-Vorzeichen ist offenbar wiederum durch ein Naturbild ausgelöst, nämlich – wie bei Telemann und Bach (vgl. S. 93) – durch den Blick ins gestirnte Firmament. Dies ist aber auch schon alles »scharfe Gewürz«.

Sonst erklingen fast ausschließlich einfache, regelmäßige Melodien und Begleitformen, in denen Wiederholung, Sequenz und eine gewisse Kurzatmigkeit vorherrschen. Die dreiteilige Opern-*Sinfonia* kündigt kaum einmal die tragische Handlung an. Exotisierende Klangkonstellationen wie bei Rameau fehlen gänzlich, ebenso ist eine sich zur Darstellung des aztekischen Friedens anbietende Einbeziehung von Pastoralen vermieden. Jede Genretypik ist der Bemühung um große Einfachkeit gewichen. Selten läßt die Musik aufhorchen, etwa wenn starke Affekte im Spiel sind wie bei den Liebes- und Haßbeteuerungen der Kaiserbraut. Abbildlichkeit ist diesem Stil unangemessen. Nur einmal, als ein Blitz zum Vergleich herangezogen wird, erregen sich die Instrumente ein wenig. Die überproportionale Ausdehnung der Secco-Rezitative gegenüber den Arien verrät Friedrichs Bemühen, sein Ziel nicht nur affektiv, sondern auch argumentierend zu erreichen.

Grauns Musik folgt vollständig den ›klassischen‹ Prinzipien der Matthesonschen Linie, verfeinert zu dem, was »vermischter Geschmack« genannt wurde, eine speziell deutsche Synthese unterschiedlicher nationaler Stile unter Dämpfung ihrer Spezifika. Lediglich die ausgedehnten Koloraturen in einigen Arien verraten die italienische Herkunft, die in Friedrichs Vorliebe für stilles Gleichmaß wachgeblieben ist. Folgt man Grauns Formulierungen, muß diese Musik seiner Vorstellung von dem vollkommen entsprochen haben, was er unter »natürlich« verstand. Deshalb ist für unseren Zusammenhang weniger interessant, wie die mit dem Ausruf »Barbaro!« beginnende Rachearie der Heldin gegen Cortez gestaltet ist, sondern wie die letzten Worte der Titelfigur, des »barbaro« im Verständnis des Cortez, komponiert worden sind. Denn auf dem Weg zur Hinrichtung spricht er den Mythos der Unschuld und Naturreligion, wie er von Friedrich dem »edlen Wilden« Montezuma zugeschrieben wird, in Winckelmannscher »edler Einfalt und stiller Größe« aus. (Akt III, Szene 5; Text: Ohne Furcht übergebe ich eine reine Seele dem Busen der Natur, übergebe den Körper den Elementen, aus dessen seine Entstehung hervorging.)

Dieser Achttakter ist sentenzartig in Montezumas Abschiedsarie eingesetzt, hat in Satzart, Begleitform und Melodik mit dem Rest der Arie fast nichts zu tun. Er gibt die Essenz von Montezumas Tugenden und Glauben wieder, ein gleichsam authentisches Schlußwort, das nicht wiederholt wird, ähnlich den Abschiedsworten Christi in der Passion. Nur daß Montezuma nicht wie Christus spricht: »In deine Hände befehl ich meinen Geist« oder »Empfang, o Vater, meine Seele« wie in Grauns berühmtem Passionsoratorium *Der Tod Jesu* von 1755, unmittelbar nach der Oper komponiert (aber ohne musikalische Entsprechungen). Vielmehr übergibt er seine »Seele« dem neuen Gott, der »Natur« und ihren »Elementen«, aus denen alles entsprungen ist, stellt sich so als Apostel der Naturreligion dar – wohl der kühnste Anachronismus des Librettisten. Offenbar hat sich Graun bemüht, bei der Vertonung von Montezumas Sentenz das Höchste aufzubieten, was ihm an ›natürlicher‹ Melodik möglich war: Schlichtheit und Ebenmaß, hervorgebracht durch Tonwiederholungen, mehrstufige Sequenzen und eine perfekte zweifache Bogenform, die jeweils in mildem Drängen zur Tonika, dem »Busen der Natur«, führt. Das Ideal einfacher Gesanglichkeit und melodischer Vollkommenheit ist erreicht.

Diese Qualitäten wie auch die Konzentration auf das dramatische Geschehen und dessen musikalisch straffe Darstellung haben dazu geführt, die Oper als Vorläufer der Gluckschen Reformwerke zu sehen. Und bei aller Unterschiedlichkeit atmen die berühmten Melodien aus *Orfeo ed Euridice* von 1762 tatsächlich eine ›Natürlichkeit‹, die dem wiedergegebenen Beispiel ähnelt, stets auch mit der gleichen Gefahr – um Winckelmann zu travestieren –, die »Einfalt« möchte ein wenig zu »still« geraten, um »edel« sein zu können. Und auch bei Gluck ist die Verwendung von Genretypik, etwa in Gestalt von Pastoralen, ebenso vermieden wie hier, so gut sie auch in das arkadische Ambiente mancher der Schauplätze passen würde. (vgl. S. 163ff.)

Das Menetekel des wehrlosen, geschändeten Naturkindes und seines Unterganges durch zivilisierte Barbaren ist ein Schlag ins Gesicht der an Milde und Großmut appellierenden Herrscherkritik in der auf Exotik bauenden Operntradition. Sie verkehrt sie ins Gegenteil: Die Welt ist böse und zerstört die reine Unschuld, und die Naturkinder sind selber Schuld, wenn sie sich nicht gegen ihre Schänder wappnen. (Die Diskussion um gewaltfreien Widerstand, aus der Ökologie-Bewegung bekannt, ist also schon etwas älter).

Ob Friedrich neben seiner anzunehmenden politischen Botschaft auch eine Kritik an den Großmut-Opern beabsichtigte, ist ungewiß. Später aber, als das Genre nicht enden wollte, hat Johann Friedrich Schink sie an Mozarts *Entführung aus dem Serail* im Uraufführungsjahr 1782 geäußert, dabei die alte Aufklärungsgleichung unwahrscheinlich = unnatürlich ins Politische gewendet und statt des alten Begriffspaares Natur und Vernunft ein neues benutzt, das eine Wandlung im Prozeß der Aufklärung anzeigt. (zit. *Mozart. Dokumente seines Lebens*, hg. Otto Erich Deutsch, Kassel und Basel usf. 1961, S. 185f.)

> »Uiberhaupt sind diese ewigen Grosmuten ein ekles Ding, und fast auf keiner Büne mehr Mode, als auf der hiesigen. Und man kann beinahe sicher darauf rechnen, daß so ein Stük, in dem brav gegrosmutet, geschenkt, versönt und vergeben wird, schreiendes Glük macht, wenn es auch auf die unnatürlichste Art zu diesen Dingen kömmt.
> Die Börse des Dichters gewinnt bei diesem Geschmak freilich; die Kunst aber desto weniger. Am meisten aber verliert dabei die Bildung des Volks.
> Die Büne hat klar den sichtbarsten Einfluss auf diese Bildung. Erhält der Geschmak von hier aus eine schiefe Bildung, wird er von hier aus verdorben: so sind die Bemühungen der vortreflichsten Schriftsteller vergebens. Das Schauspiel wirkt als lebendes Beispiel stärker, als alle Bücher; und wer mit schon verdorbenem Geschmak zur Lektüre kömmt, auf den macht auch das geschmakvollste Buch keinen Eindruck mehr. Und das ganz natürlich: wie kann ich Warheit und Natur erkennen, wenn ich kein Gefül für Warheit und Natur habe?
> Darüber geht nun also auch die wahre Kunst zu Grunde. Ihr grosser Zweck, zu unterrichten, weiser und besser zu machen, der menschlichen Natur einen Spiegel vorzuhalten, und die Sitten jedes Zeitalters in ihrer wahren Gestalt zu zeigen, wird gänzlich dadurch aufgehoben. Statt Bild des Lebens, bekommen wir abendteuerliche Romane, deren ganzer Nuzzen darin besteht: daß wir falsche Grösse bewundern lernen, und, troz aller

dieser abendteuerlich grosmütigen Beispiele, nicht ein Fünkchen Grosmut mehr bekommen, als wir haben, weil alle diese Grosmuten zu unnatürlich sind, als daß wir sie nachamen könnten.«

Wieweit das Genre der Exoten-Oper schließlich zum Sensationsspektakel mit Tugend-Alibi verkam, zeigt das bereits als Zerrbild apostrophierte *Unterbrochene Opferfest* von Peter von Winter (1796). Auch musikalisch verweist die Oper darauf, daß Neuerungen wie die von Rameau, Graun und Gluck nicht endgültig und allgemein die alten Zöpfe abschnitten, sondern daß die alte Lust an Genretypik und Abbildlichkeit trotz aller Bemühungen von Mattheson, Breitinger und Baumgarten in einem breiten Strom, von Erfolg getragen, neben den innovativen Schüben und Bemühungen bestehen blieben. (Es ist genau wie heute, da die Jazzforschung um den Fortbestand von Neuerungen hadert, während 50 Prozent der Jazzer Dixieland spielen.) Die »edlen Wilden«, hier die Inkas, schwanken, von Verrat und Betrug, auch aus den eigenen Reihen, geschüttelt, zwischen Gut und Böse. Einer der Helden singt dabei einen Text, der Mattheson die Haare zu Berge getrieben hätte, aber auch unseren Abstand zum damaligen Publikumsgeschmack verdeutlicht:

»Ich fühle keine Wunde,
vor lauter Sieges-Wuth,
ich schwam heut eine Stunde,
in der Erschlagnen Blut!

Es fingen meine Hände
die Kugeln bey dem Schopf,
und warfen sie behende,
den Feinden auf den Kopf!

Man sahe ganze Haufen,
vor meinem Schwerd allein,
vom Schlachtfeld ängstlich laufen,
und ich lief hinten drein.«
(Klavierauszug Simrock 1798, S. 44f.)

Der Text zeigt, wie gering der Erfolg der Aufklärer auf die Dauer doch gewesen ist, vor allem im Bemühen um Wahrscheinlichkeit im Umgang mit den sichtbaren Vorgängen der äußeren Natur. Dies gilt auch für die Wahl der musikalischen Symbole. Welche Musik beispielsweise erklingt beim Opfer an die höchste Gottheit, die Sonne? Eine Pastorale, unpunktiert, in G-Dur. Und welches Textwort hat diese Entscheidung ausgelöst? Die Lesenden mögen selbst urteilen. (ebda., S. 84)

Ja, es ist das Opfer-»Lamm wie Schnee so rein«, einst das Bild des für die Menschheit geopferten Heilands, wie wir es – ebenso pastoral begleitet – aus Bach Passionsvorspielen kennen. Das Herausreißen tradierter musikalischer Symbole aus dem Ursprungszusammenhang und ihre Funktionalisierung für exotische Sensationen kennen wir aus Film- und Werbemusik. Schon 1796 also geschieht dieses Verpflanzen und damit die Sinnentleerung semantischer Zeichen bis hin zur Beliebigkeit ihres Einsatzes, solange nur die auslösenden Reizwörter (»Lamm«) und Situationen (Opfer) gegeben sind. Die Zähigkeit, mit der die Pastorale sich hält, hat ihr – was den weltlichen Zweig betrifft – bis zum Jahrhundertende und darüber hinaus eine lebendige Produktion beschert, so bei Haydn und Beethoven. Der geistliche Zweig jedoch hat mit dem Rückgang der gottesdienstlichen Feiermusik, damit auch dem Absterben der Passion, seine lebendige Tradition eingebüßt und fungiert nur noch als Reservoir für solche musikalischen Zeichen, mit denen sich der religiöse Bodensatz des neuen Naturgefühls aufrühren läßt.

Die Verbürgerlichung der Musik im 18. Jahrhundert ist nicht der triumphale Siegeszug der begriffslosen, individuell befreienden Sinfonik, wie dies – auch von mir selbst – immer wieder dargestellt worden ist. Sie ist vielmehr ein zäher und ohne Sieger geführter Kampf zwischen dem Anspruch auf bekannte, daher schnell zu entschlüsselnde Symbolik und der Lust auf neuartige Kombinationen und Gefühlsabenteuer. Die Pastorale kann dabei als Protagonistin der ersten Position wirksam sein, bequem und angenehm, immer verfügbar. Der ›natürliche‹ Geschmack alten Schlages befördert ihren Verbleib im Konzert der eingeführten Typen und Topoi. Jedoch wandelt sich ihre Funktion, wenn das Verständnis vom ›Natürlichen‹ sich verändert in Richtung auf eine freie, von keinem Typus und keiner Tradition eingeengte Gefühlsfolge und wenn die hergebrachten Symbole in solch einem Sturzbach unvorhersehbarer Klangwechsel nur noch in einzelnen ihrer Elemente präsent sind und wie Wassertropfen aufblitzen, kurz aufleuchtende Assoziationsreize. Dann wirkt die Pastorale nicht mehr wie das Ruhelager, zu dem der alte Typus einlud, sondern ihre Elemente wirken zusammen mit denen anderer Typen wie die Treibsätze eines Feuerwerks. Diese Veränderung im Verständnis und in der Struktur von musikalischer ›Natürlichkeit‹ soll im dritten Teil besprochen werden.

3. Natur der Musik und Naturwissenschaft

Vieles von dem, was an Bemühungen und Auseinandersetzungen um Auffassung und Darstellung von Natur gezeigt wurde und noch gezeigt werden wird, ist in seiner Funktion als Ursprungskern einer durchgehenden Tradition für heutiges Denken und Handeln kaum zu bezweifeln und erscheint in dieser Hinsicht einleuchtend. Ein Nachweis dieser Funktion ist allerdings nur in den seltensten Fällen zu führen. Dies verhält sich anders, wo die Vernunft sich bemühte, auch auf dem Gebiet der Musik die neu entdeckten naturwissenschaftlichen Methoden zu nutzen, jene von Physik, Mathematik, Geometrie, den Modellwissenschaften des Zeitalters, und jene des sammelnden Ordnens, die etwa Linné in seiner das Jahrhundert prägenden und faszinierenden botanischen Universal-Systematik anwendete, um die »souveräne Ordnung der Natur« zu zeigen. (zit. Foucault 1974, S. 206)

Weniger einleuchtend sind dabei Versuche, ästhetische Positionen zu begründen, wie derjenige von Mattheson, sein Ideal der einfachen, »natürlichen« Melodie wissenschaftlich zu stützen (vgl. Dahlhaus 1989, S. 13ff.), oder jener von Johann Sebastian Bachs Schüler Lorenz Mizler, über ein Preisausschreiben (1743) eine logisch einleuchtende Antwort zu finden auf die »Frage: warum zwey unmittelbar auf einander folgende Quinten und Octaven in der geraden Bewegung nicht wohl ins Gehör fallen?« (*Musikalische Bibliothek*, Bd. II, Teil 4, S. 2) – ein Musterbeispiel für den ›kritischen‹ Anspruch der Aufklärer, alte Zöpfe wenn schon nicht abzuschneiden, so doch wenigstens auf ihre Berechtigung hin zu überprüfen. Ein Preis wurde nicht vergeben. (vgl. S. 207) Beide Unterfangen erinnern in ihrem vergeblichen Elan, Geschmackspräferenzen bzw. zu Regeln erstarrten Hörgewohnheiten eine wissenschaftliche Grundlegung zu verleihen, an die vielen Beteuerungen in unserem Jahrhundert, die Dodekaphonie sei nicht nur einfach ein Fehler, sondern unmöglich, da sie nachweislich den natürlichen Grundlagen der Musik und der menschlichen Hörfähigkeit widerspreche.

Feststehende Erfolge, deren Inhalt teilweise bis heute Bestand haben, gibt es jedoch dort, wo es um Tonphysik und Akustik geht. Die Entdeckung, daß periodische Tonschwingungen aus Sinusschwingungen zusammengesetzt sind, ist zwar erst im 19. Jahrhundert gemacht worden (Fourier), aber der Schwingungscharakter des Tones wurde schon sehr früh bemerkt, ansatzweise bereits 1627 von Bacon (Cahn, S. 183), und in den ersten Jahren des 18. Jahrhunderts ist es Joseph Sauveur gelungen, die Schwingungszahlen zu berechnen und einen physikalischen Nachweis der Obertonreihe zu führen. Hierin folgte ihm Leonhard Euler nach, der ebenso wie Giuseppe Tartini das Phänomen der Kombinationstöne erklären konnte. (Barbieri; Euler verwendete zur Berechnung von Intervalldifferenzen bereits Logarithmen.) Intensive Forschungen zur Struktur von Saiten- und Luftschwingungen erstreckten sich über das ganze Jahrhundert, durchgeführt u. a. von d'Alembert und Vater und Sohn Bernoulli. (Dostrovsky, S. 54ff., 63ff.) Und immer wieder sind auch Ansätze zu verzeichnen, etwas so Komplexes zu enträtseln wie Geräusche, so bei Johann Mattheson, der es unternahm – wenn auch wenig einleuchtend –, Peitschenknall und Unterwasserschall zu erklären. (1748, § 18ff.)

Wie zu erwarten, gab es gegen derartige Eingriffe der »exakten« Naturwissenschaften massive Kritik, die darauf bestand, daß Mathematik und Physik im besten Falle Hilfswissenschaften seien. Das Ohr, das Gehör, der ›sensus‹ als primäre natürliche Sinneskraft habe die Entscheidungshoheit in Sachen der Intervalle und Tonzusammenhänge, wogegen die reinen Tonphysiker »nichts von der Musik, ausser dem Namen« wüßten und »Wesen, Natur und Zufälle [...] mit einander vertauschen und in eine Brühe werfen.« (ebda., § 24; Mattheson hatte von Anfang an diese Position eingenommen, vgl. S. 71ff.; dazu insgesamt Dammann, S. 477ff.)

Zwischen den Parteien steht der »géomètre« Jean-Philippe Rameau als Komponist und Musiktheoretiker. (vgl. S. 109) Seit seinem *Traité de l'harmonie réduite à ses Principes naturels* von 1722 hat er in zahlreichen Schriften eine unausgesetzte Anstrengung unternommen, dasjenige zu lehren, was am Jahrhundertende einer der wenigen Deutschen, die wie Rameau um Praxis *und* Theorie der Musik bemüht waren, Georg Joseph Vogler, die »auf Mathematik gestützte Lehre von der Tonsezkunst« nannte. (zit. Jung 1988, S. 101) Rameaus Entdeckungen und Setzungen gehören zu den wenigen Leistungen des 18. Jahrhunderts, deren Wirkung sich nicht nur offensichtlich, sondern nachweislich bis in das Musikverständnis und die Musikausbildung unserer Tage durchgehend erhalten hat.

»Es ist unbestritten, daß die ›neuere Zeit‹ in der europäischen Musiktheorie mit Jean-Philippe Rameau beginnt«, zählt er doch, »ähnlich wie Pythagoras, Boethius und Zarlino, zu den großen Systematikern der Musik.« (Palm, S. 235) Rameau lehnt die ältere Begründung von Art und Wertigkeit der Intervalle und Klangfolgen ab und ersetzt sie, indem er »die einzelnen Regeln, die bis dahin durchs Gehör eingeführt, durch den Gebrauch bestätigt, und völlig willkührlich scheinend, auf feste Grundprincipien zurückführte.« (Rousseau, zit. bei J. Fr. Reichardt, *Musikalisches Kunstmagazin*, Bd. I, Berlin 1782, S. 144; die weiteren Ausführungen nach Herbert Schneider, Palm und Dahlhaus 1986 und 1989) Rameau bezieht sich auf die »verité«, wie sie aus dem »sein de la nature«, dem Busen der Natur, erwachse. Und dieser berge, inzwischen naturwissenschaftlich bestätigt, dasjenige, was sich als Obertonreihe in der »Natur des Tones« zeige. Infolgedessen müssen es laut Rameau Quinte und Terz sein, die mit dem Grundton zusammen den Grunddreiklang bilden, da diese beiden Intervalle nach dem Grundton und dessen Oktaven als erste in der Obertonreihe auftreten. Die Natur selbst also begründe den Dreiklang als musikalisches Zentrum, nicht irgendwelche Berechnungen oder Hörgewohnheiten, so daß sich im Dreiklang – dies noch Bestandteil älterer Natursymbolik – die Ordnung des Kosmos widerspiegele. (Warum nicht auch höherzahlige Obertöne der Ordnung entsprechen können, ist nicht erklärt, weshalb auch die Ableitung des Molldreiklanges aus der Natur für Rameau ein Problem bleibt.) Aus dem »Buch der Natur« sind auch Rameaus Folgerungen entnommen, die sich nicht kausal, sondern analog als Zeichen des »ordre de la nature« ergeben. Es ist eine Symmetrieordnung, die die Welt der Klänge zu einem eindrucksvollen Bau zusammenfaßt. Das zwanghaft Systematische daran hat offenbar eine solche Faszination ausgeübt, daß sich dieser regelmäßige Bau bis heute als eine der Grundlagen der Harmonielehre behauptet hat. Für diesen Bereich darf wahrlich der folgende Gedanke von Hartmut Böhme (S. 10) Gültigkeit über das 18. Jahrhundert hinaus beanspruchen:

> »Die Rationalität ist weit davon entfernt, die Verdrängungsleistungen, die zu ihrer historischen Bildung und Durchsetzung notwendig waren, in einem Akt der Selbsttherapie – in der Form philosophischer Selbstkritik – aufzuheben. Vernunft ist deswegen ein spastisches Gebilde: verkrampft vom Sich-Zusammenhalten, Indiz einer Angst vor dem, was zentrifugal ist [...]«

Wie zeigt sich dies in Rameaus System? Der Grunddreiklang, die »tonique« oder Tonika, ist das »centre harmonique« und bestimmt durch seinen Intervallaufbau das gesamte Klangumfeld. Dies gilt einmal für den Sextakkord, zum Beispiel e-g-c, und für den Quartsextakkord, etwa g-c-e. Sie enthalten Quarten und sind deshalb keine selbständigen Klänge mehr wie in der Generalbaßlehre, sondern sie sind nur noch »renversements«, also Umkehrungen des Grunddreiklanges, gelten nunmehr ihm gegenüber als Klänge zweiten Grades, in untergeordneter Funktion auf ihn bezogen. Aufgrund solcher Funktionsschichten ist Rameaus System später, vor allem bei Hugo Riemann um 1900, zur »Funktionstheorie« ausgebaut worden. Ferner zeigt sich die Überordnung des Grunddreiklanges darin, daß auch die ihm nächsten Dreiklänge nur auf jenen Obertonintervallen stehen können, die den Grunddreiklangs-Intervallen entsprechen, Quinte und Terz. Auf der Quinte über dem Grundton steht die (Ober-)Dominante, auf der unter ihm die Unter- oder Subdominante. Beide können wiederum als Umkehrungen auftreten, so daß etwa in C-Dur der Klang d-g-h zur nächstunteren, zweiten Funktionsschicht zählt, als Dominante dem »centre harmonique« untergeordnet, als zweite Umkehrung wiederum der Dominante. Um diese beiden Dominanten sowie um die Tonika liegen im Terzabstand die Parallelklänge, in Dur unterhalb, in Moll oberhalb. Der Klang c-e-a wäre dann also in einer dritten Funktionsschicht beheimatet.

Rameaus System muß aufgrund seiner Rigorosität Widersprüche hervorrufen, wenn es auf komponierte Musik angewendet wird, nicht nur was den Moll-Dreiklang angeht. Dies hat sofort zu Parteistreitigkeiten geführt, und zwar auch in Deutschland. Von »so vielen Ungereimtheiten« spricht 1773 Johann Philipp Kirnberger in einem Lehrwerk der Harmonielehre (zit. Bach-Dokumente III, S. 258f.),

> »daß man sich billig wundern muß, wie dergleichen Extravaganzen unter uns Deutschen haben Glauben, und sogar Verfechter finden können [...]«,

und in Kirnbergers *Kunst des reinen Satzes* wird entsprechend aus einem Brief Carl Philipp Emanuel Bachs zitiert (Teil II/3, 1779, S. 188):

> »Daß meines und meines seel. Vaters Grundsätze antirameauisch sind, können Sie laut sagen.«

Aber Kirnberger selbst war in der Lage, die angeblich von »Ungereimtheiten« gereinigte Lehre Rameaus anzuwenden und dabei auf die »Natur der Sache« und die

»natürliche Fortschreitung der [...] Grundaccorde« hinzuweisen, ja zu behaupten, daß alle Musik, die sich nicht auf sie »zurückführen läßt, unverständlich, folglich falsch und wider den reinen Satz gesetzet sey.« (zit. wie Quelle 1773)

Welches sind die »Ungereimtheiten«? Zwei der auffallendsten sollen benannt werden, zugleich mit den Versuchen Rameaus selbst, sie auszuräumen. Dabei greift er auf ältere Denkmuster aus der Kontrapunkt- und Generalbaßlehre zurück. Bei den Problemen geht es einmal um Tonalität, dann um Baßschritte.

Da an einer beliebigen Klangfolge nicht ohne weiteres zu erkennen ist, welcher der reinen Durdreiklänge die Tonika sein soll, benennt Rameau zur Verdeutlichung der beiden Dominantklänge als Tonika-Unterfunktionen identifikatorische Zusatztöne, für die Subdominante die große Sexte (»sixte ajoutée«, in C-Dur das d in f-a-c-d), für die Dominante die kleine Sept (das f in g-h-d-f) mit dem Ergebnis des Dominantseptakkordes. Auch hier gibt es wieder Umkehrungen, nun aber nicht mehr zwei, sondern drei. Diese Konzession an das Ohr, an den ›sensus‹, an die Hör-Deutlichkeit des tonalen Zentrums folgt einer Progressionslogik der Klangfolgen, die seit dem Mittelalter das Folgeverhältnis der Klänge nach der Maßgabe regelt, Disharmonisches habe sich von Natur aus in Harmonisches aufzulösen, z. B. die Tritonusspannung Leitton-Sept (h-f) im Dominantseptakkord in die Durterz (c-e). Eine solche Vorstellung von dynamischer Strebung ist in dem statischen Symmetriebild des Rameauschen Modells keineswegs ursprünglich angelegt.

Und der Subdominant-Quintsext-Akkord – ja, wohin? Hier stößt sich das Modell an dem üblichen und auch von Rameau komponierten Baßschritt im Übergang von vierter zu fünfter Stufe (F-G), also einem Teil der Klangfolge I-IV-V-I, die seit Rameau als Normalform der Kadenz betrachtet wird, wiederum Zeichen einer systematisierenden Vereinfachung gegenüber dem Reichtum der realen Musikpraxis. Dieser Schritt F-G ist ein Sekundschritt. Und – pleonastisch ausgedrückt – nach der Theorie sind nur Quint- und Terzschritte theoriefähig. Die Rettung besteht in der Idee eines »double emploi«, eines Doppelgebrauchs. Löst sich der Akkord (f-a-c-d) in die Tonika auf, ist der Quintschritt gerettet (F-C), geht er in die Dominante über mit Baßsekundschritt, so war er die erste Umkehrung des Septakkordes der zweiten Stufe (d-f-a-c), sodaß regelgerecht wiederum ein Quintschritt vorliegt (D-G; Quartschritte gelten als Umkehrungen von Quintschritten).

Rameaus System geht von der Harmonik aus und leitet aus ihr Melodik und Stimmführung ab, ganz im Gegensatz zu Kontrapunkt- und Generalbaßlehre. Die Dominanz der Harmonik und speziell der Quint-Terz-Systematik führt Rameau zur Erfindung der »basse fondamentale«, einer vom realen Baß unabhängigen imaginären Fundamentstimme, die aus den jeweils zu erschließenden Dreiklangsgrundtönen zusammengesetzt ist, mithin nur in Quinten und Terzen fortschreitet und den Sonderfall einer Kompositionsstimme darstellt, nämlich einer nicht erklingenden Analysestimme. Welch ein Einbruch der ›untersuchenden Vernunft‹ in die Welt der Klänge!

Die Unbefragbarkeit des dreiklangszentrierten Systems mit der Behauptung zu belegen, es entstamme den »principes naturels«, entblößt einen gewissen sinnenfernen und autoritären Zug, der nicht der Emanzipation dient, sondern die Unduldsamkeit zeigt, von der viele Aufklärer – bis hin zu Kant – befallen wurden, wenn es darum ging, das vermeintliche Chaos der Vorzeit nun endlich und ein für allemal durch Verstandeskraft in eine einheitliche, logische und widerspruchsfreie Ordnung zurechtzuschneiden. Der Begriff und der Inhalt von ›Natur‹ wirkt dabei häufig nur als Tarnkappe im Kampf um eine Hegemonie der Ordnung, als deren Lancelot – oder Don Quixote? – sich Rameau auch verstehen läßt.

Neben der Harmonik hat auch die Rhythmik derartige – wenn auch bei weitem nicht so strenge – Systematiken ausgelöst, etwa bei Johann David Heinichen, Joseph Riepel und später bei Vogler und Körner (vgl. Horn, Jung 1988 und Dahlhaus 1989, Kap. V), dies wohl deshalb, weil Harmonik und Rhythmik aufgrund der Zählbarkeit ihrer Bestandteile dem Ordnungs- und Theoriebedürfnis der Aufklärung entgegenkamen, während Melodik und formaler Aufbau in dieser Hinsicht widerständig sind und deshalb statt mathematisch gegründeter Systeme eher Ansätzen zur musikalischen Analyse den Weg bereitet haben. Deren Bezug zu Natur und Nachahmung wurde darin gesucht, daß ein Musikstück in Melodie und Ablauf der ›natürlichen‹ Rede zu entsprechen habe, weshalb die Wegbereiter der »musikalischen Logik« seit den 1780er Jahren, Heinrich Christoph Koch und Johann Nikolaus Forkel, ihre Analysen auf eine Verbindung von Redekunst (Rhetorik) und der idealisierenden Art der Naturnachahmung bezogen.

Hätte Immanuel Kant nur mehr von Musik verstanden! Hätte er sie nur mehr gemocht, deren »transitorische Eindrücke« sie für ihn vom Bereich der eigentlichen »Cultur« ausschlossen! (zit. Dahlhaus 1988, S. 54; vgl. dazu Sponheuer S. 100ff.) Er, dessen Denken so ganz auf die vernunftbegründete Besserung der »Bösartigkeit der menschlichen Natur«, auf die »Vollziehung eines verborgenen Planes der Natur« gerichtet war – man beachte den Bedeutungssprung in der Verwendung des Begriffes! –, er hätte dann vielleicht Rameau geschätzt, diesen wohl nur im frühen Ansturm der Aufklärung möglichen Fall eines herausragenden Komponisten, der zugleich Musiktheoretiker war. (zit. Martens, S. 285; Japp, S. 19) Widerspricht doch Rameau dem als Wahrheit mißzuverstehenden Satz Michel Foucaults:

> »Der Naturforscher ist der Mann des strukturierten Sichtbaren und der charakteristischen Benennung, er ist jedoch nicht der Mann des Lebens.« (1974, S. 208)

Kant formulierte Sätze, die wie Elogen wirken auf Rameaus so praxisnahe und zugleich -ferne Akkordsystematik. So schreibt er über die frühen Naturforscher der Aufklärung:

> »Sie begriffen, daß die Vernunft nur das einsieht, was sie selbst nach ihrem Entwurfe hervorbringt, daß sie mit Prinzipien ihrer Urteile nach beständigen Gesetzen vorangehen und die Natur nötigen müsse, auf ihre Fragen zu antworten, nicht aber sich von ihr allein gleichsam am Leitbande gängeln lassen müsse.« (*Kritik der reinen Vernunft*, 2. Ausgabe 1787, Neudruck beider Ausgaben, hg. Raymund Schmidt, ^{2}Hamburg 1976, S. 18)

»Ich behaupte aber, daß in jeder besonderen Naturlehre nur soviel *eigentliche* Wissenschaft angetroffen werden könne, als darin *Mathematik* anzutreffen ist.« (*Kants Werke*, Akademie-Textausgabe, Bd. VIII [Abhandlungen von 1781], Nachdruck Berlin 1968, S. 12)
»Wir haben zwei Ausdrücke: *Welt* und *Natur*, welche bisweilen ineinanderlaufen. Das erste bedeutet das mathematische Ganze aller Erscheinungen und die Totalität ihrer Synthesis, im Großen sowohl als im Kleinen, d. i. sowohl in dem Fortschritt derselben durch Zusammensetzung, als durch Teilung. Eben diese Welt wird aber Natur genannt, sofern sie als ein dynamisches *Ganzes* betrachtet wird.« (Quelle wie erstes Zitat, S. 447)

Das Zentrale der Kantschen Naturgedanken läßt sich auf eine Formel bringen, welche Widerspruch, Ambivalenz und Dialektik des epochalen Naturdiskurses in sich vereint: »Nur im Vernunftgebrauch bleibt der Mensch seiner Natur verbunden.« (Mittelstraß, S. 163)

Aber Kant wäre nicht Kant, wäre er nicht in der Lage gewesen, jenem Widerspruch zwischen ratio und sensus genau ins Herz zu treffen, der die gesamte aufgeklärte Kunstdiskussion beschäftigte und offensichtlich auch das Doppelgenie Rameau zeitlebens beunruhigt hat:

»An dieser mathematischen Form, obgleich nicht durch bestimmte Begriffe vorgestellt, hängt allein das Wohlgefallen, welches die bloße Reflexion über eine solche Menge einander begleitender oder folgender Empfindungen mit diesem Spiele derselben als für jedermann gültige Bedingungen seiner Schönheit verknüpft; und sie ist es allein, nach welcher sich der Geschmack ein Recht über das Urteil von jedermann zum voraus auszusprechen anmaßen darf. Aber an dem Reize und der Gemütsbewegung, welche die Musik hervorbringt, hat die Mathematik sicherlich nicht den mindesten Anteil, sondern sie ist nur die unumgängliche Bedingung...« (*Kritik der Urteilskraft*, 1790, § 53; zit. Dahlhaus, a. a. O., S. 52)

1. Buch Mose, 1/28: »Macht euch die Erde untertan.«

Die Hamburger Zeitschrift *Patriot* vom 27. Januar 1724:
»Wahre Gottes-Gelahrtheit« kann eine »Sitten-Lehre« ergeben, aber nur »aus der gesunden Vernunft.« (zit. ebda., S. 250)

Gellerts Tagebuch von 1761: Gottes Gnade ist wichtiger für den Menschen als die »thörichte Vernunft.« (zit. ebda., S. 213)

»Seit dem Auftritt der neuzeitlichen Wissenschaft ist keine einheitliche Natur mehr da, die zum Anhaltspunkt einer geschlossenen Theorie des Daseins in und mit Natur werden könnte.« (Seel, S. 13)

TEIL III

AUFBRUCH IN EINE ANDERE NATUR

1. Der Kampf zweier Linien

1.1. »Vernünftige Betrügerey«, »um viele Affeckten kurtz hinter einander zu erregen und zu stillen«: Die »Transformation« um die Jahrhundertmitte

> »Die Verdrängung des metaphysischen durch den wissenschaftlichen Naturbegriff läßt eine Leerstelle zurück, die nunmehr ausdrücklich von einem differenzierter entfalteten ästhetischen Naturbegriff besetzt wird [...]. Die im Denken der Romantik kulminierende Transformation des metaphysischen in den ästhetischen Naturbegriff [...] als einer der bedeutendsten kulturgeschichtlichen Vorgänge des 18. Jahrhunderts [...] hat aber allgemein viel weniger Beachtung gefunden als die Ablösung des metaphysischen Naturbegriffs durch das mechanistische Weltbild der neuzeitlichen Wissenschaft.« (Zimmermann, S. 130)

Diese Wandlung geht einher zwar nicht mit dem Ende, aber mit einer Abschwächung der Nachahmungslehre und bringt all jene antirationalistischen und individualistischen Strömungen hervor, die auf dem Gebiet der Musik als »Ausdrucksprinzip« zusammengefaßt worden sind. (Eggebrecht 1977) Ihr Ausgangspunkt und ihre Beschleunigung zur Jahrhundertmitte hin sind bereits S. 81ff. angedeutet worden. Als Seitenstück zu den dortigen Bemerkungen zu und von Shaftesbury, Breitinger, Meier und Baumgarten kann eine Stelle aus Diderots *Encyclopédie* von 1755 gelten, symptomatisch für die neue Natursicht.

> »Wenn man den Menschen, [...] das die Erdoberfläche von oben betrachtende Wesen ausschließt, dann ist das erhabene und ergreifende Schauspiel der Natur nur noch eine stumme und traurige Szene.« (zit. Zimmermann, S. 131)

Diese Bemerkung erscheint zunächst etwas platt. Bei näherer Betrachtung tritt aber etwas Neues zutage. Daß der Mensch, mit dem Aufklärerblick von oben spähend, als neuer Gott dastehe, stammt aus dem Fundus früherer Jahrzehnte. (vgl. S. 19) Aber nun ist er zusätzlich auch derjenige, der der Natur erst die Seele einhaucht. Ohne ihn ist sie allein, tot, unfähig, einen Gefühlscharakter anzunehmen. Wie Gott oder Prometheus die zu Menschen geformten Erdklumpen erst beseelten, so tut es der Mensch nun mit dem Erdklumpen Natur. In Diderots Szenerie, dieser Paraphrase der Schöpfung, ist die ebenfalls schon früher angelegte Sakralisierung der Natur zum Prinzip erhoben und füllt die »Leerstelle« (Zimmermann). Die Füllung ist aber erst abgeschlossen mit dem bald folgenden letzten Schritt der bürgerlichen Säkularisierung:

> Musik, »Kunst und Dichtung werden [...] in sakralen Rang gerückt, können als etwas Heiliges begriffen werden, als tröstend, sinnstiftend, die Ganzheit des Menschen herstellend, wie es zuvor Sache der Religion gewesen war.« (Martens, S. 46)

Es ist eine immerwährende Versuchung, dem Umschlag in die neue Natur- und Kunstsicht ein bestimmtes Datum geben zu wollen. Dies zu tun, wäre jedoch ein Fehler, da sich »jene Transformation weniger prägnant und einheitlich«, »sich überdies eher unterschwellig« vollzieht (Zimmermann, S. 130), ja »das 18. Jahrhundert« insgesamt, »was das Naturthema betrifft, als Übergangszeitalter zu sehen« ist: »Die Entwicklung kommt zum Abschluß in der Romantik.« (Göller, S. 233) Vielleicht jedoch gibt es eine Keimzelle, ein Zentrum der »Transformation«, soweit sie künstlerische Äußerungen betrifft, vielleicht jene Jahre, die vom ersten Gesang des *Messias* von Klopstock (1748) und dem Roman *La nouvelle Héloïse* von Rousseau (1761) begrenzt werden. Das Erschauern vor dem Gewaltigen und Erhabenen der Natur ist der Tenor in beiden Werken. Als Beispiel eine Probe aus einer der zahlreichen Oden Klopstocks aus diesen Jahren, *Die Frühlingsfeier* (1759), offensichtlich beeinflußt von Brockes, aber ihm gegenüber frei von den Zwängen des Reimes, des festen Versmaßes und der didaktischen Zielsetzung, vielmehr im Ton erhabenen Überschwanges:

> »Nicht in den Ozean der Welten alle
> Will ich mich stürzen! schweben nicht,
> Wo die ersten Erschaffnen, die Jubelchöre der Söhne des Lichts,
> Anbeten, tief anbeten und in Entzückung vergehn!
>
> Nur um den Tropfen am Eimer,
> Um die Erde nur will ich schweben und anbeten:
> Halleluja! Halleluja! Der Tropfen am Eimer
> Rann aus der Hand des Allmächtigen auch.
> [...]
>
> Und die Gewitterwinde? Sie tragen den Donner!
> Wie sie rauschen, wie sie mit lauter Woge den Wald durchströmen!
> Und nun schweigen sie. Langsam wandelt
> Die schwarze Wolke.
>
> Seht ihr den neuen Zeugen des Nahen, den fliegenden Strahl?
> Höret ihr hoch in der Wolke den Donner des Herrn?
> Er ruft: Jehova! Jehova!
> Und der geschmetterte Wald dampft!«

1752 erfindet Benjamin Franklin den Blitzableiter.

Aus dieser Mittelzeit des Jahrhunderts heben sich einige Ereignisse heraus, die innerhalb des kontinuierlichen Überganges zum neuen Naturverständnis wirken wie Schläge gegen das Vernunftsprinzip der Aufklärung. Rousseaus Aufruf »Zurück zur Natur« faßt diesen kreativen Widerstand gegen das Geregelte und Systematische der traditionellen Nachahmungslehre zusammen und führt ihn 1761 zu der Annahme, die Musik sei nicht etwa auf Gottes Wort hin entstanden oder auf der Grundlage von Berechnungen, Arbeitsrhythmus oder aus dem Sprachklang, sondern sie sei als ursprüngliche Gefühlsäußerung, als »cri de la nature«, die erste menschliche Äußerungs- und Sprachform gewesen. (vgl. Carvalho, S. 12) Auch Rousseaus Eintreten für eine egalitäre Gesellschaftsordnung nach den Prinzipien des Naturrechts und ›natürlicher‹ Besitz- und Verteilungsverhältnisse gründet sich auf das Vorbild der Urgesellschaft, vor allem antiker Hirtenkulturen. (Einen Nachklang dieser Gedanken am Beispiel des Gesanges kennen wir von J. A. Hiller, vgl. S. 112f.) Das Abstreifen der ›unnatürlichen‹ Fesseln läßt sich auf allen Gebieten beobachten, innerhalb der menschlichen ›Empfindungen‹ und auch bei der Gestaltung der äußeren Natur, die jene ›Empfindungen‹ auslösen oder ihnen entsprechen soll. So wird 1750 in Schwöbber bei Hameln der erste Englische Garten in Deutschland eingerichtet, praktische Umsetzung der schon seit langem geäußerten Kritik am französischen oder »formal garden«, wie er in England abschätzig genannt wird. Der Englische Garten verkörpert die Doppelgesichtigkeit des neuen Naturverständnisses. Einerseits wird die Natur als groß und einfach gesehen, so wie Winckelmann die Bauwerke der griechischen Antike bewunderte und als Beispiele gegen die Künstelei der französischen Hofkultur, zugleich als Symbole antifeudaler Freiheit propagierte. (*Gedanken über die Nachahmung der griechischen Kunstwerke*, 1755; mit diesem »klassischen« Thema erweiterte er die bisher »exotisch« eingekleidete Fürstenkritik – wie die Rameaus – um ein Argument.) Andererseits soll der Englische Garten im Unterschied zum symmetrischen Hofgarten durch scheinbar natürliche Windungen, Böschungen und verzahnte Pflanzungen überraschende Blicke ermöglichen, wie sie schon Brockes auf seinen Kutschfahrten pries. (vgl. S. 92) Die Künstlichkeit ist also keineswegs abgeschafft, sondern wirkt versteckt, als geheime Ingenieurin der ›Natürlichkeit‹, täuscht Wildwuchs und Zufall lediglich vor. Solche geheimnisvollen Verschränkungen von scheinhafter äußerer Regellosigkeit und schwer durchschaubarer Strukturierung werden nun auch an jenen Kunstwerken erkannt und geschätzt, die bisher als »gothisch« und »barbarisch« abgelehnt wurden – wir erinnern uns der Matthesonschen Kritik an Rembrandt. (vgl. S. 80) 1757 eröffnen Gotthold Ephraim Lessing und Friedrich Nicolai die *Bibliothek der schönen Wissenschaften und freien Künste* und geben darin entscheidende Impulse zur Renaissance des lange verpönten Shakespeare. 1758 veröffentlichen Bodmer und Breitinger die *Manessische Handschrift*, eine Zentralquelle der Minnesängerzeit, und 1760 leitet James Macpherson mit seiner Fälschung *Ossian* die Begeisterung für die Bardenlyrik ein, wie sie sich in England bereits in den 1730er Jahren im Interesse für die Volksballade angekündigt hatte. Das Erstaunen vor der Kunst der seherischen Sänger in wüster Umgebung ist eine neue Spielart der Faszination vor dem »Schrecklich-Erhabenen«, dem Edmund Burke 1757 seine fast schon verhaltenspsychologische Schrift *Philosophical Enquiry into the Origin of our Ideas of the Sublime and the Beautiful* widmet. Sie wirkt wie die theoretische Vorbereitung von Rousseaus *Nouvelle Héloïse* von 1761, in der der Subjektivismus im Empfangen und Genießen großer Gefühle einen epochemachenden Ausbruch feiert und deshalb wie ein literarischer ›soundtrack‹ der musikalischen Neuerungen dieser Jahre wirkt. Ist es doch, als hätten wir die aufsehenerregenden Orchester-Crescendi der Sinfonien von Johann Stamitz und die bestürzenden Affektsprünge der

Klavier-Fantasien und -Rondi Carl Philipp Emanuel Bachs vor Ohren, wenn wir im 23. Brief des Romans erfahren, wie der Held, voll tiefer Liebessehnsucht die Schweizer Alpen durchquerend, durch den ständigen frappanten Wechsel der erhabenen Szenen im »Schauspiel der Natur« von einer Sensation in die nächste geworfen wird, halb entsetzt, halb begeistert: »Je voulais rêver, et j'en étais toujours détourné par quelque spectacle inattendu.« (Ich wollte träumen, und ich wurde ständig daran gehindert durch einen unerwarteten Anblick; zit. Jauß, S. 172; eine Interpretation der Stelle bei Weber, S. 108ff.)

Carl Philipp Emanuel Bach, Fantasie c-Moll (1753; Fingersatz original)

Harmonie-, Lagen- und Dynamiksprünge und »alle mögliche Freyheit« kennzeichen diesen Stil. Er entledigt sich sogar teilweise des »Zwanges«, den »jede Tackt-Art [...] mit sich führet.« (C. P. E. Bach, *Versuch* II, Kap. 41, § 5; I, Kap. 3, § 15) Die ff-Hervorhebung der Töne B-A-C-H in der oberen Reihe wie auch die Wahl der Verzweiflung signalisierenden Tonart c-Moll können vermuten lassen, das chaotisch anmutende Werk sei als Lamento auf den 1750 verstorbenen Vater konzipiert. (vgl. Schleuning 1992, S. 221) Die Gemeinschaft der genannten Stilmittel mit denen der zitierten Klopstockschen Ode ist bemerkenswert.

Nicht verstehen und ordnen wollen, nicht das Überraschende rational abwehren und als bloße Abweichung vom Harmonischen ins System bringen wollen, sondern sich gerade solchem Unerwarteten und Schockierenden überlassen, es in sich eindringen und wirken lassen – das bedeutet die Wendung in die neue Irrationalität, in die Konzentration auf allein sich selbst und die eigene Gefühlswelt, die eigenen ›Empfindungen‹. »Vernünftige Betrügerey« nennt Carl Philipp Emanuel die Methode, mit der man solches durch Harmoniesprünge erreichen kann, allerdings stets in Balance zu einfachen, »natürlichen Ausweichungen.« (*Versuch* II, Kap. 41, § 7f.) In der Formulierung verbinden sich die Rationalität der Produktion und die durch sie beabsichtigte Wirkung, »viele Affeckten kurtz hinter einander zu erregen und zu stillen.« (*Versuch* I, Kap. 3, § 15) Solche unangepaßten und ausschweifenden Züge, welche die Vokalmusik, gebunden an gereimte Texte, nur selten ihr eigen nennen konnte – im Rezitativ, in der Sängerkoloratur, in der Accompagnato-Szene –, verselbständigen sich in der Instrumentalmusik. Vor allem improvisierte »Clavier-Sachen«, wie Mattheson schon 1713 sagt (S. 176),

> »richten sich aber bloß nach des Meisters Intention, und wollen gemeiniglich gerne ohne genaue Observirung des Tactes, gleich den Toccaten, tractieret seyn.«

Dieser ›freie‹ Anteil nimmt nun in der Instrumentalmusik zu, nicht in einem plötzlichen Umschwung von Statik zu Dynamik, von Starre zu Bewegung, sondern in einem allmählichen und vielschichtigen Prozess. Und: Die neuartige Musik wird nicht mehr nur in Handschriften verbreitet und so nur einem kleinen Kreis von Kennern zugänglich gemacht, sondern sie wird nun auch gedruckt wie die c-Moll-Fantasie als »Probestück« der Klavierschule. Der Affektwechsel wird öffentlich dokumentiert, allgemeiner Gegenstand des Hörens und der ästhetischen Diskussion.

Die ›Transformation‹ geht von der ›Empfindsamkeit‹ der 1750er und 1760er Jahre aus und gipfelt in Sturm-und-Drang-Bewegung und Geniezeit der 1770er Jahre, hinzielend auf die Romantik. Sie ist immer wieder beschrieben und beleuchtet worden, aber auch bewertet, mit äußerst unterschiedlichen Resultaten. Führen wir uns fünf davon vor Augen, beginnend mit reinem Lob und graduell übergehend zu herbem Tadel, um anschließend deren Kriterien vor dem Hintergrund unseres Themas zu prüfen, der Musik und ihrer ›Natur‹.

Balet 1973 (1936), S. 394f.

> »Bereinigung des Menschlichen: Natürlichkeit. Um klar zu machen, was die zweite Hälfte des 18. Jahrhunderts sich unter Natürlichkeit vorstellte und was sie mit ihren Natürlichkeitsbestrebungen bezweckte, fassen wir diesen Begriff zunächst einmal als Negation seiner Negation, also als doppelte Verneinung. Es ergibt sich dann, daß Natürlichkeit die betonte Abwendung ist von der Nicht-Natur, von der systematischen Verkennung der

Natur, von der Mißachtung des natürlichen Wesens von Menschen und Dingen, von der Verkehrung der Natur in etwas anderes, was ihrer ursprünglichen Wesenheit zuwiderläuft, also der Unnatur. Diese Unnatur war eine der typischen Erscheinungformen des 17. und der ersten Hälfte des 18. Jahrhunderts.« (»Es ist die Negation der Negation«: Diese Formulierung von Franz Mehring aus *Geschichte der deutschen Sozialdemokratie* ist allerdings das Fazit des Satzes »Die Unterdrücker werden unterdrückt«; vgl. Franz. Aufklärung, S. 274)

Rolf Geißler und Manfred Starke in: Französische Aufklärung 1974, S. 598ff., über Rousseaus *Nouvelle Héloïse*

»Als Hindernisse bei der Rezeption, die zu überwinden den Leser Mühe kosten, erweisen sich insbesondere die übersteigerte ›Empfindsamkeit‹ der Romanfiguren, die breite Darlegung subtiler Gefühle, das aufdringlich wirkende Moralisieren, Elemente also, die Ausdruck der enthusiastischen Konstituierung des bürgerlichen Individuums in der Literatur des 18. Jahrhunderts und des Versuchs zu einer sozialen Integration in einer erneuerten Gesellschaft sind. Widmet er sich jedoch mit historischem Verständnis dieser Lektüre, so werden ihm die menschlich bewegenden Schicksale, die tiefe humanistische Aussage und das wenngleich utopische Bemühen um die Errichtung einer besseren Welt in ihren Bann ziehen.«

Inge Stephan in: Deutsche Literaturgeschichte 1989, S. 153

»Die Empfindsamkeit trägt ein Janusgesicht: Als Sensibilität war sie eine notwendige Ergänzung und Bereicherung des Rationalismus [...] Als Sentimentalität geriet sie jedoch in Gegensatz zu den Grundforderungen der Aufklärung. An der Empfindsamkeit wird zweierlei deutlich: Zum einen, daß die Aufklärung emotionale Lücken im Bewußtsein des einzelnen ließ, zum anderen, daß die Betonung des Gefühls und der Subjektivität triviale Züge annahm, wenn sie den Bezug zur Aufklärung als politisch-sozialer Emanzipationsbewegung verlor.«

Hauser 1953, S. 636ff., S. 632

»Für den Klassizismus und die Aufklärung war das Genie eine durch Vernunft, Theorie, Geschichte, Tradition und Konvention gebundene höhere Intelligenz, für die Vorromantik und den Sturm und Drang wird es zur Personifikation eines Ideals, für welches vor allem das Fehlen dieser Bindungen bezeichnend ist. Das Genie rettet sich aus der Misere des Alltags in ein Traumland der grenzenlosen Willkür [...] Die deutsche Intelligenz war unfähig zu begreifen, daß der Rationalismus und Empirismus die natürlichen Verbündeten einer mit der Unterdrückung unvereinbaren Gesellschaftsordnung waren. Sie konnten den konservativen Mächten gar keinen größeren Dienst erweisen, als daß sie sich an dem Manöver, die ›nüchterne Verstandeskultur‹ um ihren Kredit zu bringen, beteiligte [...] Sie wurden sich der Tatsache nie bewußt, daß der Rationalismus der Fürsten eine geringere Gefahr für die Zukunft bedeutete als der Irrationalismus ihrer eigenen Standesgenossen. Sie wurden somit aus den Feinden des Despotismus zu den Werkzeugen der Reaktion [...]

Eggebrecht 1977 (1955), S. 110f., über die Situation um 1800

»Es galt für die Zukunft [...] die Rettung der Musik aus der Verfügungsgewalt des Einzelmenschen und der schrankenlosen Gültigkeit seiner individuellen Expression; es galt die Bewahrung der Musik: ihrer Schönheit, ihrer eigengesetzlichen Substanz, ihrer eigenständig-anschaulichen Gestalt, ihrer Kunstwertigkeit, ihrer Ordnung, ihrer Einordnung wieder in eine Welt des Objektiven. Hier lag die geschichtliche Sendung des musikalischen Historismus beschlossen. Seit jener egozentrischen Psychologisierung der Musik – oder wie immer man die Ursache jenes ›Bruches im Gedächtnis‹ europäischer Musiktra-

> dition nennen will – konnte sich das Wesen abendländischer Musik bewahren nur in der reflektiven Rückwendung zur Tradition, im bewußten Rückgriff auf die Vergangenheit, das heißt auf die Zeit vor der Mitte des 18. Jahrhunderts.«

Erstaunlich ist es, wie unterschiedlich der aufstrebende Individualismus in seiner Auseinandersetzung mit den Ordnungssystemen des Feudalismus und der Aufklärung beurteilt werden kann, kaum einmal aus sich heraus als widersprüchliche selbständige Tendenz, sondern fast stets unter der Maßgabe des Fortschrittsgedankens. Einmal Befreiung, einmal Rückfall, selbst im zweiten und dritten Zitat, wo auch noch die Widersprüchlichkeit in dieses Raster gepreßt wird: Guter Anteil, schlechter Anteil! Das Niveau von Adorno-Horkheimer mit einer »Dialektik der Anti-Aufklärung« zu beantworten, ist nirgends erreicht, offenbar auch nicht angestrebt. (Als positives Gegenbeispiel sei *Die musikalische Vorklassik*, 1983, von Peter Rummenhöller empfohlen.) Wie hätte sich diese Polarisierung aufgelöst, hätten die Autoren sich nicht nur an dem Vernunftbegriff und seinen Synonyma abgearbeitet, sondern sich auf das Verständnis und die Verwendung auch der anderen zentralen Kategorie konzentriert: Natur. Und der sonst so kluge Balet, der dies als einziger tut, ist sich offenbar nicht klar darüber, daß er sich in rätselhafter Einseitigkeit und Blindheit selbst nicht anders verhält als viele individualistische Bürger jener Zeit. (Seine emphatische Parteinahme ähnelt der neuesten Abrechnung mit der Aufklärung durch Antonio Damasio, *Descartes' Irrtum*, von 1994, ebenfalls dem Naturbegriff verpflichtet; vgl. S. 206). Eine andere Art, dem Dilemma des Bewertens historischer Vorgänge zu entgehen, wäre die Beobachtung von Stilen und Gattungen gewesen, so wie es Rummenhöller getan hat. Ein kleines Beispiel soll dies deutlich machen, eine Weiterführung der Gedanken von S. 120 darüber, was im Zuge der ›Transformation‹ aus der Pastorale wurde.

Wenn auch ihre geistliche Spielart gegen das Jahrhundertende hin zurückgeht, so bleibt doch die quasi religiöse Semantik, die sie aus ihrer geistlichen, aber auch aus der bukolischen Tradition mitträgt, in ihrem Fortbestehen als weltlicher Satztypus erhalten bis hin zum Auftreten in Oper und weltlichem Oratorium um 1800. Daneben aber wird mit dem Übergang zur neuen »Natürlichkeit« – nicht jener der ›natürlichen‹ Melodie, sondern jener der Gefühlssprünge – die Verläßlichkeit der Satztypen aufgelöst zugunsten eines Mosaiks von Typensplittern und -zitaten, welches an die Bereitschaft und Notwendigkeit, sich beim Hören am bestehenden Vermittlungskanon der Satztypen zu orientieren, erhöhte Anforderungen stellt. Man wird von einer Identifizierung zur nächsten gehetzt, ohne sich an einer davon ausruhen und das Erkennen genießen zu können, ein Verfahren, das man semantisches Quiz nennen könnte. Hier ist auch die Pastorale im Konzert der tradierten Topoi beteiligt. Gute Beispiele sind das Andante von Mozarts *Prager Sinfonie* (1786, KV 504), als G-Dur-Pastorale im unpunktierten 6/8-Takt beginnend, die dann aber durch den gesamten Satz einem schnellen Wechsel mit ganz unpastoralen Gedanken unterworfen wird, oder zwei der Rondi aus den sechs Klavier-*Sammlungen für Kenner und Liebhaber* von Carl Philipp Emanuel Bach.

Hier Ausschnitte:

Rondo C-Dur (2. Sammlung, Nr. 1, 1780; Wotquenne-Verzeichnis 56/1)

Rondo A-Dur (4. Sammlung, Nr. 1, 1783; Wotquenne-Verzeichnis 58/1)

In den Gedanken- und Affektsprüngen ist das Spiel mit den Pastorale-Elementen zu erkennen, im ersten Rondo mit dem Orgelpunkt (T. 41ff.) und den Pausenlängen (T. 56ff.): Die Halbierung der Taktlänge ist Folge der Notwendigkeit, trotz des zu frühen Einsatzes des zweiten Pastorale-Zitates seine typische Akzentabfolge im 6/8-Takt zu erhalten. Andernfalls würde ein Hauptakzent auf das vierte Achtel fallen und die Pastorale verderben, die ohnehin schon mit der Halbtonrückung aufwärts fertig werden muß. Im zweiten Rondo ist es das Spiel mit dem punktierten (Siciliano-)Rhythmus (T. 51ff., 67ff.) sowie mit dem Wechsel zwischen typischem dünnen (T. 47ff., 59ff.) und untypischem vollen Satz (T. 71ff.).

Um die mehrfachen Ansätze zu Definition und Begriffsbestimmung wieder aufzunehmen: Bei dieser Art der Bedeutungsfetzen kann man wohl kaum noch von Typus sprechen, da dies eine gewisse formale Ausdehnung voraussetzen würde. Nachdem Gattung, Stil, Genre und Typus als generelle Termini für den Pastorale-Satz und -Satzzyklus schon fragwürdig erschienen (vgl. S. 26ff., 31ff., 36f.), wäre es nun für die hier genannten Fälle – und sie bilden in der Zukunft die Mehrheit – angemessen, wiederum den Begriff Topos zu verwenden, vielleicht auch Symbol im Sinne Scherings oder der Informationstheorie. Denn es handelt sich bei diesen kurzen Zeichen um jene »vorgeprägten Gestalten, Formeln mit sprachähnlichem Bezeichnungscharakter« (Jung), »schematisierte, wenn nicht klischeehafte Denk-, Vorstellungs- und Ausdrucksformen« (Baeumer; vgl. S. 34), deren Ziel das augenblickliche Erkennen ist, nicht die gestalterische Weiterführung zu einer gegliederten und dem Satztypus untergeordneten Formung. Auch die Zergliederung der Elemente des Topos dient nicht jener Abspaltungsarbeit, wie sie konstitutiv für die sinfonischen Gattungen wird, sondern zeigt den Topos im Vexierspiegel, repräsentiert im semantischen Bereich jene »vernünftige Betrügerey«, von der der Rondo-Komponist sprach, also ein geistreiches Spiel, damals Witz genannt. Es ist Musik über Musik, spielerisches Umgehen mit den Elementen der Tradition. Sie wird nicht mehr sozusagen naiv weitergeführt, sondern artifiziell reflektiert. Die Unschuld von Gattung, Typus und Stil geht verloren. Dieses überraschende Vermischen der Traditionszeichen und ihrer Charakteristika gehört zum Grundbedürfnis der ›Transformation‹, auch in den anderen Künsten. (vgl. S. 170f.)

Die Natur als Gesamtheit der vorgegebenen Dinge und Materialien im Sinne der bei Ketelsen zuerst angeführten Verständnisbereiche (vgl. S. 24f.) wird nicht mehr als musterbildendes Reservoir von Vorlagen zur Nachahmung gesehen, sondern als Setzkasten, aus dem nicht etwa hergebrachte Formulierungen und Gedankengänge, vielmehr neuartige Silbenfolgen und Wörter zusammengefügt werden. Als »natürlich« gilt nun diese Art der ganz unnaiven Neuerfindung, entdeckerisch und mutig, da nicht mehr traditionell abgesichert. Solch ein Verfahren mit dem Begriff Individualismus zu belegen, dürfte nicht viel Erkenntnis abwerfen. Denn der Begriff steht im allgemeinen Verständnis, wie es bei Stephan, Hauser und Eggebrecht herauszuhören ist, doch für nicht viel anderes als für Abkapselung, Verantwortungslosigkeit. Unberücksichtigt bleibt dabei die Anforderung, die die neue Methode ans Publikum stellt. Statt Abkapselung des Künstlers kann man wohl eher von einem öffentlichen Aufruf sprechen, einer Wendung nach außen, einem Aufruf zu seelischer und geistiger Bewegung und Beweglichkeit, zu Neugier und Mut. Ein »Bruch im Gedächtnis« (Eggebrecht) ist dieser neuartige Austausch wahrlich nicht, sondern ein Umbruch im Gedächtnis. Es erwachte zu neuer Aktionsform, als es die Tradition zu überblicken begann und sie bewußt verwendete und ausbeutete, parallel zu jener Ausbeutung, die mit den Naturschätzen betrieben wurde und zum Grundbestand der einzelunternehmerischen Anwendung der Lehren und Entdeckungen der Aufklärung gehörte. Individualistisch kann dies nur insofern genannt werden, als Individuen auf dem freien Markt bemüht sind, die Ansprüche und Aufforderungen der Aufklärung nun auch praktisch umzusetzen und für sich und das Publikum nutzbar zu machen. Schon der Vater des Rondo-Komponisten, der Leipziger Thomaskantor, war mit diesem Verfahren vorangegangen, indem er beispielsweise in der sogenannten Schlußfuge der *Kunst der Fuge* Stilelemente der Orgelmusik, des Palestrinastils und der Musik Gesualdos teilweise recht unverbunden zitiert und zusammengefügt hatte, ein Vorgriff auf den Historismus. (vgl. Schleuning 1993, S. 160ff.) Niemand würde auf den Gedanken kommen, hier einen »Bruch im Gedächtnis« vorzufinden – wie übrigens auch nicht im heutigen Vergleichsobjekt der Stilgeschichte, der Postmoderne.

Als »Reaktion auf die im 18. Jahrhundert akut werdende Krise des klassifizierenden Denkens« ergibt sich: »Prozessvorstellungen treten an die Stelle des herkömmlichen Tableaus.« (Lepenies 1986, S. 225f.) Besser gesagt: Sie treten an dessen Seite. In der Musik zeigt sich dies, indem Affektwechsel und Gefühlsausbruch sich nicht alternativ, sondern ergänzend zum Weiterbestehen der einfachen, ›natürlichen‹ Melodie entwickeln. Carl Philipp Emanuel Bach etwa verbindet ja in seinen Rondi das Bizarre der Gedankensprünge ausgerechnet mit Pastoralmelodik, Urbild friedlicher Kantabilität. Immer wieder leuchtet sie als Gegenbild der Brüche und Affektwechsel auf wie eine Friedensinsel im Affektsturm. Beide Seiten der inneren Natur sind im gleichen Stück verbunden und als Gegensätze aufeinander bezogen, treten nicht mehr für sich alleine auf, nach Gattung und Stil getrennt, wie im Großteil der bisherigen und auch noch in einem beträchtlichen Teil der zukünftigen Musik. Durch dieses Verfahren gewinnt die Musik Prozesscharakter, scheint Geschichten zu erzählen und Entwicklungen darzustellen, Höhen und Tiefen durchzumachen wie das menschliche Leben oder die wechselhaften Vorgänge der äußeren Natur. So stellt sich die »Transformation« in Musik dar.

> »Kennzeichnend für Naturauffassung und -darstellung im 18. Jahrhundert ist die allmähliche Abwendung von einer Konzeption, die alles Geschehen dieser Welt unter den universal gültigen Prinzipien von Vernunft und Ordnung subsumiert hatte. Diese Gesetzlichkeit, die in Regeln ihren Ausdruck fand, wird in das Individuum zurückgenommen. Die Eigenaktivität des Erkennens und Erlebens findet zunehmend stärkere Berücksichtigung. Die Natur wird nicht mehr als rationales Objekt oder System gesehen, sondern als Organismus, dessen wesentliche Strukturen nur durch das Mittel der Analogie erfaßt werden können. Der Dichter kann durch Imagination und Einfühlung im Kunstwerk einen naturähnlichen Organismus schaffen.« (Göller, S. 232; zum Prozess der Ordnungsauflösung auch Dammann, Kap. VI)

1.2. Zwischen Arkadien und wilder Einöde

1.2.1. Singspiel und Lied

Physikotheologie 1773

»Seht ihr den Mond dort stehen?
Er ist nur halb zu sehen,
und ist doch rund und schön!
So sind wohl manche Sachen,
die wir getrost verlachen,
weil unsre Augen sie nicht sehn.«

(Matthias Claudius, *Der Mond ist aufgegangen*, Str. 3; komponiert 1790 von Johann Abraham Peter Schulz)

Die beiden Linien, auf denen sich das Verständnis von Natur und Natürlichkeit bewegt, bestimmen nicht nur die Instrumentalmusik, sondern auch andere Musikarten. Beispiel: Das Kunstlied. Auf eingängige Weise erscheint es unter zunehmendem Beifall in den neuen deutschen Singspielen – auch bereits Operetten genannt –, die seit *Der Teufel ist los oder Die verwandelten Weiber* von 1752 Furore machen (Leipzig, Text von Christian Felix Weiße nach englischer Vorlage, Musik von Johann Standfuß). Mit einer weiteren Bearbeitung des Stückes hat sich Johann Adam Hiller 1766 als der wahre Begründer des deutschen Singspiels gezeigt. Französische Einflüsse, vor allem durch Rousseaus anti-ramistisches Musterstück *Le devin de village* von 1752 (Der Dorfzauberer), hatten ihn zu jener Liedkunst gebracht, die unser Thema zentral angeht. Denn das Singspiel als Prototyp des Einfachen und Natürlichen ist per se eine neuerliche Kritik an der ›künstlichen‹ opera seria und stellt dies auch in seiner Thematik zur Schau. Stets ist das unschuldige Landleben im Zentrum, ob in der Antithese zum Hofleben (*Lottchen am Hofe* 1767 und *Die Jagd* 1770 von Hiller nach französischen Vorbildern) oder zum Stadtleben wie in Goethes Libretto *Erwin und Elmire* von 1775, von dessen Vertonung noch die Rede sein wird.

Zunächst soll die scheinbar problemlose, einfache Art des Singspielliedes dargestellt und von Liedern ähnlicher Art außerhalb des Bühnenzusammenhanges ergänzt werden. Danach soll ein Blick auf die andere Linie der Liedkunst geworfen werden, jene der Brüche und der sprunghaften Wechsel.

Daß das Singspiel ein Hort der Pastorale ist, kann nach der vorangegangenen Charakterisierung seiner Hauptinhalte wenig überraschen. Und wenn sich dann das Thema Ländlichkeit noch mit der Sphäre antiken Schäferlebens zur anakreontischen Idylle vereinigt wie in *Amors Guckkasten* (1772) von Beethovens Lehrer Christian Gottlob Neefe, kommen Bildungen zustande, die textlich und musikalisch alles bündeln, was bisher zur weltlichen Pastorale zusammengetragen wurde. Die singende Psyche in Nr. 10 »ist nicht die Psyche der Fabel, sondern ein ländliches, naives Ding«, wie der Textdichter Johann Benjamin Michaelis erläutert. Den sie ansingt, ist Gott Amor. (nach dem Klavierauszug, hg. G. v. Westerman, München 1922)

Un poco lento
p
p
Psyche
Im Tem - pel un - srer Flur wo dich Al - tä - re tra - gen, darf
Zu - wei - len wird mir zwar, im Schat - ten die - ser Bäu - me, ganz
dei - ne Psy - che nur dich zu ver - eh - ren wa - gen, dich zu ver -
an - ders als mir war ach a - ber das sind Träu - me, ach a - ber
eh - ren wa - gen.
das sind Träu - me.

Neefes Lied ist Inbegriff antikisierender Naturreligiosität. Amors Heiligtum in solcher »Neuerfindung Arkadiens« (Schama, S. 567) ist die Gesamtheit der Natur, die Natur als jener »Tempel«, den die englischen Alpenreisenden in den Bergen sahen (vgl. S. 15) und in dem Beethoven 1802 im *Heiligenstädter Testament* hoffte, »der wahren Freude innigen Widerhall« zurückzugewinnen. Das erhöht liegende Rundtempelchen, das so viele Gartenanlagen des 18. Jahrhunderts schmückte (heute noch als »Monopteros« in Münchens Englischem Garten) und das ebenso in Beethovens Bildnis von Mähler (1804; vgl. Buchtitel) wie auf dem Titelblatt des Klavierauszuges von Peter von Winters *Unterbrochenem Opferfest* von 1796 zu bewundern ist, dürfte neben seiner primären Bedeutung als Tempel des Apoll für viele auch als eben dieser »Tempel der Natur« gegolten haben, erhebt er sich doch immer inmitten der arkadisch angelegten ›reinen‹ Landschaft.

Neefes Pastorale vertritt den ›glatten‹, unpunktierten Typus. Daß dieser sich der quasi religösen Tradition der Pastorale anschließt, ob antik oder christlich geprägt, wurde bereits in der Reflexion von Beispielen Bachs und Haydns vermutet. (vgl. S. 28, 39) Diese Vermutung wird durch weitere Liedbeispiele erhärtet, deren Texte indirekt oder direkt Religiöses ansprechen. Letzteres ist der Fall in Carl Philipp Emanuel Bachs *Erntelied* von 1780. (Wq 197/15) Der Text spiegelt die zähen, oft erfolglosen Bemühungen der Aufklärer, die Landbevölkerung für die neue »Naturreligion« zu gewinnen. (Kittsteiner 1991, Kap. C/I) Hier ist es der Hamburger Pastor Christoph Christian Sturm, der in Nachfolge der Physikotheologie bei den Bauern eine aus genauer Naturbeobachtung und tiefer Dankbarkeit gespeiste, von Sündenbewußtsein befreite Haltung zu ihrer Arbeit zu erzeugen sucht. Nachdem er 1760 über Hobbes' Naturrecht promoviert hat, dargestellt an der Geschichte des deutschen Mittelalters, verfaßt er später Schriften z. B. über Das *Pflanzenreich, eine Schule des Todes* oder ein *Gesangbuch für Gartenfreunde*, ferner eine Predigt mit dem an Gellert gemahnenden Titel *Die Herrlichkeit Gottes in Stürmen und Ungewittern* sowie *Betrachtungen über die Werke Gottes im Reiche der Natur*, deren einzelne Abschnitte wirken, als stammten sie von Brockes (vgl. S. 21f.): *Der Bau des Ohres*, *Das Salz*, *Das Bette*. (vgl. Jacob Friederich Feddersen, *Christoph Christian Sturms Leben und Charakter*, Hamburg 1786) Die Mischung aus Naturbeobachtung und Gotteslob kennzeichnet auch seinen Liedertext. Anfangs- und Schlußstrophe lauten:

»So weit der Fluren Gränzen blühen,
ist Gott der Lobgesang!
Die Minen, die vor Freude glühen,
Sind ihm ein stiller Dank!
[...]

Auf, sammlet, arbeitsame Hände,
Der Erndte Weizenbrod!
Und bis zu seiner Schöpfung Ende
Sey unser Loblied Gott!«

Bachs kleiner, periodischer Achttakter schmiegt sich ganz dem Text an.

Wer ihn denn doch für allzu simpel hält, sollte ihn vor dem Hintergrund der seit Herders berühmten Volksliedsammlungen (1774, 1778f.) in die Komposition eingebrachten Vorstellung von ursprünglicher und elementarer Einfachkeit sehen. Sie geht weit über die Maximen aufgeklärter Melodieästhetik hinaus und gibt das ›echte‹, aber auch zum scheinbar ›Echten‹ gereinigte Lied bäuerlicher und handwerklicher Berufsgruppen als Muster unverfälschter Musik und als Bollwerk gegen Künstlichkeit und Modetand aus. Mit diesem neuerlichen Rekurs auf eine imaginäre ›Natürlichkeit‹ ist eine neue Stufe der Nachahmung der Natur erreicht, insofern nun endlich dasjenige vorhanden ist, was bisher der Melodiekomposition fehlte und sich – außer in Ausnahmen wie der *Bauernkantate* – als gravierender Mangel zeigte: ein klingendes Vorbild.

Gottfried August Bürger etwa sah 1776 das »non plus ultra der Kunst« in den »alten Volksliedern« und maß nur solchen Kunstwerken »Vollkommenheit« zu, die so »volksmäßig« zu sein suchten wie die Vorbilder oder – wie man damals schon sagte – deren »Popularität« anstrebten, eben das, was Johann Abraham Peter Schulz mit »Volkston« meinte. (vgl. Schwab, S. 371, 373) Daß Bach solchen »Simplifizierungstendenzen seiner Zeit« nicht bereitwillig folgte, dürfte wahr sein, nicht jedoch – betrachtet man sein Lied –, daß seine Bemühungen um eine Annäherung an das neue Ideal erst 1787 zu verzeichnen sind. (ebda., S. 369)

Allgemein wurde die Orientierung an der Volksmelodik zentrales Wirkungselement der Kunstmusik seit den 1770er Jahren, damit auch der gesamten »Wiener Klassik«. Dies gilt auch für einen neu aufblühenden Kompositionszweig, der uns bekannt ist von Mozarts Lied *Komm, lieber Mai, und mache* (1791, Text von Christian Adolf Overbeck) oder dem Klassiker dieser Art, *Der Mond ist aufgegangen* mit Text von Matthias Claudius und Melodie von Johann Abraham Peter Schulz (1790): Es sind neu hergestellte Lieder im alten Kostüm, durchwoben von jener einfachen Unschuld, die angeblich aus dem alten deutschen Volkslied strömt, stets mit dem Ziel, den Mühen und Zwängen des Alltags Frieden und Genügsamkeit vergangener und angeblich noch lebendiger moralischer Integrität und frommer Dankbarkeit vorzuspiegeln, vor allem aber Kindern mit milder Hand den Weg auf die rechte Bahn zu weisen.

> »Vielleicht, dachte ich«, so Ernst Wilhelm Wolf im Vorwort seiner *Wiegenliederchen für deutsche Ammen* von 1775, »geben sie, mit leichten Melodien begleitet, einen angenehmen Beytrag zu unsern Erziehungsschriften; vielleicht dankt mir eine gute, zärtliche Mutter dafür, wenn sie sich an ihr Clavier setzen, und ihrer kleinen lieben Lilly eine Moral ins Herz singen kann!«

Und so lautet denn auch die Schlußstrophe des Liedes *Das Lämmchen* (S. 17):

»O lieben, muntern Kinder! schreibt
Tief in die jungen Herzen:
Die Freuden, die man übertreibt,
Die Freuden werden Schmerzen.«

Die Frage nach der Natur des Menschen ergab auch jene nach der Natur der Kindheit und förderte nach der Jahrhundertmitte mit Rousseaus Erziehungsroman *Emile* (1762) die philanthropische Erziehungsbewegung zutage. Die Neuentdekkung der Kindheit löste diesen ersten Lebensabschnitt aus dem bisherigen Verbund mit der Gesamtheit des Lebensalter, und Kindheit wurde zum selbständigen Feld aufklärerischer Menschenbildung, unterlag man doch der Vorstellung, die kindliche Seele, noch rein und unbefleckt von den Schädigungen der Zivilisation, lasse eine Ausbildung zu, in der es möglich sei, »laisser faire en tout la nature«, »cultiver la nature«, und »travailler de concert avec la nature«, also in Übereinstimmung mit der Natur. (Rousseau) Die Mutter in Goethes Singspiellibretto *Erwin und Elmire* beschwört diese neue Sicht der Natur des Kindes, indem sie sich über den zeitgenössischen Erziehungsstil empört, der die Kinder dazu anhalte, sich wie Erwachsene »zu produziren« und »anständig« zu sein, der es ihnen unmöglich mache, »ein Kind zu sein«, ja sogar mit »Schlägen« drohe, »wenn die Natur wiederkehrt, und sie Lust kriegen, einmal à leur aise auf allen vieren zu trappeln«, also wie es ihnen gerade bequem ist. Und Leopold Mozart schreibt am 24.11.1786 an seine Tochter Nannerl voller Lob über den neuen Magister ihres Sohnes, also seines Enkels Poldl, weil »die Kinder hier mehr mit Worten, und mit Schlägen gar nicht gestraft werden«, zumal »man mit dem schwachen Talent des knaben Mitleiden und Gedult haben muß«, wie der Magister vom Großvater zitiert wird. (zit. Mozart Briefe III, S. 611; über die dabei neu entstehende Instanz des Gewissens vgl. Kittsteiner 1995, Teil C/III) »Ein Leben frey wie die Natur, gesund und blühend wie die Flur« (Christian Felix Weiße) hatten aber trotz solcher neuen Ansätze und trotz der aufkommenden Flut von Kinderbüchern und -liedern wenige Kinder. (zit. Lahnstein, S. 143ff.) Zahllose Zeugnisse belegen das Überwiegen der Prügelpädagogik, der später sogenannten Schwarzen Pädagogik, die sich nahtlos in die der Aufklärung keineswegs widersprechende Disziplinierung der Individuen zu funktionierenden Rädchen in der Gesellschaftsmaschine einfügt. (vgl. Foucault 1994)

Ganz im Sinne der neuen erzieherischen Bemühungen um Sanftheit und gewaltlose Überzeugungsarbeit geht auch das in der zweiten Jahrhunderthälfte entstehende Kinderlied im Volksliedgewand vor. Traditionsbildend sind vor allem die Kompositionen der beiden Pioniere solcher synthetischen Volkslieder, des oben genannten Schulz und Johann Friedrich Reichardts, beide späte Vertreter der Berliner Liederschule.

Nicht ganz so offen wie bei Bachs *Erndtelied* liegt der Grund für die Wahl der ›glatten‹ Pastorale bei einem der Kinderlieder aus Schulzens berühmten *Liedern im Volkston*. (Bd. 1, [2]1785) Die fünf ersten der sieben Strophen vom *Mailied eines Mädchens* zählen alles auf, was an Pflanzen, »Vögelein«, »Lämmchen«, Abendrot, Wasser-»Geriesel« und »Ringel Ringelein Rosenkranz« zum Bild eines unbeschwerten

Kinderparadieses beitragen kann. Und in der vorletzten Strophe läßt der Textdichter Johann Heinrich Voss, getreu den anakreontischen Resten im nordischen Ideal des Göttinger Hainbundes, kurz Cupido auftauchen, aber nicht etwa, um das Paradies nach Arkadien zu verlegen, sondern um es moralisch zu färben: Das Mädchen ist noch fern der Netze, die Cupido auswirft, noch ohne »Kosen und Liebeln«, noch ohne »selige Triebe! Wann ein Mädchen vor Liebe und Empfindsamkeit stirbt«, wie die Schlußstrophe es ausdrückt. Unschuld und Reinheit, Freiheit von erotischen Begierden sind die Werte, die angemahnt werden und denen mit der »glatten« Pastorale entsprochen wird. Schulzens Melodie geht, was Einfachkeit betrifft, noch einen Schritt über Bachs Melodie hinaus und zeigt am Beginn den für viele Pastorallieder typischen Quartaufsprung zum Grundton mit nachfolgendem allmählichen Stufenabgang. (vgl. Schwab, S. 374 und Tabellen S. 375f.)

Das ist Programm. Die Melodie macht das »Bestreben« des Komponisten wahr – laut *Vorbericht* –,

> »mehr volksmäßig als kunstmäßig zu singen, nemlich so, daß auch ungeübte Liebhaber des Gesanges [...] solche leicht nachsingen und auswendig behalten können. Zu dem Ende habe ich [...] mich in den Melodien selbst der höchsten Simplicität und Faßlichkeit beflissen, ja auf alle Weise den Schein des Bekannten darinzubringen gesucht, weil ich aus Erfahrung weiß, wie sehr dieser Schein dem Volksliede zu seiner schnellen Empfehlung dienlich, ja nothwendig ist. In diesem Schein des Bekannten liegt das ganze Geheimniß des Volkstons; nur muß man ihn mit dem Bekannten selbst nicht verwechseln; dieser erweckt in allen Künsten Ueberdruß; Jener hingegen hat in der Theorie des Volksliedes, als ein Mittel, es dem Ohre lebendig und schnell faßlich zu machen, Ort und Stelle, und wird von dem Komponisten oft mit Mühe, oft vergebens gesucht. Denn nur durch eine frappante Aehnlichkeit des musikalischen mit dem poetischen Tone des Liedes; durch eine Melodie, deren Fortschreitungen sich nie über den Gang des Textes erhebt, noch unter ihm sinkt, die, wie ein Kleid dem Körper, sich der Declamation und dem Metro der Worte anschmiegt [...], erhält das Lied den Schein, von welchem hier die Rede ist, den Schein des Ungesuchten, des Kunstlosen, des Bekannten, mit einem Wort, den Volkston, wodurch es sich dem Ohre so schnell und unaufhörlich zurückkehrend, einprägt.«

Wenn auch das Vorwort nicht ausdrücklich sagt, das Verfahren, im »Volkston« zu komponieren, sei der Gipfel der Natürlichkeit, so tut dies doch Schulzens Busenfreund Johann Heinrich Voss, denn er bezeichnet Schulz als den

> »Mann, der die Musik, die jezt bald als Seiltänzerin herumgaukelt, bald unter erlogener Simplicität ohne Kraft u Reiz dahinschleicht, zu ihrer hohen Bestimmung zurückzuführen, und [...] sein Auge unverrückt auf den Ton der Natur, den lebhaftesten schärfsten Ausdruck jeder Leidenschaft oder Empfindung, heften wird [...]« (Brief vom 4,3,1782 an Schulz; zit. Suchalla, S. 921; Grammatik original)

Schulz selbst deutet diesen Zusammenhang durch die Wahl des mottoartigen ersten Liedes der Sammlung an, *An die Natur*, gedichtet 1775 von Christian Daniel Friedrich Schubart. (Schulz gibt den Grafen zu Stolberg an.) Was in den Anfangsabschnitten dieses Buches über die Stellvertreter- und Vorbildfunktionen der Natur für die begeisterten Aufklärer und über den neuen Imperativ der Naturnachahmung ausgeführt wurde, ist in diesen drei Strophen schlagend, aber auch ernüchternd in poetischer Form komprimiert.

»Süße, heilige Natur,
Laß mich gehn auf deiner Spur,
Leite mich an deiner Hand,
Wie ein Kind am Gängelband.

Wenn ich dann ermüdet bin,
Sink ich dir am Busen hin,
Athme süße Himmelslust
Hangend an der Mutterbrust.

Ach wie wohl ist mir bey dir!
Will dich lieben für und für.
Laß mich gehn auf deiner Spur,
Süße, heilige Natur!«

Offenbar war das Thema zu allumfassend und erhaben, zu wenig speziell, um bei Schulz eine Pastorale auszulösen.

Der Assoziationssog im »Schein des Bekannten«, den die Melodien von Schulz auch heute noch ausüben, beruht häufig auf Neutextierung älterer Melodien (Kontrafaktur) oder auf Teilübernahme aus ihnen (Exzerption). So ist die Melodie von Der *Mond ist aufgegangen* aus *Nun ruhen alle Wälder* gewonnen, das Matthias Claudius schon 1780, also vor Schulzens Komposition, für den Gesang seines Textes empfohlen hatte. (vgl. Schwab, S. 373f.) Und ob nicht Johann Friedrich Reichardt 1799 bei seinem *Herbstlied* ebenso verfahren ist, als er auf das ältere *Mädchenlied* von Schulz blickte? Der Beginn ist doch jener von Schulz, nur mit Stauchung der Intervalle. Hier das Lied, wie es Franz Magnus Böhme 1895 nach dem Original aus den *Liedern für die Jugend* wiedergibt (*Volksthümliche Lieder der Deutschen*):

2. Wie die volle Traube
Aus der Rebenlaube
Pupurfarbig strahlt!
Am Geländer reifen
Pfirsiche, mit Streifen
Roth und grün bemalt.

3. Sieh, wie hier die Dirne
Emsig Pflaum und Birne
In ihr Körbchen legt,
Dort mit leichten Schritten
Jene goldnen Quitten
In den Landhof trägt!

4. Flinke Träger springen
Und die Mädchen singen,
Alles jubelt froh.
Bunte Bänder schweben
Zwischen hohen Reben
Auf dem Hut von Stroh.

5. Geige tönt und Flöte
Bei der Abendröthe
Und im Mondenglanz;
Junge Winzerinnen
Winken und beginnen
Deutschen Ringeltanz.

Die »glatte« Pastorale entspricht jenem goldenen Frieden von Jahreszeiten- und Erntezyklus, der der himmlischen Lenkung zu danken ist, ganz so, wie es in Bachs *Erndtelied* und den nur ein Jahr nach Reichardt komponierten *Jahreszeiten* Haydns der Fall ist. (vgl. S. 28) Klingt schon Reichardts Melodie an die von Schulz an, so wirkt auch der Text des Schweizer Lyriker Johann Gaudenz von Salis-Seewis (1782) wie eine Fortschreibung des Vossischen Textes für die um einige Jahre gereiften Mädchen. Im Naturparadies winkt als Lohn nun nicht mehr nur die Unschuld, sondern auch die Erntearbeit.

Aufschlußreich ist, wie die heutige Version der Melodie die Vorhalte in T.8 und T.10 eingeebnet hat (je zweimal g und a) und so ein typisches Element jener schmachtenden Pastoralen einer etwas platten Starre geopfert hat. (Auch die *Internationale* enthielt ursprünglich eine chromatische Wendung und eine Verzierungsfigur.) Dem Text ist es nicht besser ergangen. In Ernst Klusens *Deutschen Liedern* von 1980 fehlt die 3. Strophe, wohl wegen »Dirne«, »Quitten« und »Landhof«, und am Schluß wird nicht ein »Deutscher Ringeltanz«, sondern ein »froher Erntetanz« begonnen. Im Schulliederbuch *Canto* (1996) fehlt dann zusätzlich noch die 4. Strophe, vielleicht wegen der Geschlechterrollen. Der dreistrophigen Version fehlt damit alles, was Salis-Seewis in philanthropischer Absicht den Jugendlichen zur Versüßung der Erntearbeit ans Herz legen wollte. Das Lied ist so zur reinen Idylle geworden und kann getrost nach Arkadien zurückkehren.

Niemand wird behaupten dürfen, daß eine Aufspaltung der Pastorale in ›glatte‹ und punktierte Versionen nach Inhaltsaspekten der Texte bruchlos, unwidersprüchlich und ohne Überschneidungen möglich sei. Aber die Tendenz dazu ist offensichtlich. Ein Beispiel, das für die punktierte Version steht und zusätzlich die beiden Rhythmusformen gegenüberstellt, mag dies verdeutlichen. Es stammt wieder aus einem der frühen Singspiele, nämlich aus Hillers *Die Jagd* von 1770. In der fünften Szene des ersten Aktes will Röschen nicht glauben, daß Hannchen mit dem Grafen »durchgegangen« ist. Töffel, ihr Liebhaber: »Du kennst dir das Hofvolk nicht.« Er erzählt zum Beweis aus der Erinnerung, wie er einmal heimlich den Annäherungsversuch eines Junkers an ein Bauernmädchen beobachtete. In dem Lied (Nr. 8) imitiert er das Zwiegespräch, indem er die Stimme des Mädchens jeweils im Falsett nachahmt.

Selbstverständlich repräsentiert die punktierte Version nicht das böse, sondern das bewegte, aktive Element, wie schon früher vermutet. (vgl. S. 33, 39) Ob die Spezifizierung im abschließenden Dialog soweit geht, daß die punktierte Version dem

Verführer (»Sie«) und dem Gegenstand seiner Begierde (»Busen«), die ›glatte‹ dem Symbol der Unschuld (»weißer Arm) und dem Appell zu deren Verteidigung (»Pfui«) absichtlich zugeordnet ist, mag unentschieden bleiben.

Die mehrfach gestellte Frage nach dem semantischeen Schicksal der Rhythmustypen scheint ihrer Antwort nahe zu sein, insofern der ›glatte‹ Typus sich immer deutlicher den religiösen Bedeutungsfeldern anschmiegt, was aber als einziges Kriterium für die Typenwahl im gesamten Umfeld kaum ausreicht – denken wir etwa an die ›glatte‹ Hirten- und punktierte Engelsmusik im *Weihnachtsoratorium*. So dürfte wohl die Entscheidung für einen der beiden Rhythmustypen vor allem auch vom Bewegungsimpuls der Texte abhängen und von den ihnen innewohnenden Wertungen. Dies scheint auch das Lied *Die milchweiße Maus* aus den erwähnten *Wiegenliederchen* von Wolf nahezulegen. (Text: Friedrich Justin Bertuch) Die Farbe, wie jene des Mädchenarmes bei Hiller auf Unschuld verweisend, müßte eigentlich die von Wolf komponierte kleine Es-Dur-Pastorale dem ›glatten‹ Typus vorbehalten. Jedoch hört das Mäuschen nicht auf den Rat der Mutter, geht »keck« ohne sie spazieren und wird von der Eule gefressen: »Hätt' ich der Mutter Rath verehrt, itzt litt' ich nicht den Tod.«

Die Sentimentalität und Süßlichkeit, die in den Texten so vieler dieser einfachen, gradlinigen Pastoralen vorherrscht, ob ›glatt‹ oder punktiert, ist schon damals manch aufrechtem Aufklärer übel aufgestoßen, so etwa dem bereits S. 1 zitierten Sydow. In der dort genannten Quelle von 1758/59 beweist er erneut seine lakonische Knarzigkeit, indem er ein neueres Kirchenlied, dessen Strophen in pietistischer Seligkeit jeweils beginnen »Ach Schäfchen!«, »Mein Lämmchen!«, »Mein-Bienchen!«, lediglich mit dem Zusatz bedenkt: »Ach Häschen!«

1.2.2. Sturm und Drang, Instrumentalmusik und Mozarts *Veilchen*

Nun zu der anderen Linie, derjenigen der Brüche und Gefühlssprünge. Daß sie in Singspielen und Liedern vertreten wäre, sollte man nach den vorangegangenen Ausführungen nicht vermuten. Und dennoch ist es so, wenn auch in geringerem

Ausmaß und mit einer Schwierigkeit belastet, ohne deren Darstellung die Interpretation des zentralen Beispieles, nämlich Mozarts Liedes *Das Veilchen*, kaum verständlich sein dürfte.

Verfolgt man diese Linie, so kommt das Thema Natur auf eine gänzlich andere Weise ins Spiel, abzulesen etwa an einer Bühnenanweisung aus *La belle Arsène* (1773) von Pierre Alexandre Monsigny, einem der Begründer der opéra comique, wie das Singspiel in Frankreich genannt wurde. Die Protagonistin, sich verlassen wähnend, gerät, vom Gewitter überrascht, in folgende Szenerie:

> »Die Bühne zeigt eine schreckliche Einöde, von Felsen unterbrochen, von denen Wasserfälle herabstürzen; im Hintergrund ist ein dichter Wald mit einer Köhlerhütte.« (zit. G. Busch, S. 165; Übersetzung vom Verfasser)

Hinter solcher Natursymbolik stehen sowohl die wilderhabenen Alpenvisionen Rousseaus wie die Vorstellungen düsterer Bardeneinsamkeit, welche nach der Entdeckung des schottischen Hochlandes als Ort erhabener Weite die Fantasie bebilderten. Zu dieser neuartigen Faszination am Dunklen und Schrecklichen haben die Malerbrüder Cozens ebenso ihren Beitrag geleistet (vgl. W. Busch 1993, S. 335ff.) wie Edward Young mit seinen *Night Thoughts on Life, Death and Immortalty* (1742ff., deutsch 1751). Dort heißt es (zit. Becker, S. 59, nach Übersetzung 1760):

> »Die Göttin Nacht, streckt itzt von ihrem schwarzen Throne in stralenloser Majestät ihren bleiernen Zepter über eine schlummernde Welt aus. Welch eine tote Stille! Welch eine tiefe Finsterniß! Weder das Auge noch das Ohr findet einen Gegenstand...«
> (Vielleicht sollte man einmal Mozarts Singspiel *Die Zauberflöte* von 1791 und darin das Rätsel um die Königin der Nacht auf Verbindungen Schikaneders zu dem berühmten Buch von Young überprüfen.)

Der Vorstellung von einer »schaurigen Natur«, von nächtlichem Grauen, von Gruft und »Nacht der Erde« entspricht eine neuartige Beschäftigung mit dem Tod, die sich nicht nur in England, sondern auch in Frankreich ausbreitet und sich häufig in der Sehnsucht ausdrückt, im Freien, außerhalb der Friedhöfe bestattet zu werden. (vgl. Ariès, S. 442ff., 477ff.) Grabhügel auf der Heide, »in freier Natur« zu errichten, mit Findlingen als Grabstein, ist eine Praxis, die sich in jener Zeit entwickelt. Auch in den Landschaftsgärten macht sich die neue Lust am dunklen Schrecken bemerkbar. Sie werden zunehmend zur »wild-romantischen Landschaft«, wie Hirschfeld bereits 1785 in der *Theorie der Gartenkunst* formuliert. (Bd. V, S. 337; zit. G. Busch, S. 165) Der englische »natural garden« wird seit der Jahrhundertmitte wie auch viele französische Landschaftsgärten in ein »Spektakel von Furcht und Schrecken« umgestaltet. Künstliche Vulkanausbrüche, Wasserfälle, Gewitter, ja sogar tierisches und menschliches Gebrüll werden inszeniert, und es wimmelt von Höhlen und Grotten, in denen sich hin und wieder jene Eremiten und Waldzauberer darstellen, die Rousseau im *Devin de village* (1752) in die Operette eingeführt und Macphersons *Ossian* – Fälschung von 1760 als mythische nordische Seher den mediterranen Vorbildern entgegengestellt hatte. (vgl. Schama, S. 501ff, 578ff.; auch Becker, S. 72ff.) In Deutschland leitet Klopstock mit seiner Ode *Hügel und*

Hain diesen Wechsel vom Parnaß zum Bardenwald ein und verhilft damit dem 1772 begründeten Göttinger Hainbund zu seinem Namen, einer der Sammelstätten der Sturm und Drang-Bewegung. Hier verbinden sich die Vorgaben des Auslandes mit einer Besinnung auf die schon vordem beschworene »Dichterwuth« (vgl. S. 81) und auf altdeutsche Werte und Kulturgüter, etwa die Germaniens und der Gotik, zu einer bisher unbekannten Entgrenzung und ›freien‹ Natürlichkeit, allerdings auch einer bisher unbekannten Form des ausländerfeindlichen Chauvinismus, der eine bis heute durchgehende Tradition begründet hat. (vgl. Blitz, S. 97ff; allg. Herrmann; Textbeispiele hier S. 209) Das sich selbst befreiende Bürgerindividuum erhebt sich auf eine neue Stufe der Vergöttlichung des Menschen, nicht mehr allein jener der Naturbeherrschung, sondern jener des Schöpfer-Genies. Bezeichnend, daß das namenstiftende Drama von Klinger, *Sturm und Drang* (1776), zunächst betitelt war *Der Wirrwarr*. Auch die Wiederzunahme der Alkoholsucht in jenen Jahren nach der Propagierung des Kaffees durch die Aufklärer zeigt die Abwendung von den Vernunft- und Mäßigkeitsmaximen, wiewohl diese sich weiterhin neben den genialischen Ausbrüchen halten und sie bekämpfen. (vgl. Spode, Kap. III-VI) Das für die neue Ungezähmtheit, Unmittelbarkeit und Wildheit typische Stammeln erweist sich darin, wie Johann Caspar Lavater in seinen *Physiognomischen Fragmenten* das Genie beschreibt (Bd. IV, 1778, 1. Abschnitt, Fragment 10):

»Wer bemerkt, wahrnimmt, schaut, empfindet, denkt, spricht, handelt, bildet, dichtet, singt, schafft, vergleicht, sondert, vereinigt, folgert, ahndet, giebt, nimmt – als wenn's ihm ein *Genius*, ein *unsichtbares Wesen höherer Art* diktiert oder angegeben hätte, der *hat* Genie; als wenn er *selbst* ein Wesen höherer Art wäre – *ist* Genie [...] Genie blitzt; Genie *schafft*: *veranstaltet* nicht; *schafft*! So wie es selbst nicht *veranstaltet* werden kann, sondern *ist*! *Genie* vereinigt, was niemand vereinigen kann; trennt, was niemand trennen kann; sieht, und hört und fühlt, und giebt und nimmt – auf eine Weise, deren Unnachahmlichkeit [!] jeder andere sogleich innerlich anerkennen muß [...] *Genieen – Lichter der Welt! Salz der Erde! Substantife* in der Grammatik der Menschheit! [...] *Menschengötter! Schöpfer! Zerstörer! Offenbarer der Geheimnisse Gottes und der Menschen! Dollmetscher der Natur! Aussprecher unaussprechlicher Dinge! Propheten! Priester! Könige der Welt* [...]«

Daß vor diesem – auch typographischen – Delirieren in übermenschlicher Irrationalität vernunftmäßiges Denken keinen Bestand haben kann, dürfte einleuchten. Dies muß angesichts der Begeisterung am Dunklen und Schrecklichen auch für die harmonisierende Art der Naturnachahmung gelten, wie wir sie von Mattheson kennen. Goethe stellt das 1772 in einem Verriß von Johann Georg Sulzers Abhandlung über *Die schönen Künste* aus dem gleichen Jahre klar und präzisiert dabei das Naturverständnis der neuen Ära:

»Er will das unbestimmte Principium: Nachahmung der Natur, verdrängen, und gibt uns gleich unbedeutendes dafür: Die Verschönerung der Dinge. Er will, nach hergebrachter Weise, von Natur auf Kunst herüberschließen: ›In der ganzen Schöpfung stimmt alles darin überein, daß das Auge und die andern Sinne von allen Seiten her durch angenehme Eindrücke gerührt werden.‹ Gehört denn, was unangenehme Eindrücke auf uns macht, nicht so gut in den Plan der Natur als ihr Lieblichstes? Sind die wütenden Stürme, Wasserfluten, Feuerregen, unterirdische Glut und Tod in allen Elementen nicht ebenso wahre Zeugen ihres ewigen Lebens als die herrliche aufgehende Sonne über volle Weinberge und duftende Orangenhaine? [...] Was wir von Natur sehen, ist Kraft, die Kraft verschlingt, nichts gegenwärtig, alles vorübergehend, tausend Keime zertreten, jeden Augenblick tausend geboren, groß und bedeutend, mannigfaltig ins Unendliche; schön und häßlich, gut und bös, alles mit gleichem Rechte nebeneinander existierend.« (zit. Goethe, Bd. 33, S. 14f.)

Goethes Schluß daraus ist vieldeutig, könnte fast sogar Sulzers Ziel, wenn auch nicht Herleitung von Kunst rechtfertigen:

»Und die Kunst ist gerade das Widerspiel; sie entspringt aus dem Bemühen des Individuums sich gegen die zerstörende Kraft des Ganzen zu erhalten.«

In der Musik ist eine Tendenz zu beobachten, dieses »Widerspiel« im flexiblen Einfühlen in das »schön und häßlich, gut und bös, alles mit gleichem Rechte nebeneinander« zu suchen. Hierzu empfiehlt sich die Musik durch eine ihrer Besonderheiten: Die Begriffslosigkeit.

»Die Töne der Musik sind keine willkürlichen Zeichen, denn es ist nichts, was man sich dabey denken wollte, verabredet; sie thun ihre Wirkung nicht durch etwas, das durch sie angedeutet würde, sondern durch sich selbst.« (Johann Jacob Engel, *Ueber die musikalische Malerey*, 1780, S. 6; zit. Becker, S. 83)
»Keine Kunst trifft doch so unmittelbar die Seele, wie die Musik; und es ist, als ob der Ton mit ihr von gleichem Wesen wäre, so augenblicklich und ganz vereinigt er sich mit ihr. Malerei, Bildhauerkunst und Baukunst sind todt gegen eine süße Stimme, oder überhaupt schon gegen reinen Klang. Dieser ist doch das Sinnlichste, was der Mensch vom Leben fassen kann.« (Wilhelm Heinse 1780 in einem Brief; zit. ebda., S. 86)

Diese begriffslose Übereinstimmung zwischen menschlicher Natur und Klängen ist aber nur möglich in der

»Instrumentalmusik, worin Fleiß wahren Gefühls und Schwung, Flug origineller Phantasie herrscht [...]« Sie »drückt so eignes geistiges Leben im Menschen aus, daß es jeder anderen Sprache unübersetzbar ist.« (Wilhelm Heinse, *Hildegard von Hohenthal*, 1795f.; Ausgabe Schüddekopf, Bd. IV, S. 40; Bd. V, S. 230)
»Keine Schatte von Anschauung. Alles regte sich nur im dunkelsten Abgrund deiner Seele, wie ein lebender Wind die Tiefe des Ozeans erregt.« (Johann Gottfried Herder, Werke Bd. IV, S. 161f.) »Gedanken zu bezeichnen, ist uns die Rede gegeben; Gefühle stammelt sie nur [...] Auch die Musik muß mehr Freiheit haben, allein zu sprechen [...] Ohne Worte, nur durch und an sich, hat sich die Musik zur Kunst ihrer Art gebildet.« (ders., *Kalligone*, 1800; Ausg. Begenau, Bd. II, S. 150f.)

Herders Ästhetik der Unmittelbarkeit und Unbestimmtheit in der Musik drückt sich darüber hinaus auch in seinem Eintreten – auch Dichtung betreffend – für »Sprünge«, »Würfe«, »Inversionen«, »Elisionen«, »Disparatheiten«, »Traumhandlungen« aus, die einem »Plane der Trunksucht und Unordnung« zu entstammen scheinen und »jedes Genie, jedes Dichters, und des Dramatischen Dichters insonderheit Erste und Einzige Pflicht« sind. (zit. Grimminger, S. 131; vgl. auch Köhler, S. 211f.)

Naturnachahmung, falls man diesen Begriff überhaupt noch verwenden will, beruht auf keinem System, folgt keinem Prinzip der Reflexion mehr, sondern besteht im individuellen, emphatischen Bezug zur ›äußeren‹ Natur, im Identifizieren mit ihrem scheinbar Regellosen. Das Bedenkliche, was Hauser an dieser Haltung hervorhob (vgl. S. 132), ist auch von Richard Sennett betont worden (S. 380) als

> »das Ergebnis eines langen historischen Prozesses, in dessen Verlauf sich das, was man als Natur des Menschen bezeichnen könnte, in jene individuelle, instabile, auf sich selbst bezogene Erscheinung umgeformt hat, die wir ›Persönlichkeit‹ nennen.«

Die ihr nun als typisch zugeschriebenen, von Herder für die Kunst geforderten Emphasen und Sprünge sind eben jene, die wir aus der erstarkenden Instrumentalmusik am Beispiel der Rondi und der »düsteren« c-Moll-Fantasie von Carl Philipp Emanuel Bach kennen. (vgl. S. 130) Gerade an diesem Stück vollzieht sich eine Szene, die für den Übergang von Nachahmungslehre zu neuer begriffsloser Gefühlsäußerung symptomatisch ist. Der Dichter Gerstenberg schlug 1767 dem Komponisten vor, die Fantasie als tragende Begleitung für zwei Monologe zu nutzen, deren Melodien sich aus den oberen Linien des Klaviersatzes ergeben sollten. Es waren die Abschiedsrede des Sokrates, dann der Monolog Hamlets, so als sollte im Zeichen der Todesnähe der Wechsel des Sturm und Drang vom antiken zum nordischen Ideal thematisiert werden. Die Textierung sollte den Mangel lindern – so Gerstenberg –,

> »daß die Musik ohne Wort nur allgemeine Ideen verträgt, die aber durch hinzugefügte Worte ihre völlige Bestimmtheit erhalten.«

Das hätte geheißen, den Prozeß umzudrehen, geradezu zu Mattheson zurückzukehren. Bach hat denn auch in seinem Lakonismus den Vorschlag mit den Worten abgelehnt: »Man kanns näher haben, wenn man Worte dazu nimmt.« Also: Dann sollte man gleich Vokalmusik schreiben oder – wie er 1773 dem hartnäckigen Gerstenberg antwortete:

> »Solange wir das Nähere haben können, dürfen wir, ohne Noth, das Weitere nicht suchen.« (zit. Schleuning 1973, S. 173, 178f.)

Wie aber sollte sich angesichts dieser Apotheose des Unbestimmten und Unbestimmbaren die so zurückgedrängte Vokalmusik realisieren lassen, wollte sie auch teilhaben am neuen Gefühlssturm? Hatte doch Goethe selbst in seinem Singspiel-Libretto *Erwin und Elmire* (1775) der Vormacht der Instrumentalmusik geradezu Vorschub geleistet, indem er der schweigenden Ergriffenheit des überraschend zusammengeführten Liebespaares die erstaunliche Anweisung hinzugesetzt hatte: »Die Musik wage es, die Gefühle dieser Pausen auszudeuten.«

Ein Versuch, das Unmögliche möglich zu machen und die »Natürlichkeit« des instrumentalen Gefühlsausdrucks in einer Quasi-Vokalmusik zu erhalten, war die Erfindung des Melodrams, in dem sich ganz im Sinne der Herderschen Funktionstrennung von Rede (Gedanken) und Musik (Gefühl) die Stimme aufs Sprechen zurückzieht, während die Instrumente dazu oder danach ungestört die Gefühlsreaktion geben. Die neue Gattung, gipfelnd in den Meisterwerken Georg Bendas, ging wiederum auf eine Anregung Rousseaus zurück, nämlich *Pygmalion* von 1770.

Daneben gab es jedoch auch die Möglichkeit, die Vokalmusik zu erneuern. Ein Beispiel hierfür geht von dem genannten Libretto Goethes aus. (Details und Quellenangaben bei Schleuning 1997) Die Handlung orientiert sich an einer Ballade eines englischen Romans, wendet dessen milde Empfindsamkeit aber in hochgespannte Dramatik um. Das Libretto wirkt wie der in den *Leiden des jungen Werther* – ebenfalls 1775 – ausgesparte aggressive Aspekt des Liebesdramas, wird doch die Wendung des Abgewiesenen gegen die Frau thematisiert. Dies geschieht in einer Ansammlung von Bild- und Stilelementen, die ein Ensemble aller bisher für die »Transformation« seit der Jahrhundertmitte und den Umschwung zum Sturm und Drang genannten Indizien bilden. Der Verschmähte flieht aus der kalten Atmosphäre der Stadt, dem »Schlund, der das Menschengeschlecht verschlingt«. (Rousseau, *Emile*, Ausgabe Stuttgart 1968, S. 151) Sein Ziel ist die wilde Natur – man meint, Monsignys Bühnenanweisung vor sich zu sehen. Er sehnt den Tod in der freien Natur herbei – wie so viele der für Heide und Abgründe Begeisterten und wie auch Elmire, die voll Reue ebenfalls in die Wildnis geflohen ist:

»Mit vollen Athemzügen
Saug ich Natur aus dir
Ein schmerzliches Vergnügen.
Wie lebt
Wie bebt
Wie strebt das Herz aus mir!
[...]

Verwildre dich Natur,
und stürme mir entgegen!
Die Winde sausen,
Die Ströme brausen,
Die Blätter rascheln
Dürr ab in's Thal.
Auf steiler Höhe
Am nackten Felsen
Lieg' ich, und flehe;
Im tiefen Schnee,
Auf öden Wegen,
Gestöber und Regen,
Fühl ich und flieh ich
Uns suche die Quaal.«

In dieser Wildnis soll ein Eremit ihr Hilfe bringen: »Wie im Paradiese! [...] Ein Schauer überfällt mich, da ich ihm nahen soll.« Wie bei Rousseau soll er die Liebenden wieder einigen. Daß er der Verschmähte in Verkleidung ist, gehört wohl zum Tribut, den Goethe der Gattung Singspiel gezollt hat.

Hier »am Busen der Natur« vermögen die beiden erst ihre wahren Gefühle zueinander zu erkennen und auszusprechen. Die wilde, ungezähmte Landschaft vermag erst die inneren Verstellungen zu lösen und die Wahrheit ebenso ungezähmt hervorzubringen. Die falsche Stadt war dazu ebensowenig in der Lage wie ein zugerichteter Garten, ob französisch oder englisch. Die reine Natur ist Spiegelfläche, Symbol und Auslöser für die innere Natur der Gefühle.

Zentrum des Singspiels ist das Lied *Das Veilchen*, und zwar in zwei Funktionen, zunächst als Verzweiflungslied Erwins – er als das zertretene Veilchen, das in die Gruft der Natur eingeht –, dann als das Zerknirschungs- und Reuelied Elmires – sie als die achtlose Schäferin, als Repräsentantin konventioneller Idylle.

ein klei-nes Weil-chen, bis mich das Lieb-chen ab - ge-pflückt und an dem Bu-sen
matt - ge-drückt, ach nur, ach ein ein Vier - tel-stünd-chen lang!
sf
3. Ach! A - ber ach! das Mäd-chen kam und nicht in acht das Veil-chen nahm, er-trat
p
f
das ar - me Veil-chen. Und sank und starb und freut' sich noch: und
p
sterb' ich denn, so sterb' ich doch durch sie! durch sie! zu ih-ren
cre - scen - do
a piacere
a tempo
Fü - ßen doch! Das ar-me Veil-chen! es war ein her - zigs Veil - chen.
f
p
arpeggio

Mozarts Vertonung stammt von 1785 (KV 476). Vorspiel und identische erste Gesangsphrase zeigen das geduckte Pflänzchen im Ideal der ›natürlichen‹ Melodie – jenem der zuvor besprochenen Linie -: kleinschrittig, rhythmisch und periodisch in einfacher, klarer und gleicher Dreiteilung. Der melodische Abstieg (katabasis) ist nicht nur Bildfigur (»gebückt«), sondern symbolisiert auch den mangelnden Wert (»unbekannt«), den des Niederen. In ähnlicher Funktion kennen wir den Abstieg aus dem *Scherzlied* von Graun (vgl. S. 97f.), nur daß dort der Symbolbezug weit vielschichtiger und heikler ist: Abstieg = Frühlingsende (»entweichen«).

Diesem Abstieg geht jeweils eine viertakte Folge von Dezimenparallelen mit Orgelpunkt g' (Mittelstimme) voraus. Es ist der geradetakte Pastorale-Typ, den wir aus Beispielen von Bach und anderen kennen. (vgl. S. 41ff.; auch die Tonart G-Dur stützt die Interpretation als Pastorale.) Mozart komponiert das Veilchen in die unschuldige Natur, eine unschuldigere, als sie mit einer 6/8-Pastorale darstellbar wäre, die doch sofort das modische Genre des anakreontischen Naturliedes heraufbeschworen hätte, mithin Assoziationsfelder von Religiosität oder gar Schäfererotik. Für den folgenden trällernden Auftritt der Schäferin hätte sich eine 6/8-Pastorale vielleicht geeignet, hätte aber einen Taktwechsel nötig gemacht, unmöglich in einem kurzen Lied zu jener Zeit.

Weder die Melodie des Veilchens noch die der Schäferin haben irgendeine Verbindung zur wilden Natur des Sturm und Drang. Diese wird in den folgenden Strophen in mehreren Stilstufen hergestellt. Und das Lied verläßt damit die Form des einfachen, den Text nur tragenden und kaum interpretierenden Stophenliedes, als das es sich ankündigte und wie es auch Goethe favorisierte. (Zitate dazu in Goethes Gedanken über Musik, S. 137ff.) Während Goethe solche Liedkunst schätzte, wie sie von seinem Freund Karl Friedrich Zelter und den Komponisten der zuvor dokumentierten Linie hervorgebracht wurde, stand er der eigenständig interpretierenden Musik in Schuberts Liedern offensichtlich kritisch gegenüber und soll auch über Mozarts Vertonung gesagt haben: »Da hat ja Mozart ein Drama aus dem Gedicht gemacht.«

Die Klage (Strophe 2), nicht »die schönste Blume der Natur« sein zu können, und die Sehnsucht nach solcher Schönheit, entfernen sich sinnigerweise von der ›natürlichen‹ Melodie, wenden sich nach Moll und zu Klagevorhalt und vermindertem Intervall in der Melodie und bedienen sich eines Begleitmusters, welches orchestralen und klavieristischen Trauermusiken und Lamenti eigen ist, nur kurz unterbrochen von einem auf Albertibässe gestützten, sehnsuchtsvollen Blick zum »Liebchen.« Die Katastrophe in Strophe drei kündigt sich durch eine harte, im Zeitverständnis ›unnatürliche‹ und absichtlich nicht satzreine Rückung D-Dur/Es-Dur an (nur durch Pausen verschleierte Parallelenfehler). Sie nimmt sodann ihren Lauf mittels jener Gattung, die schon immer in der Vokalmusik Gefühlsstürme trug, etwa in den großen Verzweiflungsszenen der Oper: des recitativo accompagnato. Die Klagevorhalte zum Tod des Veilchens sind dann begleitet vom Alternieren von Baßton und Akkorden in Achteln, das wir aus dem Beginn des Mozartschen *Requiem* kennen.

Mozart hat – offenbar gegen Goethes Intentionen – die drei Strophen zum Anlaß eines freien Affektwechsels auf kleinstem Raum genommen und sich, damit dies auch in der Vokalmusik möglich werde, deren eigener freier Traditionen bedient, vor allem aber der Technik der schnellen Stil- und Gattungssprünge, die inzwischen in der Instrumentalmusik gang und gäbe war. Musterhaft hierfür: Die Klavierfantasien von Carl Philipp Emanuel Bach. Genau zwanzig Tage vor dem Lied hatte Mozart sein bedeutendstes Werk dieser Art geschrieben, die große Klavierfantasie in c-Moll (KV 475; 20. Mai 1785). Und viele der unabhängigen Elemente des Liedes, vor allem was die Folge der Begleitmuster betrifft, gehen auf Anfangs- und Schlußabschnitte der Fantasie zurück. Da deren semantischer Gehalt sich als Ausformung von Schmerzen, Verzweiflung und Todesklage entschlüsseln läßt (vgl. Schleuning 1973, S. 334ff.), bilden Lied und Klavierstück offenbar ein inhaltliches Zwillingspaar. Auch der Prototyp instrumentaler Gefühlsstürme, das Klavierkonzert d-Moll, ist 1785 entstanden, so daß man dieses Jahr vielleicht als Mozarts Sturm und Drang-Jahr bezeichnen könnte. (vgl. Schleuning 1991)

Als Verzweiflungsszene droht *Das Veilchen* die Gattung Lied zu verlassen, wie es dann im Quasi-Lied *Als Luise die Briefe ihres ungetreuen Liebhabers verbrannte* der Fall ist (KV 520 von 1787), wenn nicht Mozart einen Rahmen, einen Rückbezug zum Anfang ersonnen hätte. Nach einem frei erfundenen Zusatz als recitativo secco (»Das arme Veilchen!«) folgt die Wiederholung des ersten Phrasenschlusses (»Es war ein herzigs Veilchen«). Der Kunstgriff kann architektonische, der Einheit dienliche Züge als Grund haben, aber auch inhaltlichen Reflexionen entspringen. Denn Mozart scheint das Lied in der Fassung Elmires zu verstehen, die es in Erinnerung an den von ihr Verstoßenen singt. Nur so jedenfalls ließe sich erklären, daß nicht der Tod den Abschluß bildet, sondern das Bedauern über das Schicksal des armen Veilchens Erwin. Der Zusatz macht es unmöglich, Mozart jene Interpretation von Natur zuzutrauen, die Goethe drei Jahre vor Herstellung des Librettos geäußert hatte: »[...] Kraft, die Kraft verschlingt [...], tausend Keime zertreten [...]« (vgl. S. 150) Zertreten! Läßt sich aber Goethes Liedtext als Poetisierung seiner ganz unsentimentalen, vitalistischen Position verstehen – die Schäferin als Verkörperung der »verschlingenden« Natur, die das Veilchen »ertrat«?

Die Folge der Strophe 1 und der Strophen 2/3 in Mozarts Vertonung wirken wie das Dokument eines zweifachen Überganges, einmal eines Überganges von der traditionellen, in Gefühlsgrenzen gefesselten Stadtkultur zum freien Gefühlssturm in der wilden Natur, dann eines Überganges von den Einheitsprinzipien des Großteils der herkömmlichen Vokalmusik zu denen der neuen Herrscherin Instrumentalmusik. Die Ziele beider Übergänge sind unterschiedliche Ausformungen des gleichen neuartigen Verständnisses von äußerer und innerer Natur, von Landschafts- und Seelenbewegung.

Noch einige Bemerkungen, die bedeutsam für den Naturbezug des Liedes und allgemein für das sich wandelnde Naturverständnis im bürgerlichen Gefühlsausbruch sind, aber auch vorausweisen auf die Besprechung von Opern, vor allem die Frage der Geschlechterdifferenzierung in Mozarts *Don Giovanni*.

Die häufige Ineinssetzung von Blumen und Menschen – *Ich ging im Walde so für mich hin, Sah ein Knab ein Röslein steh'n* – entspricht Goethes pantheistischer Haltung und ist daher nicht als einseitiges Verhältnis zu begreifen, etwa dasjenige einer Symbolisierung. (vgl. *Metamorphose der Pflanzen* 1789) Nicht nur erscheint der Mensch in der Pflanze, sondern er erkennt sich auch in ihr, vollzieht eine intime, verschmelzende Wendung an die Natur, bei der nicht die äußere Natur der inneren des Menschen gegenübersteht, sondern mit ihr einen organischen Zusammenhang bildet. Dieser ist im *Veilchen* noch dadurch verdichtet, daß Goethe eine Pflanze gewählt hat, die zwar in ihrer althergebrachten Bedeutung für Inhalte wie Unschuld, Bescheidenheit, Frühling und Lust auch als Symbol fungieren kann, darüber hinaus aber geschlechtlich indifferent, da sächlich ist, dies eine Besonderheit der deutschen Sprache. So kann *das* Veilchen Mann und Frau vertreten und ist in der Zuordnung zu einer Person nicht unbedingt an die Singspielhandlung, also die Gleichsetzung mit dem verschmähten Erwin gebunden. Auch eine unterlegene Frau könnte im Veilchen gespiegelt sein. Das Mitleid mit der Pflanze kann sich also auf beide menschlichen Geschlechter beziehen. Hat Mozart dem mit dem häufigen Wechsel der beiden Ton-»Geschlechter« Dur und Moll entsprochen, oder ist er dabei nur dem Affektgang des Textes gefolgt? Hat er nicht das leidende Veilchen deshalb in Dur auf- und abtreten lassen und ihm dadurch mehr geschlechtliche Ambivalenz gegeben, als es im Mollton möglich gewesen wäre, der hier erst mit der Klage der zweiten Strophe einzieht?

Das Zwitterhafte, geschlechtlich Uneindeutige, für Goethe immer wieder faszinierend, scheint auf diese Weise im *Veilchen* präsent und geht als Darstellungsart des Geschlechtlichen weit über jene repressiven Symbolisierungen hinaus, die das aufstrebende männliche Bürgertum der Frau zuordnet, indem es sie von den geistigen und praktischen Errungenschaften der Aufklärung ausschließt und als Vertretungsfigur der reinen, unschuldigen Natur anbetet. In dieser scheinhaften Heiligung und Verehrung werden all jene Fantasien und Techniken der Naturbeherrschung entlarvend deutlich, deren ausbeuterische Züge im Lobpreis des »Tempels der Natur« verschleiert sein können. (hierzu Carolyn Merchant, *Der Tod der Natur*, vor allem S. 177ff., 256ff.) »Die Identifizierung des Weiblichen mit der Natur, die es zu dressieren, zu unterdrücken, ja auszumerzen galt« (Vietta, S. 61), ist an zahllosen Äußerungen von Rousseau bis Schiller nachzuweisen. Hier eine kleine Zitatenauswahl aus jener so erfolgreichen Irrlehre, es sei »die besondere Einrichtung der Natur«, daß »nur das eine Geschlecht sich tätig, das andere aber sich lediglich leidend verhalte«, und daß die Frau dazu da sei, »einen Mann, nicht sich selbst, zu befriedigen [...] Solcher Trieb heißt Liebe. Liebe ist Natur, und Vernunft in ihrer ursprünglichsten Vereinigung.« (Johann Gottlieb Fichte, *Sittenlehre*, 1789; zit. Vietta, s. 63; die folgenden Zitate nach Bovenschen, S. 165, 233, 159, 181, 240, 229)

Rousseau 1761 (*La nouvelle Héloïse*):
»Allein schon durch das Gesetz der Natur sind die Frauen ebenso wie die Kinder dem Urteil der Männer ausgesetzt [...] So muß sich die ganze Erziehung der Frauen im Hinblick auf die Männer vollziehen.«

So auch Kant (*Anthropologie in pragmatischer Hinsicht*):
»Kinder sind natürlicherweise unmündig und ihre Eltern die natürlichen Vormünder. Das Weib in jedem Alter wird für bürgerlich-unmündig erklärt; der Ehemann ist ihr natürlicher Kurator.«

Herder, Rousseau interpretierend, 1770 in einem Brief:
»So abscheulich in meinen Augen ein gelehrtes Frauenzimmer ist, so schön, dünkt mich, ists für eine zarte Seele wie sie, so zarte Empfindungen nachfühlen zu können [...] Sie haben Recht, daß ich auf das gelehrte Frauenzimmer vielleicht zu erbittert bin; aber ich kann nicht dafür: es ist Abscheu der Natur.«

Kant (*Beobachtungen über das Gefühl des Schönen und Erhabenen*):
»Der Inhalt der großen Wissenschaften des Frauenzimmers ist [...] der Mensch und unter den Menschen der Mann. Ihre Weltweisheit ist nicht Vernünfteln, sondern Empfinden.«

Schiller 1796 (*Die Würde der Frauen*):
»In der Mutter bescheidener Hütte sind sie geblieben mit schamhafter Sitte, treue Töchter der frommen Natur.«

Kant (a. a. O.):
»Gefühl vor Schilderungen von Ausdruck, und vor die Tonkunst, nicht so ferne sie Kunst sondern Empfindung äußert.« (vor = für; zur musikspezifischen Seite dieses Frauenbildes vgl. Hoffmann, vor allem Teil I und II)

Wie unverblümt die argumentativen Versatzstücke solcher Naturideologie diskriminierend eingesetzt werden, zeigt sich auch bei dem schon mehrfach als idealem Transporteur herrschender Meinungen zitierten Lavater, wenn er seinen angeblich so unbestechlichen Blick auf die Geschlechterunterschiede richtet (Bd. III, 1777; NA S. 263ff.; zu Lavater vgl. Böhme, S. 198ff.):

»Männliches und weibliches Geschlecht.

Ueberhaupt, (ich sage nichts, und kann und will nichts sagen, als das Bekannteste) überhaupt, wie viel *reiner, zarter, feiner, reizbarer, empfindlicher, bildsamer, leitsamer, zum Leiden gebildeter* ist das weibliche Geschlecht, als das *männliche*!

Der erste innerste Grundstoff ihres Wesens scheint weicher, reizbarer, elastischer zu seyn, als der männliche! Geschaffen sind sie zu mütterlicher Milde und Zärtlichkeit! All' ihre Organen zart, biegsam, leicht verletzlich, sinnlich und empfänglich. -
Unter tausend weiblichen Geschöpfen kaum Eins ohne das Ordenszeichen der Weiblichkeit – Weichheit, Rundheit, Reizbarkeit.
Sie sind Nachlaut [Echo] der Mannheit ... vom Manne genommen, dem Mann unterthan zu seyn, zu trösten ihn mit Engelstrost, zu leichtern seine Sorgen; *selig durch Kindergebähren und Kinderziehen zum Glauben, zur Hoffnung, zur Liebe.*
[...]
Sie *denken* nicht viel, die weiblichen Seelen; *Denken ist Kraft der Mannheit.*
Sie *empfinden* mehr. *Empfindung ist Kraft der Weiblichkeit.*
[...]
Der *Mann* trinkt mit offenem Blicke einen grauenvollen Gewitterhimmel, und fühlt sich froh und ernst, wenn die Majestät der furchtbaren Wolken ihn überströmt.
Das *Weib* zittert dem Blitz und dem kommenden Donner entgegen, und verschließt sich bebend in sich selber, oder in den Arm des Mannes.
[...]
Ein *Weib* mit einem *Bart* ist nicht so *widrig*, als ein *Weib*, das den *Freygeist* spielt. *Sie sind zur Andacht und Religion gebildet*, die weiblichen Geschöpfe.«

Wie unter diesen Voraussetzungen der bürgerliche Mann die Liebe versteht, wie die neuartige »Tyrannei der Intimität« (Sennett) sich mit der gierigen Verehrung der Frau als heiligem, aber auch hilflosem Naturgegenstand zu einem Amalgam von märtyrerhaftem Selbstmitleid und gewalttätigem Zugriff verbinden kann, führt ein Brief von Gottfried August Bürger von 1779 an seine Angebetete vor. (zit. Lahnstein, S. 41) Die Parallele dieser Art von Liebesrausch zur Eroberung und Ausbeutung ferner Kontinente ist augenfällig:

> »Könnte ich dich mir damit erkaufen, daß ich nackend und barfuß durch Dornen und Disteln, über Felsen, Schnee und Eis die Erde umwanderte, o so würde ich mich noch heute aufmachen, und dann, wenn ich endlich verblutet, mit dem letzten Fünkchen Lebenskraft, in deine Arme sänke, und aus deinem liebevollen Busen Wollust und frisches Leben wiedersöge, dennoch glauben, daß ich dich für ein Spottgeld erkaufet hätte.«

Der Mann als Kind, den Sehnsuchtsblick auf die Nährerin, die Quelle von Leben und Liebe gerichtet, auf die vollkommene Natur, die noch sterbend erobert werden muß: Auch das *Veilchen* kann so aufgefaßt werden, allerdings kaum aus der Sicht Mozarts.

2. *Arkadien als Steinbruch*

2.1. »Ach, ich habe sie verloren«: Natur und Pastorale in Oper und Hymne

> Franz Schubert am 16.6.1816 zu Ehren seines Lehrers Salieri:
>
> »... die reine, heilige Natur zu blicken, muß das höchste Vergnügen dem Künstler seyn, der von einem Gluck geleitet, die Natur kennen lernt, u. sie trotz der unnatürlichsten Umgebungen unserer Zeit erhalten hat.«

2.1.1. Gluck und Mozart

Die Gattung Oper ist bisher an Beispielen von Graun und Rameau besprochen worden. (Teil II) Im Lichte der vorangegangen Ausführungen erscheinen sie als Ausprägungen jener beiden Linien musikalischer Naturdarstellung, die in harmonischen, ausgeglichenen Lied- und Satzformen zu erkennen sind – idealtypisch im Pastorallied des Singspiels – und im Wechselbad der neuen Instrumentalmusik – idealtypisch in den Fantasien und Rondi Carl Philipp Emanuel Bachs. Dabei findet zwischen den Linien ein Austausch statt, ob Elemente alter und neuer Liedtypen in den instrumentalen Gefühlssturm eindringen oder dessen Brüche und Sprünge in die vokale Idylle. Solche Durchdringungen kennzeichnen nicht durchgehend, aber zunehmend den Gang der Komposition. Sie sind ein Spiegel der Auflösung älterer ästhetischer Positionen wie jener der Naturnachahmung und zugleich der neuartigen Abhängigkeit künstlerischer Produktion von individuellem Empfinden und Einfühlen.

Blickt man auf den Endpunkt dieses Durchdringungsprozesses um und nach 1800 und vergleicht dabei die Werke von zwei Antipoden wie Beethoven und Rossini, so kann man den Eindruck gewinnen, die Durchdringung habe im ersten Fall grundlegend gewirkt, im zweiten so gut wie gar nicht stattgefunden. Vielleicht vollzieht sich der Prozeß ungleichartig, eventuell hauptsächlich abhängig davon, ob die Komponisten mehr auf dem Gebiet der Instrumental- oder der Vokalmusik arbeiten. Ist die Vokalmusik weiterhin eine Barriere für Gefühlsbrüche, oder gibt es in beiden Musikarten lediglich wechselnde Intensitäten des Austausches, nicht auf einen Nenner zu bringen? Überblicken wir in den folgenden Abschnitten, um klarer zu sehen, einige Beispiele aus den repräsentativen Gattungen der Vokalmusik, vornehmlich der Oper und der Hymne, später dann auch aus dem Oratorium und aus Gattungen der Instrumentalmusik.

Wenn je das Werk eines Komponisten des 18. Jahrhunderts mit dem Begriff Natur verbunden worden ist, dann ist es dasjenige von Christoph Willibald Gluck. Es hebe seine »Gesangweise die simple Natur« hervor (Burney 1773, S. 291), er habe sich in *Orfeo ed Euridice* (1762) konzentriert auf die Wiedergabe der »Gefühle, die der einfachen Natur abgelauscht waren« (Textdichter Calzabigi), »in der Natur alle Töne des wahren Ausdruckes aufgesucht und sich derselben bemächtigt« (Sonnenfels 1767), in seiner Musik getrachtet, die »Natur auf ihrem Throne zu befestigen« (Wieland 1775), und sie »wieder ins Gewand der Natur kleiden« wollen. (Schubart 1777; zit. Kunze S. 385, 399, 401) Schubarts Verwendung des Wortes »wieder« und sein Zusatz, die Musik »so sehr zu vereinfachen, als es irgend möglich ist«, sei Glucks Verdienst, weisen darauf hin, wogegen sich Gluck wendete. Es waren die Typisierung, die Virtuosenkunst und die Ungradlinigkeit im Handlungsablauf der italienischen Operntradition. Demgegenüber machte sich Gluck die Ideale der klassischen französischen tragédie en musique zu eigen, wenn auch auf einer neuen stilistischen und ästhetischen Stufe, etwa in der »naturalità« und der »bella simplicità« der Handlungsarie (aria parlante), also der Unterordnung der erstarrten Kompositionstypen, Handlungselemente und Affektmuster unter eine leitende, durchgehende Dramaturgie. Die deklamierende Textbehandlung, auch weitgehend in den Arien, konfrontierte er dem Koloraturenwesen und der ausschweifenden Textwiederholung der italienischen Oper (vgl. Dahlhaus 1985, S. 242) und setzte in dieser Hinsicht fort, was der italienische Reformtheoretiker Algarotti schon 1754 gefordert hatte und was im Folgejahr – durchaus auch auf Anregung Algarottis – in Grauns und Friedrichs II. *Montezuma* teilweise verwirklicht worden war.

Diese Ästhetik der »hohen Einfachkeit« im unbeirrten Festhalten an einem Grundkonflikt und Grundaffekt (Dahlhaus 1989, S. 269) beanspruchte bei Gluck die Qualität der Wahrheit, deren erhabene Dramatik auch vor gewalttätigem Zupacken nicht Halt machte. Sarkastisch formuliert Gluck die Gegenposition, die er seinem Pariser Gegner Piccinni zumißt – im Ergebnis Goethe sehr nah (vgl. S. 149f.):

> »Ich will nicht die Natur nachahmen, ich will sie verschönern. Statt Armida klagen zu lassen, soll sie Sie bezaubern.« (12. Oktober 1777)

Damit trennt er sich von der Forderung nach harmonisierender Naturnachahmung, wie wir sie von Mattheson kennen, ohne aber die Grenze zu den Brüchen und Gefühlsstürzen der Geniezeit zu überschreiten. Der »Humanitätston, der von sich aus auf Allgemeinheit zielt« (Dahlhaus 1989, S. 271), manifestiert sich in Melodien, die wirken wie ein Seitenstück zu den Winckelmannschen Vorstellungen der »edlen Einfalt und stillen Größe« in den Werken der Antike und dementsprechend ihren Antrieb fast ausnahmslos aus Stoffen jener Epoche gewinnen, der allgegenwärtigen Hauptquelle für die sozusagen offizielle Naturnachahmung, ob idyllisch oder erhaben. Das bekannteste Beispiel ist jene Arienmelodie des Orpheus, die man heute noch auf dem Denkmal Glucks in Erasbach, seinem fränkischen Geburtsort, in Noten nachlesen kann. (Akt III, Szene 1)

Wie viele Melodien Glucks zeigt auch diese bei allem Schmerz des verlassenen Orpheus »allgemeine schöne menschliche Natur«, wie der Dichter Heinse rühmt (zit. Finscher, S. 139) und damit recht deutlich auf die zeitgenössische Bewertung antiker Statuen anspielt. Und, als wolle er die Wahl von Dur statt Moll in Mozarts *Veilchen* rechtfertigen (vgl. S. 157), findet er »die harte Tonart zum Ausdruck der Stärke meisterhaft gewählt.« (Wir erinnern uns an die gleiche Wahl von C-Dur für den Riesen Goliath bei Kuhnau; vgl. S. 17) Die gewollte Einfachkeit der Melodie konnte aber auch als wenig erhaben, nämlich als eher niedrig eingeschätzt werden, so von dem Reisenden in Sachen Musik, Charles Burney, da »die meisten Arien in seiner Oper Orpheus so plan und simpel sind, als die Engländischen Balladen.« (1773, S. 195) Der deutsche Übersetzer Ebeling setzt dem letzten Terminus in ekkigen Klammern hinzu »Gassenhauer«, da es offenbar noch keinen allgemein akzeptierten Begriff für die Lieder der unteren Volksklassen gibt, sprich: Volkslied.

Ob mit antiker Größe verglichen oder mit volksliednaher Einfachkeit – Glucks Melodien lösen Assoziationen aus, die Natur betreffen. Um dies zu erreichen, bedient sich Gluck schon sehr früh wie zuvor Telemann (vgl. S. 96) eines Mittels, mit dem später, etwa bei Beethoven und Bruckner, ›elementare‹ Großartigkeit vermittelt wird. Es ist die Konzentration oder auch Reduktion der Melodik auf die ›Natur‹-Intervalle des Dreiklangs und seiner Umkehrungen, also Terz, Quart, Quint und Oktave. Eine andere berühmte Melodie der Oper, das Oboen-Vorspiel zur Arie *Che puro ciel* (Akt II, Scene 2), führt dies vor:

Die Arie ist in zwei früheren Werken Glucks bereits als Begleiterin eines Naturbildes und als Symbol der Sehnsucht nach ewigem Frieden verwendet worden. Ihre Wiederaufnahme ist typisch für Glucks Festhalten an bestimmten Musikstücken, die »zeit seines Lebens ihren jeweiligen Ausdruck gültig verkörperten.« (Hortschansky 1973; zit. Dahlhaus 1989, S. 245) Hier ist es die Bewunderung des Orpheus für die elyseischen Felder, die er auf seinem Wege in die Unterwelt durchschreitet. Der Text lautet in wörtlicher Übersetzung:

> »Welch reiner Himmel, welch klare Sonne, welch neues, heiteres Licht ist dies doch! Welch betörende Harmonie ergeben zugleich der Gesang der Vögel, das Fließen der Bäche, das Säuseln der Lüfte! Dies der Aufenthalt der beglückten Helden!...«

Das Starke dürfte wie im vorangegangenen Beispiel die Wahl der Tonart C-Dur ausgelöst haben. Vielleicht ist sie inzwischen wie dann später (Haydn) zugleich Symbol des hellen Lichtes, wobei die »klare Sonne« beide Bedeutungen in sich vereinen würde entsprechend dem unbesiegbaren Sonnengott der Antike (sol invictus): Die Leitung der Proben eines Werkes durch den Komponisten sei ebenso wichtig wie »la presenza del sole nell'opera della natura.« (Vorwort im Partiturdruck von *Paride ed Elena* 1770; zit. Finscher, S. 143) Was Ton- und Taktart,

Rhythmik und Intervallgang betrifft – nicht das Tempo –, wird sich Beethoven im zweiten C-Dur-Thema des Finale der 5. Sinfonie wohl auf Glucks Elysium-Melodie bezogen haben. Die Übereinstimmung könnte zur Klärung der Semantik der Sinfonie und ihres Zieles beitragen, auch unter Einbeziehung anderer, ebenso ›elementarer‹ Melodien

Warum ist dieses Naturbild antiker Herkunft, dieser locus amoenus, wie er nicht schöner beschrieben werden könnte, von Gluck nicht als Pastorale komponiert worden? Warum erzwingt der textliche Topos nicht den musikalischen?

Vor der Beantwortung dieser Frage einige Gedanken zur Pastorale bei Gluck allgemein. Sind in der Orpheus-Oper die Taktarten noch gleichmäßig gemischt – von 32 Musikstücken stehen 19 in ungerader Taktart, der Voraussetzung für Pastoralen –, so scheint es, als habe Gluck in späteren großen Opern geradezu eine Abstinenz gegenüber der ungeraden Taktart entwickelt, so als sei sie zu weich, zu rund für die kantige Größe der Gluckschen Antike. In der musikalischen Tragödie *Iphigénie en Tauride* (1779), diesem Hort ›elementarer‹ Melodik, gibt es nur zwei Gesangsnummern in ungeradem Takt (Nr. 18 und 19), vorbehalten dem Chor der Priesterinnen und der klagenden Iphigenie, vorbehalten also Frauen! Und die Oper beginnt mit einer kurzen Darstellung der »Ruhe« vor dem »Sturm« (»calme« und »tempête«), die in ungeradem Takt und mit einigen Zügen der Pastorale das Bühnenbild mit heiligem Hain und Diana-Tempel beleuchten soll. (Zu der Unwettermusik vgl. G. Busch, S. 186f.; allgemein zu Sturmarien Celletti, S. 120ff.)

Ähnlich ist es in *Armide* (1777), wo es lediglich eine kleine Ballett-»Sicilienne« und – nach einem Chor des Hasses gegen die Liebe – eine Ballett-Pastorale in A-Dur gibt, vielleicht als Zeichen des Trostes für Armida. (Akt V, Scene 2 und III/4). In Akt II/Scene 4 erzwingt aber der locus amoenus, verkörpert von Najadengesang (»Aux temps heureux«), dann doch eine echte vokale Pastorale, die dadurch frappiert, daß ihre Anfangsmelodie derjenigen von Telemanns *Landlust*-Kantate entspricht. (vgl. S. 91f.)

Will man nicht der recht unwahrscheinlichen Möglichkeit huldigen, Gluck habe sich auf Telemann bezogen, so wird man der auf Arnold Schering zurückgehenden Theorie der durch die Kompositionsgeschichte wandernden, inhaltsabhängigen »Symbole« zuneigen müssen, zumal sich die Telemannsche Melodie ja bereits – bewußt oder unbewußt – auf die ebenfalls Natur betreffende Choralzeile gestützt hatte »und leuchtet als die Sonne« (Text 17. Jahrhundert). Im *Rosenkavalier* wird man eine recht ähnliche ›Naturformel‹ als punktierte Pastorale hören, und zwar bei Übergabe der Rose. Das Blumenbild hat wohl auch die Melodie des Pete Seeger-Liedes *Sag mir, wo die Blumen sind* bestimmt. Vielleicht könnte man wie oben im Falle der 5. Sinfonie im Umkehrschluß eine Inhaltsbestimmung von instrumentalen Melodien wagen, auch wenn die Taktart gerade ist, etwa für den Anfangssatz des Beethovenschen Violinkonzertes. (Der Schlußsatz ist ohnehin eine »glatte« Pastorale im 6/8-Takt.)

Der locus amoenus vermag demnach auch bei Gluck Pastoralen auszulösen, etwa wenn Naturwesen wie die Najaden singen oder ein Naturbild wie der heilige Hain mit Klängen zu beleben ist. Dies ist auch der Fall unmittelbar vor der elyseischen Orpheus-Arie, wo die Bühnenanweisung ganz ähnlich wie der folgende Arientext die außerweltliche Idylle beschreibt (zit. nach Urtext, Kassel 1962):

> »Entzückend durch grünende Haine und Blumen, die die Wiesen überziehen, durch schattige Plätze, die hier sich ausbreiten, Flüsse und Bäche, die sie bewässern.«

Es erklingt eine Ballett-Pastorale mit allen typischen Elementen: F-Dur, ungerader Takt, Orgelpunkte, kleinschrittige Melodik in Terzen- und Sextenparallelen. Die ›glatte‹ Rhythmik ist offenbar der Reflex auf die Heiligkeit des Ortes.

Die Schreibung des pastoraletypischen 6/8-Taktes als zwei 3/4- (oder 3/8-) Takte ist uns bereits bekannt (vgl. S. 50, 93, 139) und ist durch das Absterben der älteren 6/4-Schreibung für langsames Tempo erzwungen. (vgl. auch Bsp. S. 172) Ihre Rektifizierung als 6/4-Takt würde bedeuten, nicht – wie häufig zu hören – jeden, sondern jeden zweiten Taktanfang zu akzentuieren, was der Vorstellung einer irrealen, schwebenden, himmlischen Idyllenwelt sehr zugute kommen würde. (Sonst gibt es in der Oper nur noch eine kurze Ballett-Pastorale einfacherer Art kurz vor Schluß und einige pastorale Taktgruppen im Schlußchor von Akt II.)

Überblickt man das Gesagte, so wird man die gestellte Frage so beantworten müssen: Die Pastorale ist für Gluck dann nicht geeignet, wenn der locus amoenus heldisch bestimmt ist oder als Hintergrund großer Gefühle erscheint. Und das ist – wie in der Arie *Che puro ciel* – sehr oft der Fall. Die Pastorale gehört nicht dem hohen, erhabenen Stil an, sondern dem mittleren, wenn nicht je nach Ambiente auch dem niederen, etwa in Grétrys Bauerntänzen. (vgl. S. 172) Im christlichen Traditionszusammenhang ist sie für antike Stoffe ohnehin unpassend, im antik-idyllischen offenbar zu niedrig, im zeitgenössisch-anakreontischen zu zeitgebunden, zu sehr gängigen Topoi und Genres verhaftet, um der großartigen, auf Überzeitlichkeit zielenden Geste der Gluckschen Stoffe und Musik gerecht werden zu können.

Nachbemerkung

Die Rolle des Orpheus wurde nicht nur bei der Uraufführung, sondern auch bei zahlreichen Aufführungen in ganz Europa unter stärkstem Beifall von einem Wesen gesungen, das für viele Bürgerliche als Symbol der Unnatürlichkeit galt, als menschliches Gegenstück der gestutzten fürstlichen Gärten – von einem Kastraten, dem berühmten Gaetano Guadagni. (Dazu Ortkemper, S. 214ff.) In der zweiten ›Reformoper‹ Glucks, der *Alceste*, gab es dann keine Kastratenrollen mehr. Jedoch hatten sich alle übrigen Komponisten – auch Mozart –, soweit sie auf das Personal von Hoftheatern angewiesen waren, auf das Komponieren für Kastraten einzustellen. Die offenbar unglaubliche Gesangkunst einiger – nicht aller – Kastraten konnte überschwenglich gepriesen werden: Im Sänger Marchesi »scheint die Natur alle ihre Vorzüge und Gaben vereinigt zu haben.« (Forkel) Hier ist Natur als Hervorbringerin verstanden, als Ersatzmedium der göttlichen Hand. Sonst aber überzieht ein Band von Empörung gegen das Kastratenwesen das Jahrhundert, und nicht nur in Deutschland, stets unter Verweis auf Natur in einem weiteren Verstande, dem der Menschenrechte und der bürgerlichen Freiheitsvorstellungen. (›Vernunft‹, sonst häufig Austauschbegriff zu ›Natur‹, wird bei diesem Thema nicht bemüht, hat offenbar keinen argumentativen Ansatzpunkt.)

»Unvermögende«, die »schon von Natur dem Charakter widersprechen«, nämlich dem von Königen und Helden auf der Bühne (Scheibe); »barbarische Väter, die die Natur dem Profit zum Opfer bringen« (Rousseau); »schreckliche Verbrechen wider die Natur« (Burney); »zur Schande der Natur« (Arteaga); »Gott und seine herrlich eingerichtete Natur hassen alle Verstümmelungen«, »Gott und die Natur gebieten, daß man mit Frauenzimmern Diskant und Alt [...] besetzen soll. Übertritt man dieses Gesetz, so rächt sich Mutter Natur durch Mißklang und widrigen Eindruck.« (Schubart; alle Zitate mit Quellenangaben bei Ortkemper, S. 300ff.)

Und Schubart setzt zum Schluß noch hinzu: »Wer, wie die Deutschen, die Kunst versteht, Frauenzimmer gehörig zu bilden, bedarf der Eunuchen nicht.« Und Mozart – um auf diesen überzuleiten – auch nicht ganz ohne chauvinistischen Beigeschmack: »wir haben ja einen Castraten; – sie wissen ja was das für ein thier ist?« (7.8.1778; Briefe II, S. 440)

Während Gluck, ausschließlich auf die Oper konzentriert, seinem Bild von antiker Naturgröße mit einem von Typen und Topoi gereinigten Stil quaderförmiger Erhabenheit zu entsprechen sucht, ist Mozart in dieser Hinsicht gänzlich ungrundsätzlich. Er ist gleichermaßen an Vokal- wie Instrumentalmusik interessiert und greift alle Stile, Gattungen und Typen ohne Berührungsängste oder ideologische Bedenken auf, um sie zu mischen und nach Bedarf und Zusammenhang zu modifizieren. Bezeichnend für seine flexible und durch und durch praktische Einstellung ist eine Bemerkung aus einem Brief vom 24.12.1783, in dem er, das Wahrscheinlichkeitspostulat der Nachahmungslehre im Hintergrund, Details des Librettos seiner unvollendeten Oper *L'oca del Cairo* (Die Gans von Kairo, KV 422) reflektiert:

»ferners ist es auch viel natürlicher daß, da sie im quartett alle einig sind, ihren abgeredeten anschlag auszuführen, die Männer sich fort machen um die dazugehörigen leute aufzusuchen, und die 2 frauenzimmer ruhig sich in ihre clausur begeben [...] auf ihren guten Einfall dem Biondello im thurm zu bringen, bin ich sehr begierig. – wenn er nur komisch ist, wir wollen ihm gerne ein bischen unnatürlichkeit erlauben.« (Briefe III, S. 298)

In Mozarts Musik Natur und Natürlichkeit zu zeigen, ist ein Unterfangen, das, um überhaupt auf wenigen Seiten ein wenig Einsicht zu erlangen, eine schon brutal zu nennende Einschränkung verlangt. Die Nachahmung der äußeren Natur ließe sich an dem großartigen, vom Chor unterstützten Seesturm des *Idomeneo* zeigen (vgl. G. Busch, S. 169f., Bockmaier, S. 245ff.), die Darstellung der inneren Natur an den Affektzeichnungen der Trauer- und Liebesarien aus *Le nozze di Figaro* (vgl. Dahlhaus 1989, S. 261f.; Höllerer; Natošević, S. 34ff.), das Integrieren von Naturwissenschaft an der Analyse von *Cosi fan tutte* (vgl. Khittl, S. 40ff.), die Natursymbolik der Freimaurer an der *Zauberflöte* (vgl. Irmen), die ›natürliche‹ Melodie – im Unterschied zu der Glucks ganz unstatuarisch –, ob kunstvoll oder volksliedhaft, an zahllosen instrumentalen und vokalen Beispielen. Im Spätwerk Mozarts – falls man von einem solchen sprechen kann – ließe sich dann eine schwer zu beschreibende Mischung ›künstlicher‹ und ›natürlicher‹ Stilelemente zeigen, offenbar ein kompositorischer Neuansatz Mozarts auf dem Wege zu populärer Klassizität. Als typisch für diese Verbindung können Klarinettenkonzert und -quintett gelten.

Angesichts der Fülle solcher Naturelemente bei Mozart könnte man ihn als zweiten Heroen der Natur-Komposition der Zeit neben Gluck stellen wollen. Jedoch wäre dies ein Zerrbild, gewonnen aus späterer Götterlieblings-Perspektive. Denn wie Glucks Musik teilweise wegen allzu großer Simplizität getadelt wurde, so die Mozarts mehrfach aus genau dem gegenteiligen Grund – »zu ernsthaft«, »zu geschwätzig mit den Blas-Instrumenten«, denn sie »verdunkeln« und »verwirren« die Harmonie und »stöhren den Sänger im Vortrage«; »Nicht weniger verdunkelt das zu große Kunstgewebe [...] den fließenden Gesang«, überhaupt fehle es »an Einheit des Styls«. So der Freiherr von Knigge 1788 über Die *Entführung aus dem Serail.* (Mozart. Dokumente, S. 287f.)

Diese düstere Seite soll uns Mozart später an einem Satz eines Klavierkonzertes zeigen. Wir wenden uns zunächst dem *Don Giovanni* (1787) zu und beobachten darin wiederum jenes Detail, das den Naturbezug garantiert und dessen Betrachtung schon bei Gluck ertragreich war: die Pastorale. Sie zu untersuchen, beruht nicht auf Bequemlichkeit. Im Gegenteil leistet die Oper bei der Suche nach dem tradierten Natur-Zeichen einigen Widerstand. Die Suche offenbart aber Erstaunliches über Mozarts Umgang mit der Tradition, und das in drei Fällen:

1.
Die 7. Szene des 1. Aktes zeigt ein ländliches Fest. Eine Pastorale würde sich hier gut machen. Allerdings wird getanzt, und die Pastorale ist kein Tanz, zumindest die ›glatte‹, siciliano-ferne. (vgl. S. 33) Dennoch wird zu einer Musik in G-Dur, im 6/8-Takt und ›glatten‹ Rhythmus getanzt. Das Tempo aber ist für eine Pastorale zu schnell: Allegro. Es ist ein Saltarello, ein seit dem Mittelalter bekannter italienischer Volkstanz, sozusagen eine Geschwind-Pastorale. Daß die Landbevölkerung – wie auch in der ganz ähnlichen musikalischen Situation in Szene 20 – nicht zur Pastorale tanzt, liegt neben deren mangelnder Eignung als Tanzmusik vor allem daran, daß keine Atmosphäre herrscht, die man zart-erotisch oder gar idyllisch nennen könnte. Sie ist zu derb. Der vierte Stand bietet nicht das Unschuldsbild, welches zur Herstellung arkadischer Gestimmheit notwendig ist, sondern erzeugt und strahlt im Tanz körperliche Sinnlichkeit aus. Zerlina singt den Tanzenden, und auch noch den weiblichen zu: »Giovinette che fate all'amore...« Und Don Giovanni, der diese Worte als Aufforderung für sich ummünzt, ruft danach Leporello in eindeutiger Absicht zu: »Oh, guarda, guarda, che bella gioventù, che belle donne!« In Szene 20 schließlich läßt er die Bauern nur auf seinem Schloß tanzen, um sich an Zerlina heranzumachen. Der Saltarello, die Pastorale des vierten Standes, der vom Adel ausgebeuteten Landbevölkerung.

2.
Auf Don Giovannis Begeisterung über die Landmädchen folgt sein Werben um Zerlina, welches in das Duettino *La ci darem la mano* und die Einwilligung Zerlinas mündet (Scene 8, Nr. 7). Dessen zweiter Teil hat den Text:

»Andiam, andiam, mio bene,
a ristorar le pene
d'un innocente amor.«

Zu deutsch: Gehen wir, gehen wir, mein Schatz, die Schmerzen einer unschuldigen Liebe zu lindern. Es ist eine Verabredung, miteinander zu schlafen. Die Musik schwenkt zu einer eindeutigen Pastorale im richtigen Tempo (Andante) um. Die Melodie ist eine Variante jener des ersten Duett-Teiles.

Diese Tatsache kann man als Mittel der motivischen Verknüpfung der beiden Teile, also der formalen Vereinheitlichung sehen, und sie wirkt zusätzlich noch als musikalische Darstellung des sich beflügelnden erotischen Einverständisses. Die Sache hat allerdings einen Haken: Die Liebe ist nicht ›unschuldig‹: Eine Verlobte und ein Ehemann wollen fremdgehen. Und dieser Haken sitzt auch in der Musik.

Denn die Pastorale nimmt die Synkope des ersten Teiles auf, ein für Pastoralen – und dann noch ›glatte‹ – ganz ungewöhnliches Phänomen. Die Idylle ist falsch, das geheiligte Arkadien (›glatter‹ Rhythmus) ist erlogen. Wieder kommt es nicht zur ›reinen‹ Pastorale, hier verhindert durch den Rhythmus wie im ersten Falle durch das Tempo. (Auch die Chromatik im Zwischenspiel wirkt nicht gerade »unschuldig«.)

Es ist eben nicht jene legitime Art, den Trieb in die rechten Bahnen zu lenken, die Mozart selbst verfolgte, als er seinem Vater am 15.12.1781 seine Ehepläne darlegte (Briefe III, S. 180), und zwar unter doppeldeutiger und durchaus widersprüchlicher, ja verräterischer Benutzung des Wortes »Natur«, einmal für Trieb, dann für eine angeborene ›Erbsünden‹-Last. (Zu empfehlen ist ein Vergleich mit den bei Ketelsen aufgeführten Bedeutungsvarianten; vgl. S. 24f.)

> »die Natur spricht in mir so laut, wie in Jedem andern, und vieleicht läuter als in Manchem grossen, starken limmel [...]«
> Religion, Nächstenliebe und Angst vor Krankheiten hindern ihn, sich »mit hurren herum balgen« zu wollen wie andere. Das könne er schwören. »Denn wenn es geschehen wäre, so würde ich es ihnen auch nicht verheelen, denn, fehlen ist doch immer dem Menschen Natürlich genug, und *einmal* zu fehlen wäre auch nur blosse schwachheit [...]«

3.

In der sechsten Szene des zweiten Aktes verträgt sich – erstaunlich genug – das bäuerliche Paar recht schnell wieder. In der Arie Nr. 18 spendet Zerlina dem verprügelten Masetto mit einem wiederum recht eindeutigen Versprechen Trost. Zu deutsch: »Ich werde dich heilen, mein lieber Ehemann. Du wirst sehen, Liebling, wenn du lieb bist, welches schöne Heilmittel ich dir geben will. Es ist natürlich (è naturale), es schmeckt nicht unangenehm, und der Apotheker kann es nicht herstellen.« Das Vorspiel entspricht der ersten Gesangszeile.

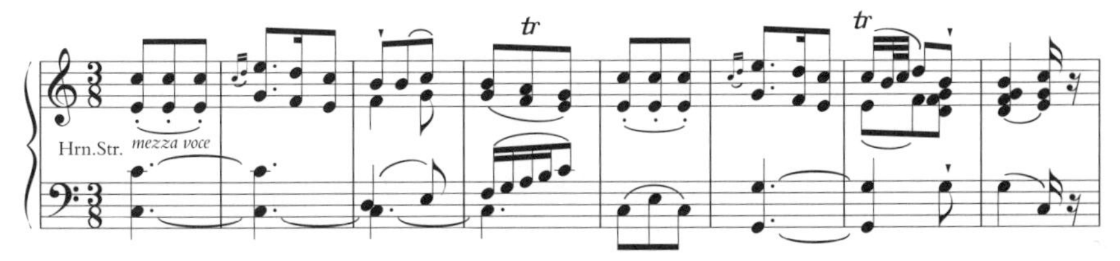

Es ist eine der feinsten Pastoralen, die sich denken läßt: »Grazioso«. Die Aufzeichnung in drei Achteln hemmt dieses Urteil nicht. Sie ist punktiert, ein Zeichen für Aktivität, kaum für Arkadiens Frieden, wie sich immer wieder gezeigt hat. Die Harmonie ist endlich erreicht. Der vierte Stand also doch pastorale-fähig? Wohl kaum.

Vertraut man auf Scherings »Symbol«-Theorie, so macht schon die erstaunliche Melodieparallele zu Ernst Wilhelm Wolffs *Milchweißer Maus* von 1775 mißtrauisch (vgl. S. 147), diesem Muster pastoraler Scheinheiligkeit. Zerlina benutzt das Wort »natürlich« in der bekannten Gegenposition zu künstlich (»Apotheker«). Allerdings: Sie hat noch kurz zuvor ihr Naturheilmittel mit Don Giovanni teilen wollen. Befremdlich ist daher, daß sie es nun dem fast betrogenen Masetto nur unter der Bedingung darreichen will, daß er lieb ist, brav (»buonino«). War er es nicht, als er zu ihr hielt und eifersüchtig war? Nein. »Buonino« ist er nur, wenn er »weniger eifersüchtig« ist, wie Zerlina im Rezitativ zuvor sagt. Ist das die neue Natürlichkeit der Liebe?

Schon wieder ist die Pastorale falsch. Die Musik stimmt zwar, aber sie trägt einen lügnerischen, zumindest unlogischen Text, einen, der einen trügerischen Frieden beschwört und im Zeitverständnis unmoralisch genannt worden wäre. Hier ist schon die Wahl der Pastorale eine Verkehrung ihres traditionellen Inhaltszieles ins Gegenteil.

Mozart und da Ponte scheinen diesen Widerspruch empfunden zu haben. Denn unter den Zusätzen für die Wiener Fassung von 1788 ist einer, der nicht Rücksichten auf die Sänger entstammen kann, nämlich die neue Szene 10a im zweiten Akt. In dem neuen, ganz unpastoralen Duett KV 540b droht Zerlina dem von ihr an einen Stuhl gefesselten Leporello mit einem Messer. Sie will ihm ins Herz stechen und bedauert, daß sie nicht auch »das Herz deines Herrn« dahabe, um schließlich in die Worte auszubrechen:

> »Vor Freude und Vergnügen fühle ich meine Brust glühen. So, so macht man es mit den Männern. So, so macht man es.«

Es scheint, als spiegele diese Umgestaltung, diese Korrektur von Zerlinas Charakter eine Reflexion Mozarts über das, was als ›natürlich‹ gelten soll und wie man es musikalisch darstellen kann. Oder hat er etwa schon von Anfang an das Falsche in Zerlinas Versprechen erkannt und die Pastorale sarkastisch eingesetzt, als trügerisches Zeichen eines Scheinfriedens, wie er seit altersher beschworen wurde? Dann wäre ihr Einsatz wahrlich nicht Symbol bäuerlichen Friedens, sondern bürgerlicher Kritik, eine hintergründige Interpretation der Worte Zerlinas als Entlarvung erlogener und überlebter gesellschaftlicher und zwischenmenschlicher Harmonie. Der *Don Giovanni*, ein Werk der »Sozialkritik« und der – auch musikalischen – »Subversion«? (Scher, S. 131f.)

Die beiden zuerst besprochenen Pastoralen bwz. Nicht-Pastoralen des *Don Giovanni* lassen es zu, Mozart in der dritten einen weiteren Schritt fort von einer naiven und hin zu einer reflektierten, ja kritischen Verwendung tradierter Topoi zuzutrauen, so wie sie sich in den fast zeitgleichen Rondi Carl Philipp Emanuel Bachs zeigt. (vgl. S. 134f.) Dies würde bedeuten, daß Mozart herkömmliche Stile, Gattungen und Topoi nicht einfach im Sinne der freien Gefühlssprünge des Sturm und Drang mischt, sondern sie und ihre semantischen Felder argumentativ, ja sogar gegen ihren tradierten Sinn einzusetzen vermag, ein Phänomen, das auch in anderen Zusammenhängen für diesen Zeitraum als »Auflösung des Topos« beschrieben worden ist, ob in der Historiographie (Reinhard Koselleck 1973; zit. Lucas, S. 285), in der Kunst, etwa bei William Hogarth (W. Busch 1977; 1993, S. 181ff.), oder in der Literatur, wofür auch hier wieder Sternes *Tristram Shandy* zu nennen ist, wenn dort z. B. scheinwissenschaftliche Abhandlungen alter Prägung eingefügt sind oder einmal sogar eine schwarz-marmorierte Seite. (dazu W. Busch 1993, S. 353)

Dieses distanzierte und produktive Überblicken und Analysieren des Vergangenen ist ein allgemeiner Vorgang im 18. Jahrhundert, der dem Begriff »Geschichte« erst den Sinn verlieh, den wir heute damit verbinden. (vgl. Lucas, a. a. O.) Die überlieferte Ansammlung menschlicher Tätigkeiten wird nun unter dem aufklärerischen Blick genauso befragt, untersucht und bearbeitet wie die übrige äußere und innere Natur und stellt eine Art historischen Bodenschatz dar, der zu heben ist. »Geschichte« wird ein Teil der Natur. Dazu Kant:

> »Die Natur [...] treibt durch die Kriege, [...] durch die Not, [...] zu anfänglich unvollkommenen Versuchen, endlich aber [...] zu dem, was ihnen die Vernunft auch ohne soviel traurige Erfahrungen hätte sagen können, nämlich: aus dem gesetzlosen Zustande der Wilden hinauszugehen und in einen Völkerbund zu treten...« (*Idee zu einer allgemeinen Geschichte in weltbürgerlicher Absicht*; zit. Lucas, S. 284)

Vielleicht war Johann Sebastian Bach in der *Kunst der Fuge* der Pionier der neuen Geschichtssicht innerhalb der Musik, indem er den *stile antico* und andere historische Muster aufgriff und mischte. (vgl. S. 137) Gewiß aber sind sein Sohn und Mozart hierin lebenslange Meister gewesen.

Der neue bewußte Umgang mit historischen Hinterlassenschaften der Musik zeigt sich besonders auch dann, wenn Opernstoffe nicht aktuell sind wie jener des *Don Giovanni*, sondern – wie üblich – historisch. Graun im *Montezuma* und vielen anderen älteren Komponisten war der distanzierte Blick in die Schatzkammer der Vergangenheit noch gänzlich fremd. Nun aber können historische Muster geplündert und fast wie heutige Marken-Jingles verwendet werden. Die Funktionalisierung der Pastorale in Winters *Unterbrochenem Opferfest* von 1796 zeigte dies bereits. (vgl. S. 119f.) Überhaupt ist an dieser Oper abzulesen, wie rapide zum Jahrhundertende hin der Verfall der frühbürgerlichen Werte und Begriffsinhalte schon gediehen sein kann. In Nr. 21 singt das selbsternannte »Genie« Pedrillo:

> »Ich bin, ich weiß's am besten,
> ein wunderseltner Knab,
> man pflückt nicht von den Aesten
> gleich solche Menschen ab,
> denn mich hervorzubringen,
> war keine Kleinigkeit.
> Soll's der Natur gelingen,
> so braucht sie sehr viel Zeit.«

Diese Verse von Franz Xaver Huber sollte man im Gedächtnis haben, wenn man über die angeblichen Schwächen des *Zauberflöten*-Librettos von Emanuel Schikaneder rechtet, der ein Jahr nach dem *Opferfest* mit Winter die Oper *Babylons Pyramiden* herausbrachte. Sie läßt dem geographischen Extrem Peru das historische folgen.

2.1.2. Frankreich vor und während der Revolution

Die alten Topoi konnten im Zuge ihrer Auflösung aber auch anders eingesetzt werden. André Ernest Modeste Grétry hat dies in der noch weit über die Jahrhundertgrenze beliebten opéra comique *Richard Coeur de Lion* (Richard Löwenherz) wahr gemacht (Text von Michel Jean Sedaine). Die Utopie vom befreiten Leben, die die alte idyllische Pastorale durchaus mittrug, wird bei Grétry zur fast leitmotivischen Freiheitsfanfare, zum rettenden Erkennungssignal. Die Pastorale rückt als Hymne in den hohen Stil auf und zeigt Grétry bereits 1784 als prädestiniert für seine spätere Rolle als eine der Musikgrößen der Französischen Revolution. In dieser Funktion, auch als Musikschriftsteller und Gesangspädagoge, wurde er geehrt und hochdekoriert, schließlich auch durch Napoleon Bonaparte.

Ouverture, Anfangschor, Szene 9 des ersten Aktes und Szene 7 des dritten Aktes enthalten punktierte Pastoralen im 6/8-Takt. Zu denen des ersten Aktes (G-Dur) singt die Landbevölkerung Erntechöre. (»...empfang' ein Geschenk der Natur, das Unschuld und Liebe dir weih'n...«), zu der des Schlußaktes (d-Moll!) wird ebenso getanzt wie zum folgenden Kontretanz und Deutschen. (Es sind keine ›glatten‹ Pastoralen!) Das Freiheitssignal ist die berühmte Romanze »Une fièvre brulante« (»Mich brennt ein heißes Fieber«), die nach Grétrys eigenen Worten »im alten Stil« komponiert ist. (Grétry, S. 190) Blondel, der sich blind stellende Getreue des gefangenen Königs, spielt es zunächst auf der Geige, unbegleitet, als Erkennungszeichen. (Akt I, Szene 9; nach Klavierauszug Universal-Edition Nr. 3165)

> *Blondel.* Aber vielleicht trügen meine Augen mich. Lass sehen, ob ich mich nicht täusche. Margarethe wird den süssen Eindrücken einer Melodie nicht widerstehen können, die ihr Geliebter in glücklicheren Zeiten ihr sang. (Er spielt folgende Melodie auf der Violine. Nach den ersten Takten stutzt die Gräfin, hört zu und nähert sich Blondel.)

> *Margarethe.* Himmel, was hör' ich? – Guter Freund, wer hat Euch das Lied gelehrt, das Ihr so schön spielt?
> *Blondel.* Gnädige Frau! Ich lernte es von einem braven Ritter, der aus dem heiligen Lande kam und es dort oft, wie er sagte, von König Richard hat singen hören.
> *Margarethe.* Er hat Euch die Wahrheit gesagt.

Dann folgt die Melodie noch achtmal in sich steigernder Ausgestaltung und markiert die Stufen der Befreiung, einmal als Orchestervariation (I/10), dann als begleiteter Wechselgesang zwischen Blondel und Richard (II/2), schließlich als Finale mit Chor und Orchester.

> »Zweifellos mußte ich sie in verschiedenen Formen darbieten, um es wagen zu können, sie so oft zu wiederholen. Indessen habe ich nicht sagen hören, daß sie zu oft erklungen wäre, weil das Publikum gespürt hat, daß diese Melodie die Achse war, um die sich das ganze Stück drehte.« (Grétry, S. 192)

Dabei erweisen Terz- und Sextbegleitung sowie der Orgelpunkt die Melodie in ihrem späteren Auftreten als Pastorale. Ihre Synkope ist sicherlich kein Zeichen für Widersprüchliches, wie es bei Mozart angenommen werden konnte – für welchen Widerspruch auch? –, sondern verkörpert als *scotch snap* ein musikalisches Charakteristikum des Inselreiches, ist also Signal der Herkunft des gefangenen Königs.

Wie bewußt inzwischen der sammelnde und analysierende Blick der Künstler auf den geschichtlichen Naturschatz musikalischer Muster ist, wie entscheidend für stilistische und soziale Differenzierung, läßt Grétrys Bemerkung erkennen (S. 190f.):

> »Die Ouvertüre deutet, so glaube ich, deutlich genug darauf hin, daß die Handlung nicht modern ist. Die hochgestellten Figuren sprechen in einem weniger altertümlichen Ton, weil die städtischen Sitten erst sehr viel später auf das Land drangen. Auf diese Weise kann der Komponist verschiedene Idiome benutzen, die zur allgemeinen Vielfalt beitragen.«

Die Pastorale erscheint bei Grétry mit zweifacher Aufgabenstellung, in Doppelfunktion. Einmal vertritt sie – punktiert und im niederen Stil – die Naturverbundenheit der breiten Masse, dann repräsentiert sie – unpunktiert und im hohen Stil – die Befreiungsidee, wird durch eine Nobilitierung der Volksmusik zur Standarte des hohen Prinzips von Naturrecht und Selbstbestimmung, zur ›Achse‹ des Stükkes. Die zu Befreienden und das Freiheitsideal vermögen sich durch unterschiedliche Ausprägungen des gleichen Topos zu artikulieren, einmal der traditionellen Stilistik verpflichtet, dann in deren hymnischer Überhöhung.

Das Nebeneinander von Fortführung und Umwidmung läßt sich auch bei anderen älteren Mustern beobachten, etwa bei Choral und Fuge in den späteren Instrumental- und Vokalwerken Mozarts. Diese Multifunktionalität als Ergebnis der »Auflösung des Topos« kann als künstlerisches Indiz des Überganges von feudaler zu bürgerlicher Gesellschaft gesehen werden, sofern die Ablösung der Eindeutigkeit ästhetischer Zeichen durch deren Aufspaltung und Ambiguität als Spiegel politisch-gesellschaftlichen Wandels zu verstehen ist. Will man das neue Prinzip unter der Fragestellung einer solchen Spiegelung in besonderer Deutlichkeit beobachten, dann bietet sich modellhaft die Französische Revolution als Untersuchungsfeld an, diese Feier der von Natur geleiteten Freiheit. Greifen wir zunächst eines der zentralen Musikwerke aus der Frühzeit der Revolution heraus, die Oper *Euphrosyne* von Étienne-Nicolas Méhul (1790), danach die *Hymne à la nature* (1793) von François-Joseph Gossec.

Méhuls Oper gilt, nicht erst seit dem begeisterten Lob von Berlioz, als eine der größten musikalischen Leistungen der Zeit und hat, obwohl opéra comique oder auch comédie lyrique, also Singspiel, durch ihre ernsthafte, durchgehend dramatische, kaum einmal genrehafte Stilistik die gesamte Entwicklung auch der Großen Oper der Folgezeit beeinflußt. Innerhalb dieses Dramas um die äußere und innere Befreiung der menschlichen Natur finden wir selbstverständlich auch wieder die Pastorale als bestimmendes Element vor, jedoch nicht mehr nur in zwei, sondern gleich in vier Funktionen, so als seien die für Mozart vermuteten und für Grétry nachgewiesenen Errungenschaften aufgegriffen und vereinigt worden.

In der Frühphase der Revolution, vor der Gefangennahme und Hinrichtung des französischen Königspaares, werden die fürstlichen Unterdrücker in der Oper noch nicht bestraft wie später hin und wieder. Daher auch der Untertitel der Oper *...ou le tyran corrigé*. Die Konstellation von Personen und Gruppen ist hier von Librettist François-Benoit Hoffman deutlicher auf Gegensätze hin geschärft, als wir dies aus Grétrys Oper kennen. Bauern und Schäfer bilden auch hier den allgegenwärtigen Hintergrund, nun aber nicht mehr als freundliche und preisende Staffage, sondern als Unterdrückte, die von ihren Leiden unter dem harten und grausamen »tyran« Coradin berichten, von ihm eingekerkert, später von Euphrosyne befreit werden und ihre Freude, als Coradin einmal abwesend ist, in einer Pastorale ausdrücken (6/8, ›glatt‹, C-Dur), sogar auf »instruments champêtres«. (Akt III, Szene 1) Dies ist die traditionelle Funktion des Topos, allerdings um einen früher unbekannten Akzent bereichert: Die Pastorale spiegelt nicht den idyllischen, sondern den oppositionellen Frieden, sie zielt nicht auf Ruhe, sondern auf Unruhe.

Ehe der Tyrann durch die aufopfernde Liebe des ihm anvertrauten Klosterzöglings Euphrosyne zu Liebe und »humanité«, schließlich gar zur Ehe überzeugt wird, macht er die erschreckende Entdeckung des ihm unbekannten Gefühls Liebe und läßt es sich von seinem Arzt Alibour als jenes Übel erklären, »welches bewirkt hat, daß die Könige aus Rom gejagt wurden.« (Übersetzung vom Autor, Angaben – hier S. 98 – nach der Originalpartitur, welche – sicherlich eine revolutionäre Geste – nicht einem Fürsten gewidmet ist wie sonst, sondern »à ma mère«). Dem antiken Beispiel entsprechend ruft Alibour nun Minerva, die »divine sagesse« (göttliche Weisheit), um innere Ruhe (»calme«) für den Herrn an (II/2), und zwar in einem als 3/4-Takt notierten 9/8-Andante in D-Dur, in dem zwar Züge der Ombra-Arie unverkennbar sind (Geisteranrufung), das sich aber durch Tempo, Rhythmik und Stimmführung (Parallelen, Orgelpunkt) als Pastorale zu erkennen gibt. Innere Ruhe und antikisierende Erhabenheit sind offenbar die Bedeutungsfelder, für die sie steht. Wenn dies auch Glucks Auffassung von der Funktion der Pastorale widerspricht, so ist doch der Einfluß von dessen »elementarer« Melodik unverkennbar.

Der Widerspruch zu Glucks Auffassung ist jedoch kein wirklicher. Denn diese Pastorale ist genau das, was für das dritte Beispiel aus *Don Giovanni* angenommen wurde: Einkleidung einer falschen Aussage, mithin als Beispiel für hohen Stil etwas zwielichtig. Alibour ruft nämlich die Gottheit nur zum Schein an. Er plant von Anfang an, die beiden zusammenzuführen, vor allem aber, »dans Coradin, réformer la nature«, um sie »gut zu machen« (»rendre bon«) und von der »natürlichen Wildheit« (»naturel farouche«) abzubringen. Euphrosyne legt es durch den Einsatz ihrer Liebe auf das gleiche Ziel an, aber auch darauf, daß – nach dem Vorbild des Bastillesturmes aus dem Vorjahr – das Gefängnis zerstört werde, diese »honte (Schande) à la nature«, worin die Bauern schmachten. (S. 29, 230, 108) Die Pastorale ist demnach eine Maskerade, vergleichbar jenem Betäubungsmittel, welches Alibour Euphrosyne auf Befehl Coradins als scheinbares Gift eingibt. Mord ist sein letztes Mittel gegen die Liebe. Jedoch verwandelt sich beim Anblick der scheinbar Toten seine Raserei in Verzweiflung, sein Widerstand in Liebe.

Die zweite Funktion der Pastorale wird von einer dritten variiert. Caron, Kerkermeister und einer der Drahtzieher des scheinbaren Mordes, freut sich seines angekündigten Lohnes und damit der Möglichkeit, seinem ungeliebten Posten entfliehen zu können, mit den Worten:

> »Adieu, Riegel, adieu, Gefängnis!
> Ihr werdet Caron nicht mehr wiedersehen.
> Schon ruft mich das Glück (fortune).
> Folgen wir einer neuen Bahn.«

Allegretto C-Dur, 6/8-Takt, Orgelpunkt mit Drehleier-Vorhalten: Ein Pastorale. (Akt III, Szene 16)

Der Text straft die Musik Lügen. Die ersehnte Idylle weist in eine falsche Richtung, in die eines Bösewichtes. Dem Frieden fehlt die Unschuld.

Verkehrt diese Funktion den Ursprungssinn des Topos textlich in sein Gegenteil, so entspringt die vierte einem gänzlich neuen Verfahren, die Tradition umzuinterpretieren: der Ironie. Alibour läßt Caron sofort nach dessen Gesang gefangennehmen und singt ihm voller Zynismus auf die gleiche Musik zu: »Mein lieber Kerkermeister, auf, auf, zum Wiedersehen mit dem Gefängnis!« Nun aber als Gefangener. Ebenso ironisch, nun aber schon triefend von bösem Sarkasmus, ist die Auseinandersetzung der drei von Euphrosyne angeführten Klosterschülerinnen mit der eifersüchtigen Comtesse d'Arles, die ebenfalls Coradin umwirbt. Die gegenseitigen Lobesworte sind voller Gift. (Finale Akt I)

Comtesse: Wahrlich, wahrlich, ihr seid die drei Grazien.
Euphrosyne: Und Sie, und Sie die Mutter der Liebe.
Alibour: Und ich, ich bin Cupido, der auf ihren Spuren daherfliegt. (im Sinne von: Und ich bin der Kaiser von China.)

Und das zu einer G-Dur-Pastorale im Andante, Vortragsbezeichnung »dolce«.

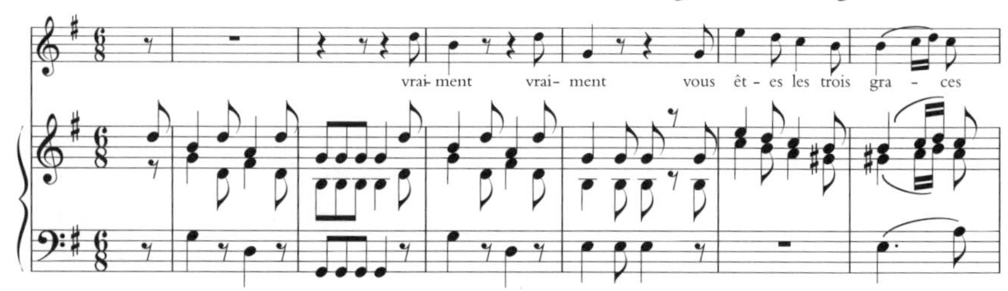

Der Widerspruch könnte nicht größer sein. Die Musik signalisiert nicht Frieden, auch nicht falschen Frieden wie in den anderen Fällen, sondern Krieg. Sie sagt: Von wegen! Das ist nicht eines der leichten, scherzhaften Details, die sonst so typisch sind für die opéra comique und neben dem gesprochenen Dialog den Hauptunterschied zur Großen Oper ausmachen, sondern es ist ein neuartiges Darstellungsmittel für den Haß, aus der Umpolung tradierter Topoi gewonnen, in seiner verdeckten Art unvorstellbar in der älteren Oper, jedoch wegweisend für die Zukunft.

So ergiebig Méhuls Oper für das Thema Pastorale ist, so unergiebig ist sie bei der Suche nach musikalischen Natursymbolen oder naturhaften Hymnen in Art des *Richard Löwenherz*. Dieser Mangel ließe sich mit Blick auf andere Revolutionsopern ausgleichen, jener Schreckens- und Rettungsopern bis hin zu Beethovens *Fidelio*, in denen unterdrückerische Tyrannen bekämpft, Helden der römischen Republik gefeiert oder Naturbilder idealisiert werden. Nach den Vorbildern Haller und Rousseau sind es wieder die Alpen und ihre Bewohner, angeführt von Wilhelm Tell (Grétry 1791), die den Zusammenhang zwischen Natur und der aus ihren Prinzipien notwendig folgenden Befreiung der Menschheit vorführen, ideal symbolisiert in jenem »ranz des vaches« genannten pastoralen Dreiklangsmotiv, das Beethoven dann für den ersten *Eroica*- und letzten *Pastorale*-Satz nutzte. Daß Bonapartes Kaiserhymne *Veillons au salut de l'empire* (Wachen wir über das Wohl des Reiches), eine umtextierte Operettenmelodie von Dalayrac (1787), sich ebenfalls dieses Symbols bedient, zeigt das musikalische Zeichensystem der Revolution noch fern jener Schmetter-Hymnik, die die modernen Imperien begleitet – die *Marseillaise* und ähnliches ausgenommen. (dazu Schleuning 1989, S. 45)

Die Suche nach Hymnen in der Französischen Revolution ist jedoch ein leichtes Unterfangen, wendet man den Blick ab von Oper und Operette und hin zu den Hunderten von Liedern, die außerhalb des Bühnenrahmens überliefert sind. Unter diesen Hymnen und Preisliedern befindet sich ein erstaunlich hoher Anteil im

6/8-Takt, selbst im Falle der berühmten Hymne an das *Être suprême*. (Höchstes Wesen; vgl. Coy, S. 189) Unter den vielen Anlässen, Werten und Wesen, die mit diesen zur Massenaufführung gedachten und vielfach auch so genutzten Musikstükken gepriesen werden, ist neben dem Höchsten Wesen, der Vernunft (raison), der Freiheit (liberté), der Menschlichkeit (humanité), der Gleichheit (égalité) und dem Vaterland (patrie) auch die Natur – Begründung, Vorbild, Auftrag und Triebfeder der neuen Ära.

Denn die Revolution gilt ja als »Wiederherstellung« der Natur, als »Rückkehr zum Ursprung«. (Baxmann, S. 9) Der Klassizismus des Rokoko steigert sich in den literarischen, verbalen, malerischen und baulichen Äußerungen der Revolution zu einem wahren Delirium antikisierender Symbole. Die Antike zu beerben, diese Wiege ›natürlicher‹ Staatsordnung, ist überall gemaltes, gesprochenes und gebautes Selbstverständnis, auch in Einzelheiten der Kleidung, und wird häufig »zur bloßen Konvention.« (Hauser, S. 669; allgemein dazu auch S. 648ff.; Baxmann, S. 18ff., 94f.; Herding, Abschnitt 1-3; Wolter S. 155ff.) Wie aber soll die Musik in der Lage sein, ohne spezifische Vorbilder aus der Antike, auf die sich die anderen Künste stützen können, sich diesem Klassizismus einzuordnen? Von den die Natur feiernden Liedern sind in den allermeisten Fällen nur die Texte überliefert mit Wendungen wie »Mère de l'univers, éternelle nature« oder »Du sein fécond de la nature« (Aus dem fruchtbaren Busen der Natur; Nr. 1010 und 1419 bei Pierre 1904). Zur *Hymne à la nature* (1793) von François-Joseph Gossec jedoch ist die Komposition vorhanden. (Pierre 1899, S. 58ff.) Das Werk ist von eminenter Bedeutung für das Verständnis der zweiten Revolutionsphase, da es Teil der neuen, von Jacques-Louis David und vom Konvent geplanten Institutionalisierung des bis in die Details durchorganisierten Festes als nationaler Feier ist. (vgl. Coy, S. 71ff., auch folgende Zitate)

Die erste dieser Feiern war die *Fête de l'unité et indivisibilité de la République Française* vom 10. August 1793. In der Frühphase der Revolutionskriege und unmittelbar nach Abschaffung des Königtums und der Verabschiedung einer neuen Verfassung sollte sie als »tableau mouvant« die wehrhafte Staatseinheit zeigen, auf eine Art, die das, was später Gesamtkunstwerk genannt wurde, als zaghaften Versuch erscheinen läßt. Zu den Stationen des Ablaufes, unter Allgegenwart der Musik, gehörten:

> Beginn bei den ersten Strahlen der Sonne, dem »symbole de la vérité«, begleitet von Hymnen auf den »retour de la lumière«. Die festgelegten Marschformationen umringten auf dem Bastille-Platz eine »Fontaine de la Régéneration«, dargestellt von einer Allegorie der Natur, einer Frauengestalt, aus deren »seins féconds« (vgl. den zitierten Liedtext) Wasser hervorsprudelte, das aus gleichem Kelch von je einem Vertreter der Départements als »staatsbürgerliche Taufe« getrunken wurde, jeweils mit einem Dankesruf an Natur, Freiheit oder Vaterland begleitet und von einer Artilleriesalve gefolgt. (Baxmann, S. 71ff., auch Abbildung) Der ursprüngliche Plan, hierzu eine Neutextierung der *Marseillaise* erklingen zu lassen, wurde zugunsten von Gossecs Natur-Hymne fallengelassen. Alsbald folgte an einer weiteren Station des Zuges die Ehrung der Asche gefallener »Helden«, u. a. mit einer »Hymne solennelle« und Militärmusik. Eine »Hymne d'allegresse«, Fahnen, Bilder und Inschriften feierten sodann eine Freiheitsstatue, die an der Stelle der niedergerissenen Statue des Königs aufgestellt worden war. Den Abschluß auf dem Marsfeld bildete wiederum eine Totenfeier mit »hymnes et cantiques.«

Die Situation, in der die Hymne erklang, ist von mehreren tragenden Ideen bestimmt. Einmal ist es die Beschwörung der Natur selbst. Hat sie sich durch das Jahrhundert zunehmend von dem Schwesterbegriff Vernunft gelöst und sich der Austauschbarkeit mit ihm zunehmend entzogen, so ist sie inzwischen bei vielen Vertretern der Revolution zur Alleinherrscherin aufgestiegen. »Die Vernunft täuscht uns leichter als die Natur«, heißt es 1794 in einer Ehrung für Rousseau, alle bisherigen Ausführung über die parareligiösen Funktionen des Begriffs bestätigend. Seine Multifunktionalität, bereits an der Pastorale vorgeführt, mutiert nun zu einer vollständigen Beliebigkeit der Verwendung, ähnlich der »Konvention« (Hauser) im Bezug zur Antike. Gossecs Hymne erklang, nachdem der Präsident des Konventes in einer Rede u. a. folgendes gesagt hatte:

> »Herrscherin der Wilden und der aufgeklärten Nationen! Oh Natur! Dieses gewaltige Volk, das sich mit den ersten Strahlen des Tages vor Deinem Bild versammelt, ist Deiner würdig. Es ist frei in Deinem Schoß [...] Oh Natur! Empfange den Ausdruck ewiger Bindung der Franzosen an Deine Gesetze, und diese fruchtbaren Wasser, die aus Deinen Brüsten schießen, dieses reine Getränk, das die ersten menschlichen Wesen tränkte, möge in diesem Kelch der Brüderlichkeit und der Gleichheit die Schwüre heiligen, die Dir Frankreich an diesem Tage darbringt, an dem schönsten Tag, den die Sonne erleuchtete, seitdem sie in die Unendlichkeit des Kosmos gesetzt wurde.«

Und Robespierre 1794 zum Fest des *Être suprème*, nicht minder großartig:

> »Der wirkliche Priester des Höchsten Wesens ist die Natur; sein Tempel ist die Welt; sein Kult ist die Tugend.«

Die Teilnehmenden des Festzuges von 1793 wurden zu einer die Berufsgruppen verdeutlichenden Marschordnung angehalten, so daß eine »Figur der Pflichten und Bedürfnisse« entstehen sollte, »die die Natur auferlegte«, ansonsten aber zu keiner weiteren Differenzierung aufgefordert als der »des Alters, die von der Natur selbst eingerichtet und absolut zu respektieren ist.« (Zitate nach Baxmann, S. 74, 47, 104)

Und Jacques-Louis David sprach vor dem Konvent den dunklen, womöglich drohenden Satz:

> »Jeder von uns ist der Nation Rechenschaft schuldig über das Talent, das er von der Natur erhalten hat.« (zit. Hauser, S. 666)

Goya scheint gut über die Revolution informiert gewesen zu sein, als er 1797 die Graphik herstellte mit dem Titel: »Der Schlaf der Vernunft (gebiert Ungeheuer)«. Daß angesichts dieser Verdüsterung des Naturverständnisses die »barbarische Hand der Natur« ein Antrieb werden konnte, »dem Bösen zu huldigen«, wie es einmal bei de Sade heißt (zit. Böhme, S. 293f.), ist hier vielleicht nur ein kleiner Schritt, jedoch ein gewaltiger im Vergleich zu dem, was am Jahrhundertbeginn Naturnachahmung bedeutet hatte, ist letztlich die Konsequenz der beständigen Verweigerung, den Begriff und seinen Inhalt zu präzisieren, anstatt ihn zu predigen.

Innerhalb des Naturthemas der Revolution gibt es aber noch einen für Gossecs Hymne und ihre Aufführungssituation speziellen Akzent. Es ist die Verwendung des weiblichen Körpers als »Zeichen für die Ordnung der Natur«, die »Weiblichkeit als Kollektivsymbol« für alle möglichen Werte und Ideale macht, ob Natur, Vernunft oder Freiheit, und als »Repräsentation von Volkssouveränität« erscheinen läßt. (Baxmann, S. 72, 66, 105) Kehrseite der allegorischen Medaille war die zunehmende Zurückdrängung der konkreten Frau aus dem öffentlichen Auftreten und den politischen Entscheidungsgremien, da ihre körperliche Gegenwart außerhalb von Familie und Mutterschaft häufig in der Tradition auch aufklärerischer Geschlechterbilder als »Verfälschen der natürlichen Ordnung« gesehen wurde – ein eklatanter »Konflikt zwischen Égalité und Ordnung.« (ebda., S. 34, 137)

Wenn auch die gewaltigen Leistungen der Französischen Revolution für Musikpraxis, Musikerziehung und die soziale Absicherung der Musiker nicht hoch genug einzuschätzen ist, so kann es dennoch keine reine Freude erzeugen, wenn es in dieser ideologischen Atmosphäre zwischen Heroisierung und Disziplinierung in einer Schrift über die Ausgestaltung nationaler Feste von 1797 heißt: »Von allen Künsten ist die Musik die mächtigste.« (zit. ebda., S. 147)

Zur Feier der Natur, unter den »fruchtbaren Brüsten« der weiblichen Naturstatue und im Bewußtsein der »Rechenschaft«, die er dem Staat über sein Naturtalent zu geben hatte (David), ließ also Gossec seine Hymne erklingen. Sie hat sechs Strophen (mit Refrain) für fünfstimmigen Chor und Orchesterbegleitung. Tempo: Allegretto. Die folgende Wiedergabe in Reduktion auf die Melodie ohne Vor- und Zwischenspiele, ohne Wechsel der Chorregister und -teile, ohne begleitendes Orchester (vermutlich Bläser), kann nur den Schatten jenes gleißenden Lichtes abgeben, den das revolutionäre akustische und optische Festemsemble erzeugt haben muß. Aber sie lenkt den Blick sowohl auf das Problem der Musik im allgegenwärtigen Klassizismus als auch auf das Problem, das sich aus der Zusammenspannung von Natur und Weiblichkeit als Verehrungsobjekten ergab.

Übersetzung: Göttlichkeit, (unser) Vormund, gib das Leben unsren Sinnen! Mehre unsre kriegerische Glut, und stürze die Tyrannen! Teure Gleichheit, o Natur, o Vaterland, empfangt all eure Kinder!

Die Melodie scheint wenig zu haben von dem »élan terrible«, dem »éclat triomphale«, deren der kriegerische Teil der Revolutionsmusik gerühmt wird, ideal verkörpert in der *Marseillaise* von 1792, in Maßen auch in der *Symphonie militaire* Gossecs von 1793. (Noten bei Coy, S. 190f.; die Mittel-*Pastorale* F-Dur im 6/8-Takt steht wohl für das Bild der Ruhe des Kriegers.) Aber soll die Melodie solche Eigenschaften überhaupt haben, gilt doch Natur als Symbol für Harmonie und Wohlbefinden, wie auch die Ansprache vor der Statue bezeugte?

Man kann bei der Zuordnung historischer Melodien zu Gefühlstypen ungemein irren. Denn sie geht von unseren heutigen Melodieerfahrungen aus. Und die sind geprägt von Kenntnissen, die zu großen Teilen auf Lieder des 19. und 20. Jahrhunderts, und zwar deutsche Lieder, zurückgehen. So können Assoziationen solcher Lieder den ursprünglich intendierten Sinn älterer Lieder verfälschen, vor allen Dingen dann, wenn diese keine durchgehende Gebrauchsgeschichte bis heute haben. In diesem Falle könnte der Eindruck einer gewissen gemütvollen Flachheit der Melodie entstehen durch die scheinbare Nähe zu Liedern wie *Guter Mond, du gehst so stille* aus der Zeit um 1800, dessen Anfang, vor allem die Stelle »durch die Abendwolken hin«, an den Strophenbeginn erinnert, oder zum Lied *O Tannenbaum* (1820/24), dessen Zeile »Du grünst nicht nur zur Sommerzeit«, wenn auch in anderer Taktart, dem Refrainbeginn entspricht. (Jedoch hat die Melodie schon im späten 18. Jahrhundert auf andere Texte existiert, solchen fröhlicher Feier- und Studentensphäre; vgl. Erk/Böhme, *Deutscher Liederhort*, Bd. I, 1893, S. 548)

Solche Assoziationen verdecken, was Gossec kompositorisch beabsichtigt hat und was möglicherweise im Gesang von 1793 – in Frankreich! – mitempfunden und -gedacht wurde. Gossec sucht Klassizität durch eine Häufung der von Gluck bekannten ›elementaren‹ Quartintervalle zu erzeugen, und zwar speziell auf die positiv besetzten Wörter. Am Anfang der Melodie baut er vom Grundton aus den Dreiklang auf, das musikalische Ursprungsphänomen, dort wo die Ursprungs-»divinité« angerufen wird. (Das Gleiche tut Beethoven etwa fünf Jahre später zur *Ehre Gottes in der Natur*, op. 48, Nr. 1, nur von oben nach unten. Die Inhaltsebene ist fast gleich.) Wo die ›weiblichen‹ Wortendungen die betreuende und liebevolle Weiblichkeit der höchsten Werte benennen (»tutelaire«, »chérie«), setzt er sanfte Durchgangs- und Vorhaltbindungen. (Die »guerrière«-Figur weist wieder aufwärts!) Schließlich fungieren Bildfiguren für die Belebung der Sinne, die Steigerung der Glut und den Sturz der Tyrannen. Gossecs Melodie ist in jedem Detail nach Textvorgabe und ideologischem Auftrag durchreflektiert.

Der Widerspruch zwischen Ordnung und Égalité, zwischen Natur und Weiblichkeit, könnte sich an dem Lied ebenfalls ablesen lassen. So wie der »Natur«-Dreiklang nur zu Beginn und dann nicht wieder auftaucht, erscheint in den fünf folgenden Strophen die »divinité tutelaire«, geschweige denn das Wort »nature«, nicht wieder, weshalb das Lied ab 1794 zur *Hymne à l'égalité* umbenannt wurde. Vielleicht heißt diese Folgerung aber, das Beispiel überzustrapazieren und Gossec und den Textdichter Varon als Zweifler am Ordnungsprinzip darzustellen, wo sie nur schnell arbeiteten und gehäuft Ordnungs- und Naturelemente auf ihr Produkt verteilten.

Der Irrtum über den Gefühlscharakter historischer Melodien kann kaum auftreten angesichts der *Marseillaise* von 1792, da sie im Unterschied zu Melodien wie der von Gossec eine durchgehende Gebrauchs- und vermutlich auch Gefühlstradition hat, ebenso wie Joseph Haydns Antwort-Hymne *Gott erhalte Franz, den Kaiser* von 1797, die von Anfang an bis zu ihrer heutigen Funktion als deutsche Nationalhymne ihren antirepublikanischen Charakter erhalten hat. Dies betreffend, hat sie im Hinblick auf unser Thema eine bezeichnende Besonderheit, die auch die Melodiegestaltung in einen politischen Zusammenhang bringt. Denn das »Volkslied« – wie man ehedem auch Landeshymnen bezeichnete – gewinnt seinen weihevollen Charakter aus einer solchen Vielzahl von melodischen Anklängen und wohl auch Übernahmen, daß man vermuten kann, Haydn habe, um spezifisch Deutsches in Tönen zu repräsentieren und diese zugleich konservativ einzufärben, den »Schein des Bekannten« (J. A. P. Schulz) durch Aufsuchen und Kombinieren zahlreicher diesen Zielen entsprechenden älteren Melodien erzeugt. Das Ergebnis schöpft seine Wirkung »from an immense well (Brunnen) of old, traditional melodies, church, secular and folk.« (Landon, Bd. IV, S. 275, insgesamt für das Folgende S. 271ff.) Es handelt sich u. a. um das katholische *Pater noster* aus der römischen Mess-Ordnung, das *Deutsche Kyrie* von 1537, den protestantischen Choral *Jesu, meines Lebens Leben* von 1661, eines der leichten Rondeaus aus Telemanns *Getreuem Musikmeister* (1728) – wie die Hymne in G-Dur – und ein kroatisches Volkslied aus der Region Eisenstadt, also der Umgebung der Esterhazyschen Residenz. All diese Herkunftsmelodien zeigen in unterschiedlichen Ausprägungen jenes Ideal einfacher, ›natürlicher‹ Sanglichkeit, das seit der frühen Aufklärung gefordert und in der »Popularität« der *Lieder im Volkston* ihre richtungsweisende Verwirklichung in Deutschland gefunden hatte. (vgl. S. 142ff.) Haydn hat mit seiner Hymnenmelodie dieses Ideal musikalischer Volkstümlichkeit in ein nationales Symbol münden lassen, wahrlich ein Gegenentwurf zur *Marseillaise*, die als Marschlied aus Fanfaren- und Opernmelodik nicht nur einem anderen Gesangsideal huldigt, sondern darin auch völlig andere nationale Werte symbolisiert als jene ländliche Treuherzigkeit, bedächtige Einfachkeit und überkonfessionelle Frömmigkeit, die bei Haydn anklingen.

2.2. Der Bürger richtet sich ein: Ein bemoostes Thema

2.2.1. Oratorium und Lied

> »wehrend der ganzen überfahrt bliebe ich oben auf dem schif um das ungeheure Thier das Meer satsam zu betrachten, solange es windstill war, förchtete ich mich nicht, zulezt aber, da der immer stärckere wind ausbrach und ich die anschlagende ungestimme hohe wellen sahe, überfiel mich eine kleine angst, und mit dieser eine kleine üblichkeit. doch überwündete ich alles, und kam ohne S: v: [salva venia = mit Verlaub] zu brechen glücklich an das gestadt.«

Dies schrieb Joseph Haydn am 8. Januar 1791 am Beginn seiner ersten Londonreise an Marianne von Genzinger in Wien. (zit. Haydn Briefe, S. 250f.) Daß er das Meer sah wie Goya zwanzig Jahr später die Landschaft, nämlich als Verkörperung eines Monstrums, liegt nicht nur daran, daß er als lebenslanger Landbewohner die riesige Wasserfläche noch nie hatte anstaunen können, sondern auch daran, daß sich die Begeisterung der Stürmer und Dränger für kahle Heide, leere Flächen und wüstes

Hochland keineswegs hatte durchsetzen können. Die Bergbegeisterung hat zwar bereits zum Alpinismus und zu Gletscherwanderung geführt – Goethe faßte 1777 seine Harzwanderungen im Schneesturm zusammen: »Mein Abenteuer hab ich bestanden«, 1783 berichtete man stolz von einer Rigi-Besteigung unter Gewitter, und 1804 gab es bereits eine Panoramakarte des Blickes von diesem Gipfel, ja, 1784 wurde gar am Alpengipfel Montanvert ein Tempel errichtet mit der Giebelinschrift »A la nature«! (Lahnstein, S. 447, 481; Mit den Augen, S. 67f., 73; Grams S. 60ff.) Zwar war bereits die Sehnsucht nach dem »zweyten Paradies« auf Tahiti verbreitet, wurde sogar in Reisen umgesetzt, etwa 1773/74 durch Georg Forster »zu Erweiterung der Naturkenntniß«, wie es im Titel des unvermeidlichen, für die bürgerliche Raumerfahrung so notwendigen Reiseberichtes heißt. (Japp, S. 33f.; Laermann, S. 82f.) Aber trotz noch so ernsthafter Bemühungen Georg Christoph Lichtenbergs, die gesunde Luft und das Meeresbaden bei Cuxhaven zu propagieren, den »Anblick der Meereswogen, ihr Leuchten und das Rollen ihres Donners, gegen welchen der hochgepriesene Rheinfall wohl bloßer Waschbecken-Tumult ist« (1793; Schriften II, S. 300), wurde der begeisterte Blick auf Wellen und Strand der Nordsee erst später Allgemeingut. Einige Individualisten aus der Generation von Caspar David Friedrich und Heinrich Heine waren es dann, die der gestaltlosen Unendlichkeit etwas abgewinnen konnten. Im späten 18. Jahrhundert waren es erst wenige Außenseiter wie Lichtenberg und Karl Philipp Moritz, wie er da 1782 eine völlig leere englische Heide durchwanderte. (vgl. Grams, S. 179ff.) Die Lüneburger Heide, einst von Brockes angepriesen (vgl. S. 21), galt noch weit ins 19. Jahrhundert als »norddeutsche Sahara.« (Weser-Kurier, 21.3.97, S. 26)

Nein, Haydn war nicht zurückgeblieben, allerdings auch nicht besonders voranstürmend, sondern mit seinem angenehmen Schauer vor der See und dem Bild vom »ungeheuren Thier« ganz normal für seine Zeit. Hatte er etwa Kant gelesen, der 1790 vom »Mutterschoß der Erde [...] (gleichsam als ein großes Tier)« gesprochen und die Stationen und Gefühle von Haydns Erlebnis geradezu vorformuliert hatte?

> »... man muß den Ozean bloß, wie die Dichter es tun, nach dem, was der Augenschein zeigt, etwa, wenn er in Ruhe betrachtet wird, als einen klaren Wasserspiegel, der bloß vom Himmel begrenzt ist, aber ist er unruhig, wie einen alles verschlingenden drohenden Abgrund, dennoch erhaben finden können.« (*Kritik der Urteilskraft*, §§ 80, 29; Werke Bd. X, Berlin 1968, S. 419, 539; zur »Thier«-Metapher auch Ingensiep; bei Mozart vgl. S. 166)

Die Quelle für Haydns Vergleich muß aber nicht so gradlinig abzuleiten sein. Denn die ungezähmte Natur war zu jener Zeit auch an weniger erhabenen Beispielen zu erleben, die in das Bild vom »ungeheuren Thier« eingegangen sein können. Schließlich fanden damals nicht nur Gletscherwanderungen statt, sondern – zum Beispiel in Salzburg – auch »Tierhetzen«, öffentliche Kämpfe bis zum Tode, Tiger gegen Hunde, Bär gegen Stier usw. (Leopold Mozart als aufgeklärter Mensch mißbilligte solche Spektakel; vgl. Brief vom 25.8.1786; Briefe III, S. 577) Beide Sensationen sind bis heute beliebt, die zweite allerdings weiterhin verpönt (Hahnen-, Pittbull-, Stier und Boxkampf), wiederum ein Beleg für die Kontinuität des Naturgefühls seit dem 18. Jahrhundert. Nimmt man an, Haydn sei nicht an den

Anblick der »ungeheuren Thiere« solcher Massenbelustigungen gewöhnt gewesen und habe sich – seinem immer wieder kolportierten Desinteresse an höherer Bildung zum Trotz – eher auf Kant bezogen, so kann man fragen, ob er die starken Eindrücke vom Ärmelkanal, die er auf einer zweiten Englandreise erneuern konnte (1794/95), in neuartige, erlebnishafte Kompositionserfindungen umzusetzen vermochte, als er 1797 das Oratorium *Die Schöpfung* schrieb. Mitnichten.

»Die Fläche, weit gedehnt«, eines »breiten Stromes«, und »schäumende Wellen«, mit denen »sich ungestüm das Meer« bewegt (Nr. 6), also genau jene Zustände großer Gewässer, die er vom Schiff aus »satsam« betrachtete, zeigt Haydn ganz konventionell mit liegenden Klängen bei langsamen Tonfolgen und mit Rollfiguren und Läufen der Geigen. Und das wahrlich ungeheure Tier »Leviathan« im »tiefsten Meeresgrund« (Nr. 18) kann auch nur dergleichen aufbieten, wenn auch in den tiefen Streichern. Die Menge realistischer Natur-»Mahlerey«, die Haydn einsetzt, ist minutiös aufgelistet worden. (Riedel-Martiny, S. 224ff., für die *Jahreszeiten* Feder, S. 103ff.) Sie muß hier ebensowenig nacherzählt werden, wie es sinnvoll wäre, das Oratorium auf die zahlreichen Pastoralen und ländlichen Musikelemente noch weiter abzusuchen, als es schon S. 28 begonnen wurde. Die einzige »Entschuldigung« für die Malereien in den beiden Oratorien sei es »zu erfahren, wie weit hinaus in die sichtbare Welt die Gränzen der Instrumentalmusik gerückt werden können«, heißt es 1801 im Wiener *Neuen Teutschen Merkur*. (zit. Feder, S. 103) Man hoffe, »daß wir nicht wieder in die lächerliche Zeit Telemanns, gleichfalls eines der geschicktesten musikalischen Maler seiner Zeit, zurückgeworfen werden.« Die Nachahmung der Natur in Art der realistischen »Copey«, bei Mattheson schon als kunstfremd eingestuft, gilt inzwischen für die Kritik als gänzlich unwürdiges Kunstmittel. Haydns Selbstverteidigung von 1801, besonders deutliche Nachzeichnungen in den *Jahreszeiten* seien »französischer Quark«, der ihm »aufgedrungen« worden sei (zit. Briefe, S. 389), verschiebt die Verantwortung auf den Librettisten Gottfried van Swieten. Haydns Biograph Dies (1810) faßte die kritische Haltung zusammen und schloß sich dabei Haydns Verschiebung an (zit. Neuausgabe, S. 161f.):

> »Jede Nachahmung im Kunstwesen soll nach Veredlung streben. Veredlung schließt allen Überfluß aus, sie nimmt nur das Notwendige auf. Aber Nachahmung ohne Veredlung ist weiter nichts als eine niedrig komische Nachäffung [...] Haydn wurde durch beide Texte zu sehr genötigt, aus der Sphäre der Musik herauszutreten und in dem Gebiete der Malerei herumzuschweifen.«

Daß Haydn und van Swieten sich mit ihren Malereien nicht etwa einer großen Traditionslinie oratorientypischer Realismen einfügten und ihr Verfahren insofern eher zu dulden ist, sondern daß sie mit klarer Absicht malend von der Tradition abwichen, zeigt ein Vergleich mit den Oratorien Carl Philipp Emanuel Bachs. Dessen *Israeliten in der Wüste* (1769) und *Auferstehung und Himmelfahrt Christi* (1774-80), beide durch Druck und Aufführung auch in Wien bekannt, sind mit Malerei äußerst sparsam und konzentrieren sich auf Affektdarsellung. Daß Moses' Wasserwunder am Fels Geigenläufe provoziert (Nr. 16 der *Israeliten*), ist kaum vermeidbar. Und daß das Bild der hitzewelken und durch Tau sich wieder aufrichtenden Blume eine Pastorale auslöst (Nr. 20), entspricht dem festen semantischen Feld des Topos (vgl. S. 164), erfährt aber eine christologische Steigerung dadurch, daß die gleiche Entwicklung, nun aber als Folge von Tod und Auferstehung Christi, im späteren Oratorium die gleiche musikalische Einkleidung zeigt (Nr. 11) – eine Nobilitierung des Topos aus der mittleren in die hohe Bedeutungssphäre, vergleichbar den Fällen aus den Passionen des Vaters.

Gottfried van Swieten, der Kopf des oratorischen Doppelschlages, *mußte* offenbar aufgrund der von ihm verfolgten Ziele mit der Oratorientradition brechen. Zur Verdeutlichung dieser Ziele erschien ihm offenbar musikalische Malerei unabdingbar, was er Haydn durch genaue schriftliche und auch mündliche Ratschläge, wenn nicht Anweisungen, immer wieder deutlich machte. (vgl. Walter, S. 250ff.) Als Ziele lassen sich folgende benennen.

1. In den Libretti vollendet sich, wenn vielleicht auch auf etwas platte Weise, die aufklärerische Tendenz zur Gottebenbildlichkeit des Menschen. Diese ist nur möglich durch eine Entchristlichung: Nur Gott, seine dankbaren Ebenbilder und die ihnen zu Nutz und Frommen überlassene Natur kommen vor. Christus würde nur stören, da sein Auftreten die Thematisierung der Erbsünde notwendig machen würde. Das Oratorium ist reine Diesseitigkeit, und diese muß bildlich gezeigt werden.

»Kreuz und Opfertod mit ihren Qualen und Ängsten sind vergessen; mit geklärtem Auge wendet sich der Mensch der Welt und Natur zu, aus der er zuletzt sich selbst, das erste Menschenpaar, frisch und unverdorben, zur Humanität, nicht zur Buße bestimmt, hervortreten sieht.« (David Friedrich Strauß, *Der alte und der neue Glaube*, [2]Leipzig 1872, S. 350; zit. Stern, S. 135, hieraus auch für das weitere S. 130ff., 170ff., 181ff.)

Darsteller und Vorboten des realen irdischen Paradieses sind nicht nur die Menschen, sondern auch die Tiere, idealisierte Wesen, friedfertig und freundlich, ohne Wildheit und Kampf. Der Löwe brüllt nicht aus Hunger oder wie in einer Tierhetze, sondern »vor Freude«. (Nr. 21; daß das Rind auf auf »grünen Matten« in der gleichen Nummer eine – da profanes Tier – punktierte Pastoralmelodie der Flöte erhält, verwundert nicht, jedoch dürfte Rätsel aufgeben, was die begleitenden Streicher-Pizzicati symbolisieren. Ebenso rätselhaft ist, was der fünftaktige Pastorale-Einschub F-Dur mit Orgelpunkt in dem 62taktigen »et vitam venturi saeculi« [und ein ewiges Leben] aus dem Credo der *Theresien-Messe* von 1799 zu bedeuten hat – selbstverständlich unpunktiert wegen des heiligen Gegenstandes. Ist es eine persönliche Botschaft Haydns, sein Vertrauen auf den ewigen Paradiesfrieden?)

Diese Absicht zu verfolgen, wurde van Swieten durch ein Londoner Mitbringsel Haydns möglich, nämlich ein etwa sechzig Jahre altes, wohl für Händel bestimmtes englisches Libretto, dessen Vorlagen Auszüge aus John Miltons *Paradise lost* (1674), aus der Genesis (1. Buch Mose) und den Psalmen waren. (vgl. Temperley, S. 19ff.) Dort schon hatte offenbar die Reinigung der Texte vom gesamten Inventar an Sünden-, Drohungs- und Strafmomenten stattgefunden. Van Swieten übersetzte, veränderte und paßte an. Möglicherweise enthielt das ursprüngliche Libretto auch bereits jene Sonnen- und Lichtsymbolik, die in der Bibel fehlt und sich wie in Mozarts *Zauberflöte* als Element freimaurerischer Botschaft interpretieren läßt. Dies jedenfalls würde die ungeheure Mühe erklären, die Haydn, selbst Freimaurer, auf die Skizzenarbeit an der Anfangswandlung vom Chaos zum Licht wandte. (Landon, S. 349, 356ff.; G. Busch, S. 179)

Friedrich Schiller wird wohl die Haltung mancher Intellektuellen ausgedrückt haben, als er am 5.1.1801 an Christian Gottfried Körner, den theoretischen Kämpfer gegen musikalische Malerei und für »Charakterdarstellung«, schrieb, die *Schöpfung* sei ein »charakterloser Mischmasch«. (zit. Stern, S. 176) Dabei hat es doch den Anschein, als entspreche das Oratorium, wenn auch auf sehr vereinfachte Weise, dem, was Schiller in Nachfolge Kants 1790 über die Bestimmung des Menschen in der Aufklärung formulierte: Der Mensch

> »sollte den Stand der Unschuld, den er jetzt verlor, wieder aufsuchen lernen durch *seine Vernunft* und als ein freier, vernünftiger Geist dahin zurückkommen, wovon er als Pflanze und als eine Kreatur des Instinkts ausgegangen war; aus einem Paradies der Unwissenheit und Knechtschaft sollte er sich, und wär' es auch nach späten Jahrtausenden, zu einem Paradies der Erkenntnis und der Freiheit hinauf arbeiten.« (*Etwas über die erste Menschengesellschaft nach dem Leitfaden der mosaischen Urkunde*; zit. Stern, S. 161)

Oder 1795:

> »Aus einem Sklaven der Natur, solang er sie bloß empfindet, wird der Mensch ihr Gesetzgeber, sobald er sie denkt. Die ihn vordem nur als *Macht* beherrschte, steht jetzt als *Objekt* vor seinem richtenden Blick.« (*Über die ästhetische Erziehung des Menschen*, 25. Brief; zit. Schiller, S. 652)

Bezeichnend, daß van Swieten den Begriff Vernunft nicht eingefügt hat. Jedoch ist, vergleichbar der zweiten Schillerschen Äußerung, der Mensch »als König der Natur« bezeichnet. (Nr. 24) Der Mensch?

2. Nein, der »Mann«! Er vermag offenbar Schillers Auftrag zu erfüllen. Denn »die breit gewölbt' erhab'ne Stirn, verkünd't der Weisheit tiefen Sinn, und aus dem hellen Blicke strahlt der Geist.« Die »Gattin« jedoch »schmieget sich«, »hold und anmutsvoll«, und »in froher Unschuld lächelt sie.« (dazu Stern, S. 184) Van Swieten riet Haydn hierbei,

> »es könnte für Adam ein festerer Gang als für Eva Statt haben und der Unterschied in der Empfindung, den das Geschlecht verursacht, vielleicht durch die Abwechslung des Major- und Minortons angedeutet werden.« (zit. Walter, S. 256)

Haydn hat van Swietens Ratschläge befolgt außer dem unsinnigen eines Wechsels von Dur nach Moll, der wohl als Übergang von männlicher Härte (durus) zu weiblicher Weichheit (mollis) gemeint war, für die Zeitgenossen aber sicherlich einen ganz unverständlichen Übergang zur Trauer bedeutet hätte. Mögen sich die Gatten gegen Ende des Oratoriums noch so gleichberechtigt ihre Liebe zusingen, so kann man doch nach der Verteilung der Geschlechtercharaktere unmittelbar nach Erschaffung der Menschen deren Verhältnis kaum so bezeichnen: »Das erotische Element empfängt eine sakrale Weihe.« (Stern, S. 190) Vielmehr haben wir es mit einem gottgesegneten Hymnus auf die Erniedrigung der Frau zu tun, wie wir ihn schon von Lavater und anderen kennen. Ihre Funktion gegenüber dem »Gatten« kennen wir auch von dort: Sie »lächelt [...] ihm Liebe, Glück und Wonne zu.« (Nr. 24) Wenn er »der König der Natur« ist, so ist sie keineswegs deren Königin, sondern »des Frühlings reizend Bild«, nur ein Teil der Natur, die Beschränktheit in Person.

3. »Das Idyllische waltet absolut.« (Stern, S. 183) Zufolge Schillers Idyllen-Theorie wird im Oratorium jener »Stand der Unschuld« gezeigt, der »nicht bloß vor dem Anfange der Kultur« existierte, sondern den die Kultur »als ihr letztes Ziel beabsichtet«, und zwar gezeigt auf eine Art, die Schiller, jedenfalls für die von ihm gepriesene Urfassung Miltons, »sentimentalisch« nennt, da sie »von ihrem Gegenstand *alle Grenzen entfernt*, wenn sie ihn idealisiert«. Jedoch scheint es, als habe van Swietens Libretto in seinem »Mischmasch« idealisierender und detailbesessener Elemente genau jene »Halbheit« zwischen naiver und sentimentalischer Idylle entwickelt, »weder ganz Natur noch ganz Ideal«, die Schiller an Geßners Schäferpoesie tadelt. (*Idylle*, in: *Über naive und sentimentalische Dichtung*, 1795f., zit. Schiller, S. 744-49)

Die Folge solcher »Halbheit« in Haydns Musik wird heute häufig mit einem Begriff zusammengefaßt, der das Prinzip der »Halbheit« noch potenziert: »Volkstümlichkeit«, etwa bei Rosen. (S. 373ff.) Zu dieser Mischung aus Kunstanspruch und der von Johann Abraham Peter Schulz bekannten neuen Einfachkeit wurde Haydn vom Librettisten in dessen Anweisungen mit Fleiß angetrieben, so etwa für das Spinnerlied mit Chor (Nr. 34) aus den *Jahreszeiten* (Text nach James Thomsons *The seasons* von 1730, deutsch 1745 von Brockes; zum Texthintergrund mehrere Arbeiten in: Die vier Jahreszeiten).

> »Zum Spinnerliede wird eine Melodie, wie sie für alte Volkslieder gewöhnlich war, gut passen. NB. *Schottische Lieder*.« (zit. Walter, S. 274)

Diese Anweisung machte Haydn keinerlei Schwierigkeiten, da er ab 1791 für Musikliebhaber der Insel schottische und walisische Lieder bearbeitete, bis zu seinem Tode 1809 knapp 350 Stück, darunter viele im 6/8-Takt und 9/8-Takt. Ergebnis im Oratorium: Eine 6/8-Pastorale, d-Moll, unpunktiert.

Die Kategorie der Volkstümlichkeit, von Anbeginn an Haydn gerühmt, realisiert sich in den Oratorien als äußerst erfolgreiche Verbindung von Ländlichkeit, Allgemeinverständlichkeit und idyllischer Naturverehrung und zeigt die Werke als ideale musikalische Begleitung jener um sich greifenden Freizeitkultur des Spazierganges, des Ausfluges und der Sommerfrische, welche in der zweiten Jahrhunderthälfte als Pendant zu Verstädterung und Industrialisierung zum festen Bestandteil des bürgerlichen Lebens geworden war. Diese Feierabend- und Festtagskultur auf dem Lande hat mehrere Ausgangspunkte. Zum einen ist es – wie auf so vielen Gebieten – das Bestreben, dem feudalen Vorbild mit seinen Sommerresidenzen und ländlichen »Divertissements« nachzueifern, dann die seit der Aufklärung ausbrechende Sakralisierung der »schönen Natur« zum Symbol der Reinheit, wie Wilhelm Heinrich Wackenroder sie auf seinen Spaziergängen mit seinem Freunde Tieck in den letzten Jahren des Jahrhunderts anbetete, vor allem im Erlebnis des Sonnenaufganges, das durch das Aufsuchen einer hierfür geeigneten »interessanten

Gegend«, nämlich eines höheren Berges, eigens vorbereitet wurde. (zit. König, S. 172, 175) Schließlich hat die Flucht aus der Stadt aufs Land noch einen ganz profanen Grund: die mangelnde Hygiene und den Gestank in der Stadt, denen man mit Straßenpflasterung, Abwasserregelung und Verlegung der Friedhöfe an die Peripherie beizukommen suchte. (vgl. Corbin, Kap. II; Aries, S. 407ff.)

Das ländliche Freizeiterlebnis schlägt sich auch in der Briefkultur nieder und erzeugt Berichte, deren Freude an der erblickten Abwechslung wie ein später Nachklang der »Rahmenschau« wirkt (vgl. S. 19), gemischt mit jenem ›panoramatischen‹ Genuß am Rundblick auf die ausgebreitete Natur, der um die Jahrhundertwende aufblühte (vgl. Grams, S. 60ff.; Schmitt, Teil I) und wohl auch in der unendlich sich folgenden Bilderlust der *Jahreszeiten* durch van Swieten berücksichtigt wurde. Was heute Unterhaltungswert heißt, scheint sich damals am Thema Natur gebildet zu haben, ganz fern dem Erkundungsinteresse von Brockes. Ein Ferienbericht von Henriette Catharina Rump aus der Holsteinischen Schweiz im Jahre 1796 gibt ein Beispiel hierfür:

> »Eine äußerst vergnügte Reise haben wir bis jetzt gemacht, und was die schönen Gegenden anbetrifft, sind wir jetzt wohl auf dem Gipfel. Denn nun, seit 8 Tagen, hat es sich immer so getroffen, daß wir beinahe jeden Augenblick neue herrlich Naturscenen sahn. Du weißt nicht, liebe Metchen, wie reich dieses Land an manichfaltigen prächtigen Aussichten ist, die sich ohnmöglich beschreiben laßen.« (zit. Lahnstein, S. 469)

Wie klingt es doch von Frau Rump herüber, wenn wir die Sendereihe mit dem passenden Titel *Serenade* des Klassiksenders NDR 3 einschalten und jeweils zur Eröffnung das instrumentale Vorspiel zur Nr. 4 der *Jahreszeiten* hören (»Schon eilet froh der Ackersmann zur Arbeit auf das Feld«), wohl das Verlogenste, was sich zur Repräsentation der »klassischen« Musik wählen läßt!

Das Ausblenden des bäuerlichen Elends oder seine Umwendung in bukolische Zufriedenheit haben wir bereits bei Besprechung von Telemanns *Landlust* oder der idyllisierenden Liedkunst aus der Umgebung des Singspiels und der *Lieder im Volkston* wahrnehmen können. Diese Verharmlosung ist noch lange im Programm der Kunstmusik, ob in Beethovens *Pastorale* oder in der Produktion von »Volksliedern« (*Im Märzen der Bauer*, 19. Jahrhundert, der bekannte Text von Walter Hensel 1923). Probleme der Armut haben in der Idylle nichts zu suchen. Und eins vor allem weist das gesamte Spektrum der idyllischen, auf die antike Bukolik sich stützenden Natursicht des 18. Jahrhunderts ab: Arbeit auf dem Land, schwere Bearbeitung des Bodens. Sie stört. (vgl. S. 113 und Schmenner 1997, Teil IIa und VII d) Wie wunderte sich Wackenroder doch, als ein Bauer jenen Hügel, von dem der Sonnenaufgang so herrlich zu beobachten war, lediglich ein »wüstes Ding« nannte! (zit. König, S. 175)

Um Haydn vorübergehend zu verlassen, hier zwei weitere solcher Briefe und Berichte. Sie eröffnen einen Blick auf andere Musik, aber auch auf ein viertes Ziel, das van Swieten und Haydn mit ihren Oratorien verfolgt haben könnten. (vgl. S. 194) Hier zunächst ein Brief von 1787 von einer Bremer Patriziertochter, die von ihrem Leben auf dem Landgut im nahen Tenever berichtet:

> »Wie wir wieder auf den Hof kommen, sahen wir daß Harm mit dem Wagen noch Korn wolte vom Feld holen. Wir setzten uns alle darauf (es war aber schon finster) und fuhren mit dahin, blieben da so lange bis der Wagen voll geladt war und kehrten da wieder zurück im Mondenschein. Der Himmel war so voll von schönen Sternen, und es war so heiter, wo die Sonne untergegangen war. Dies ließ mir ganz majestätisch und prächtig mitten auf dem Felde [werden].« (zit. Lahnstein, S. 75)

Eine Bildungsetage höher, Sturm und Drang-erfüllt, ein Bericht von Leonhard Meister (1783) über eine Rigi-Besteigung (zit. ebda., S. 482):

»Bey sorgloserm Schritt genoß ich jede romantische Scene; gegen über auf dem benachbarten Gebürge glaubt' ich im Wettkampfe Ossians Geister zu sehen, oder am Fuße der Fichten, wo ich ruhte, den Gesang des verklärten Barden zu hören [...] fernher mit himmeltürmenden Pyramiden, mit dem Amphitheater ungeheurer Gebürgen begränzet; hoch vom Himmel her der ganze Schauplatz vom Silberlichte des Mondes feyrlich beleuchtet. O wie da mein Herz gepreßt, wie es gleichsam unter der Last der zahllosen Gebürge niedergedrückt war – doch schnell sich loswand und empor flog über die Gestirne, um sich ganz zu ergießen über den unermessenen Luftraum, um auszuruhen und freyer zu athmen im Schoose des Allvaters, des Urhebers dieses ganzen, erhabenen Schauspiels!«

Dann das Lied *Unsterblichkeit* des preußischen Hofkapellmeisters Friedrich Heinrich Himmel mit Text von Christian August Tiedge, etwa im Jahre 1800 erschienen (Wiedergabe nach Originaldruck von Johann August Böhme, Hamburg):

Die Berichte aus Bremen und vom Rigi konnten sich auf den berühmten Satz aus dem »Beschluß« der 1788 erschienenen *Kritik der praktischen Vernunft* von Kant noch nicht beziehen, den Liedautoren jedoch dürfte er geläufig gewesen sein:

> »Zwei Dinge erfüllen das Gemüt mit immer neuer und zunehmender Ehrfurcht, je öfter und anhaltender sich das Nachdenken damit beschäftigt: der bestirnte Himmel über mir und das moralische Gesetz in mir.«

Und Eulogius Schneider, jener Bonner Republikaner, der Beethovens Natursicht beeinflußt haben mag, über das »Mittel, das Gefühl des Erhabenen zu verstärken«:

> »Der Anblick des sternenbesäeten Himmels erhöhet unsere Seele mehr in dunkler Nacht, als der Anblick des Firmaments am hellen Tage.« (*Die ersten Grundsätze der schönen Künste überhaupt, und der schönen Schreibart insbesondere*, § 81; zit. Schmenner 1997, S. 48)

Der Blick ins nächtliche Firmament, hinauf zu den Sternen, löst nun andere Reaktionen aus als noch bei Bach (vgl. S. 93), nämlich solche, deren Religiosität kaum noch auf Gott bezogen ist, solche der Majestät oder des befreiten Emporschwingens über den irdischen ›Druck‹. Beide sind in Tiedges Text vereint, der auf frappante Weise wie eine Poetisierung des Rigi-Berichtes wirkt. Himmel, der Tiedges Texte besonders gern vertonte (Erfurt-Freund, S. 88), ist dem Hauptproblem jedes Strophenliedes erlegen: Seine Symbolisierung der beiden Pole des Textes – irdische Welt (»Naturgewalten«) und himmlische Welt (»Naturgesetz«) – durch tiefe und hohe Gesangs- und Klavierlage geht von der ersten Strophe aus, die sich in die beiden Pole teilt, ist aber unpassend für die zwei Folgestrophen, die nur kurz »Naturgewalten« und »Druck« erwähnen und in der 3. Strophe zusätzlich noch in der ›falschen‹, ersten Texthälfte. Die Pole sind im Text der drei Strophen durch folgende Wörter bezeichnet:

> Unsterblichkeit, Naturgesetz, Sonnen, Geist, Göttliches, Ätherfunken, Gott; höhere Schwingen, lichteres Reich, ewiger Raum, ahnender Traum; fliegen, durchstrahlen, strahlen; leuchtend, heilig, rein

und

> Naturgewalten, Sturm; Gestalten ringen, dürres Gesträuch, irdischer Druck; hinter ihm, verrauschen, hinwegsinken

Die Musik symbolisiert die beiden Pole mit folgenden Mitteln:

> hohe Lage, linearer und fast durchgehend vierstimmiger Satz mit Pastoralrhythmik und Melodie in der Oberstimme, hauptsächlich in Dur-Klängen, deren ›Natur‹-Bezug vor allem im aufsteigenden Dreiklang des Vorspiel-Beginnes deutlich wird, bekannt bereits von Gossec und Beethoven (vgl. S. 180)

und

tiefe Lage der Begleitung; deren Ablösung von der Melodie mit Abwärtsläufen in Sechzehnteln, wodurch die Dynamik von selbst zunimmt; Dezimsprung abwärts auf »ringen«; vornehmlich Mollklänge; im Vorspiel Akzentverschiebungen der Terzfolgen durch Pastoralrhythmik.

Die Signale sind einerseits Einheit, Einfachkeit, Leichtigkeit, Helligkeit, andererseits Zerteilung, Schwere, Anstrengung, Düsternis. Sprich: Ordnung und Unordnung. Die Erhabenheit des Gegenstandes und des Gedichttitels vereinen sich offenbar im Vor- und Nachspiel: Voller, weiter Satz mit Baßoktaven, mit forte und sforzati und – im Unterschied zum Gesangsteil – mit Akkordwechseln im Achtelabstand stehen für die Erschütterung der Seele, allerdings in seltsamem Widerspruch zum 6/8-Takt, der wohl als Rest der Pastoralstruktur dem Gegensatzpaar der ›Natur‹-Begriffe verpflichtet ist.

Die Vertonung ist eine Ansammlung unterschiedlichster Mittel der Natursymbolik des gesamten Jahrhunderts. Ihre Komplexität entspricht jener des Textes wie auch der Unklarheit des thematischen Kerns. Wem gilt, wessen ist die »Unsterblichkeit«? Ist es die unsterbliche Seele, ist es der Genius allein, ist es Ideal oder Idee oder bereits die unnennbare, erdferne Hieroglyphe des Unendlichen, des Absoluten aus der frühen Romantik? In jedem Falle aber gilt ihr himmlischer, »heiliger« Ort mehr als »Ringen« und »Druck« des Irdischen, als alles Materielle und Körperliche.

Unsterblich kann nicht sein, kann nicht werden, was sich inmitten der »Naturgewalten« abspielt. Solange das »Naturgesetz« dort nicht ordnend eingreift oder im Chaos unerkennbar bleibt, muß man sich zu seiner Erkenntnis in höhere Sphären aufschwingen, wo es rein und unverschleiert herrscht, ob diese Sphären nun im außerweltlichen Raum zu suchen sind oder in den oberen Regionen des menschlichen Geistes. Sollte dies die Aussage des Liedes sein, so wäre es symptomatisch für einen bestimmenden Bereich des Selbstverständnisses im deutschsprachigen Raum des ausgehenden Jahrhunderts, für große Teile des Idealismus und der frühen Romantik. Offenbar hat Tiedge Schiller gelesen (*Über die ästhetische Erziehung des Menschen*, 1795; S. 592f.):

> »[...] wie kann sich unter den Einflüssen einer barbarischen Staatsverfassung der Charakter veredeln? Man müßte also zu diesem Zwecke ein Werkzeug aufsuchen, welches der Staat nicht hergibt, und Quellen dazu eröffnen, die sich bei aller politischen Verderbnis rein und lauter erhalten [...]. Dieses Werkzeug ist die schöne Kunst, diese Quellen öffnen sich in ihren unsterblichen Mustern.«

Ähnlich auch Wilhelm Heinrich Wackenroder in einem Brief an Tieck 1792 (zit. Becker, S. 170):

> »Nur Schaffen bringt uns der Gottheit näher und der Künstler, der Dichter, ist Schöpfer. Es lebe die Kunst! Sie allein erhebt uns über die Erde, und macht uns unsers Himmels würdig.«

Selbstverständlich bedeutet es nicht Gleiches, wenn Schiller in einem Brief an Körner schreibt (1794; zit. Schiller, S. 1140), daß »die Erfahrung eigentlich die Idee des Schönen gar nicht darstellt«, da das »Schöne [...] kein Erfahrungsbegriff, sondern vielmehr ein Imperativ« sei, und wenn August Wilhelm Schlegel in der *Kunstlehre* (1801) postuliert, der Mensch habe die »in allem wirksame Kraft der Hervorbringung zur Einheit einer Idee zusammengefaßt, und das ist die Natur im eigentlichen und höchsten Sinne.« (zit. Dahlhaus 1988, S. 47) Aber in der Interpretation des Körperlich-Gegenständlichen als untauglich zur Idee fallen doch beide zusammen. »Bisher nahm man an, alle unsere Erkenntnis müsse sich nach den Gegenständen richten«, jedoch sei es nunmehr angezeigt, »daß wir annehmen, die Gegenstände müssen sich nach unseren Erkenntnissen richten«, heißt es 1787 bei Kant zu diesem Umsturz. (*Kritik der reinen Vernunft*, 2. Auflage, S. XVI; dazu Böhme/Böhme, Kap. V, VI) Was Nachahmung der Natur geheißen hatte, kann nur noch insofern gelten, als der Genius als höchstes Beispiel der schaffenden Natur nicht mehr deren »Sklave«, sondern deren »Gesetzgeber« ist, wie es auch Schiller immer wieder betont. (vgl. S. 185) Damit ist »endgültig die Herrschaft der Regelpoetiken beseitigt«: »Die Autonomie der Phantasie wird zum Gesetz erklärt.« (Wellmann, S. 82) 1808 wird dann in der *Allgemeinen Musikalischen Zeitung* an der alten Lehre von der Naturnachahmung nur noch knapp das »Unstatthafte der Behauptung« getadelt. (Christian Friedrich Michaelis, *AMZ* X 1808, Sp. 449)

Das Vorbildverhältnis von Natur und Kunst hat sich verkehrt, sich sozusagen auf die Füße des Individuums gestellt. Aus allen Richtungen schlägt uns dies entgegen:

> »Das Gefühl für Natur ist im Grunde die Phantasie für dieselbe«. (Jean Paul, *Die unsichtbare Loge*; zit. Seel, S. 173)
>
> »Die Welt war itzt nur ein Spiegel meiner Selbstheit.« (Karl Grosse, *Der Genius*; zit. Bekker, S. 54)
>
> »Der Mensch ist in der Kunst Norm der Natur.« (August Wilhelm Schlegel, *Die Kunstlehre*; zit. Zimmermann, S. 138)
>
> »Die ganze Natur ist dem Menschen, wenn er poetisch gestimmt ist, nur ein Spiegel, worin er nichts als sich selbst wiederfindet.« (Ludwig Tieck; zit. König, S. 170)

Selbstverständlich bedeutet es auch nicht Gleiches, wenn Schiller sagt: »[...] weil die Natur bei uns aus der Menschheit verschwunden ist und wir sie nur außerhalb dieser, in der unbeseelten Welt, in ihrer Wahrheit wieder antreffen«, so gleiche »unser Gefühl für Natur [...] der Empfindung des Kranken für die Gesundheit« (*Über naive und sentimentalische Dichtung*, 1795; zit. Schiller, S. 710f.), und wenn es bei Friedrich Wilhelm Schelling und bei Novalis heißt, die Natur sei »eine rätselhafte Hieroglyphe« zu einem »Gedicht, das in geheimer, wunderbarer Schrift verschlossen liegt«, ja: »Die Natur ist unbegreiflich per se.« (*System des transzendentalen Idealismus*, 1800; zit. Zimmermann, S. 135; Späte Fragmente, zit. Vietta, S. 153) Aber die Ratlosigkeit vor der Natur im alten Sinne der natura naturata, also der vorhandenen Natur, ob sie nun als entfremdet oder als unverständlich gesehen wird, ist doch den Äußerungen gemeinsam. So wird es jedem gefährlich, der »in süßer Angst in den dunkeln lockenden Schoß der Natur versinkt«, wie Novalis sagt (zit. Vietta, S. 147). Doch kann diese Angst auch in eine Herrschaftshaltung umschlagen, auch bei Novalis, wenn eines seiner Gedichte über den Beruf des Bergmanns beginnt:

»Der ist der Herr der Erde,
Wer ihre Tiefen mißt,
Und jeglicher Beschwerde
in ihrem Schooß vergißt [...]«
(zit. Böhme, S. 107)

Und Novalis blieb es auch – nunmehr ohne Doppelsinn der Aussage – vorbehalten, in einem Fragment zur Naturlehre (Nr. 984) die Natursymbolisierung der Frau und die Naturherrschaft des Genius zu einem erschreckenden Bild männlicher Gewaltherrschaft zusammenzufassen: »Notzucht ist der stärkste Genuß.« (zit. Mattenklott, S. 182)

Solche Wirrnis im Verlust der Natur und des Glaubens an sie lechzt, wenn nicht nach Gewalttaten, so nach neuen Paradiesen und neuem Halt, und sie zeigen sich im Ideal, im Ausweichen in höhere Sphären, im Klammern an die Kunst, an das »Schöne«, den »Imperativ« (Schiller) und ans »Naturgesetz«. (Tiedge; zum gesamten Komplex vgl. Sponheuer, S. 37ff.) Daß diese Wendung auch ihre politische Seite hat, wenn nicht einen politischen Antrieb, ließ schon Schillers Bemerkung über die Funktion der »schönen Kunst« vermuten und wird durch Friedrich Schlegel wahrscheinlich gemacht (*Geschichte der alten und neuen Literatur*, 1810):

»Wie in Frankreich die alles beherrschende und alles auflösende Vernunft ihre zerstörenden Wirkungen nach außen hin gewandt und das gesamte Leben der Nation zum furchtbaren Schauspiel für die Mitwelt und Nachwelt ergriffen hat; so nahm in Deutschland, dem Charakter der Nation gemäß, bei der äußern Gebundenheit der edelsten Kräfte, die absolute Vernunft ihre Richtung ganz nach innen, statt der bürgerlichen Revolutionen in metaphysischem Kampfe Systeme erzeugend und wieder zerstörend.« (zit. Krit. Ausgabe, hg. Behler, Bd. VI, S. 411f.)

Eine andere Facette dieses außengeleiteten Weges in die Innerlichkeit wird 1795 von Friedrich Schiller formuliert unter Verwendung ebenjenes Verständnisses von ›Resignation‹, das Beethoven 1801 aufgriff. (Briefe an Franz Wegeler und Carl Amenda vom Juni und Juli; vgl. S. 12) Schiller:

»Also nichts von Klagen über die Erschwerung des Lebens, über die Ungleichheit der Konditionen, über den Druck der Verhältnisse, über die Unsicherheit des Besitzes, über Undank, Unterdrückung, Verfolgung; allen *Übeln* der Kultur mußt du mit freier Resignation dich unterwerfen, mußt sie als die Naturbedingungen des einzig Guten respektieren [...]« (zit. Schiller, S .708)

Dies ist das Ideal, die »Vollkommenheit« der Natur. Wahrlich scheint es, als sei es eine Teilfunktion dieses deutschen Weges aus der alten Naturnachahmung gewesen, einen Gegenentwurf zum französischen Weg zu suchen, zu jenem Weg, der zwar auch »im Namen der Natur« angetreten worden war, jedoch stets eine sehr direkte Richtung, realitätsbezogen, genommen hatte, angeleitet von Symbolen, die zwar nicht immer unwidersprüchlich, aber doch als unbefragbare Leitbilder praktischer Handlungen aufgefaßt worden waren. Wir erinnern uns des großen Festes der Natur in Paris 1793 und Gossecs Hymne auf die Göttin Natur, welche als »Vormund« gepriesen wurde. (vgl. S. 179) Sieben Jahre zuvor hatte Kant den gleichen Begriff verwendet – jedoch in welch entgegengesetztem Sinn! –, um den Weg der ersten Menschen aus dem Paradies als Symbol für das Ziel der Aufklärung zu interpretieren:

> »[...] aus dem Gängelwagen des Instinkts zur Leitung der Vernunft, mit einem Wort: aus der Vormundschaft der Natur in den Stand der Freiheit.« (*Mutmaßlicher Anfang der Menschengeschichte*; zit. Lepenies, S. 290)

2.2.2. Sinfonik und Klaviermusik

Der tiefe Eindruck, den die englische Nationalhymne und die Londoner Händel-Feierlichkeiten in Haydn hinterlassen hatten, zählten offenbar zu den Anlässen für die Komposition der Kaiserhymne und der beiden Oratorien, musikalischer Symbolisierungen einer natürlichen Ordnung, die Haydn im aufgeklärten Absolutismus Englands erkannte und im französischen Weg verlassen sah, aber nur in deutscher Kunst darstellbar fand. Dieses Idealbild der Natur, wie es in aller Bildlichkeit in den Oratorien vorgeführt wird, diese Formulierung höherer, allgemeiner Humanitätsprinzipien, hatte durchaus einen politischen Beigeschmack. Nicht nur die Wendung gegen den »französischen Quark«, also gegen einen niederen Naturalismus, zeigt dies (vgl. S. 183), sondern auch Haydns Mahnung an seinen Schüler Joseph Weigl von 1794, »den ächten Styl stets zu beobachten, damit sich die Ausländer neuerdings erneut überzeugen, was der Teutsche vermag.« (zit. Briefe, S. 301)

Der »ächte Styl« des »Teutschen« zeigte sich nicht nur in solchen Ideenkunstwerken wie der *Schöpfung*, sondern mehr noch in einem nationalen Sonderweg der Musik. In Abgrenzung zu den Nachbarn, vor allem zur der funktional und semantisch festgelegten, hauptsächlich vokal orientierten Musik der Franzosen, hatte sich in einem schwer nachvollziehbaren und hier schon S. 150f. angedeuteten Prozess ein musikalisches Pendant zu jenen deutschen »Systemen« herausgebildet, deren »metaphysische Kämpfe« Friedrich Schlegel beschwor, eine Art idealistischer Philosophie der Musik: die wortlose, »reine«, die instrumentale Sinfonik, begriffslose Idee im Klang – so jedenfalls ihre verbreitete Bewertung.

Diese Bewertung fand kaum in der idealistischen norddeutschen Musikästhetik statt, die in einer bemerkenswerten Blindheit gegenüber den gleichzeitigen Hochleistungen der Wiener Sinfonik verharrte, wohl aber in der Sicht der frühen Romantik, ohne daß deren Interpretation den Absichten der großen Sinfonik entsprechen mußte, wenn sie auch die Idee der Autonomieästhetik als Basis der Lehre von der »absoluten Musik« mit begründete. (vgl. hierzu Dahlhaus 1988, S. 91ff.)

> »Ja, diese Töne, die die Kunst auf wunderbare Weise entdeckt hat, sie auf den verschiedensten Wegen sucht, sind von einer durchaus verschiedenen Natur, sie ahmen nicht nach, sie verschönern nicht, sondern sie sind eine abgesonderte Welt für sich.« Sie bestehen nur aus »Tönen der Instrumente«, nicht aus »Tönen, die die Natur hervorbringt.« (Ludwig Tieck, *Phantasien über die Kunst für Freunde der Kunst*, 1799; zit. Dahlhaus 1988, S. 15)
> Musik, »die eine Sprache redet, die wir im ordentlichen Leben nicht kennen, die wir gelernt haben, wir wissen nicht wo?« (Wilhelm Heinrich Wackenroder, Werke und Briefe, Berlin o. J., S. 207)

Schließlich E. T. A. Hoffmann in seiner Rezension der 5. Sinfonie von Beethoven: »Wenn von einer Musik als einer selbständigen Kunst die Rede ist, sollte immer nur die Instrumentalmusik gemeint sein, welche, jede Hülfe, jede Beimischung einer andern Kunst verschmähend, das eigentümliche, nur in ihr zu erkennende Wesen der Kunst rein ausspricht. Sie ist die romantischste aller Künste – fast möchte man sagen, allein rein romantisch.« (*Allgemeine Musikalische Zeitung*, Bd. XII, 1810, Sp. 631)

Die Nachahmung der Natur am Ende? Aber warum dann hatte es Beethoven nötig, der Pastoral-Sinfonie die Bemerkung hinzuzusetzen »Mehr Ausdruck der Empfindung als Malerei«? Offenbar war die »einfache Nachahmung der Natur«, wie Goethe sie in seinem Aufsatz zum Thema von 1789 nannte (GA Bd. 33, S. 34ff.), nur von Künstlern und Kunstrichtern hoher Warte verpönt, vom großen Teil des Publikums und vielen Künstlern aber weiterhin geschätzt, wie das Beispiel des berühmten Abbé Georg Joseph Vogler zeigt, eines späten Vertreters der Mannheimer Schule. Seine improvisierten »Orgelstürme« machten Furore. Vogler favorisierte einen umwerfenden Realismus, der auch die Ergebnisse der einsetzenden Ethnomusikologie nicht ausschloß, einer bisher nur in Ansätzen zu beobachtenden Bemühung um die Musikpraxis der außereuropäischen musikalischen Natur. Dabei hatte er nicht die mindesten Skrupel in der Vermischung solcher und europäischer Musikkultur – in der Kirche! –, war demnach der Pionier dessen, was man heutzutage cross-over oder multikulturelle Musik nennt. Eines seiner späteren Konzerte (1807) hatte folgendes Programm (zit. Preußner 1935, S. 68):

1. Teil
1. Choral: Wie schön leuchtet der Morgenstern
2. Gesang der Hottentotten, der aus drei Takten und zwei Worten besteht: Magema, Magema, Huh, huh, huh.
3. Flötenkonzert: Allegro, Polonaise, Gigue.

2. Teil
1. Die Belagerung von Jericho:
   a) Israels Gebet zu Jehova;
   b) Trompetenschall;
   c) Umstürzen;
   d) Einzug der Sieger.
2. Terrassenlied der Afrikaner, wenn sie ihre platten Dächer mit Kalk befestigen, wobey wechselsweise ein Chor singt, der andere stampft.
3. Die Spazierfahrt auf dem Rhein, vom Donnerwetter unterbrochen.
4. Händels Hallelujah, fugiert zu zwei Themen, kontrapunktiert von einem dritten Thema.

Solche Kunst »schließt ihrer Natur nach eine hohe Vollkommenheit nicht aus«, wie Goethe in seiner Unabhängigkeit von herrschenden Meinungen feststellte. Diese allerdings hatten sich – wie gesagt – auf die Grenzlinie festgelegt, die »Musik als Kunst und Nicht-Kunst« trennte (Sponheuer) und die Spaltung der öffentlichen Musikkultur in den Dienst am Werk und scheinbar bloßes Amüsement weiter vorantrieb – heute kalt und salopp zu E- und U-Musik betoniert. Die Behauptung bzw. die Forderung, hohe Kunst sei unvereinbar mit Bildern oder Vorbildern der realen Welt, könne nur so eine Autonomie, eine ›Reinheit‹ gegenüber den Schlacken und Zwängen des Irdischen behaupten, ist als absoluter Anspruch zwar erst in den Auseinandersetzungen um die Programm-Musik in späteren Jahrzehnten ausgeformt worden, hat aber um 1800 einen starken Antrieb erhalten, wobei Kant und Schiller als treibende Kräfte nicht zu unterschätzen sind. (vgl. Sponheuer, S. 59ff.) Problematisch war und blieb dabei die der »Reinheit« widerstrebende Kategorie der »Sinnlichkeit«, wobei teilweise die »klassische Kunstphilosophie [...] immer schon auf dem Sprunge steht, die sublime und verletzliche Balance des Schönen durch puristischen Eifer oder durch spekulative Überforderung zu verfehlen.« (Sponheuer, S. 73)

Allerdings: Die Kunstproduktion, hier die Komposition, leistete diesem ideologischen Priesterzug in die »Reinheit« Vorschub, indem sie sich auf die instrumentale Sinfonik spezialisierte, deren Wortlosigkeit als Begriffslosigkeit uminterpretiert wurde und den Romantikern die zitierten Euphorien abzwang, begeisterten Arabesken zu den ästhetischen Reflexionen der idealistischen Philosophie. Bei genauer Analyse, bei einer fachmännischen und damals keineswegs unmöglichen musikhistorischen Betrachtung der Sinfonik hätte man stattdessen vielleicht erkennen können, daß das Sinnverwirrende, das Unirdische und Bezaubernde der Sinfonik nicht nur als Ergebnis der Wortlosigkeit zu verstehen ist, sondern als Ergebnis eines verdeckten Widerspruchs, einer magischen Überlagerung zweier Bedeutungsebenen, wie dies auch bei anderem Zauber der Fall ist. Dies scheint so zu sein bei einem zentralen Element der Sinfonik, dem in allen sinfonischen Gattungen dominierenden Sonatenhauptsatz, und zwar auch hinsichtlich Natur und Naturnachahmung.

Der äußere Hauptaspekt des Sonatenhauptsatzes ist die dreiteilige Wiederkehr- oder Rahmenfolge ABA mit Rückkehr des Schlußteiles zum Anfangsthema und zur Ausgangstonart, welche im Mittelteil verlassen wurde. Diese Teilfolge ist Erbe einer älteren Tradition und läßt sich an vielen Tanzstücken beobachten und auch an der Da capo-Arie. (Zentral zum Thema Carl Dahlhaus, etwa 1989, S. 18ff.) Diese Teilfolge entspricht aufs beste der bei Mattheson und anderen anzutreffenden Interpretation von Naturnachahmung, welche auf Harmonie, Ausgleich und schöne Vollkommenheit abzielt, auf Balance der Teile und das Vermeiden von ›unnatürlichen‹ Überraschungen. Der Künstler ordnet sich diesem vorgegebenen Muster unter, als Diener der ›natürlichen‹ Ausgewogenheit. Der Mittelteil – etwa in der Arie – ist dabei stets nur ein sekundäres Element, eine vermittelnde Spielart des in den Rahmenteilen verfolgten Hauptaffekts und -themas.

Das ändert sich im Verlauf der zweiten Jahrhunderthälfte entscheidend. Der Mittelteil wird allmählich zur zentralen Plattform für Experimente und Neuerungen, die in die Instrumentalmusik einziehen, den Sonatensatz aber auch insgesamt erfassen. Die thematisch-motivische Abspaltungs- und Entwicklungsarbeit, immer schon Grundbestand jeder etwas kunstvolleren Komposition, gewinnt eine bisher unbekannte Aufwertung und Autonomie. Als Signal hierfür kann wohl die *Kunst der Fuge* (1750) gesehen werden, der erste Versuch, einen großen instrumentalen Zusammenhang zum Feld thematischer Arbeit zu machen. Und der schnelle

Wechsel der Affekte, welcher das Prinzip der Affekteinheit ablöst und in Carl Philipp Emanuel Bachs Fantasie c-Moll (1753) exemplarisch vorgeführt wird, breitet sich im Sonatenhauptsatz aus, vor allem in den 1770er Jahren durch den Bach-Sohn, Mozart und Haydn. Der Zeitpunkt gibt Anlaß zu der Vermutung, hier habe sich auf musikalischem Gebiet die Selbstbewertung des Künstlers als »Gesetzgeber der Natur« verwirklicht, als der geniale Schöpfergott, frei von Zwängen der Konvention und Tradition, so wie ihn der Sturm und Drang dieser Jahre feierte. Beide freigewordenen Elemente, thematische Arbeit und schneller Affektwechsel, verbinden und potenzieren sich nun im Mittelteil des Sonatensatzes, bilden innerhalb der althergebrachten Rahmenordnung einen kompositorischen Kern, der entgegen der älteren Praxis den Mittelteil häufig als wichtigsten Satzbestandteil erscheinen läßt. Den Zusammenprall beider Auffassungen von Mensch und Natur, der neuen und der älteren, spüren wir in so vielen der Sinfonie- und Sonatensätze jener Zeit: beim Ausbruch in die Schöpferfreiheit nach dem Doppelstrich, d. h. in der später sogenannten Durchführung, dann bei deren Abschluß in der Rückkehr zum hinteren Rahmenteil, der Reprise.

Diese Rückkehr nach der – auch tonartlich – freien Versuchsstrecke der Durchführung in die Reprise oder – nach der Terminologie Heinrich Christoph Kochs – in den »dritten Perioden« läßt sich als Maßnahme beurteilen, die der Forderung nach »Einheit in der Mannigfaltigkeit« Genüge tut. (*Versuch einer Anleitung zur Composition*, 1782ff.) Diese eher konservative Sicht auf das Geschehen im Sonatenhauptsatz prolongiert die harmonistische Ästhetik der früheren Aufklärungsjahrzehnte auf einen Gegenstand, dessen Sprengkraft zwar in der alten Rahmenstruktur eingeschlossen ist, sie aber doch immer wieder in Frage stellt. Auch Schillers Freund Christian Gottfried Körner interpretiert die Teilwiederholungen im Satz als »Beharrliches in der Veränderung«, Wächter gegen ein »Chaos von Tönen, das ein unzusammenhängendes Gemisch von Leidenschaften ausdrückt«, also genau jenes Chaos, das in der Durchführung möglich ist. (*Ueber Charakterdarstellung in der Musik* 1795; zit. Dahlhaus in Hortschansky, S. 259, 266) Jedoch kann die Überlagerung zweier historisch getrennter Symbolisierungen von Naturnachahmung auch als rätselhafte Hieroglyphe des Unendlichen aufgefaßt werden wie von den Romantikern, deren Absicht es ja gerade nicht war, Widersprüchliches rational zu hinterfragen und den Methoden der Vernunft zu unterwerfen.

Der historisch-strukturelle Widerspruch im Sonatenhauptsatz ist Abbild der unentschiedenen Situation zwischen altem und neuem Naturverständnis um 1800, Abbild eines Überganges, andererseits aber auch der – gegenüber anderen Künsten – musikspezifischen Zähigkeit bei stilistischen und großformalen Entwicklungsprozessen. (vgl. S. 60) Der Widerspruch bleibt noch bis lange nach Beethoven hörbar konserviert, und dies ist nur möglich in einer wortlosen Kunst wie der sinfonischen Instrumentalmusik. Ein Text würde ihn nicht mittragen und erklären können. Befinden wir uns tatsächlich im Reiche der höheren Ideen, der »Naturgesetze«, von denen Tiedge sprach und Himmel sang, in – nach Tieck – »einer abgesonderten Welt für sich«?

Joseph Haydn sind die entscheidenden Schritte auf dem Wege in diesen Widerspruch gelungen. Von hier aus wäre seine Instrumentalmusik angemessen zu betrachten, jedenfalls mit einleuchtenderen Ergebnissen als unter der Fragestellung, was Haydn mit Hilfe der uns bereits bekannten Symbole zum Thema Natur zu sagen hatte, also beim Absuchen seiner Werke nach Elementen, die wir aus der *Schöpfung* kennen und die sonst im Repertoire der Zeit stehen: Sonnenaufgänge (Sinfonie Nr. 6 *Le matin* von 1761, erste der sogenannten Tageszeiten-Sinfonien), Erdbeben (*Terremoto* als Abschluß des Orchesterwerkes und späteren Oratoriums *Die sieben letzten Worte unseres Erlösers am Kreuze* von 1785/1796; vgl. dazu wie auch zum Gewitterchor der *Jahreszeiten* Bockmaier, S. 323ff., Feder, S. 106f.), Stürme (Schlußsatz *La tempesta* der dritten Tageszeiten-Sinfonie Nr. 8 *Le soir*), volksliedhafte Melodik in den späten Sinfonien (z. B. Nr. 103 und 104; dazu Rosen, S. 373ff.), Pastoralen (vgl. ebda., S. 180ff.) oder pastorale Einschübe wie in der *Theresien-Messe* (vgl. S. 184; ein anderes Beispiel ist ein ›glattes‹ Pastoralelement mit Orgelpunkt gegen Ende von Exposition und Reprise des Anfangssatzes der Sinfonie Nr. 94 »mit dem Paukenschlag« von 1791). Die ersten drei Fälle würden in Goethes Terminologie (vgl. S. 195) der »einfachen Nachahmung der Natur« zuzurechnen sein, die drei letzten der »Manier«,

> »wie zum Exempel bei Landschaften der Fall ist, wo man ganz die Absicht verfehlen würde, wenn man sich ängstlich beim Einzelnen aufhalten würde und den Begriff des Ganzen nicht vielmehr festhalten wollte«, da es den Künstler »verdrießt [...], der Natur ihre Buchstaben im Zeichnen nur gleichsam nachzubuchstabieren [Mattheson: »von Wort zu Wort abgeschrieben«; vgl. S. 80]; er erfindet sich selbst eine Weise, macht sich selbst eine Sprache, um das, was er mit der Seele ergriffen, wieder nach seiner Art auszudrücken, einem Gegenstande, den er öfters wiederholt hat, eine eigne bezeichnende Form zu geben, ohne, wenn er ihn wiederholt, die Natur selbst vor sich zu haben, noch auch sich geradezu ihrer ganz lebhabt zu erinnern.« (GA Bd. 33, S. 35)

Dies zu erreichen, sind in der Musik individuelle Abwandlungen volkstümlicher Muster von Tanz und Lied sowie pastoraler Topos-Elemente zur individuellen Abwandlung geeignet. Der höchste Grad, den Goethe bei Nachahmung der Natur sieht, nämlich der »Stil«, könnte in der Musik dann erreichbar sein, wenn – auch unbewußt – eine solche Durchdringung unterschiedlicher Natursymbolik vorgenommen wird, wie sie am Sonatenhauptsatz gezeigt wurde. Jedenfalls scheint Goethes, wohl an der von ihm bewunderten Landschaftskunst Jakob Philipp Hackerts gewonnene »Stil«-Definition (vgl. Müller) durchaus auf diesen Fall einer schon weit von Objektnachahmung entfernten Naturauffassung zu passen. Gelange die Kunst nämlich

> »durch Bemühung sich eine allgemeine Sprache zu machen, durch genaues und tiefes Studium der Gegenstände selbst endlich dahin, daß sie die Eigenschaften der Dinge und die Art, wie sie bestehen, genau und immer genauer kennen lernt, daß sie die Reihe der Gestalten übersieht, und die verschiedenen charakteristischen Formen nebeneinander zu stellen und nachzuahmen weiß: dann wird der Stil der höchste Grad, wohin sie gelangen kann [...], so ruht der Stil auf den tiefsten Grundfesten der Erkenntnis, auf dem Wesen der Dinge, insofern uns erlaubt ist es in sichtbaren und greiflichen Gestalten zu erkennen.«

Da Goethes Gedanken zum »Stil« – wie alle Reflexionen über andere Künste – sich auf die Musik so schwer anwenden lassen, mag ein weiteres Beispiel, und zwar außerhalb der Sonatensatz-Diskussion, zur klärenden, vielleicht auch zweifelnden Reflexion dienen, diesmal von Mozart.

Mozarts Klavierkonzert A-Dur KV 488 von 1786 enthält als Mittelsatz ein Adagio in fis-Moll. Den Satz hier lediglich zu besprechen, weil er die Bedingungen einer Siciliano-Pastorale erfüllt, wäre sowohl konventionell als auch redundant, würde auch das Aufsuchen des von Mozart in Unzahl angewendeten Topos und damit die abermalige Feststellung seiner Langlebigkeit nach sich ziehen, hätte Mozart hier nicht der Pastorale eine neuartige Ausdrucksqualität abgewonnen, die sich auch im Mittelsatz der *Prager Sinfonie* zeigt. (vgl. S. 133) Es ist nicht die muntere Seite des Naturliedes, wie sie uns im Finale des Klavierkonzertes B-Dur entgegenlacht (KV 595, 1791), da dort das neun Tage später entstandene Lied *Komm, lieber Mai, und mache die Bäume wieder grün* vorgeformt ist (KV 596). Es sind auch nicht arkadische Schäferweisen oder die Sirenen des Friedens, die erklingen, sondern der Topos nimmt Züge solch trüber Wehmut und dunkler Ahnung, ja tiefster Melancholie und Unheimlichkeit an, wie sie Haydns Musik unbekannt und auch sonst im Jahrhundert selten sind, allerdings nicht einmalig, scheint es doch – wenn es auch kaum wahrscheinlich ist –, als habe Mozart diesen gemischten negativen Affekt kontemplativer Selbstbetrachung aus Johann Sebastian Bachs zahlreichen pastoralen Mittelsätzen der Sonaten und Konzerte gekannt. Vor allem der auch im Tonartverhältnis zur Haupttonart vergleichbare cis-Moll-Satz aus dem Klavierkonzert in E-Dur (BWV 1053) wirkt wie eine Vorlage zu Mozarts Satz, und Bach hat den Affekt auch fixiert, indem er den Satz in die Kantate Nr. 169 übernahm zu dem Gesangstext:

> »Stirb in mir, Welt und alle deine Liebe,
> daß die Brust sich auf Erden
> für und für in der Liebe Gottes übe.«

Klammert man das Bachsche Inhaltsziel aus, die für Bachs Pastoral-Symbolik typische Gottesliebe (vgl. S. 33), so kommt der Grundaffekt bei Bach dem für Mozart vermuteten recht nahe. Entscheidend für diese Wirkung bei Mozart ist offenbar der orchestrale Anhang zum solistischen Hauptthema, entscheidend deshalb, weil er als einziger Teil des Satzes vierfach auftritt, nicht nur jeweils nach dem Solothema zu Beginn und in der Reprise, sondern direkt anschließend auch vom Klavier variiert (T. 76ff.) und dann als Satzabschluß. Mit viermal acht, also insgesamt 32 Takten nimmt er rund ein Drittel der 99 Satztakte ein.

Klavier-Solothema (Satzbeginn)

Auffallend ist, daß der Orchesteranhang die Punktierungen des Klavierthemas zugunsten des ›glatten‹ Pastoraltypus aufgibt. Falls die mehrfachen Beobachtungen zum semantischen Verhältnis der beiden Rhythmusarten, etwa am Beispiel der Liedmelodik (vgl. S. 140, 145ff.), sich auf diesen Satz übertragen lassen, würde das einen Übergang zur Sphäre des Höheren, im allgemeinen Sinne Religiösen und Heiligen bedeuten. Auch die Kanonstruktur des Oberstimmensatzes und darin die Häufung der Überbindungs-Vorhalte (Ligaturen), beides Kennzeichen des ›Kirchenstiles‹, verstärken den Eindruck von überirdischer Weihe, deren Affektkern sich aufgrund des Klage-Charakters der stark dissonierenden Nonenvorhalte (ab T. 16) und der folgenden Abwärts-Chromatik der Außenstimmen als der von Schmerz und Leid ansprechen läßt. Die kurzen Baßschläge und die nachschlagenden Figurationen der zweiten Geigen färben den Affekt ins Düstere um, ähnlich der Funktion der Klavierbegleitungen in manchen Liedern Mozarts, dem *Lied der Trennung*, der Todesfantasie *Abendempfindung* und einer Stelle von *An Chloe*, wo es heißt »den berauschten Blick umschattet eine düst're Wolke mir.« (KV 519, 523, 524, alle vom 1787, alle im geraden Takt)

Der Orchesteranhang scheint die individuelle Klage des Solothemas in einen allgemeinen Deutungsrahmen einzuordnen, sie von höherer Warte aus zu interpretieren, und zwar in Richtung einer düsteren, melancholischen Trauer. Mozart hat diese Affektsphäre für eine instrumenatale Pastorale offenbar mit diesem Satz entdeckt, sie auch wenig später weiterentwickelt (Klavierrondo a-Moll KV 511 von 1787). Um die Singularität des Satzes hervorzuheben, hat er ebenso eine Satzalternative in D-Dur im 3/4-Takt verworfen wie auch verschiedene Alternativen für den Schlußsatz, darunter ein schnelles Siciliano, wohl da es durch Toposverdoppelung die »besondere Signalwirkung« des fis-Moll-Satzes geschwächt hätte. Dessen Ausnahmestellung in Mozarts Klavierkonzerten erweist sich auch durch eine weitere Maßnahme:

> »Moll-Tonart des Mittelsatzes und solistischer Beginn sind [...] als Kombination im A-Dur-Konzert etwas absolut Neues.« (Küster, S. 233, ab S. 232 auch zur weiteren Entstehungsgeschichte des Satzes)

Den Natur-Topos Pastorale für das inhaltliche Gegenteil seiner ursprünglichen Bedeutung zu nutzen, nicht mehr als Träger der Glücksutopie arkadischen Friedens, sondern als Träger einer Sphäre schwerer Todesahnung, ja schicksalhafter Tragik, ist ein Phänomen, das wohl Goethes »Stil«-Begriff entsprechen mag, zugleich aber den Zerfallsprozeß deutlich macht, welcher seit dem Optimismus des Jahrhundertbeginns die Integrität der Göttin Natur aufgelöst und in ein Neben- und Gegeneinander von Festhalten, Anhimmeln, Ausweichen, Ausbrechen und Verlassen geführt hat, wobei Mozart wohl das Kunststück fertigbrachte, alle diese Facetten anzunehmen, dies im Unterschied zu Haydn, der die erste Möglichkeit beibehielt, und zwar nicht als einziger. Schließlich konnte man 1793, zwei Jahre nach Mozarts Tod, in den von Johann Abraham Peter Schulz verfaßten Musikartikeln von Johann Georg Sulzers berühmter *Allgemeinen Theorie der Schönen Künste* unter *Pastoral* (Teil III, Spalte 660) noch lesen:

> »Man giebt diesen Namen [...] Tonstüken, die den muntern, aber angenehmen ländlichen Charakter der Hirtengesänge haben, folglich Anmuthigkeit und Einfalt vereinigen [...] Es wäre [...] zu wünschen, daß sie mehr in Gebrauch wären, damit die edle Einfalt der Musik nicht nach und nach ganz von der lyrischen Schaubühne verdrängt werde.«

In diesem Sinne hält sich die Pastorale noch munter über Jahrzehnte hinweg und streut ihre Botschaften von Freiheit, Frieden oder Heimeligkeit aus, ob in der Oper (Rossini: *Guillaume Tell*), im Lied (Silcher: *Ich weiß nicht, was soll es bedeuten* oder Schumann: *Es weiß und rät es doch keiner* aus op. 39), in der Kammer- und Sinfoniemusik (Brahms: Zweite Sinfonie) oder in den zahllosen Wald-, Hirten- und Gewässer-Tableaus der Salonmusik.

Aber auch die Mozartsche Bedeutungsvariante bleibt erhalten. Dieses sehnsuchtsvolle Dunkel, das sich seit dem Sturm und Drang, dann aber vor allem seit Idealismus und Romantik über die Vorstellungen der Menschen von ihrem Verhältnis zur Natur gesenkt hat, nimmt nach dem Vorgang Mozarts in der Musik immer rätselhaftere Züge an. Symptomatisch dafür ist die Natursymbolik Beethovens. Zwar ist er es, der die klassizistische Naturerhabenheit Glucks, das Schöpfungsideal Haydns und die pastorale Düsternis Mozarts zu einer neuen, mythischen Einheit zusammenzufassen suchte, erleuchtet von der Natur-Hymnik der französischen Revolutionsmusik. Jedoch: Mag vielleicht auch das Ideenkunstwerk über die wahre Zukunft des natürlichen Menschen, betitelt *Sinfonia eroica*, erklärbar sein (Schleuning 1993), eher noch die inhaltliche Aussage der Pastoral-Sinfonie verständlich gemacht werden können (Schmenner 1997), so bleibt doch ein großer Rest, der das, was Natur für Beethoven und die Zeitgenossen gewesen sein mag, in Rätsel hüllt und der bis heute nicht gedeutet ist. Sieht man ab von dem späten Liederkreis *An die ferne Geliebte* op. 98, diesem Panorama romantischer Natur-Ideologie, so sind schon die frühen, Natur thematisierenden Werke voller Geheimnisse, vor allem wenn sie textlos sind: ideale Kristallisationspunkte der erdfernen Vorstellungswelten der Zeit. Erwähnt sollen zum Abschluß und Ausblick nur zwei davon werden, Klaviersonaten mit Beinamen, die nicht von Beethoven stammen, von ihm aber offenbar toleriert wurden, also wohl bezeichnend sind dafür, wie seine Musik das öffentliche Verständnis von Natur und Mensch auffing und zentrierte. Es sind die *Mondschein-Sonate* und die *Pastorale* genannte Sonate, op. 27/2 und op. 28, beide komponiert 1801, in einer Zeit, welche nach Beethovens späterer Äußerung »poetischer gewesen sei als die gegenwärtige, daher Angaben der Idee nicht nötig waren.« So jedenfalls der frühe Biograph Anton Schindler 1860.

Die Titel weisen auf zwei traditionelle Naturthemen, einmal das idyllisch-elegische, vertraut aus Hunderten von entsprechenden Gedichten (vgl. Spinner), dann das des bekannten Topos. Nur der Anfangssatz der ersten Sonate kann die Titelwahl ausgelöst haben. Der Begleitsatz aus Baßgängen und triolischer Akkordzerlegung in mediantisch springenden Harmonien mag mit außergewöhnlichen, Meditation auslösenden Natursituationen zu tun haben, die scharf punktierte Signalrhythmik des leitenden Motives aber sicherlich nicht. Sie gehört eher dem Trauermarsch an, wie wir sie aus den entsprechenden Sätzen der *Eroica* und der

Klaviersonate op. 26 kennen. Dieser Anfangssatz dürfte demnach eher als dem Mondschein einer individuellen Totenklage gewidmet sein, der Schlußsatz dann vielleicht einem wilden Schmerz. Warum ist aber das Rätsel um eines der berühmtesten und verbreitetsten Musikstücke zum Thema oder besser zum angeblichen Thema Natur nach fast 200 Jahren nicht befragt, geschweige denn gelöst? Antwort: Man *will* es nicht lösen, man *will* nicht weiter sein als vor 200 Jahren, man *will* den schönen Mythos vom beseelten, verträumten Blick in den Mond behalten und sich auf der Gartenbank der Trivialromantik nicht stören lassen.

Anders, aber nicht weniger rätselhaft ist es mit der Klaviersonate *Pastorale*, wenn auch nicht auf den ersten Blick. Denn tatsächlich bieten Anfangs- und Schlußsatz alles, was die Titelwahl als berechtigt erscheinen läßt: eine »glatte« Pastorale mit Orgelpunkt, mit einem Übermaß an Parallelführungen, voller Friedfertigkeit, ohne Affektsprünge und Brüche, dann das Idealbild einer 6/8-Pastorale mit Zügen einer Weihnachtsmusik vom Typus Kindelwiegen. (vgl. Schmenner 1997, Kap. V e) Auch der dritte Satz, ein Scherzo in der Haupttonart D-Dur und im 3/4-Takt, entspricht als Ländler dem Grundthema. Aber der zweite Satz, ein Andante d-Moll im 2/4-Takt, ist das Problem. Unter der Voraussetzung, daß Beethoven alle Sätze einem Grundthema unterordnete und dieses tatsächlich – wie nunmehr anzunehmen ist – Pastorale heißen könnte, müßte der Satz diesem Grundthema integrierbar sein. Aber wie?

Der Satz ist einer jener hymnischen Choräle wie der in der Klaviersonate *Appassionata* op. 57, später textiert als *Hymne an die Nacht* (Friedrich Silcher). Nur ist hier in op. 28 der Baß des vierstimmigen Satzes durch seine ostinatoartigen Brechungen ein »trügerisches Fundament« und schafft eine zweite Ebene neben oder in dem Choralsatz. »Als Klavierstaccato aber schafft [er] zur Elegie ein Stück Distanz, Brechung unmittelbaren Ausdrucks, Artifizialität, eine eigenartige Mischung aus Gefühl und Ausdruck.« (Steinbeck, S. 235) Man hat es hier mit einem Beispiel des für

Beethoven typischen »psychischen Kontrapunkts« zu tun (vgl. Schleuning 1991), dessen getrennte Ebenen sich unterschiedlicher satztechnisch-rhetorischen Traditionen bedienen. (vgl. Krones) Die »wehmütige Klage« der »Elegie« (Steinbeck) realisiert sich in der Wahl der Tonart d-Moll, stets Symbol trüben Klagens, dem linearen Oberstimmensatz in Choraltradition und der Melodie, die in der Nachfolge der Kanzone steht, wie sie idealtypisch und nach Intervallfolge und Tonart verblüffend ähnlich im Thema der *Kunst der Fuge* auftritt. Die inhaltliche Bedeutung der Baßebene ist dagegen unklarer, kann aber ganz allgemein als Bildfigur eines langsamen, gleichartigen und schweren Schreitens beschrieben werden – Andante. Daß die Zusammenspannung der beiden Elemente auf große Gefühle hin angelegt ist, zeigen Überschriften zweier Sätze mit ganz ähnlichen Strukturen aus früheren Klaviersonaten: *Largo, con gran espressione* und *Largo appassionato* (op. 7; op. 1. Nr. 2).

Sucht man zur Klärung der semantischen Botschaft dieses schreitenden Hymnus nach ähnlichen Strukturen in Vokalmusik, die Beethoven kennen konnte, so stößt man bald auf die späten Werke Mozarts. Das *Requiem* enthält vier solcher Stellen (I Introitus, III/3 Rex tremendae, »quam olim Abrahae« aus IV Offertorium, V Sanctus), die *Zauberflöte* eine solche im sogenannten *Gesang der Geharnischten* (Akt II, Auftritt 28) zu dem Text:

> »Der, welcher wandert diese Straße voll Beschwerden,
> wird rein durch Feuer, Wasser, Luft und Erden;
> wenn er des Todes Schrecken überwinden kann,
> schwingt er sich aus der Erde himmelan.
> Erleuchtet wird er dann im Stande sein,
> sich den Mysterien der Isis ganz zu weih'n.«

Eine Charakterisierung von Beethovens Hymnensatz als schwerer Gang – im doppelten Sinne – könnte sich durch die Vergleichsfunde bestätigen. Sie würde im Hinblick auf die *Zauberflöten*-Inhalte der Widmung der Sonate an den Aufklärer und Freimaurer Joseph von Sonnenfels entsprechen, im Hinblick auf die Sphäre von Todesnähe und Tugendprüfung beider Mozartschen Vorlagen den Erschütterungen und den inneren Kämpfen Beethovens angesichts der gerade 1801 unabwendbar erscheinenden Ertaubung, die sich 1802 sowohl in der Konzeption der *Eroica* wie auch in der Niederschrift des *Heiligenstädter Testamentes* realisierten. (vgl. dazu Schleuning 1989, S. 79ff.) In beiden Dokumenten sind Zeugnisse von Todesgedanken zentral, einmal im Trauermarsch, dann in den Andeutungen über Selbstmordpläne. Und beide stellen auch die aus der Sonate so schwer zu entnehmende Verbindung zum Thema Natur her, die *Eroica*, indem sie von Anfang bis Ende – auch im Trauermarsch – vom Pastoralthema des Beginns getragen wird, das Testament, indem es nach der Darstellung der unbeschwerten und hoffnungsvollen Jugend sowie des schrecklichen Lebenseinbruches mit den Worten endet:

> »so lange schon ist der wahren Freude inniger Widerhall mir fremd – o wann – o wann o Gottheit – kann ich im Tempel der Natur und der Menschen ihn wider fühlen, – Nie? – – nein – o es wäre zu hart.«

Die Sonate mit der Satzfolge Pastorale – Andantesatz – Ländler – Pastorale erscheint als musikalische Formulierung dieser Gedankenfolge und insofern als Seitenstück und möglicherweise auch Vorbereitung der *Eroica*. Zudem erweist sie wiederum – wie schon ein früher besprochenes Werk Johann Sebastian Bachs (vgl. S. 36f.) – die Zyklusfähigkeit der Pastorale. Die 6. Sinfonie wird sie dann zur Monumentalität nutzen.

In der Klaviersonate op. 28 führt Beethoven die Tradition fort, weicht jedoch zugleich grundsätzlich von ihr ab – der Beethovenjünger würde sagen: Er sprengt sie. Der Bruch mit der Tradition betrifft sowohl die Funktion der Pastorale wie auch allgemein die Symbolisierung von Natur. Ist es nicht Abschied von einem System, von einer kommunikativen Übereinkunft, wenn ein Komponist dem Publikum wortlose Rätsel stellt, Rätsel, die nicht lösbar sind – wohl auch nur teilweise in dem soeben angestellten Lösungsversuch –, und so in Kauf nimmt, daß die entstehende Ratlosigkeit sich in einem Rausch der Erschütterung und Ergriffenheit entlädt? Folgt man der Definition von dem, was Topos heißt (vgl. S. 34), so muß dessen Gültigkeit durch die Einschaltung individuell bestimmter Botschaften abweichenden Charakters – falls das Andante eine solche ist – verloren gehen, damit endgültig auch die Darstellung von Natur als einer geordneten Welt zugunsten des öffentlichen Vortrages individueller Interpretationen von Natur, ganz im Sinne der von Schiller und Kant formulierten neuen Position eines »Gesetzgebers der Natur«, der »aus der Vormundschaft der Natur in den Stand der Freiheit« gelangt. Diese Freiheit des neuen Schöpfers, des Schöpfers von Kunstwerken, die nun als Kultobjekte der Natur gelten, sie ist die Freiheit des großen Individuums, das selbst die Regeln setzt, der Konvention trotzt und sich zu einer Position aufschwingen darf, die in den Augen des bewundernden Publikums dem Range eines Retters gleichkommt. Vorbild: Napoleon Bonaparte, der »Prometheus der Epoche«, für viele Zeitgenossen der Retter und Erfüller der Aufklärung. Ihn feierte Beethoven in dem Ballett *Die Geschöpfe des Prometheus* op. 43 (1800/01) unter Zitierung der Kaiserhymne (vgl. S. 176) als denjenigen, der wie der antike Titan die Menschheit von der Herrschaft der Götter bzw. der Fürsten befreit und ihr nun endlich mit dem Götterfunken die Möglichkeit eröffnet hatte, »Zeichen von Reflexion und Vernunft zu geben, die Schönheiten der Natur zu sehen und menschliche Gefühle zu empfinden.« (Ballett-Libretto; vgl. Schleuning 1989 und 1994)

Doch es gab für Beethoven noch andere Vorbilder: Anfang 1820 über seine vergeblichen Bemühungen, »Vater« zu werden, nämlich über die für ihn demütigenden, von ihm allerdings mit bemerkenswerter Rigorosität und Irrationalität geführten Verhandlungen um die Vormundschaft für seinen Neffen Karl:

> »ich übergehe die Mißhandl. denen ich von allen Seiten ausgesetzt war, u man wird merken wie fest u unerschütterl. ich war Socrates u. Jesus waren mir Muster« (Konversationshefte, Gesamtausgabe, Bd. I, hg. Karl-Heinz Köhler und Grita Herre, Leipzig 1972, S. 211)

Jesus:
»Lasset die Kindlein zu mir kommen und wehret ihnen nicht.« (Markus 10, 14)

Rousseau 1762:
»So wie die Mutter die natürliche Amme ist, ist der natürliche Erzieher der Vater.« (*Emile*, NA Stuttgart 1968, S. 130, 112)

Der Neffe Karl Anfang 1820:
»Es lernt ja keiner Naturgeschichte.« (Quelle wie Beethoven, S. 214)

Schlußbemerkungen

Johann Georg Sulzer 1750 in den *Unterredungen über die Schönheiten der Natur* (S. 30f.; zit. Schneider, S. 299):

> »Denn so habe ich, so viel möglich ist, die Natur ins Kleine gesammelt [...] [Hierin] bestehet ein besondrer Vorzug, den ein Liebhaber der Natur in seinem Vergnügen vor andern hat. Er ist immer Herr davon, es stehet immer in seiner Gewalt. Wenn auch der Winter einen Schleyer über die Schätze der Natur ziehet, so habe ich sie bey mir. Das Reich der Pflanzen bleibt mir in meinem Zimmer immer grün, und was man hier und da zerstreut findet, habe ich vereiniget, um die Natur mit einem Blikke zu übersehen. Ich habe also einen beständigen Sommer bey mir, und ich entdekke täglich neue Schönheiten der harmonischen Einrichtung der Natur: täglich neues Vergnügen.«

Über Joseph Wright of Derby's Gemälde *Das Experiment mit der Luftpumpe* von 1768: »Der Mensch ist in der Lage, Nichts zu erzeugen, er vermag vor die Schöpfung zurückzugehen.« (W. Busch 1986, S. 43)

Sechzig Jahre arbeiteten John Harrison und sein Sohn daran, ein Gerät zu konstruieren, das die exakte Vermessung und Ortung der Erde nach Längengraden möglich macht, und so die in der königlichen »Longitude Act« 1714 ausgelobten 20000 Pfund Sterling zu erringen. (Soebel)

Ist das die Art von Tätigkeiten, die auf Gen-Gemüse, Klonen und die Atombombe hinführen? Indirekt steckt dieser Vorwurf in Antonio Damasios Kritik an *Descartes' Irrtum*, insofern diese Schlüsselfigur der Aufklärung mit dem Satz von 1644 »Cogito ergo sum« (Ich denke, also bin ich) die »Vorstellung von einem körperlosen Geist« begründet und »uns den Blick auf die Wurzeln des menschlichen Geistes in einem biologisch komplexen, aber anfälligen, endlichen und singulären Organismus« verstellt habe (S. 330f.), obwohl doch gerade Descartes in *Les Passions de l'Ame* von 1649 beteuert hat, daß selbst »die Seele mit allen Teilen des Körpers insgesamt verbunden ist« (§ 30). Damasios Vorwurf ist allerdings bereits kurz nach Descartes geäußert worden, so von Christian Thomasius (gest. 1728), auf eine Art, die ebenso durch lakonischen Sarkasmus frappiert wie durch die Betonung eben jener geist-körperlichen Einheit, die Damasio einfordert:

> »Wann aber dieses seine Meynung wäre: Ich bin/ weilen ich gedencke/ so hätte er auch können sagen: Ich bin/ weilen ich Hände und Füsse habe.« (zit. Grimminger als Motto)

Sulzer sah in seinem botanischen Kabinett das »Heiligthum der Natur« ausgebreitet. Deutlicher noch: Figurenkonstellation und Lichtverhältnisse in dem erwähnten Gemälde *Das Experiment mit der Luftpumpe* gibt es zuvor »in der gesamten Ikonographie nur bei einer einzigen Szene, bei der Anbetung des Christuskindes durch die Hirten« – bei einer Pastorale. Dies ist das »Paradox der Aufklärung«:

»Dem Anspruch auf Naturwiedergabe mit quasi naturwissenschaftlichem Standard korrespondiert die unabweisbare Notwendigkeit, der sich mit logischer Konsequenz ergebenden Existenz von etwas unfaßbar Überempirischen Ausdruck zu verleihen.« (W. Busch, S. 32, 72)

Der »Wink«, der Gott und Herrschern genügt hatte, Befehle zu geben, und der später zum »Wink des Schicksals« degenerierte, wird nun als »Winck der Natur« von der neuen Göttin erhofft – so schon 1720 von Christian Wolff (zit. Jacob und Wilhelm Grimm, *Deutsches Wörterbuch*, Bd. 30, Leipzig 1960, Sp. 342) –, und dies für alle Lebensbereiche, ob für die richtige Ernährung oder Schönheitsempfinden:

Das »lediglich auf das Gehör« gegründete »vernünftige Urtheil eines unpartheyischen musikalischen Fremdlinges« (Nicht-Fachmannes, Liebhabers), daß er »bey solchen unnatürlichen Tonveränderungen« wie parallelen Quintengängen »einen Eckel empfinde«, ist ein »Winck der Natur«, der leider »von iedem Componisten nicht vermerket wird« und deshalb durch »stärkern Beweis« untermauert werden muß. So – vermutlich – Telemann zu der S. 121 erwähnten Preisfrage von 1743. (Quelle wie dort; S. 76, 70)

»Er muß ein ungekünstelter Wink der Natur seyn, den durch Leibesübung verlornen Abgang zu ersezzen, der mit den einfachsten Speisen des Landes, das uns geboren, mit einem Trunk Wasser und einem Stück Brodt sich befriedigen läst.« (Johann Chr. Reil, *Dietätischer Hausarzt*, Aurich 1791, S. 80; zit. Kleinspehn, S. 263)

Falls die »Natur wenigstens eine Spur zeigte, oder einen Wink gebe, sie enthalte in sich irgend einen Grund, eine gesetzmäßige Übereinstimmung ihrer Produkte zu unserm von allen Interessen unabhängigen Wohlgefallen [...] so muß die Vernunft an jeder Äußerung der Natur von einer dieser ähnlichen Übereinstimmung ein Interesse haben.« (Immanuel Kant, *Kritik der Urteilskraft*, 1790, B S. 169; zit. Böhme, S. 49f.)

Was Beethoven angeblich 1824 dem Londoner Harfenfabrikanten Stumpf bei Landaufenthalten mitgeteilt haben soll:

»Ich muß mich in der unverdorbenen Natur wieder erholen, und mein Gemüth wieder rein waschen [...] dort ist kein Brodneid, kein Betrug [...] Wollen Sie heute mit mir gehen, meine unwandelbaren Freunde zu besuchen – die grünen Gebüsche und die hoch strebenden Bäume, die grünen Hecken und Schlupfwinkel von Bächen rauschend? [...] Hier in diesen Natur-Produkten umgeben sitze ich oft, Stunden lang und meine Sinne schwelgen in dem Anblick der empfangenden und gebärenden Kinder der Natur; hier verhüllt mir die majestätische Sonne kein von Menschen gemachtes Dreck-Dach; der blaue Himmel ist hier mein sublimes Dach. Wenn ich am Abend den Himmel staunend betrachte und das Heer der ewig in seinen Gränzen sich schwingenden Licht-Körper, Sonnen oder Erden genannt, dann schwingt sich mein Geist über diese so viel Millionen Meilen entfernten Gestirnen hin, zur Urquelle aus welcher alles Erschaffene entströmt und aus welcher ewig neue Schöpfungen entströmen werden.« (zit. Thayer/Deiters/Riemann, *Ludwig van Beethovens Leben*, Bd. 5, Leipzig 1908, S. 129f.)

Gewiß doch! Wir kennen das, spätestens seit dem Lied von Himmel über die Naturgesetze. (vgl. S. 189) Hoffen wir, daß der Harfenfabrikant den Großteil der Aussprüche erfunden hat! Der Umweltrechtler Prof. Charbonneau über die in die Biskaya driftende Müllkippe aus dem spanischen La Coruña: In Südeuropa kenne man »die nordische Sakralisierung der Natur« nicht. (Spiegel 1997, Nr. 6, S. 212)

> »Soweit läßt sich von einer einfachen Dialektik sprechen: die Natur sei als ästhetisches Bild – in Schillers Terminologie: als Idee – aufgegangen, nachdem sie in der Realität, als Macht über den Menschen, potentiell untergegangen war. Wissenschaftlich-technische Naturbeherrschung und ästhetisches Naturerleben sind Momente desselben neuzeitlichen Prozesses.« (Schneider, S. 296)

Wenn dabei schon der Naturforscher »Gesetzgeber« der Natur wird (Schiller, vgl. S. 185), so kann es nicht verwundern, daß auch in der Kunst *Nachahmung als bürgerliches Kunstprinzip* (W. Busch 1977) sich allmählich in ihr Gegenteil verkehrt und »die Geburt der Natur aus dem Geist der Kunst« stattfindet. (Seel, S. 173) Und in logischer Fortsetzung des Gedankens über die »Dialektik« muß sogar die Position vertreten werden können – und sie wird heute auch vertreten –,

> »daß die Natur, wie sie von unseren Wissenschaftlern beschrieben wird, ein Kunstwerk ist, das von ihnen beständig erweitert und umgebaut wird [...] ein Artefakt, hergestellt von Generationen von Wissenschaftskünstlern aus einem teils nachgebenden, teils widerstrebenden Material mit unbekannten Eigenschaften.« (Feyerabend, S. 40)

In der Kunst wird – wie in den Naturwissenschaften – mit der »süßen, heiligen Natur« um die Herrschaft gerungen. (Schubart 1775; vgl. S. 144, auch S. 18f.) Häufig stellt sich dabei Resignation ein: »Und siegt Natur, so muß die Kunst entweichen.« (Schiller, 1799)

> »Die großen Szenen der Natur machen einen Eindruck, den kein menschliches Schauspiel erreicht.« (Friedrich Nicolai, *Beschreibung einer Reise durch Deutschland und die Schweiz*, 1783ff., S. 464; zit. Becker, S. 37)

> »Sie ist die einzige Künstlerin: aus dem simpelsten Stoffe zu den größten Kontrasten; ohne Schein der Anstrengung zu der größten Vollendung – zur genauesten Bestimmtheit, immer mit etwas Weichen überzogen. Jedes ihrer Werke hat ein eigenes Wesen, jede ihrer Erscheinungen den isoliertesten Begriff, und doch macht alles eins aus.« (Georg Christoph Tobler, *Die Natur*, 1783; zit. Ernst Bender, Hg., Deutsches Lesebuch, Karlsruhe 1964, S. 206f.)

TV-Sender *arte* am 11. April 1997 – Dokumentation der Installation *Umbrellas* (1991) von Christo:

> Viele gelbe und viele blaue Schirme zieren die Landschaft in der Nähe einer Autostraße. Eine Helferin wird während eines Gewitters vom Blitz getötet. Christo, »außer sich«, läßt alles abbauen. Eine Japanerin dazu etwa folgendermaßen: »Der Natur wurde etwas Künstliches von Menschen hinzugefügt. Es hat sich gezeigt, daß die Natur stärker ist.«

Der gleiche Kampf im Spiegel der Zeitungslektüre:

> Das Ei – Geniestreich der Natur
> An eines hat Mutter Natur nicht gedacht – an einen Kühlschrank! Aber warum auch? Es gibt ja TetraPak!
> Aus dem *Großen Rätsel* des Wochenjournals des Weser-Kuriers Nr. 112:
> »die Schöpfung« – Lösung: NATUR

In Südbaden hörte man eine Frau, die unsittlich berührt worden war, sagen: »Er hat mir an die Natur gefaßt.« (vgl. S. 25)

Politische Natursymbolik I

Barocke Baumwerke (Lübecker Nachrichten vom 7. März 1997, S. 4):
»Die 300 Meter lange Lindenallee, die zum Schloß Bothmer in Klütz führt, gilt als Sehenswürdigkeit. Der Volksmund behauptet, die Linden seien vor 250 Jahren mit den Kronen nach unten eingepflanzt worden und ihr den Kopfweiden ähnelnder Wuchs sei durch das ausgeschlagene Wurzelwerk entstanden. Doch die Bäume verdanken ihre ungewöhnliche Form den Gärtnern des einstigen Grafen, die den Kronenbereich spalteten und ihn danach regelmäßig köpften – ein Charakteristikum der barocken Gartenkunst, die nicht die gewachsene, sondern die domestizierte Natur bevorzugte.«

Politische Natursymbolik II

»O Vaterland, o Vaterland!
Mehr als Mutter und Weib und Braut!
Mehr als blühender Sohn mit seinen ersten Waffen!

Du gleichst der dicksten, schattigsten Eiche
im innersten Hain,
Der höchsten, ältesten, heiligsten Eiche,
O Vaterland!«
(Klopstock, *Hermann's Schlacht*, 1769; zit. Herrmann, S. 52)

Zusatz:

»Dein Herz ist Deutsch, und Deutsch mein Herz!
Es liebt dich! Wiß es ganz! Verflucht
Was Franzosentrug umlarvt!«
(Johann Martin Miller 1772; zit. Blitz, S. 105;
allgemein dazu Schleuning 1984, Kap. III)

Und Hartmut Scherzer über das Halbfinal-Spiel der Champions League, Manchester United gegen Borussia Dortmund (0:1), speziell über den Deutschen Kohler und den für Manchester spielenden Franzosen Cantona:

»›Jürgen Kohler war die leibhaftige defensive Disziplin Borussia Dortmunds und während des ganzen Spiels überragend‹, zollte der ›Daily Telegraph‹ dem deutschen Helden vom Old Trafford seine Achtung. Der Mann stand wie eine deutsche Eiche, obwohl ausgehöhlt durch eine Darmgrippe. Die Szene in der 18. Minute, als die Eiche gleichsam gefällt am Boden lag und Eric Cantona den Ball nur noch ins leere Tor zu tippen brauchte, war symptomatisch: Mit der Sohle blockte Kohler den Ball noch ab.
Die aufreizende Arroganz des Franzosen scheiterte an der letzten Hingabe des Deutschen, wie United mit nahezu einem Dutzend weiterer hochkarätiger Torchancen am Dortmunder Bollwerk.«
(Weser-Kurier vom 25.4.1997, S. 30)

Abschließend zurück zur Musik. Laurence Sterne, *Tristram Shandy*, Buch 9, Kapitel 29 (englische Ausgabe 1967, S. 601f.):

»Adieu, Maria! – adieu, poor hapless damsel! – some time, but not *now*, I may hear thy sorrows from thy own lips – but I was deceived [ich hatte mich getäuscht]; for that moment she took her pipe and told me such a tale of woe with it, that I rose up, and with broken and irregular steps walked softly to my chaise.«

Das »arme, unglückliche Mädchen« spricht ihren Kummer nicht mit Worten aus, die Tristram jetzt auch gar nicht hören kann. Des Mädchens Geist ist nämlich vor Gram verwirrt und hat sie stumm gemacht. Nur noch auf der Flöte kann sie sich äußern. Zu Tristrams Überraschung vermag sie auf dem Instrument derart von ihrem Weh zu erzählen – offenbar eindrucksvoller zu wehklagen, als es mit Worten möglich wäre –, daß der Hörer kaum noch seinen Körper beherrschen kann und davonwankt.

Carl Dahlhaus hat auf diese Stelle hingewiesen, allerdings als Beispiel für die »arkadisch-melancholische Flöte« als Symbolinstrument empfindsamer Insichgekehrtheit, so wie es auch in dem Roman *Andreas Hartknopf* von Karl Philipp Moritz (1785) erscheint. (vgl. Dahlhaus 1988, S. 30) Doch ist die Stelle nicht auch als Argument gegen die Autonomieästhetik zu verstehen, welche seit dem Klassizismus und der Frühromantik die Instrumentalmusik als bild- und begriffslose Kunst auf den Schild hob? Sterne hat doch mit großem Geschick die Musikerin unfähig zur Wortsprache gemacht und so die Möglichkeit der wortlosen Musik vorgeführt, mindestens so zu Herzen gehend zu sprechen wie die Sprache und mindestens so deutlich, wenn es um Affekte geht. Daß dies auch noch in der Sinfonik um und nach 1800 der Fall ist, erweist sich nicht nur durch die weiterbestehende Tradition der musikalisch-rhetorischen Figuren (vgl. Krones), sondern – falls dies bezweifelt werden sollte – unabweisbar durch die Weiterführung musikalischer Topoi wie der der Pastorale. Sie vermag instrumental zu sprechen und zu argumentieren, wie sich an vielen Beispielen gezeigt hat, und ihre Existenz durch das gesamte 19. Jahrhundert stellt die Argumentation pro Autonomieästhetik auf eine harte Probe, zumal die Pastorale ja nicht die einzige solcher durchgehenden Bedeutungsformeln in der Instrumentalmusik ist.

Der um 1850 kulminierende Kulturstreit um musikalischen Realismus und Idealismus, um Programm-Musik und absolute Musik, ist bereits im frühen 18. Jahrhundert in einer anderen Auseinandersetzung angelegt, nämlich in der um die wahre Art musikalischer Naturnachahmung. Die von Mattheson und seinen Nachfolgern vertretene Position der nicht-abbildlichen, auswählenden und einfachen Harmonie, der »edlen Einfalt« der »natürlichen« Melodie, ist bereits eine frühe Stufe dessen, was später in der Abwehr des »Äußerlichen« der Musik von Berlioz, Liszt und Wagner gipfelt. Die Naturnachahmung und der Begriff von Natur sind die frühe Schlüsselstelle für das Auseinanderdriften der Musikkultur, ein Prozeß, der nicht etwa um 1800 oder mit Beethoven oder mit Berlioz einsetzt, sondern seit der frühen Aufklärung allmählich und in langsamen Schritten bis in 20. Jahrhundert sich vollzieht. »Als ein System von Ausgrenzungsregeln übernimmt das Autonomieprinzip die Garantiefunktion für jenen Freiraum, deren die Kunst zur Aufrechterhaltung ihres privilegierten Status notwendig bedarf.« (Sponheuer, S. 59)

Dieser Satz, der eine Denkhaltung der Zeit um 1800 zusammenfaßt, läßt er sich auf die Gegenwart übertragen? Sind es die enge Galerie und die späte Radio-Stunde, in denen – sagen wir – der Geiger Malcolm Goldstein seinen subtil hingekratzten Streicherexperimenten den »privilegierten Status« verleiht? Und was ist mit der *Nicht-Kunst* (Sponheuer), als welche um 1800 vom hohen Richterstuhle aus ohne Zweifel die realistischen Orgelstürme des Abbé Vogler gegolten haben? (vgl. S. 195) Wie steht es mit ihrem weiteren Schicksal? Falls sie als Beispiel der naturalistischen »Mahlerei« und damit der sogenannten Inhaltsästhetik die Tendenz haben sollte – Sponheuers Satz ins Gegenteil verkehrend –, keine Ausgrenzungsregeln, keinen Freiraum und deshalb einen unterprivilegierten Status zu haben, ist ihr Endstadium dann in den 95 % Markanteil zu sehen, den heute all jene Musik hat, die nicht als E-Musik rubriziert wird, vom Kinderlied über Musical zu Heavy Metal, von den Egerländern über Swing zu den Obertönen des Dijeridoo? Dann hätte sich das Naturbild bewahrheitet, in das Johann Mattheson die Anfangsgedanken zur ersten deutschen Musikzeitschrift von 1722 brachte, der *Criticä musica*, und dann wären alle Anstrengungen der Aufklärer um eine geregelte, allgemeinverständliche und ›vernünftige‹ Nachahmung der Natur in sich zusammengebrochen:

Ie Schönheit eines Gartens kann dem Unkraut nicht wehren. Je fruchtbahrer das Erdreich desselben iſt/ je mehr wächſt das Böſe/ unter dem Guten/ herfür. Wenn man auch gleich heute meinet/ es ſey alles auf das fleiſſigſte ausgegätet; ſo kreucht es doch morgen wieder ans Licht. Ich habe mirs bißher/ in dem wunderſchönen/ muſicaliſchen Garten/ ziemlich ſaur werden/ und nichts erwinden laſſen/ das alte/ tief-eingewurzelte/ ſtarre/ ſtachelichte/ ſteiffe/ wüſte/wilde/ barbariſche Geſträuch/ hin und wieder/ mit aller Macht/ auszureiſſen/ und auf die Seite zu werffen: ich habe auch manchesmahl gedacht/ es würde ſo leicht nicht wieder aufkommen/ weil es gleichſam mit Strumpf und Stiel/ in dem Feuer der Vernunfft/ zu Aſche geworden seyn müſſe. Aber/ ſiehe! ehe ich mich noch faſt meiner Arbeit recht freuen kann; da es kaum an einer Stelle rein iſt/ käumet ſchon an einer andern das Aergerniß vom friſchen heraus/ und richtet/ in veränderter Geſtalt/ hier/ ſub ſpecie philoſophica, dort/ ſub pelle modernæ inſcitiæ, (ſi Diis placet,) das alte Unweſen/ auf verjüngte Weiſe/ wieder an.

(... hier auf philosophische Art bzw. Manier, dort unter der Haut, also dem Deckmantel moderner Unwissenheit bzw. Dummheit, wenn es den Göttern gefällt = mit Verlaub ...)

Dann hätte das »wüste/wilde/barbarische Gesträuch« alle Bemühungen um eine ausgeglichene Harmonie überwuchert – das schöne Gesträuch.

»... zu viel oder zu wenig und keine Mittelstraße.«

(Leopold Mozart am 23. 8. 1782 über den Charakter seines Sohnes)

Benutzte und zitierte Literatur

Adorno, Theodor W. und Horkheimer, Max: Dialektik der Aufklärung. Philosophische Fragmente, Amsterdam 1947

Ariès, Philippe: Geschichte des Todes, München 1982

Mit dem Auge des Touristen. Zur Geschichte des Reisebildes. Eine Ausstellung des Kunsthistorischen Instituts der Universität Tübingen in der Kunsthalle Tübingen vom 22. August bis 30. September 1981, Eberhard-Karls-Universität Tübingen 1981

Auhagen, Wolfgang: Studien zur Tonartencharakteristik in theoretischen Schriften und Kompositionen vom späten 17. bis zum Beginn des 20. Jahrhunderts (Europäische Hochschulschriften, Reihe XXXVI, Bd. 6), Frankfurt/Main 1983

Axmacher, Elke: »Aus Liebe will mein Heiland sterben«. Untersuchungen zum Wandel des Passionsverständnisses im frühen 18. Jahrhundert (Beiträge zur theologischen Bachforschung, hg. W. Blankenburg und R. Steiger, Bd. 2), Neuhausen-Stuttgart 1984

Babitz, Sol: On using J. S. Bach's Keyboard Fingerings, in: Music and Letters Bd. 43, 1962, S. 123–128

Bach, Carl Philipp Emanuel: Versuch über die wahre Art das Clavier zu spielen, Bd. I, Berlin 1753; Bd. II, Berlin 1762 (Reprint, hg. L. Hoffmann-Erbrecht, Leipzig 1957)

ders.: Briefe; vgl. Suchalla

Bach-Akademie: Johann Sebastian Bach. Johannes-Passion BWV 245. Vorträge des Meisterkurses 1986 und der Sommerakademie J. S. Bach 1990 (Schriftenreihe der Intern. Bachakademie Stuttgart, hg. Ulrich Prinz, Bd. 5), Stuttgart und Kassel/Basel 1993

Bach-Dokumente III: Dokumente zum Nachwirken Johann Sebastian Bachs 1750–1800 (Supplement zu Johann Sebastian Bach. Neue Ausgabe sämtlicher Werke, Bd. 3), Kassel/Basel und Leipzig 1972

Baeumler, Alfred: Das Irrationalitätsproblem in der Ästhetik und Logik des 18. Jahrhunderts bis zur Kritik der Urteilskraft (Kants Kritik der Urteilskraft. Ihre Geschichte und Systematik, Bd. 1), Halle 1923

Balet, Leo und Gerhard, E. (= Preußner, Eberhard): Die Verbürgerlichung der deutschen Kunst, Literatur und Musik im 18. Jahrhundert (1936), hg. G. Mattenklott, Frankfurt a. Main/Berlin/Wien 1973

Barbieri, Patrizio: Tartinis Dritter Ton und Eulers Harmonische Exponenten, in: Musiktheorie Jg. 7, 1992, S. 219–234

Barkhoff, Jürgen: »Zöglinge der Luft und aller Erdorganisationen Bruder«. Die Naturzugehörigkeit des Menschen bei Johann Gottfried Herder, in: Ingensiep (Hg.), S. 124–134

Bauer, Wolfgang, Dümotz, Irmtraut und Golowin, Sergius: Lexikon der Symbole, Mythen, Symbole und Zeichen in Kultur, Religion, Kunst und Alltag, München [5]1989

Baxmann, Inge: Die Feste der FranzösischenRevolution. Inszenierung von Gesellschaft als Natur (Ergebnisse der Frauenforschung, Bd. 17), Weinheim und Basel 1984

Becker, Max: Narkotikum und Utopie. Musik-Konzepte in Empfindsamkeit und Romantik (Musiksoziologie, hg. Chr. Kaden, Bd. 1), Kassel und Basel 1996

Betzwieser, Thomas: Exotismus und »Türkenoper« in der französischen Musik des Ancien Régime. Studien zu einem ästhetischen Phänomen (Neue Heidelberger Studien zur Musikwissenschaft, hg. L. Finscher und R. Hammerstein, Bd. 21), Laaber 1993

Beyreuther, Erich: August Hermann Francke 1663–1727. Zeuge des lebendigen Gottes, Marburg [2]1987

Das Bild des Bauern. Vorstellungen und Wirklichkeit vom 16. Jahrhundert bis zur Gegenwart. Ausstellungskatalog. (Staatliche Museen preussischer Kulturbesitz. Schriften des Museums für Deutsche Volkskunde, Bd. 3), Museum für deutsche Volkskunde Berlin 1978

Birke, Joachim: Christian Wolffs Metaphysik und die zeitgenössische Literatur- und Musiktheorie: Gottsched, Scheibe, Mizler (Quellen und Forschungen zur Sprach- und Kulturgeschichte der germanischen Völker, Neue Folge, hg. H. Kunisch, Bd. 21), Berlin 1966

Blankenburg, Walter: Das Weihnachtsoratorium von Johann Sebastian Bach, Kassel und Basel [3]1993

Blitz, Hans-Martin: »Gieb, Vater, mir ein Schwert!« Identitätskonzepte und Feindbilder in der »patriotischen« Lyrik Klopstocks und des Göttinger »Hain«, in: Herrmann (Hg.), S. 80–122

Bockmaier, Claus: Entfesselte Natur in der Musik des achtzehnten Jahrhunderts (Münchner Veröffentlichungen zur Musikwissenschaft, hg. Th. Göllner, Bd. 50), Tutzing 1992

Böhme, Hartmut: Natur und Subjekt, Frankfurt/Main 1988

ders. und Böhme, Gernot: Das Andere der Vernunft. Zur Entwicklung von Rationalitätsstrukturen am Beispiel Kants, Frankfurt/Main 1985

Boresch, Hans-Werner: Besetzung und Instrumentation. Studien zur kompositorischen Praxis Johann Sebastian Bachs (Bochumer Arbeiten zur Musikwissenschaft, hg. W. Breig, Bd. 1), Kassel und Basel 1993

Bovenschen, Silvia: Die imaginierte Weiblichkeit. Exemplarische Untersuchungen zu kulturgeschichtlichen und literarischen Präsentationsformen des Weiblichen, Frankfurt/Main 1979

Braun, Werner: B. Brockes' »Irdisches Vergnügen in Gott« in den Vertonungen G. Ph. Telemanns und G. Fr. Händels, in: Archiv für Musikwissenschaft XII, 1955

Brüggemann, F. (Hg.): Das Weltbild der deutschen Aufklärung (Deutsche Literatur in Entwicklungsreihen, Reihe 14, Bd. II), Leipzig 1930

Buelow, George J.: Johann Mattheson and the invention of the Affektenlehre, in: ders. und H. J. Marx (Hg.), New Mattheson Studies, New York 1983, S. 393–407

Burke, Edmund: Vom Erhabenen und Schönen (1757), übers. F. Bassenge, hg. W. Strube, Hamburg [2]1989

Burney, Charles: Tagebuch einer musikalischen Reise, Bd. II, Hamburg 1773 (Reprint, hg. R. Schaal, Kassel und Basel 1959)

Busch, Gudrun: Die Unwetterszene in der romantischen Oper, in: H. Becker (Hg.), Die »Couleur locale« in der Oper des 19. Jahrhunderts (Studien zur Musikgeschichte des 19. Jahrhunderts, Bd. 42), Regensburg 1976, S. 161–212

Busch, Werner: Nachahmung als bürgerliches Kunstprinzip. Ikonographische Zitate bei Hogarth und in seiner Nachfolge (Studien zur Kunstgeschichte, Bd. 7), Hildesheim/New York 1977

ders.: Joseph Wright of Derby. Das Experiment mit der Luftpumpe. Eine Heilige Allianz zwischen Wissenschaft und Religion (Kunststück, hg. Kl. Herding, Bd. 25), Frankfurt/Main 1986

ders.: Das sentimentalische Bild. Die Krise der Kunst im 18. Jahrhundert und die Geburt der Moderne, München 1993

ders. (Hg.): Landschaftsmalerei (Geschichte der klassischen Bildgattungen in Quellentexten und Kommentaren, hg Kunsthist. Institut der Freien Universität Berlin, Bd. 3), Berlin 1997

Carvalho, Mario Vieira de: Belcanto-Kultur und Aufklärung: Blick auf eine widersprüchliche Beziehung im Lichte der Opernrezeption, in: H.-W. Heister u. a. (Hg.), S. 11–42

Chew, Geoffrey und Jander, Owen: Artikel Pastorale in: St. Sadie (Hg.), The New Grove Dictionary of Music and Musicians, Bd. 14, London 1980

Celletti, Rodolfo: Geschichte des Belcanto, Kassel und Basel 1989

Clauss, Elke: Liebeskunst. Der Liebesbrief im 18. Jahrhundert, Stuttgart und Weimar 1993

Corbin, Alain: Pesthauch und Blütenduft. Eine Geschichte des Geruchs, Berlin 1984

Coy, Adelheid: Die Musik der Französischen Revolution (Musikwissenschaftliche Schriften, Bd. 13), München und Salzburg 1978

Dahlhaus, Carl: Musikästhetik (Musik-Taschen-Bücher. Theoretica, Bd. 8), Köln 1967

ders.: Ethos und Pathos in Glucks »Iphigenie auf Tauris« (1974), in: Hortschansky (Hg.), S. 255–272
ders.: Die Musiktheorie im 18. und 19. Jahrhundert. Teil 1 (Grundzüge einer Systematik) und Teil 2 (Deutschland) (Geschichte der Musiktheorie, hg. Fr. Zaminer, Bd. 10 und 11), Darmstadt 1984 und 1989
ders. (Hg.): Die Musik des 18. Jahrhunderts (Neues Handbuch der Musikwissenschaft, hg. C. Dahlhaus, Bd. 5), Laaber 1985
ders.: Klassische und romantische Musikästhetik, Laaber 1988
Damasio, Antonio R.: Descartes' Irrtum. Fühlen, Denken und das menschliche Gehirn, München und Leipzig 1994
Dedner, Burkhard: Vom Schäferleben zur Agrarwirtschaft. Poesie und Ideologie des »Landlebens« in der deutschen Literatur des 18. Jahrhunderts, in: Klaus Gerber (Hg.), Europäische Bukolik und Georgik (Wege der Forschung, Bd. 355), Darmstadt 1976, S. 347–390
ders.: Topos, Ideal und Realitätspostulat. Studien zur Darstellung des Landlebens im Roman des 18. Jahrhunderts (Studien zur deutschen Literatur, hg. R. Brinkmann, Fr. Sengel und K. Ziegler, Bd. 16), Tübingen 1969
Descartes, René: Die Leidenschaften der Seele (Les Passions de l'âme, 1649), hg. Klaus Hammacher, Hamburg 1984
Deutsche Literaturgeschichte. Von den Anfängen bis zur Gegenwart, hg. W. Beutin, Stuttgart [3]1989
Dies, Albert Christoph: Biographische Nachrichten von Joseph Haydn, Wien 1810; Neuausgabe [2]Berlin 1962
Dostrovsky, Sibalia und Cannon, John T.: Entstehung der musikalischen Akustik (1600–1750), in: Hören, Messen und Rechnen in der frühen Neuzeit (Geschichte der Musiktheorie, hg. Fr. Zaminer, Bd. 6), Darmstadt 1987, S. 7–79
Dülmen, Richard van: Die Gesellschaft der Aufklärer. Zur bürgerlichen Emanzipation und aufklärerischen Kultur in Deutschland, Frankfurt/Main 1986
Dürr, Alfred: Die Kantaten von Johann Sebastian Bach, Bd. 1, Kassel und Basel 1971
Eggebrecht, Hans Heinrich: Das Ausdrucksprinzip im musikalischen Sturm und Drang (1955), in: ders.: Musikalisches Denken. Aufsätze zur Theorie und Ästhetik der Musik (Taschenbücher zur Musikwissenschaft, hg. R. Schaal, Bd. 46), Wilhelmshaven 1977, S. 69–111
Ehrard, Jean: L'idée de natur en France à l'aube des lumières, Paris 1970
Eibner, Franz: Zu Bachs Pastorale BWV 590, in: Österreichische Musikzeitschrift, Bd. 32, 1977, S. 555–562
Einladung ins 18. Jahrhundert. Ein Almanach aus dem Verlag C. H. Beck im 225. Jahr seines Bestehens, hg. Ernst-Peter Wieckenberg, München 1988
Elias, Norbert: Über den Prozeß der Zivilisation. Soziogenetische und psychogenetische Untersuchungen, 2 Bde., [6]Frankfurt/Main 1978f.
Engel, Hans: Artikel Pastorale in: Die Musik in Geschichte und Gegenwart, hg. Fr. Blume, Bd. 10, Kassel und Basel 1962
Erfurt-Freund, Margrit: Friedrich-Heinrich Himmel (1765–1814). Zur Gattungsproblematik deutschsprachiger Bühnenwerke in Berlin um 1800, Diss. phil. Saarbrücken 1993
Feddersen, Jacob Friedrich: Christoph Christian Sturms ... Leben und Charakter, Hamburg 1786
Feder, Georg: Die Jahreszeiten von Joseph Haydn, in: Die vier Jahreszeiten ..., S. 96–107
Feyerabend, Paul: Natur als Werk der Kunst. Fiktiver Vortrag über die wachsende Bedeutung der Ästhetik, in: lettre Heft 25, 1994, S. 40–42
Fincke-Hecklinger, Doris: Tanzcharaktere in Johann Sebastian Bachs Vokalmusik (Tübinger Bach-Studien, hg. W. Gerstenberg, Heft 6), Trossingen 1970
Finscher, Ludwig: Che farò senza Euridice? Ein Beitrag zur Gluck-Interpretation (1964), in: Hortschansky (Hg.), S. 135–153
Foucault, Michel: Die Ordnung der Dinge. Eine Archäologie der Humanwissenschaften (1966), Frankfurt/Main 1974

ders.: Überwachen und Strafen. Die Geburt des Gefängnisses (1975), Frankfurt/Main 1994
Französische Aufklärung. Bürgerliche Emanzipation, Literatur und Bewußtseinsbildung, Leipzig 1974
Gäng, Philipp: Ästhetik oder allgemeine Theorie der schönen Künste und Wissenschaften, Salzburg 1785
Gaier, Ulrich: Garten als inszenierte Natur, in: Weber (Hg.), S. 133–158
Geck, Martin: Die Vokalmusik Dietrich Buxtehudes und der frühe Pietismus (Kieler Schriften zur Musikwissenschaft, Bd. 15), Kassel und Basel 1965
Göller, Karl Heinz: Naturauffassung und Naturdichtung im England des 18. Jahrhunderts, in: H.-J. Müllenbrock (Hg.), Europäische Aufklärung (Neues Handbuch der Literaturwissenschaft, hg. Klaus von See, Bd. 12), Wiesbaden 1984, S. 205–238
Goethe, Johann Wolfgang von: dtv-Gesamtausgabe, 45 Bde., München 1961ff.
Goethes Gedanken über Musik. Eine Sammlung aus seinen Werken, Briefen, Gesprächen und Tagebüchern von Hedwig Walwei-Siegelmann, Frankfurt/Main 1985
Gottsched, Johann Christoph (Hg.): Die Vernünfftigen Tadlerinnen, Leipzig 1725f.; Neuausgabe, hg. H. Brandes, mit Teilen der 2. und 3. Auflage, Hildesheim/Zürich/New York 1993
Gould, Stephen Jay: Der Daumen des Panda. Betrachtungen zur Naturgeschichte, Frankfurt/Main 1989
Grams, Wolfgang: Karl Philipp Moritz. Eine Untersuchung zum Naturbegriff zwischen Aufklärung und Romantik (Kulturwissenschaftliche Studien zur deutschen Literatur, hg. D. Grathoff u. a.), Opladen 1992
Greenblatt, Stephen: Wunderbare Besitztümer. Die Erforschung des Fremden: Reisende und Entdecker, Berlin 1994
Grétry, André Ernest Modeste: Memoiren oder Essays über Musik, hg. P. Gülke, Leipzig 1973
Grimminger, Rolf: Die Ordnung, das Chaos und die Kunst. Für eine neue Dialektik der Aufklärung, Frankfurt/Main 1990
Groh, Ruth und Dieter: Von den schrecklichen zu den erhabenen Bergen. Zur Entstehung ästhetischer Naturerfahrung, in: Weber (Hg.), S. 53–95
Großpietsch, Christoph: Graupners Ouverturen und Tafelmusiken. Studien zur Darmstädter Hofmusik und thematischer Katalog (Beiträge zur mittelrheinischen Musikgeschichte, hg. Arbeitsgemeinschaft für mittelrheinische Musikgeschichte, Nr. 32), Mainz usf. 1994
Harig, Ludwig: Rousseau. Der Roman vom Ursprung der Natur im Gehirn, München 1981
Harriss, Ernest: Johann Mattheson's historical significance: conflicting viewpoints, in: Buelow, George J. und Marx, H. J. (Hg.), New Mattheson Studies ..., S. 461–484
Hauser, Arnold: Sozialgeschichte der Kunst und Literatur, München 1953
Hawlik-van der Water, Magdalene: Der schöne Tod. Zeremonialstrukturen des Wiener Hofes bei Tod und Begräbnis zwischen 1640 und 1740, Wien/Freiburg/Basel 1989
Haydn, Joseph: Gesammelte Briefe und Dokumente, hg. D. Bartha, Kassel und Basel 1965
Heise, Ulla: Kaffee und Kaffeehaus. Eine Kulturgeschichte, Hildesheim/Zürich/New York 1987
Heister, Hans-Werner u. a. (Hg.): Zwischen Aufklärung & Kulturindustrie. Festschrift für Georg Knepler zum 85. Geburtstag, Bd. 2 (Musik/Theater), Hamburg 1993
Herding, Klaus: Im Zeichen der Aufklärung. Studien zur Moderne, Frankfurt/Main 1989
Herrmann, Hans Peter: »Ich bin fürs Vaterland zu sterben auch bereit«. Patriotismus und Nationalismus im 18. Jahrhundert? Lesenotizen zu den deutschen Arminiusdramen 1740–1808, in: ders. u. a. (Hg.), Machtphantasie Deutschland. Nationalismus, Männlichkeit und Fremdenhaß im Vaterlandsdiskurs deutscher Schriftsteller des 18. Jahrhunderts, Frankfurt/Main 1996, S. 32–65
Höllerer, Elisabeth: Musik und Verstellung bei Mozart. Über zwei Musikstücke aus der Hochzeit des Figaro, in: Heister, Hans-Werner u. a. (Hg.), S. 59–67
Hoffmann, Freia: Instrument und Körper. Die musizierende Frau in der bürgerlichen Kultur, Frankfurt/Main und Leipzig 1991
Horn, Wolfgang: Takt, Tempo und Aufführungsdauer in Heinichens Kirchenmusik. Ein

Beitrag nicht nur zur Aufführungspraxis, in: Musiktheorie Jg. 9, 1994, S. 147–168
Hortschansky, Klaus (Hg.): Christoph Willibald Gluck und die Opernreform (Wege der Forschung, Bd. 613), Darmstadt 1989
Ingensiep, Hans Werner und Hoppe-Sailer, Richard (Hg.): NaturStücke. Zur Kulturgeschichte der Natur, Ostfildern 1996
Ingensiep, Hans Werner: »Die Welt ist ein Thier: aber die Seele desselben ist nicht Gott«, in: ders. u. a. (Hg.), S. 101–121
Irmen, Hans Josef: Mozart. Mitglied geheimer Gesellschaften, o. O. 1988 (Prisca-Verlag)
Japp, Uwe: Aufgeklärtes Europa und natürliche Südsee. Georg Forsters »Reise um die Welt«, in: Pichotta (Hg.), S. 10–56
Jauß, Hans Robert: Aisthesis und Naturforschung, in: Zimmermann, Jörg (Hg.), Das Naturbild ..., S. 155–182
Jung, Hermann: Die Pastorale. Studien zur Geschichte eines musikalischen Topos (Neue Heidelberger Studien zur Musikwissenschaft, hg. R. Hammerstein, Bd. 9), Bern und München 1980
ders.: »Der pedantisch geniale Abt Vogler«. Musiktheorie und Werkanalyse in der zweiten Hälfte des 18. Jahrhunderts, in: Musiktheorie Jg. 3, 1988, S. 99–115
Kammerer, Friedrich: Zur Geschichte des Landschaftsgefühls im frühen achtzehnten Jahrhundert, Berlin 1909
Kamper, Dietmar und Wulf, Christoph (Hg.): Das Schwinden der Sinne, Frankfurt/Main 1984
Karbusitzky, Vladimir: Sinn und Bedeutung in der Musik, in: ders. (Hg.), Sinn und Bedeutung ..., S. 1–36
ders. (Hg.): Sinn und Bedeutung in der Musik. Texte zur Entwicklung des musiksemiotischen Denkens (Texte zur Forschung, Bd. 56), Darmstadt 1990
Kaulbach, F.: Artikel Natur (Abschnitt Neuzeit), in: Joachim Ritter und Karlfried Gründer (Hg.): Historisches Wörterbuch der Philosophie, Bd. IV, Basel 1984, Sp. 421–478
Keller, Hermann: Die Orgelwerke Bachs. Ein Beitrag zu ihrer Geschichte, Form, Deutung und Wiedergabe, Leipzig 1949
Kemper, Hans-Georg: Gottebenbildlichkeit und Naturnachahmung im Säkularisierungsprozeß. Problemgeschichtliche Studien zur deutschen Lyrik in Barock und Aufklärung (Studien zur deutschen Literatur, Bd. 64), Bd. I, Tübingen 1981
Ketelsen, Uwe-Karsten: Die Naturpoesie der norddeutschen Frühaufklärung. Poesie als Sprache der Versöhnung: alter Universalismus und neues Weltbild (Germanistische Abhandlungen, Bd. 45), Stuttgart 1974
Khittl, Christoph: »Nervenkontrapunkt«. Einflüsse psychologischer Theorien auf kompositorische Gestalten, Wien/Köln/Weimar 1991
Kilian, Dietrich: Kritischer Bericht zu: Johann Sebastian Bach. Neue Ausgabe Sämtlicher Werke, Serie IV, Bd. 7, Kassel und Basel 1988
ders.: Kritischer Bericht ..., Bd. V/VI, Teilband 2, Kassel und Basel 1979
Kittsteiner, Heinz D.: Die Entstehung des modernen Gewissens, Frankfurt/Main 1995
ders.: Gewissen und Geschichte. Studien zur Entstehung des moralischen Bewußtseins, Heidelberg 1990
Kleinspehn, Thomas: Warum sind wir so unersättlich? Über den Bedeutungswandel des Essens, Frankfurt/Main 1987
Klingsporn, Regine: Jean-Philippe Rameaus Opern im ästhetischen Diskurs ihrer Zeit. Opernkomposition, Musikanschauung und Opernpublikum in Paris 1733–1753, Stuttgart 1996
Kneif, Tibor: Musik und Zeichen. Aspekte einer nichtvorhandenen musikalischen Semiotik, in: Karbusitzky (Hg.), S. 134–141
Köhler, Rafael: Johann Gottfried Herder und die Überwindung der musikalischen Nachahmungsästhetik, in: Archiv für Musikwissenschaft, Jg. 52, 1995, S. 205–219
König, Gudrun M.: Ausgegrenzt und einverleibt – Zum bürgerlichen Umgang mit Landschaften um 1800, in: Ingensiep (Hg.), S. 167–182

Krones, Hartmut: Rhetorik und rhetorische Symbolik in der Musik um 1800. Vom Weiterleben eines Prinzips, in: Musiktheorie, Jg. 3, 1988, S. 117–140
Kross, Siegfried: Mattheson und Gottsched, in: Buelow (Hg.), New Mattheson Studies ..., S. 327–344
Küster, Konrad: Mozart. Eine musikalische Biographie, Stuttgart 1990
Kunze, Stefan: Christoph Willibald Gluck, oder: die »Natur« des musikalischen Dramas, in: Hortschansky (Hg.), S. 390–418
Laermann, Klaus: Raumerfahrung und Erfahrungsraum. Einige Überlegungen zu Reiseberichten aus Deutschland vom Ende des 18. Jahrhunderts, in: Piechotta (Hg.), S. 57–97
Lahnstein, Peter: Report einer »guten alten Zeit«. Zeugnisse und Berichte 1750–1805, München 1977
Landon, H. G. Robbins: Haydn: Chronicle and Works, Bd. 4 (The Years of »The Creation« 1796–1800) und Bd. 5 (The Late Years 1801–1809), London 1977
Lavater, Johann Caspar: Physiognomische Fragmente zur Beförderung der Menschenkenntnis und Menschenliebe, 4 Bde., Leipzig und Winterthur 1775–1778; Reprint Zürich und Leipzig 1968f.; Auswahl-Ausgabe, hg. Christoph Siegrist, Stuttgart 1984
Lepenies, Wolf: Die Dynamisierung des Naturbegriffs an der Wende zur Neuzeit, in: Zimmermann (Hg.), S. 285–300
ders.: Johann Joachim Winckelmann. Kunst und Naturgeschichte im 18. Jahrhundert, in: Johann Joachim Winckelmann 1717–1768, hg. Thomas W. Gaehtens (Studien zum achtzehnten Jahrhundert, hg. Deutsche Gesellschaft für die Erforschung des achtzehnten Jahrhunderts, Bd. 7), Hamburg 1986
Lichtenberg, Georg Christoph: Schriften und Briefe, hg. Franz H. Mautner, 4 Bde., Frankfurt/Main und Leipzig 1992
Lindley, Mark: Keyboard Fingerings and Articulation, in: Howard Meyer Brown und Stanley Sadie (Hg.), Performance Practice. Music after 1600 (The New Grove Handbooks of Music), Basingstoke, Hampshire und London [2]1990, S. 186–203
Loewenberg, Alfred: Annals of Opera 1597–1940, Bd. I, Genf [2] 1955
Manén, Lucie: Bel-Canto. Die Lehre der grossen italienischen Gesangsschulen. Ihr Verfall und ihre Wiederherstellung (Musikpädagogische Bibliothek, Bd. 33), Wilhelmshaven [2]1991
Martens, Wolfgang: Literatur und Frömmigkeit in der Zeit der frühen Aufklärung (Studien und Texte zur Sozialgeschichte der Literatur, hg. W. Frühwald u. a., Bd. 25), Tübingen 1989
Martin, Peter: Schwarze, Teufel, edle Mohren. Afrikaner in Bewußtsein und Geschichte der Deutschen, Hamburg 1993
Mattenklott, Gert: Geschmackssache. Über den Zusammenhang sinnlicher und geistiger Ernährung, in: Kamper und Wulf (Hg.), S. 179–190
Mattheson, Johann: Das Neu-Eröffnete Orchestre, Hamburg 1713; Reprint Hildesheim/Zürich/New York 1993
ders.: Das beschützte Orchestre, Hamburg 1717; Reprint Leipzig 1981 (zusammen mit: Versuch einer systematischen Klanglehre, 1748; s.u.)
ders.: Das forschende Orchestre, Hamburg 1721; Reprint Hildesheim/Zürich/New York 1976
ders.: Critica Musica, Bd. 1, Hamburg 1722, und Bd. 2, Hamburg 1725; Reprint Amsterdam 1964
ders.: Der vollkommene Capellmeister, Hamburg 1739; Reprint, hg. Margarete Reimann (Documenta musicologica, Reihe 1, Bd. 5), Kassel und Basel 1954
ders.: Die neueste Untersuchung der Singspiele nebst beigefügter musikalischer Geschmacksprobe, Hamburg 1744; Reprint Leipzig 1975
ders.: Versuch einer systematischen Klanglehre, Hamburg 1748; Reprint vgl. Das beschützte Orchestre
Merchant, Carolyn: Der Tod der Natur. Ökologie, Frauen und neuzeitliche Naturwissenschaft, München 1987

Mieling, Klaus: Das Tempo in der Musik von Barock und Vorklassik. Die Antwort der Quellen auf ein umstrittenes Thema, Wilhelmshaven 1993
Miller, Norbert: Goethes Begegnung mit Jakob Philipp Hackert. Der Jahreszeiten-Zyklus des Malers und die »Landschaft nach der Natur« als klassizistisches Programm, in: Die vier Jahreszeiten, S. 185–224
Mit den Augen des Touristen. Zur Geschichte des Reisebildes. Ausstellungskatalog Kunsthalle Tübingen, Tübingen 1981
Mittelstrass, Jürgen: Der idealistische Naturbegriff, in: Weber (Hg.), S. 159–175
Moens-Haenen, Greta: Das Vibrato in der Musik des Barock. Ein Handbuch zur Aufführungspraxis für Vokalisten und Instrumentalisten, Graz 1988
Mozart, Wolfgang Amadé: Briefe und Aufzeichnungen. Gesamtausgabe, hg. Internationale Stiftung Mozarteum Salzburg, 7 Bde., Kassel und Basel 1962–1975
Mozart. Die Dokumente seines Lebens, gesammelt und erläutert von Otto Erich Deutsch (W. A. Mozart. Neue Ausgabe sämtlicher Werke, hg. Internationale Stiftung Mozarteum Salzburg, Serie X, Werkgruppe 34), Kassel und Basel 1961
Muchembled, Robert: Die Erfindung des modernen Menschen. Gefühlsdifferenzierung und kollektive Verhaltensweisen im Zeitalter des Absolutismus (Kulturen und Ideen, hg. W. Müller), Reinbek 1990
Natošević, Constanze: Darstellung, Bedeutung und Funktion von Liebe in Mozarts Opern »Le nozze di Figaro« und »Cosi fan tutte«, Magisterarbeit Universität Oldenburg 1996
Nüsseler, Angela: »Der Natur durch die Kunst nachhelfen«. Zum Wandel des Verhältnisses Musik und Theologie im 18. Jahrhundert (Forum Musikpädagogik. Beihefte zu den musikpädagogischen Forschungsberichten 1995, hg. R.-D. Kraemer), Augsburg 1995
Oelkers, Jürgen: Bildung als Raum: Perspektiven des »Tristram Shandy«, in: ders., Erziehung als Paradoxie der Moderne. Aufsätze zur Kulturpädagogik, Weinheim 1991, S. 26–63
Oelmüller, Willi: Aufklärung als Prozeß der Traditionskritik und Traditionsbewahrung, in: Peter Pütz (Hg.), Erforschung der deutschen Aufklärung (Neue wissenschaftliche Bibliothek, Bd. 94: Literaturwissenschaft), Königstein/Taunus 1980, S. 59–80
Ortkemper, Hubert: Engel wider Willen. Die Welt der Kastraten, Berlin 1993
Palm, Albert: Tradition und Neuerung in der Musiktheorie. Ein Kapitel zur Rameau-Kritik, in: Musiktheorie, Jg. 7, 1992, S. 235–244
Perl, Helmut: Rhythmische Phrasierung in der Mitte des 18. Jahrhunderts. Ein Beitrag zur Aufführungspraxis (Taschenbücher zur Musikwissenschaft, hg. R. Schaal, Bd. 90), Wilhelmshaven 1984
Peschke, Erhard: Studien zur Theologie August Hermann Franckes, Bd. II, Berlin 1966
Piechotta, Hans Joachim (Hg.): Reise und Utopie. Zur Literatur der Spätaufklärung, Frankfurt/Main 1976
ders.: Erkenntnistheoretische Voraussetzungen der Beschreibung: Friedrich Nicolais Reise durch Deutschland und in die Schweiz im Jahre 1781, in: ders. (Hg.), S. 98–150
Pierre, Constant: Musique des fêtes et cérémonies de la révolution française, Paris 1899
ders.: Les hymnes et chansons de la révolution. Aperçu général et catalogue, Paris 1904
Platen, Emil: Die Matthäus-Passion von Johann Sebastian Bach. Entstehung, Werkbeschreibung, Rezeption, München und Kassel/Basel 1991
Preußner, Eberhard: Die bürgerliche Musikkultur. Ein Beitrag zur deutschen Musikgeschichte des 18. Jahrhunderts, Hamburg 1935
ders.: Die musikalischen Reisen des Herrn von Uffenbach. Aus einem Reisetagebuch des Johann Friedrich A. von Uffenbach aus Frankfurt a. M. 1712–1716, Kassel und Basel 1949
Rebscher, Georg: Natur in der Musik unter besonderer Berücksichtigung gegenwärtiger Musik (Materialien zur Didaktik und Methodik des Musikunterrichts für den Musikunterricht an allgemeinbildenden Schulen, hg. S. Helms, N. Linke und G. Rebscher, Bd. 3), Wiesbaden ^{2}1981

Reichardt, Johann Friedrich: Briefe, die Musik betreffend. Berichte, Rezensionen, Essays, hg. Grita Herre und Walter Siegmund-Schultze, Leipzig 1976
Riedel-Martiny, Anke: Das Verhältnis von Text und Musik in Haydns Oratorien, in: Haydn-Studien, Bd. I, 1966/67, S. 205–240
Riemann, Hugo: Musiklexikon, 12. Auflage, Sachteil, hg. H. H. Eggebrecht, Mainz 1967 (Artikel Pastorale)
Ritzel, Fred: Die Entwicklung der ›Sonatenform‹ im musiktheoretischen Schrifttum des 18. und 19. Jahrhunderts (Neue musikgeschichtliche Forschungen, hg., L. Hoffmann-Erbrecht, Bd. 1), Wiesbaden 1974
Rosen, Charles: Der klassische Stil. Haydn, Mozart, Beethoven, München und Kassel/Basel 1983
Rousseau, Jean-Jacques: Emile oder über die Erziehung (1762), hg. Martin Lang, Stuttgart 1968
Rummenhöller, Peter: Die musikalische Vorklassik, München und Kassel/Basel 1983
Sackmann, Dominik: Toccata F-Dur (BWV 540) – eine analytische Studie. In: Bericht über die wissenschaftliche Konferenz zum V. Internationalen Bachfest der DDR in Verbindung mit dem 60. Bachfest der Neuen Bachgesellscahft Leipzig 25.–27.3.1985, hg. W. Hoffmann und A. Schneiderheinze, Leipzig 1988, S. 351–360
Schäfer, Lothar: Wandlungen des Naturbegriffs, in: Zimmermann (Hg.), S. 11–44
Schama, Simon: Der Traum von der Wildnis. Natur als Imagination, München 1996
Scheibe, Johann Adolph: Critischer Musikus (1737ff.). Neue, vermehrte und verbesserte Auflage, Leipzig 1745; Reprint Hildesheim/New York/Wiesbaden 1970
Scheit, Gerhart: Mozart und Hans Wurst, in: H.-W. Heister u.a. (Hg.), S. 69–81
Scher, Steven Paul: Da Ponte und Mozart. Wort und Ton in Don Giovanni, in: Maehder, Jürgen und Stenzl, Jürg (Hg.): Zwischen Opera buffa und Melodramma. Italienische Oper im 18. und 19. Jahrhundert (Perspektiven der Opernforschung, hg. J. Maehder und J. Stenzl, Bd. 1), Frankfurt/Main 1994, S. 119–134
Schiller, Friedrich: Sämtliche Werke, Bd. V (Erzählungen, Theoretische Schriften), München 1984
Schivelbusch, Wolfgang: Das Paradies, der Geschmack und die Vernunft. Eine Geschichte der Genußmittel, München und Wien 1980
Schleuning, Peter: Die Freie Fantasie. Ein Beitrag zur Erforschung der klassischen Klaviermusik (Diss. phil. Freiburg i. Br. 1970), Göppingen 1973
ders.: Verzierungsforschung und Aufführungspraxis. Zum Verhältnis von Notation und Interpretation in der Musik des 18. Jahrhunderts, in: Basler Jahrbuch für historische Musikpraxis, hg. Peter Reidemeister, Bd. III, 1979, 11–114
ders.: Das 18. Jahrhundert: Der Bürger erhebt sich (Geschichte der Musik in Deutschland, Bd. 1), Reinbek 1984, [2]1989
ders. (mit Martin Geck): »Geschrieben auf Bonaparte«. Beethovens »Eroica«: Revolution, Reaktion, Rezeption, Reinbek 1989, Teil I: Die Tat des Prometheus
ders.: »Alle Kreatur sehnt sich mit uns und ängstigt sich noch immerdar« (Römer 8,22). Fragen des Ersten »Brandenburgischen Konzertes« an uns, in: Hans Werner Henze (Hg.), Die Chiffren. Musik und Sprache (Neue Aspekte der musikalischen Ästhetik, Bd. IV), Frankfurt/Main 1990, S. 219–262
ders.: Mozarts d-Moll-Konzert: »Vortrefflich«, »Prächtigst«, »Magnifique«, in: Österreichische Musikzeitschrift, Jg. 46, 1991, S. 221–228
ders.: Psychischer Kontrapunkt – ein Vorschlag zum Analyse-Unterricht in Schule und Hochschule, in: Wulf-Dieter Lugert und Volker Schütz (Hg.), Aspekte gegenwärtiger Musikpädagogik. Ein Fach im Umbruch, Stuttgart 1991, S. 159–181
ders.: The Chromatic Fantasia of Johann Sebastian Bach and the Genesis of Musical ›Sturm und Drang‹, in: Pieter Dirksen (Hg.), The Harpsichord and its Repertoire – Proceedings of the International Harpsichord Symposium Utrecht 1990, Utrecht 1992, S. 217–229
ders.: Johann Sebastian Bachs »Kunst der Fuge«. Ideologien. Entstehung. Analyse, Kassel, Basel usw. 1993

ders.: Die Geschöpfe des Prometheus, Ballo serio, op. 43, in: A. Riethmüller, C. Dahlhaus, A. L. Ringer (Hg.), Beethoven. Interpretationen seiner Werke, Bd. 1, Laaber 1994, S. 314–325

ders.: Semantik (II). In: Wolfgang Gratzer und Siegfried Mauser (Hg.), Hermeneutik im musikwissenschaftlichen Kontext. Internationales Symposium Salzburg 1992 (Schriften zur musikalischen Hermeneutik, hg. Gernot Gruber und Siegfried Mauser, Bd. 4), Laaber 1995

ders.: »... als ob ich meine Muse niemals zu ernsthafften Gedancken gewöhnet hätte«. Über den Librettisten der Matthäuspassion, in: KunstKonzepte Köln (Hg.), Programmheft zum BLICKWINKEL-Konzert, Köln 1995

ders.: »Ich muß mich also zwingen, was Städtisches zu singen«. Bachs Bauernkantate: Rätselhaftes Vorbild, vorbildliches Rätsel, in: Otto Kolleritsch (Hg.), Das aufgesprengte Kontinuum. Über die Geschichtsfähigkeit der Musik (Studien zur Wertungsforschung, Bd. 31), Wien und Graz 1996, S. 91–116

ders.: »Ich habe den Namen gefunden, nämlich Montezuma«. Die Berliner Hofopern Coriolano und Montezuma, entworfen von Friedrich II. von Preußen, komponiert von Carl Heinrich Graun, in: Klaus Hortschansky (Hg.), Gedenkschrift auf Anna Amalie Abert (in Vorbereitung)

ders.: Das Veilchen zwischen Berg und Tal. Mozarts Lied auf den ersten, zweiten und dritten Blick, in: Wolfgang Gratzer (Hg.), Perspektiven einer Geschichte abendländischen Musikhörens. Internationales Symposion Salzburg 1995 (Schriften zur musikalischen Hermeneutik, hg. G. Gruber und S. Mauser, Bd. 7), Salzburg 1997, S. 151–174

ders.: Bachs Sechstes Brandenburgisches Konzert – eine Pastorale, in: Martin Geck und Werner Breig (Hg.), Bachs Orchesterwerke. Bericht über das 1. Dortmunder Bach-Symposion im Januar 1996, Dortmund 1997, (im Druck)

Schmenner, Roland: Das Erhabene als ästhetische Kategorie des 18. Jahrhunderts in Deutschland. Strategien bürgerlichen Selbstbewußtseins aus dem Geiste der Naturbeherrschung, Staatsexamensarbeit Universität Oldenburg 1993

ders.: Naturästhetik und Alltagsgeschichte in der Spätaufklärung. Beethovens Pastoralsinfonie, Diss. phil. Universität Oldenburg 1997

Schmitt, Ulrich: Revolution im Konzertsaal. Zur Beethoven–Rezeption im 19. Jahrhundert, Mainz/London/New York usw. 1990

Schmitz-Gropengießer, Frauke: Artikel Pastorale in: H. H. Eggebrecht (Hg.), Handwörterbuch der musikalischen Terminologie, 24. Auslieferung, Wiesbaden 1996

Schneider, Helmut J.: Naturerfahrung und Idylle in der deutschen Aufklärung, in: Peter Pütz (Hg.), Erforschung der deutschen Aufklärung (vgl. Oelmüller), S. 289–315

Schneider, Herbert: Rameaus musiktheoretisches Vermächtnis, in: Musiktheorie, Jg. 1, 1986, S. 153–161

Schneiderheinze, Armin: Über Bachs Umgang mit Gottscheds Versen, in: Bericht über die wissenschaftliche Konferenz zum III. Internationalen Bach-Fest der DDR Leipzig 18./19. September 1975, hg. W. Felix, W. Hoffmann und A. Schneiderheinze, Leipzig 1977, S. 91–98

Schulze, Hans-Joachim: Bemerkungen zur Leipziger Literaturszene – Bach und seine Stellung zur schönen Literatur, in: Bach und die Aufklärung, hg. Reinhard Szeskus (Bach-Studien 7), Leipzig 1982, S. 156–169

Schwab, Heinrich W.: Carl Philipp Emanuel Bach und das geistliche »Lied im Volkston«, in: Hans Joachim Marx (Hg.), Carl Philipp Emanuel Bach und die europäische Musikkultur des mittleren 18. Jahrhunderts. Bericht über das Internationale Symposium der Joachim Jungius-Gesellschaft der Wissenschaften Hamburg 29.9.–2.10.1988 (Veröffentlichungen der Johann Jungius-Gesellschaft der Wissenschaften, Nr. 62), Göttingen 1990, S. 369–388

Seel, Martin: Eine Ästhetik der Natur, Frankfurt/Main 1991

Seidlin, Oskar: Ironische Brüderschaft: Thomas Manns »Joseph der Ernährer« und Laurence Sternes »Tristram Shandy«, in: Peter Pütz (Hg.), Thomas Mann und die Tradition (Athenäum Paperbacks. Germanistik, hg. W. Erzgräber u. a., Bd. 2), Frankfurt/Main 1971, S. 130–150

Sennett, Richard: Verfall und Ende des öffentlichen Lebens. Die Tyrannei der Intimität, Frankfurt/Main 1983

Shaftesbury, Anthony Ashley Cooper, Third Earl of: Standard Edition. Sämtliche Werke, ausgewählte Briefe und nachgelassene Schriften, hg. Gerd Hemmerich und Wolfram Benda sowie (Bd. II/1) Ulrich Schödlbauer, Bd. 1 (Ästhetik), Stuttgart-Bad Cannstatt 1981; Bd. II/1 (Moral and political philosophy), ebda. 1987

Sloan, Kim: Alexander and John Robert Cozens. The Poetry of Landscape, Yale University Press 1986

Smend, Friedrich: Bach in Köthen, Berlin o. J. (1951)

Sobel, Dava: Längengrad, Berlin 1996

Spener, Philipp Jakob: Die Evangelische Glaubens-Lehre 1688. Predigten über die Evangelien (1686/87), eingeleitet von Dietrich Blaufuß und Erich Beyreuther (Philipp Jakob Spener. Schriften, hg. E. Beyreuther, Bd. II.1, Teilband 1), Hildesheim/Zürich/New York 1986

Spinner, Kaspar: Mond in der deutschen Dichtung von der Aufklärung bis zur Spätromantik (Abhandlungen zur Kunst-, Musik- und Literaturwissenschaft, Bd. 67), Bonn 1969

Spode, Hasso: Die Macht der Trunkenheit. Kultur- und Sozialgeschichte des Alkohols in Deutschland, Opladen 1993

Sponheuer, Bernd: Musik als Kunst und Nicht-Kunst. Untersuchungen zur Dichotomie von ›hoher‹ und ›niederer‹ Musik im musikästhetischen Denken zwischen Kant und Hanslick (Kieler Schriften zur Musikwissenschaft, hg. Fr. Krummacher und W. Steinbeck, Bd. 30), Kassel und Basel 1987

Stauffer, George B.: The Organ Preludes of Johann Sebastian Bach (Studies in Musicology, hg. G. Buelow, Bd. 27), Ann Arbor 1980

Steinbeck, Wolfram: Klaviersonate D-dur »Pastoralsonate« op. 28, in: A. Riethmüller, C. Dahlhaus und A. Ringer (Hg.), Beethoven. Interpretationen seiner Werke, Bd. 1, Laaber 1994, S. 231–237

Stern, Martin: Haydns »Schöpfung«. Geist und Herkunft des van Swietenschen Librettos. Ein Beitrag zum Thema »Säkularisation« im Zeitalter der Aufklärung, in: Haydn-Studien, Bd. 1, 1966/67, S. 121–198

Stroh, Wolfgang Martin: Handbuch New-Age-Musik. Auf der Suche nach neuen musikalischen Erfahrungen (ConBrio Fachbuch Bd. 1), Regensburg 1994

Suchalla, Ernst (Hg.): Carl Philipp Emanuel Bach. Briefe und Dokumente. Kritische Gesamtausgabe, Bd. II (Veröffentlichungen der Johann Jungius-Gesellschaft der Wissenschaften, Nr. 80), Göttingen 1994

Telemann, Georg Philipp: Singen ist das Fundament zur Musik in allen Dingen. Eine Dokumentensammlung (Taschenbücher zur Musikwissenschaft, hg. R. Schaal, Bd. 80), Wilhelmshaven 1981

Temperley, Nicholas: Haydn: The Creation, Cambridge University Press 1991

Unverricht, Hubert: Hörbare Vorbilder in der Instrumentalmusik bis 1750. Untersuchungen zur Vorgeschichte der Programmmusik, Diss. phil. Berlin (FU) 1954

Die vier Jahreszeiten im 18. Jahrhundert (Colloquium der Arbeitsstelle 18. Jahrhundert, Gesamthochschule Wuppertal und Universität Münster), Heidelberg 1986

Vietta, Silvio: Die vollendete Speculation führt zur Natur zurück. Natur und Ästhetik, Leipzig 1995

Walter, Horst: Gottfried van Swietens handschriftliche Textbücher zu »Schöpfung« und »Jahreszeiten«, in: Haydn-Studien, Bd. 1, 1966/67, S. 241–277

Weber, Heinz-Dieter: Vom Wandel des neuzeitlichen Naturbegriffs (Konstanzer Bibliothek, Bd. 13), Konstanz 1989

ders.: Die Verzeitlichung der Natur im 18. Jahrhundert, in: ders., (Hg.), S. 97–131

Weidenfeld, Axel: Die Sprache der Natur. Zur Textvertonung in Händels »Deutschen Arien«, in: Göttinger Händel-Beiträge, hg. Hans-Joachim Marx, Bd. 4, Kassel und Basel 1991, S. 67–93

ders.: Gottfried Heinrich Stölzels »Abhandlung vom Recitativ«: Konsequenzen für die Aufführungspraxis, in: Symposion Michaelstein 1994 (im Druck)
Wellmann, Angelika: Der Spaziergang. Stationen eines poetischen Codes (Epistemata. Würzburger wissenschaftliche Schriften, Reihe Literaturwissenschaft, Bd. 70), Würzburg 1991
Williams, Peter: Two case studies on performance practice and the details of notation, in: Early Music 1994, S. 101–113
Wolter, Gundula: Die Verpackung des männlichen Geschlechts. Eine illustrierte Kulturgeschichte der Hose, Marburg 1991
Wormbs, Brigitte: Über den Umgang mit Natur, Frankfurt/Main [3]1981
Wuthenow, Ralph-Rainer: Deformation im Schuldienst: Florian Fälbels programmatische Reise ins Fichtelgebirge, in: Piechotta (Hg.), S. 151–169
Zenck, Martin: Die Bach-Rezeption des späten Beethoven. Zum Verhältnis von Musikhistoriographie und Rezeptionsgeschichtsschreibung der »Klassik« (Beihefte zum Archiv für Musikwissenschaft, hg. H. H. Eggebrecht, Bd. 24), Stuttgart 1986
Zimmermann, Jörg (Hg.): Das Naturbild des Menschen, München 1982
ders.: Zur Geschichte des ästhetischen Naturbegriffs, in: ders., (Hg.), S. 118–154
Zimmermann, Rolf Christian: Das Weltbild des jungen Goethe. Studien zur hermetischen Tradition des deutschen 18. Jahrhunderts, München 1969

Personenregister

Kursiv gedruckte Seitenzahlen enthalten Notenbeispiele.

Sachregister